KB155895

이콘과 도끼

해석 위주의 러시아 문화사

1

▲ 블라디미르의 성모
　12세기 초엽, 콘스탄티노플. (모스크바, 트레티야코프 국립미술관)

▲ 페트로그라드의 1918년
  쿠즈마 페트로프-보드킨, 1920년. (모스크바, 트레티야코프 국립미술관)
  흔히 '페트로그라드의 성모'로 알려져 있다.

서양편 · 748

이콘과 도끼

해석 위주의 러시아 문화사

1

제임스 빌링턴(James Billington) 지음
류한수 옮김

한국문화사

한국연구재단 학술명저번역총서 서양편 · 748

이콘과 도끼: 해석 위주의 러시아 문화사 제1권

발 행 일   2015년 2월 23일 초판 인쇄
          2015년 2월 28일 초판 발행

원   제   The Icon and the Axe:
          An Interpretive History of Russian Culture
지 은 이   제임스 빌링턴(James Hadley Billington)
옮 긴 이   류 한 수
책임편집   이 지 은
펴 낸 이   김 진 수
펴 낸 곳   한국문화사
등   록   1991년 11월 9일 제2-1276호
주   소   서울특별시 성동구 광나루로 130 서울숲IT캐슬 1310호
전   화   (02)464-7708 / 3409-4488
전   송   (02)499-0846
이 메 일   hkm7708@hanmail.net
홈페이지   http://www.hankookmunhwasa.co.kr
블 로 그   http://blog.naver.com/hkm2012

책값은 뒤표지에 있습니다.

ISBN 978-89-6817-209-0 94920
     978-89-6817-208-3 (세트)

이 도서의 국립중앙도서관 출판예정도서목록(CIP)은
서지정보유통지원시스템 홈페이지(http://seoji.nl.go.kr)와
국가자료공동목록시스템(http://www.nl.go.kr/kolisnet)에서
이용하실 수 있습니다. (CIP제어번호 : CIP2015006668)

'한국연구재단 학술명저번역총서'는 우리 시대 기초학문의 부흥을 위해
한국연구재단과 한국문화사가 공동으로 펼치는 서양고전 번역간행사업입니다.

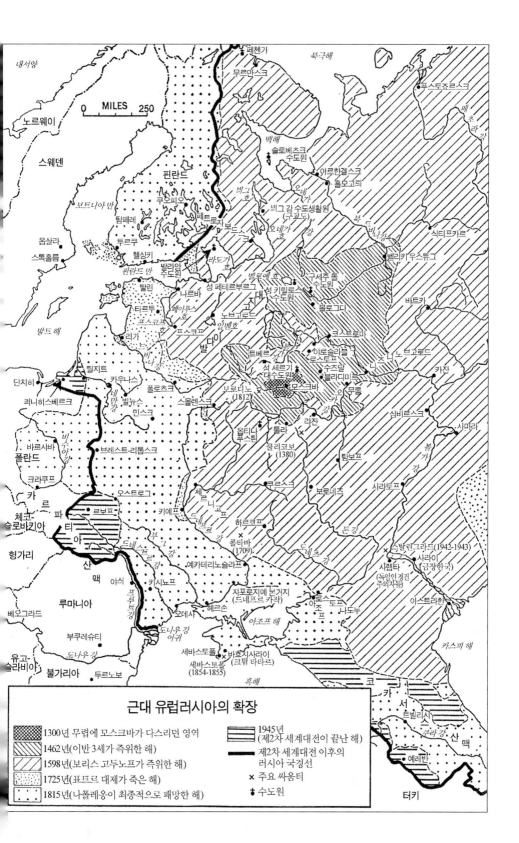

근대 유럽러시아의 확장

1300년 무렵에 모스크바가 다스리던 영역
1462년(이반 3세가 즉위한 해)
1598년(보리스 고두노프가 즉위한 해)
1725년(표트르 대제가 죽은 해)
1815년(나폴레옹이 최종적으로 패망한 해)
1945년 (제2차 세계대전이 끝난 해)
제2차 세계대전 이후의 러시아 국경선
× 주요 싸움터
수도원

· 일러두기 ·

1. 외국어 고유명사는 발음을 우리말로 적은 다음 로마자 표기나 키릴 문자 표기를 괄호 안에 넣었다. 영어본에서 로마 알파벳으로 음역되어 있는 러시아어를 키릴 문자로 표기했다.

2. 러시아어 낱말을 한글로 표기할 때에 연음부호(ь)의 음가를 무시했고 구개음화나 강세의 유무에 따른 자음과 모음의 음가 변화도 무시했다. 국립국어원의 러시아어 표기법에 대체로 따랐지만, 몇몇 경우에는 따르지 않았다.

3. 지금은 독립국이 된 백러시아, 우크라이나, 발트 해 연안 국가들의 고유명사는 그 나라 언어의 발음이 아닌 러시아어 발음으로 표기했다. 예를 들어, 우크라이나의 수도는 우크라이나어로는 '키우'라고 소리 나지만 러시아어 발음인 '키예프'로 표기되었다.

4. 본문과 후주의 내용을 이해하는 데 필요할 경우에는 독자의 이해를 돕고자 각주로 설명을 달았다.

5. 영어 원문에서 지은이의 착오로 말미암은 오류가 발견되었을 경우에는 짧은 역자주를 달아 잘못을 바로잡았으며, 본문의 고유명사 표기나 연도, 또는 후주의 서지사항에서 눈에 띈 지은이의 자잘한 실수는 역자주를 달지 않고 바로 고쳐놓았다.

6. 영어 원서에는 없지만, 본문과 후주에 나오는 인물의 약력을 정리해 부록으로 달았다.

7. 러시아어 텍스트를 영어로 옮긴 부분을 다시 우리말로 옮기면 중역(重譯)이 된다. 이런 상황에서 비롯될지 모를 의도하지 않은 오역을 피하고자, 지은이가 러시아어로 된 사료나 자료를 인용한 부분은 영어판이 아니라 러시아어판을 기본으로 삼아 우리말로 번역했다.

8. "세속적(世俗的)"이라는 표현은 "저속한"이나 "속물적"이라는 뜻이 아니라 "그리스도교 교회와 관련이 없는", "교회와 별개의"라는 뜻이다.

이 책은 근대 러시아의 사상과 문화에 관한 해석 위주의 역사서이다. 이 책은 한 사람의 연구와 숙고와 특수한 관심의 산물이다. 러시아의 유산의 백과사전식 목록을, 또는 그 유산을 이해하는 어떤 간단한 비결을 내놓겠다는 망상은 없다. 그러겠다고 주장하고 싶은 마음도 없다. 이 책은 이미 이루어져 있는 합의를 잘 정리하기보다는 새로운 정보와 해석을 내놓고자 하는, 즉 이 엄청난 주제를 "망라"하기보다는 터놓고 이야기해 보려는 선별적 서술이다.

고찰 대상이 되는 시대는 러시아가 강력하고 독특하고 창조적인 문명으로 떠올랐던 시기인 최근 600년이다. 러시아 문화의 위업과 더불어 고뇌와 포부가, 과두 지배체제와 더불어 현실에 안주하지 않는 반대파가, 시인과 정치가와 더불어 사제와 예언자가 이야기될 것이다. 개개의 문화 매체나 유명 인물의 모습을 완전하게 그려내려는, 또는 한 특정 주제에 바쳐진 일정 분량의 낱말을 고유한 문화 특성의 필수 색인으로 만들려는 시도는 하지 않을 것이다. 이 저작은 각각의 러시아 문화발전기의 독특한 핵심적 관심사를 가장 잘 예증한다고 보이는 자료를 활용할 것이다.

러시아인에게 영속적 의미를 지니는 — 이콘(икона)과 도끼라는 — 두 물품을 제목으로 골랐다. 이 두 물건은 숲이 많은 러시아 북부에서 전통적으로 농가 오두막의 벽에 함께 걸려 있었다. 이콘과 도끼가 러시아 문화에 지니는 의미는 이 책의 첫 부분에서 설명될 텐데, 이 두 물건은 러시아 문화의 이상적 측면과 현세적 측면 양자를 시사하는 구실을 한다. 그러나 모든 인류 문화에 나타나는 신성과 마성 사이의 영원한 분열은 러시아의 경우에는 거룩한 그림과 거룩하지 못한 무기 사이의 그 어떤 단순한 대비도 제공되지 않는다. 협잡꾼과 선동정치가가 이콘을, 성자와 예술가가 도끼를 사용했기 때문이다. 따라서 처음에 이 두 시원적인 물품에 맞춰지는 초점에는 우리가 러시아 문화의 고찰을 끝마칠 때 가지게 될 아이러니한 전망을 일러주는 실마리가 들어있다. 이 책의 제목은 이 책이 주로 서방의 사상과 제도와 예술양식의 관점에서 러시아의 현실을 살펴보기보다는 러시아의 상상력에 독특한 역할을 했던 상징물을 찾아내어 그 기원을 더듬어 찾아가는 시도를 할 저작임을 시사하는 구실도 한다.

이 저작에서는 러시아인이 두호브나야 쿨투라(духовная культура)라고 일컫는 관념과 이상의 세계가 강조된다. 이 세계는 파악하기 어려우며, 두호브나야 쿨투라는 영어의 등가어인 "영적 문화"(spiritual culture)보다 종교를 머릿속에 떠오르게 만드는 힘이 훨씬 더 약한 용어이다. 이 저작의 취지는 이념을 경제적인 힘과 사회적인 힘에 체계적으로 연계하거나 역사에서 물질적인 힘과 이념적인 힘이 지니는 상대적 중요성이라는 더 심오한 문제를 예단하는 것이 아니다. 이 저작은 소비에트 사회주의 공화국 연방(CCCP)[1]의 마르크스주의적 유물론자들까지도 자기 나라의 발

---

[1] Союз Советских Социалистических Республик. 1917년 10월혁명의 결과로 러시아 제국의 영토에 1922년에 수립되어 1991년까지 유지된 세계 최초의 사회주

전에서 매우 중요했다고 인정하는 정신적인 힘과 이념적인 힘의 역사적 정체를 더 충실하게 알아내고자 할 따름이다.

이 저작은 사람들이 자주 찾아가지만 지도에는 잘 나오지 않는 사상과 문화의 지형을 위한 개설적 역사 안내서를 제공함으로써 번번이 정치사와 경제사에 집중되는 현상을 얼마간 상쇄하려고 시도한다. 여기서 "문화"라는 용어는 "독특한 성취물과 신앙과 전통의 복합체"[1]라는 넓은 의미로 쓰이지, "문화"가 더 높은 문명 단계 앞에 있는 사회 발달의 초기 단계로, 또는 박물관에서 함양되는 고상한 취미라는 소양으로, 또는 구체적 맥락에서 완전히 따로 떼어놓을 수 있는 독특한 형태의 성취[2]로 가끔 이해되는 더 특화된 의미 그 어떤 것으로도 쓰이지 않는다. "민족이나 국가의 활동에서 사회적·지성적·예술적인 측면이나 힘에 집중하"는 문화사[3]라는 일반 범주 안에서 이 저작은 — 사회사는 부수적으로만 다루고 사회학적 분석은 전혀 다루지 않으면서 — 지성적이고 예술적인 측면이나 힘을 강조한다.

이 연구의 기본 얼개는 경제사나 정치사에서만큼이나 문화사에서도 중요한 연대순 배열이다. 잠깐 뒤로 가서 앞 시대를 되돌아보기도 하고 앞으로 가서 뒷시대를 미리 들여다보기도 할 것이다. 배경이 될 제1장에서는 특히 그렇다. 그러나 주요 관심사는 그다음 장들에서 연속적인 러시아 문화발전기의 연대기적 서술을 내놓는 것이다.

제2장은 16세기와 17세기 초엽의 시원적인 모스크바국(Москва國, Московское Государство)[2]과 서방의 초기 대립을 묘사한다. 그다음에 한 세기씩

의 국가. 대개 15개 사회주의 공화국의 연방이라는 형태를 유지했으며, 줄여서 소비에트 연방, 또는 소련(蘇聯)이라고도 불렸다.

2   17세기까지의 러시아 단일 국가를 일컫던 용어. 16~17세기에 주로 외국인이 쓴 표현이었지만, 19세기부터는 역사학계에서도 쓰이기 시작했다.

담당하는 두 개의 긴 장이 나온다. 제3장은 급성장하던 17세기와 18세기 초엽의 러시아 제국에서 새로운 문화 형식이 오랫동안 추구되는 양상을 다루고, 제4장은 18세기 중엽부터 19세기 중엽까지 꽃을 피운 거북할지 언정 화려한 귀족 문화를 다룬다. 제5장과 제6장은 산업화와 근대화라는 문제가 러시아 문화 발전의 더 앞선 유형과 문제 위에 얹혀진 마지막 100년에 할애된다. 제5장은 알렉산드르 2세(Александр II)의 개혁기 동안 시작된 매우 창의적이고 실험적인 시기를 다룬다. 마지막 장은 20세기 러시아 문화를 과거의 러시아 문화에 연계해서 살펴본다.

대다수 러시아 문화에는 일치하는 구석이 있었다. 그것은 개개 러시아인과 각각의 예술양식이 어느 모로는 공동의 창조적 추구나 철학 논쟁이나 사회 갈등의 부차적 참여자라는 느낌이었다. 물론 드미트리 멘델레예프(Дмитрий Менделеев)의 화학, 니콜라이 로바쳅스키(Николай Лобачевский)의 수학, 알렉산드르 푸시킨(Александр Пушкин)의 시, 레프 톨스토이(Лев Толстой)의 소설, 바실리 칸딘스키(Василий Кандинский)의 회화, 이고르 스트라빈스키(Игорь Стравинский)의 음악은 모두 다 그들의 러시아적 배경에, 또는 특정한 과학 체나 예술 매체의 기준 이외의 다른 기준에 비교적 적게 대조하고서도 감상할 수 있다. 그러나 대부분의 러시아 문화는 — 사실은 참으로 유럽적인 이 인물들이 만들어낸 대다수 문화는 — 러시아의 맥락에 놓일 때 부가된 의미를 획득한다. 러시아의 경우에는 다른 많은 민족 문화의 경우보다 각각의 창조적 활동의 민족적 맥락의 일정한 이해가 더 필수적이다.

함께 연루되어 있고 서로 의존하고 있다는 이런 느낌의 결과로, 서방에서는 흔히 개인들 **사이에서** 이루어지는 유의 논쟁이 러시아에서는 자주 개인 **안에서** 훨씬 더 격렬하게 벌어졌다. 많은 러시아인에게 "생각하기와 느끼기, 이해하기와 괴로워하기는 같은 것"[4]이며, 그들의 창조성은 "원초성이 대단히 강하고 형식이 상대적으로 약하다는 것"[5]을 자주 입증해준다. 성 바실리 대성당(Собор Василия Блаженного)[3]의 색다른 외형, 모데스트 무소릅스키(Модест Мусоргский)의 오페라 한 곡의 파격적 화음, 표도르 도스토옙스키(Федор Достоевский)의 소설 한 편의 진한 구어체는 고전주의 정신에 거슬렸다. 그러나 그것들은 대다수 사람에게 크나큰 감동을 주며, 그럼으로써 형식의 결핍이라고 하는 것이 한 문화를 분석하기 위해 쓰이는 전통적 범주에 들어맞지 않는 데 지나지 않을지 모른다는 점을 우리 머릿속에 떠올려준다.

러시아 문화의 역사를 바라볼 때, 문화 이면의 형식보다는 힘들을 생각하는 것이 유익할지 모른다. 특히 — 자연환경, 그리스도교의 유산, 러시아와 서방의 접촉이라는 — 세 힘은 이후 이 책의 지면에 당당하게 부단히 나타난다. 이 세 힘에게는 인간의 노력을 재료 삼아 위기와 창조성이라는 그 나름의 이상한 거미줄을 짜는 능력이 있는 듯하다. 비록 그 세 힘이 — 『의사 지바고』(Доктор Живаго)에서 나타났다 금세 사라지는 몇몇 순간에서처럼 — 가끔 모두 다 조화를 이루고 있다고 보일지는 몰라도, 대개 그 힘들은 어긋나서 따로따로 작용하고 있다.

첫째 힘은 자연 그 자체의 힘이다. 러시아의 사상가는 정식 철학자가 아니라 시인이라는 말이 있었다. "시"와 "자연 원소"를 가리키는 두 러시아어 낱말(스티히(стихи), 스티히야(стихия))이 겉보기에는 우연히도 비슷하다는 것 뒤에는 러시아 문화와 자연계 사이의 긴밀한 여러 연계가 있다. 어떤 이들은 러시아 땅에서 스키탈레츠(скиталец), 즉 "떠돌이"가 되고 싶은 어수선한 충동이 땅과의 "대지적"(大地的) 일체감과 번갈아 나타난다

---

[3] 이반 4세가 카잔한국을 무찌른 뒤 이를 기념하고자 1555년부터 모스크바의 붉은 광장에 짓기 시작해서 1561년에 완성한 성당. 바보성자인 바실리 복자의 이름을 따 붙인 성 바실리 대성당의 정식 명칭은 Собор Покрова пресвятой Богородицы, что на Рву이며, 줄여서 포크롭스키 대성당이라고도 한다.

고 이야기한다.[6] 다른 이들은 "나는 여기가 따뜻하다"는 이유로 낳지 말아 달라고 부탁하는 태아가 나오는 시에 있는 러시아 특유의 혜안을 이야기한다.[7] 신화에 나오는 "촉촉한 어머니 대지"의 땅 밑 세상은 키예프의 동굴에 있는 최초의 수도원[4]에서 시작해서 방부처리된 블라디미르 일리치 레닌(Владимир Ильич Ленин)을 모셔놓은 오늘날의 성소(聖所)[5]와 겉치레한 카타콤(catacomb)인 모스크바(Москва) 지하철에 이르는 많은 형태로 사람들을 꾀어왔다. 땅뿐만 아니라 — 중세 우주론의 다른 "자연 원소"인 — 불과 물과 하늘[6]도 러시아의 상상력을 위한 중요한 상징이었다. 심지어는 오늘날에도 러시아어에는 유럽의 더 세련된 언어에서는 걸러져 사라진 토속적 함의가 많이 남아있다.

근대 러시아 문화의 배후에 있는 초인격적인 둘째 힘은 동방 그리스도교라는 힘이다. 토착종교의 잔존 요소가 아무리 매력적이어도, 상고 시대 스키타이인[7]의 예술이 아무리 대단해도, 최초의 러시아 고유문화를 만들어내고 예술 표현의 기본 형식과 신앙 구조를 근대 러시아에 제공한 것은 정교(Православие)였다. 또한, 정교회는 특별한 존엄성과 운명이 한 정교 사회에 있으며 그 정교 사회 안에서 일어나는 논쟁에는 정답이 딱 하나 있다는 기본적으로 비잔티움(Byzantium)적인 사고에 러시아를 물들이는 데 핵심 역할을 했다. 따라서 이 이야기에서 종교는 — 문화의 격리된 한 양상이 아니라 문화 안에서 모든 것에 스며들어 가는 하나의 힘으로서 — 중심

---

4   키예보-페체르스카야 라브라.
5   모스크바의 붉은 광장에 있는 레닌 능묘(Мавзолей Ленина).
6   또는 공기.
7   유라시아 내륙 스텝 지대에 살았던 고대의 인도-유럽어계 기마 유목민. 스키타이는 고대 그리스인이 흑해 북쪽 기슭 일대에 사는 여러 유목부족 전체에 붙인 이름이다.

역할을 할 것이다.

자연과 신앙과 나란히 셋째 힘인 서방의 충격이 있다. 이 연대기의 전체 기간에 서유럽과의 상호작용은 러시아 역사에서 한 주요 요인이었다. 러시아인은 이 관계를 정의하려는 시도를 거듭하면서 공식 하나를 늘 찾았다. 그 공식으로 러시아인은 서방에서 문물을 빌릴 수 있으면서 서방과 구별되는 상태에 남을 수 있게 되었다. 1840년대에 친슬라브주의자(Славянофил)와 "서구주의자"(Западник) 사이에 벌어진 유명한 논쟁은 기나긴 싸움의 한 일화일 뿐이다. 다른 경우와 마찬가지로 이 경우에도 19세기의 자의식적이고 지성화된 그 논쟁은 러시아 문화의 방향을 결정하려고 시도했던 다른 서방화 세력, 즉 이탈리아에서 온 라틴화론자, 독일에서 온 경건주의자[8], 프랑스에서 온 "볼테르주의자", 영국에서 온 철도 건설자를 고려함으로써 역사적 전망 속에 놓일 것이다. 서방이라는 효모를 러시아 안에 집어넣었던 러시아의 중심지에 각별한 주의를 기울일 것이다. 그 중심지란 실제의, 그리고 기억 속의 노브고로드(Новгород)와 당당한 메트로폴리스 성 페테르부르그— 레닌그라드(Санкт Петербург—Ленинград)[9]이다.

이 저작에서 특별히 강조되는 역점 가운데에는 소련 이념가들의 공식 해석이나 서방의 지적인 역사가 대다수의 비공식적 합의에 현재 반영된 일반적 이미지와 맞지 않는 것이 많다. 내 해석에는 일반적이지 않아서

---

[8] 17세기 후반에 루터교도 사이에서 일어난 신앙 개혁 운동가들. 이성에 치우치고 형식화한 신앙에 반발해서 회개를 통한 거듭남을 중시하고 종교적 주관주의를 강조했다.

[9] 성 페테르부르크의 이름은 여러 차례 바뀌었다. 러시아 제국 북쪽 수도였던 성 페테르부르그는 1914년에 제1차 세계대전이 일어난 뒤 독일어처럼 들린다는 이유로 페트로그라드로 개칭되었다. 1924년에는 죽은 레닌을 기려 레닌그라드로 바뀌었다가 소련이 해체된 1991년에 원래 이름으로 되돌아갔다.

논란이 일 수 있는 특이한 사항이 들어있다는 점을 전문가는 알아차릴 (그리고 그런 점이 비전문가에게는 경고되어야 할) 것이다. 그런 사항으로는 "모든 시대는 영원으로부터 등거리에 있다"[10]는, 그리고 때로는 직전의 상황보다 형성기의 영향력이 그 뒤의 사태전개에 관해 더 많은 것을 우리에게 말해준다는 믿음에서 (비록 상고시대는 아닐지라도) 고대를 전반적으로 강조한다는 점, 알렉세이 미하일로비치(Алексей Михайлович) 통치기 교회분열의, 그리고 알렉산드르 1세(Александр I) 통치기의 반(反)계몽의 시작처럼 결정적인데 자주 무시된 몇몇 전환점을 세세하게 파고든다는 점, 종교적인 사상과 시류와 더불어 세속적인 사상과 시류에도 끊임없이 관심을 보인다는 점, 더 낮익은 1825년 이후 시대의 안에서 상대적 역점을 러시아 발전의 더 확연하게 서방적인 양상, 즉 "근대화" 양상보다는 러시아 특유의 양상에 둔다는 점 등이 있다. 이 주제들에 관해 쓰인 더 오래된 자료의 부피와 소비에트 연방의 안과 밖에서 러시아 문화에 깊이 빠져든 많은 이 사이에서 지속되는 그 주제들에 관한 관심의 깊이에 힘을 얻어 나는 이 연구의 특별한 강조점에는 러시아에 관한 객관적 사실이 어느 정도 반영되어 있으며 단지 역사가 한 개인의 주관적 호기심만 반영되어 있지는 않다고 믿게 되었다.

본문은 대체로 1차 사료와 상세한 러시아어 연구단행본을 — 특히 볼셰비키 혁명이 일어나기 전에 인문학이 활짝 꽃을 피운 마지막 기간에 간행된 자료를 — 새롭게 읽기에 바탕을 두고 있다. 서방과 최근 소련의 학술서도 꽤 많이 이용되었다. 그러나 다른 역사 개설서들은 비교적 별로 이용되지 않았고, 분량은 상당하지만 중언부언하고 전거가 의심스러운 일단의 대중적인 러

---

[10] 독일의 역사학자 레오폴트 폰 랑케(Leopold von Ranke)가 어떤 시대도 다른 시대보다 특별히 탁월하거나 우월하지 않다는 뜻으로 한 말.

시아 관련 서방 문헌은 거의 전혀 이용되지 않았다.

본문은 폭넓은 일반 독자를 대상으로 쓰였으며, 바람이기는 하지만 러시아사 사전지식이 없는 이들에게도 아주 쉽게 이해될 것이다. 이 책 끝에 있는 후주의 용도는 중요한 인용의 원어 원전과 주요 유럽어로 된 입수 가능한 — 특히 논쟁거리가 되거나 낯설거나 다른 데에서 제대로 다루어지지 않은 주제에 관한 — 자료의 간략한 서적해제 안내를 더 전문적인 연구자에게 제공하는 것이다. 나의 해석과 강조점이 완벽하다는 착각을 불러일으키거나 권위의 아우라를 부여하려는 의도로 기다란 자료 목록을 붙여놓지는 않았다. 이용되거나 언급되지 않은 훌륭한 저작이 많으며, 논의되지 않은 중요한 주제가 많다.

나는 이 저작을 체계적 분석이나 철저한 규명으로서가 아니라 안정적이지 않지만 창의적인 한 민족을 내적으로 이해하려는 끊임없는 공동 탐구에서 일어난 일화로서 학자와 일반 독자에게 내놓고자 한다. 목적은 임상시험처럼 들리는 "감정이입"이라기보다는 독일인이 아인퓔룽(Einfühlung)이라고 부르는 것, 즉 "안에서 느끼기", 그리고 러시아인 스스로는 잉크가 빨종이에, 또는 열이 쇠에 스며든다는 의미로 — 침투나 침윤을 뜻하는 — 프로니크노베니예(проникновение)라고 부르는 것이다. 연루되어 있다는 이런 감정만이 외부의 관찰자가 일관성 없는 인상을 넘어서서 불가피한 일반화에서 헤어나 업신여기기와 치켜세우기, 공포와 이상화, 칭기즈 한과 프레스터 요한(Prester John)[11] 사이를 이리저리 어지럽게 왔다 갔다 하지 않도록 막아줄 수 있다.

---

[11] 이슬람교도가 지배하는 곳 너머의 동쪽 어딘가에 있는 거대한 나라를 다스리는 전설상의 그리스도교인 군주. 중세 유럽인은 이 군주와 동맹을 맺어 이슬람 세력을 물리치겠다는 희망을 품었다.

이런 더 깊은 이해의 추구는 내면을 성찰하는 러시아인 스스로의 논의를 오랫동안 불러일으켜 왔다. 아마도 20세기 러시아의 가장 위대한 시인일 알렉산드르 블록(Александр Влок)은 러시아를 스핑크스(sphinx)에 비긴 적이 있다. 그리고 소비에트 러시아의 경험은 러시아 역사의 더 앞 시기의 미해결 논쟁에 새로운 논란을 보탰다. 이런 이해의 추구는 바깥 세계에서도 이루어진다. 바깥 세계는 근대 러시아 문화의 두 주요 사건으로 영향을 크게 받았는데, 그 두 사건이란 19세기에 일어난 문학의 폭발과 20세기에 일어난 정치 격변이다. 역사가는 과거를 연구하면 어떻게든 사람들이 현재를 깊이 이해할지 — 심지어 어쩌면 미래의 가능태에 관한 단서의 파편이라도 얻을지 — 모른다고 믿고 싶어 한다. 그러나 러시아 문화의 역사는 그 자체를 위해 말할 가치가 있는 이야기이다. 더 앞 시대의 이 문화가 오늘날 도시화된 공산주의 제국과 연관성이 별로 없다고 느끼는 이들마저도 여전히 러시아 문화에 도스토옙스키가 자기가 느끼기에 죽은 문화인 서방 문화에 다가선 다음과 같은 방식으로 다가설지 모른다.

나는 내가 가는 곳이 그저 묘지라는 걸 알아, 하지만 가장, 가장 소중한 묘지야! …… 거기에는 소중한 망자들이 누워 있으며, 그들 위에 놓인 비석 하나하나가 다 내가 …… 땅에 엎어져 이 비석에 입을 맞추고 그 위에서 울어버릴 만큼 지난 치열한 삶을, 그리고 그 삶의 위업, 그 삶의 진실, 그 삶의 투쟁, 그 삶의 지식에 관한 열렬한 믿음을 알려주고 있지.[12]

---

[12] Ф. Достоевский, *ПСС* т. 14 (Л.: 1976), С. 210.

‖ 감사의 말 ‖

  내게 연구할 수 있는 특권을 베푼 다음과 같은 도서관에 큰 신세를
졌다. 프린스턴(Princeton) 대학의 (슈마토프(Shoumatoff) 기증 자료실을 포함
해서) 파이어스톤(Firsestone) 도서관, 하버드(Havard) 대학 와이드너·휴튼
(Widener and Houghton) 도서관, 스톡홀름(Stockholm)과 빈(Wien)과 마르부르크
(Marburg)의 국립 도서관, 라이덴(Leiden) 대학 도서관, 빈의 동유럽사 연구
소(Institut für osteuropäische Geschichte) 도서관, 뉴욕 공립도서관(New York Public
Library), 미국의회도서관(Library of Congress), 살틔코프-쉐드린(Салтыков-Щедрин)
도서관[1], 러시아문학 연구소(푸시킨스키 돔(Пушкинский Дом)), 레닌그라
드의 러시아 박물관(Русский музей), 레닌 도서관[2], 트레티야코프 미술관
(Третьяковская Галерея), 모스크바의 고문서 보존소(Архив древних актов)[3]. 헬
싱키의 훌륭한 국립도서관에 소장된 풍부한 러시아 자료를 읽으며 귀중
한 한 해를 보내게 해준 발렌코스키(Valenkoski) 박사와 할트소넨(Haltsonen)

---

[1] 정식 명칭은 살틔코프-쉐드린 기념 러시아 국립도서관(Российская национальная
    библиотека имени Салтыкова-Щедрина).
[2] 현재의 명칭은 러시아 국립도서관(Российская государственная библиотека).
[3] 현재의 정식 명칭은 러시아 국립고문서보존소(Российский государственный
    архив древних актов).

박사, 그리고 그 국립도서관에 특히 고마움을 느낀다. 이 저작을 후원해 준 존 사이먼 구겐하임 추모재단(John Simon Guggenheim Memorial Foundation), 핀란드의 풀브라이트 프로그램(Fulbright Program), 프린스턴 대학 인문학·대학연구기금위원회(Counil of the Humanities and University Research Funds)에 고마움을 깊이 느낀다. 이 기획에 직접 관련은 없지만, 실질적으로는 득이 된 지원을 해준 프린스턴 대학 국제학 연구소(Center of International Studies), 하버드 대학 러시아연구소(Russian Research Center), 연구여행보조금 대학간 위원회(Inter-University Committtee on Travel Grants)도 고마울 따름이다. 찾아보기를 준비해준 그레고리 구로프(Gregory Guroff)와 이 원고의 가장 어려운 부분을 타자기로 쳐준 캐서린 구로프(Katharine Guroff)에게 감사한다.

나는 게오르기 플로롭스키(Georges Florovsky) 교수와 옥스퍼드 대학의 아이자이어 벌린(Isaiah Berlin) 교수에게 특별한 빚을 지고 있다. 두 분은 내가 옥스퍼드 대학과 하버드 대학에서 지내는 여러 해 동안, 그리고 그 뒤에도 착상과 비평과 의견을 아낌없이 내주셔서 내게 활력을 주셨으니, 여러모로 이 책의 영적인 아버지인 셈이다. 또한, 나는 1961년 3월에 교환 교수로 레닌그라드 대학을, 그리고 다시 1965년 1월에 모스크바 대학을 방문한 기간에 마브로딘(Мавродин) 교수와 뱔릐이(Бялый) 교수, 그리고 말릐셰프(Малышев) 씨, 골드베르그(Гольдберг) 씨, 볼크(Волк) 씨와 토론을 하는 수혜자가 되었다. 1965년 1월의 경우에는 그 두 대학교에서 이 책의 내용을 주제로 강의하는 특혜를 얻었다. 모스크바에서는 클리바노프(Клибанов) 교수와 노비츠키(Новицкий) 교수, 그리고 사하로프(A. Сахаров) 씨와 토론을 하는 혜택을 누렸다. 소련에서 이분들과 다른 분들이 보여준 친절과 더불어 격려에 고마움을 느끼며, 이 영역에서 자주 달랐던 견해의 교환이 지속되고 심화되기를 바랄 따름이다. 포포바(Попова) 부인과 레베데프(Лебедев) 관장에게도 감사한다. 이 두 분 덕분에 각각 파벨 코린(Павел Д. Корин)과 트레티야코프 미술관의 귀중한 소장품을 세세하게 연구(하고 복제물을 취득)할 수 있었다. 프린스턴 대학 역사학과의 내 동료들인 조지프 스트레이어(Joseph Strayer)와 시릴 블랙(Cyril Black)과 제롬 블룸(Jerome Blum)에게 큰 빚을 지고 있다. 이들은 로버트 터커(Robert Tucker), 리처드 버기(Richard Burgi), 구스타브 알레프(Gustave Alef), 니나 베르베로바(Nina Berberova), 벌린 교수, 플로롭스키 교수와 더불어 책의 여러 절을 읽고 평을 해줄 만큼 친절했다. 읽고 평을 해준 찰스 모저(Charles Moser)에게 특히 빚을 지고 있다. 이분들 가운데 이 저작의 결점은 말할 나위도 없고 강조와 접근법과 관련해서 잘못을 저지른 이는 단 한 사람도 없다.

내가 제대로 고마움을 표해야 할 많은 이 가운데에서 하버드 대학과 프린스턴 대학에서 내가 가르쳤던 쾌활한 — 나로서는 인텔리겐트늬이(интелл-игентный)[4]하다고까지 말해도 좋을 — 학생들, 그리고 내게 크나큰 영향을 주시고 고인이 되셨으며 지인들이 잊지 못할 큰 스승 세 분, 알버트 프렌드(Albert M. Friend)와 월터 홀(Walter P. Hall)과 해리스 하비슨(E. Harris Harbison)만은 언급하고자 한다. 마지막으로, 사랑하는 아내이자 벗인 마조리(Marjorie)에게 고마움을 표해야 한다. 감사와 애정을 담아 이 책을 마조리에게 바친다.

---

[4] '지적인', '지성적인', '교양 있는'이라는 뜻의 러시아어 낱말.

▌차례 ▌

2권 차례

■ 도판

3권 차례

I 배경

블라디미르 대공이 개종하는 988년부터 몽골에게 약탈당하는 1240년까지 "러시아 도시들의 어머니"였던 키예프의 **세계주의적** 그리스도교 문화. 비잔티움의 제2 황금시대의 예술양식과 특별한 운명 의식을 비판 없이 받아들인 키예프 루스. 아름다움을 사랑하기와 역사에 몰입하기, 현자 야로슬라프(키예프 대공, 1019~1054년) 치세에 이루어진 그 새 도시의 건설, 안드레이 보골륩스키(블라디미르-수즈달 대공, 1157~1174년) 치세에 이루어진 북쪽으로의 이동.

특히 1240년부터 1480년까지 몽골이 맹주이던 시기 동안 "숲의 나라", 즉 대러시아의 볼가 강-오카 강 심장부의 융성. 중앙 권력이 약해진 시기 동안 강해진 공동체의 유대. 숲을 무서워하는 마음과 숲에 이끌리는 마음: 곰과 벌레, 그리고 무엇보다도 불. 이 원시적 변경 지대의 중요한 물품들, 즉 농부의 오두막 안에 있는 이콘과 도끼가 러시아의 상상력에 지니는 변함없는 중요성. 사람이 많이 사는 중심부의 대포와 종: 나무로 된 세계 속에서 쇠붙이가 지니는 힘의 상징.

추상적인 말과 생각이 아니라 구체적인 시각과 소리의 문화. 나무 이콘에 그려지는 성자의 이미지, 이코노스타시스에 그려진 거룩한 질서와 위계의 이미지. 대러시아의 최고 어머니 상(象)으로서의 「블라디미르의 성모」, 러시아 최고의 화가 안드레이 루블료프(1370~1430년). "천사의 나팔"과 최면을 거는 불협화음으로서의 종.

01 키예프

가장 간단히 요약하면, 러시아 문화는 키예프(Киев)[1]와 모스크바와 성 페테르부르그, 이 세 도시의 이야기이다. 이 가운데 어느 도시도 세계사의 기준에 대면 그리 오래되지는 않았다. 키예프는 필시 8세기 어느 때, 모스크바는 12세기, 페테르부르그는 18세기 초에 세워졌다. 세 도시 모두 다 유럽의 동쪽 변두리에 있으며 사방팔방으로 뻗어나가는 슬라브(Слав) 제국의 수도 구실을 했으며, 근대 러시아의 문화에 영속적 영향을 남겼다.

모스크바의 등장, 그다음에 이루어진 성 페테르부르그의 등장은 러시아 근대사의 결정적 사건이며, 이 두 도시 사이에 있는 미묘하지만, 뿌리 깊은 경쟁 관계는 러시아의 무르익은 문화 발전에서 되풀이해서 나타나는 주제 가운데 하나이다. 그러나 이 드라마에 문화적 맥락을 부여한 것은 이 위대한 세 도시 가운데 맨 먼저 흥성했다가 쇠락할 키예프였다. 아무리 나중에 약해지고 모습이 달라졌더라도, 그리고 아무리 폴란드(Poland)인 역사가들과 우크라이나(Украина)인 역사가들이 자기 나라 것이

---

[1] 오늘날 우크라이나의 키우(Київ).

라고 주장했더라도, 키예프는 연대기 작가들에게 여전히 "러시아 도시들의 어머니"이자 "세상의 기쁨"으로 남았다.[1] 키예프의 위업에 관한 기억은 구비 민간전승에서 사라지지 않고 남아서 정교도 동슬라브인[2]에게 예전에 자기들이 하나였고 위대했음을 끊임없이 일깨워 주었다. 속담에서 말해지기로, 모스크바는 러시아의 가슴이고 성 페테르부르그는 러시아의 머리였지만, 키예프는 러시아의 어머니였다.[2]

키예프의 기원은 아직도 분명하지 않지만, 확인 가능한 키예프의 역사는 북쪽에서 온 무사 겸 상인들이 유럽 동쪽의 기름진 벌판을 거쳐 흑해(黑海, Черное море)와 지중해로 흘러 들어가는 여러 강을 따라 일련의 요새 도시를 세우면서 시작된다.[3] 발트(Balt) 해 연안 지역에서 출발해서 아래쪽으로 내려가는 이 새로운 통상로의 주요 동맥은 드네프르(Днепр) 강[3]이었으며, 이 강 상류의 지류들을 따라 체르니고프(Чернигов)[4]와 스몰렌스크(Смоленск) 같은 초기 러시아의 유서 깊은 여러 도시가 전략적 요지에 들어섰다. 이 강에 들어선 요새 도시들 가운데 방어물 없이 맨 남쪽에 가장 탁 트인 지형에 있는 키예프는 남동쪽에 있는 비잔티움 제국과의 주요 접촉점이 되었고, 스칸디나비아인 공후들과 이 지대의 슬라브인이 9세기와 10세기에 그리스도교 정교로 차츰차츰 개종하는 과정의 중심지가 되었다. 솟아있어 방호가 되는 곳인 드네프르 강 서안(西岸)에 자리잡은 덕분에 곧 키예프는 싸우기 좋아하는 남쪽 스텝(steppe)의 이교도 유목민

---

[2] 인도-유럽어족에 속하는 슬라브인의 한 지파로 오늘날의 러시아인, 벨라루스인, 우크라이나인.

[3] 스몰렌스크 주의 발다이 고지대에서 발원하여 러시아와 벨라루스와 우크라이나를 거쳐 흑해로 흘러 들어가는 길이 2,200킬로미터의 하천. 볼가 강과 도나우 강에 이어 유럽에서 세 번째로 긴 강.

[4] 오늘날 우크라이나의 체르니히우(Чернігів).

에 맞서 그리스도교 세계를 지키는 주요 보루가 되었다. 경제면에서 키예프는 활발한 교역 중심지였고, 십중팔구는 동유럽에서 가장 큰 도시였을 것이다. 정치면에서 키예프는 한 슬라브 문명의 중심지가 되었다. 이 슬라브 문명은 현대적 의미의 명확한 영토 국가라기보다는 느슨한 종교·경제·왕조적 유대로 묶인 일련의 요새 도시들이었다.

키예프 러시아는 서유럽과 — 교역을 통해서, 그리고 유럽 그리스도교 세계의 모든 주요 왕가와 맺은 혼인 관계를 통해 — 긴밀하게 이어져 있었다.[4] 러시아는 『롤랑의 노래』(Chanson de Roland)나 『니벨룽의 노래』(Nibelungenlied) 같은 초기 서사시에 언급되어 있다.[5] 사실 이 작품들로 대표되는 중세 성기 서유럽의 문화적 성과는 동유럽에 싸움에 능한 그리스도교 문명이 있어서 문명화가 덜 된 스텝 민족들의 침략이라는 충격이 상당 부분 흡수되지 않았더라면 가능하지 않았을지 모른다.

이처럼 괜찮았던 서방과의 첫 연계는, 불길하게도, 결코 탄탄해지지 않았다. 차츰차츰, 그리고 가차 없이 키예프 러시아는 동쪽으로 이끌려가서 유라시아 스텝의 지배권을 둘러싼 진 빠지는 싸움에 빠져들었다.

세계에서 가장 큰 이 단일한 땅덩어리[5]의 정치사는 아주 드문드문 기록되었을 따름이다. 러시아인은 그들 이전의 스키타이인이나 사르마티아(Sarmatia)인[6]이나 훈(Hun)족[7]처럼 (그리고 그들과 동시대인이자 적수였던 몽골인처럼) 다부지고도 모질다는 평판을 더 안정적인 사회에서 얻게 된다. 그러나 스텝을 지배한 다른 모든 민족과는 달리 러시아인은 서쪽

---

5   러시아.
6   스키타이인과 가까운 이란계 고대 민족.
7   중앙아시아 스텝에 살았던 튀르크계 유목 민족. 4세기에 서쪽으로 이동해서 동유럽 일대를 지배하는 제국을 세우고 로마 제국까지 위협했지만, 4세기 후반에 급속히 쇠퇴했다.

으로는 프리퍄트(Припять) 늪지대[8]와 카르파티아 산맥에서 동쪽으로는 고비(Gobi) 사막과 히말라야(Himalaya) 산맥에 이르는 지역 전체를 정복했을 뿐 아니라 그 지역을 문명화하는 데 성공했다.

이 위업을 이룩하도록 자극한 영감은 유럽이나 아시아가 아니라 비잔티움 제국에서 왔다. 유럽과 아시아 사이에 놓여있는 비잔티움 제국은 그리스어를 썼고 오리엔트(Orient)식으로 장엄했다. 비잔티움의 수도 콘스탄티노플(Constantinople)[9]은 유럽을 아시아에서 떼어놓고 지중해를 흑해와 잇는 해협[10]에 자리잡고 있었다. 그 해협은 지중해를 중유럽과 동유럽의 한복판으로 들어가는 강, 즉 도나우(Donau) 강과 드네프르 강과 돈(Дон) 강과 이어주기도 했다. "새로운" 로마나 "제2의" 로마로 알려진 이 콘스탄티누스(Constantinus)의 도시[11]는 서로마 제국이 무너진 뒤로 거의 천 년 동안 옛 로마 제국의 동쪽 절반을 계속 다스렸다.

비잔티움의 모든 문화 업적 가운데 그리스도교를 슬라브인에게 가져다준 것보다 더 중요한 것은 없다. 7세기와 8세기에 성지(聖地)[12]와 북아프리카와 소아시아[13]가 이슬람에게 넘어갔을 때 비잔티움은 명운을 돌이키고자 북쪽과 동쪽으로 눈길을 돌리지 않으면 안 되었다. 9세기 무렵

---

[8] 벨라루스 남부와 우크라이나 북부의 여러 주에 걸쳐 있는 광활한 침수 지역.
[9] 오늘날의 이스탄불(Istanbul). 본디 그리스인의 식민시였으며, 로마 제국의 콘스탄티누스 황제가 324년에 로마 제국의 수도로 삼은 뒤로 동지중해 지역의 중심이 되었다.
[10] 보스포루스(Bosporus) 해협.
[11] 콘스탄티노플을 일컫는 표현. 4세기 전반기에 로마 제국 황제 콘스탄티누스가 옛 수도인 비잔티온 옆에 자기 이름을 딴 콘스탄티노폴리스(Constantinopolis)라는 새 도시를 세우고 로마 제국 동부령 수도로 삼았다. 이 콘스탄티노폴리스가 곧 콘스탄티노플이다.
[12] 예루살렘.
[13] 오늘날의 아나톨리아(아나돌루) 반도.

에 콘스탄티노플은 새로 뻗어나가는 데 필요한 자신감을 되찾았다. 오랜 논란거리였던 그리스도교 교리 문제는 일곱 차례의 교회공의회[14]에서 해결되었다. 콘스탄티노플 밖에서는 이슬람 침공자가 격퇴되었고 콘스탄티노플 안에서는 꼬장꼬장한 이콘 파괴론자들이 제거되었다. 중세 암흑기에서 아직 확실하게 벗어나지 못하고 있던 서쪽 세계의 권위에 황제들이나 수좌대주교들이나 모두가 도전하기 시작했다.

비잔티움의 정치적·문화적 영향력이 9세기에 발칸 반도로 빠르게 뻗어 들어간 것은 비잔티움 역사의 이 "제2의 황금시대"가 활력에 넘쳤음을 극적으로 보여주었다. 이 세력 진출의 핵심 계기는 슬라브 세계에 맞닿은 마케도니아(Macedonia) 변경 출신의 그리스인 형제 두 사람이 선교 사절로 슬라브인에게 파견된 것이다. 그 두 사람은 많은 곳을 두루 돌아다니고 명성이 자자한 학자 키릴로스(Cyrilus)와 비잔티움 제국의 슬라브어 사용 지역에서 지낸 경험을 지닌 행정가 메토디오스(Methodius)였다. 두 사람은 머나먼 모라비아(Moravia)에서, 나중에는 불가리아(Bulgaria)에서 현지 토박이말인 슬라브어를 그리스도교 정교 세계의 기본서들을 번역하기에 알맞은 문자언어로 바꾸는 일을 도왔다. 그 두 사람은 첫 작업을 특별히 창안한 색다른 글라골(глагол) 문자[15] 자모체계로 한 듯하지만, 그들의 제자들은 곧 주안점을 키릴 문자[16] 자모체계에 두었다. 키릴 문자

---

[14] 교리 문제를 논의하려고 소집된 제1차 니케아 공의회(325년), 제1차 콘스탄티노플 공의회(381년), 에페소스 공의회(431년), 칼케돈 공의회(451년), 제2차 콘스탄티노플 공의회(553년), 제3차 콘스탄티노플 공의회(680~681년), 제2차 니케아 공의회(787년).

[15] 9세기 후반에 발칸 반도의 슬라브계 민족 사이에 도입된 문자이며, 주로 가톨릭을 믿는 슬라브인이 사용했다. 글자의 모양은 키릴 문자와 다르지만, 문자의 개수와 음가는 같다.

[16] 동방 정교를 믿는 슬라브 민족을 위해 9세기에 그리스 문자를 바탕으로 만들어진 표기 체계.

자모체계에는 비교적 낯익은 그리스 문자가 많이 있었다. 그 두 선교사가 죽은 뒤 반세기 안에 수많은 그리스도교 문헌이 그 두 가지 문자로 바뀌어 표기되었다.[6] 교회 슬라브어[17]가 모든 정교도 슬라브인의 예배어가 되었다. 학식이 더 높았던 아우의 이름을 딴 키릴 문자는 불가리아인과 남슬라브인[18]의 문자가 되었다.

키릴로스와 메토디오스의 제자들이 10세기와 11세기 초엽에 자기들의 전례·문예 활동을 키예프 러시아로 넓혔을 때, 정교도 동슬라브인은 중세 그리스도교 세계에서 (라틴어와 그리스어와 더불어) 필기와 예배에 쓰이는 3대 언어 가운데 하나가 된 언어를 얻었다. 교회 슬라브어는 변화와 변형을 많이 겪기는 했어도 17세기 말엽까지도 러시아의 기본 문어로 남았다.

비잔티움의 양식과 신앙을 받아들일 여러 슬라브 공국 가운데 키예프 러시아는 — 또는 당시에 불렸던 대로 루스(Русь)는 — 심지어는 처음부터 특이한 지위를 차지했다. 발칸 반도의 슬라브 왕국들과는 달리 키예프의 강역은 전체가 다 옛 로마 제국의 권역 저 너머에 있었다. 키예프 러시아는 비잔티움의 그리스도교를 받아들일 별개의 마지막 민족 문명 가운데 하나였는데, 콘스탄티노플에 정치가 종속되는 것을 결코 분명히 받아들이지 않을 유일한 문명이었으며 — 북쪽으로 발트 해와 거의 북극해까지 뻗쳐있는 — 단연 가장 큰 문명이었다.

그러나 문화면에서 키예프는 비잔티움 제국 안의 많은 지역보다 여러모로 콘스탄티노플에 훨씬 더 깊이 종속되어 있었다. 왜냐하면, 10세기

---

[17] 테살로니키 주변 지역에서 쓰이던 마케도니아 방언에 바탕을 둔 슬라브어. 슬라브인의 정교회와 근대 이전의 문어에서 많이 쓰였다.
[18] 인도-유럽어족에 속하며 발칸 반도 북쪽에 정착한 슬라브인의 한 지파.

말엽과 11세기 초엽의 러시아 지도자들은 새로운 개종자가 종교를 무비판적으로 열렬히 받아들이듯 정교를 받아들였고 졸부가 하는 식으로 콘스탄티노플의 장관을 키예프에 무더기로 옮겨다 놓으려 들었기 때문이다. 블라디미르(Владимир) 대공은 988년에 개종하자마자 곧바로 비잔티움의 장엄한 예배의식을 키예프에 들여왔으며, 특히 그의 걸출한 아들인 현자 야로슬라프(Ярослав Мудрый)의 치세에는 학식이 풍부한 성직자들이 초기 러시아의 법률과 연대기와 설교의 본보기를 가지고 비잔티움에서 줄줄이 들어왔다. 성 소피야 대성당(Собор Святой Софии)[19]과 게오르기 교회(Георгиевская церковь)[20] 같은 거대한 교회의 이름은, 키예프 시의 "황금대문"(Золотые ворота)[21]이 그랬듯이, 콘스탄티노플에 있는 각각의 성당에서 따왔다.[7]

"그리스도교인의 낙천론, 즉 루스가 세상이 끝나기 바로 전인 '제11시'[22]에 그리스도교에 합류할 자격을 갖추었다는 기쁨"[8]으로 가득 차서 키예프는 그리스도교 정교가 믿음과 신앙의 기본 문제를 모조리 다 해결했다는 주장을 비잔티움보다 더 주저 없이 받아들였다. 사도 교회[23]가 후대에 전하고 사도 교회가 일곱 차례에 걸쳐 연 그리스도교 세계 전체의 공의회가 영구히 정해놓은 예배 형식을 통해 "올바르게 찬양하기"(그리스어 낱말 오르토독소스(orthodoxos)의 러시아어 역어 프라보슬라비

---

[19] 콘스탄티노플의 소피아 대성당에 버금가는 성전을 지으려는 목적으로 1037년에 키예프에 세워진 대성당. 동방 정교의 본산 구실을 했다.

[20] 11세기 초엽에 야로슬라프 대공이 자기의 수호 성자를 기려 키예프에 세운 교회.

[21] 콘스탄티노플 성벽의 남쪽 출입문이자 개선문이었던 황금대문을 본떠 야로슬라프 대공이 11세기 초엽에 키예프 시로 들어가는 대문의 하나로 만든 대형 출입구.

[22] 새벽을 기점으로 삼는 유대 시간 제11시는 해넘이 직전인 오후 5시이다. 신약성경 「마태복음」 20장 6, 9절을 참조할 것.

[23] 12사도가 세운 그리스도교 교회.

예(православие)를 문자 그대로 옮긴 번역)만 하면 된다는 것이었다. 교의 상의 변화는, 또는 심지어 성경 문체의 변화마저도 용납될 수 없었다. 어떤 논쟁에도 답은 딱 하나만 있기 때문이었다. 9세기 말엽에 로마가 성령(聖靈)이 "성부(聖父)에게서" 좇아나신다는 니케아 신경(Nicaea 信經)[24]의 언명에 "그리고 성자(聖子)에게서"라는 문구를 덧붙였을 때, 동방 교회는 로마와 처음으로 갈라섰다.[25]

동방의 전통적 신앙 형식이 러시아보다 더 열렬하게 수호된 곳은 없었다. 러시아 정교에는 상대적으로 뒤늦게 개종한 것을 보상이라도 하려는 양 일절 따지지 않고 정교의 진리 정의(定義)와 비잔티움의 예술 양식을 받아들이는 경향이 있었다. 그러나 (비잔티움 문화의 그리스적 고전주의 토대는 말할 것도 없고) 비잔티움의 복잡한 철학 전통과 문예 관행은 결코 제대로 습득되지 않았다. 이렇듯, 숙명적으로, 러시아는 "비잔티움의 위업을 …… 비잔티움식 탐구정신 없이" 넘겨받았다.[9]

이 화려하고 양식화된 비잔티움의 유산 안에서 활동하면서 키예프 러시아는 러시아 문화에 극히 중요한 첫 방향 감각을 준 독특한 두 가지 태도를 개발했다. 첫째는 직관적 미감, 즉 구체적 형태로 된 영적 진리를 보고 싶어 하는 열정이었다. 키예프 시대의 맨 처음 역사 기록에 따르면,

---

[24] 콘스탄티누스 대제가 그리스도교 교리 논쟁을 끝맺고자 325년에 교회 대표들을 니케아에 불러 모아 연 공의회에서 예수의 인성과 신성을 놓고 격론이 벌어진 끝에 아버지 하느님과 아들 예수가 동일하다는 신경이 정통으로 공인되었다. 이 니케아 신경이 공식 교리로 굳어졌다.

[25] 필리오케 문제. 4세기 말엽에 채택된 그리스어 신경이 라틴어로 번역될 때, "성령은 성부에게서 좇아나시며"(τὸ ζῳοποιόν, τὸ ἐκ τοῦ Πατρὸς ἐκπορευόμενον)라는 구문이 그리스어 원문에 없던 필리오케(Filioque)라는 낱말이 덧붙여져 "성령은 성부와 성자에게서 좇아나시며"(qui ex Patre Filioque procedit)가 되었다. 동방 교회가 항의하는데도 서방 교회가 '필리오케'란 낱말이 들어간 신경을 승인했고, 이 사건은 두 교회가 갈라서는 한 계기가 되었다.

블라디미르가 개종한 까닭은 콘스탄티노플의 아름다움과 그 예배 장소와 형식의 아름다움이었다. 그 자체로 생생하고 자주 아름다운 문학작품인 이 『원초연대기』(Повесть Временных Лет)[26]는 블라디미르의 특사들이 어떻게 해서 이슬람교의 예배가 중구난방이고 구리퉁퉁하다는 것을 알아냈는지, 그리고 서유럽 그리스도교도의 예식에서는 "장관이 보이지 않았"는지 알아냈는가를 말해 준다. 그러나 콘스탄티노플에서는

> 그리스 사람들이 자기네 신을 모시는 그곳으로 저희를 데려갔는데, 저희는 하늘에 있는지 땅에 있는지 모를 지경이었나이다. 그런 장관이나 그런 아름다움은 땅에는 없으며 그것을 말로 어찌할지 모르기 때문이옵니다. 저희가 아는 것이라고는 그저 신이 그곳에서 사람들과 함께 계신다는 것과 그들의 예배가 다른 모든 나라의 예배보다 더 훌륭하다는 것뿐이옵니다. 저희는 그 아름다움을 잊을 수 없나이다. 누구든 달콤한 것을 맛본다면 그다음에는 쓴 것을 먹지 않을 것이기 때문이옵니다 ……[10]

키예프의 공후들은 아름다움에 대한 이러한 경험을 동슬라브 세계의 모든 주요 도시에 갑작스레 생겨난 비잔티움 양식 성당에 재현하려 들었다. 하늘나라의 장관은 차분한 중앙 돔으로 표현되었고, 그 돔의 안쪽은 판토크라토르(Pantokrator)[27], 즉 하늘과 땅의 창조주 하느님의 경외로운 이미지로 꾸며졌다. 내부의 벽과 돔을 아름답게 꾸미는 모자이크나 프레스코(fresco)화[28]로 그려진 다른 인물상 가운데에서 테오토코스(Theotokos)[29],

---

[26] 1112년 즈음에 키예프 러시아에서 편찬되어 12세기 초까지의 동슬라브인의 역사가 적혀 있는 '지난 세월의 이야기'라는 뜻의 연대기.

[27] '전능자'나 '만물의 지배자'를 뜻하는 고대 그리스어 낱말(παντοκράτωρ).

[28] 안료 가루를 물에 개어 아직 굳지 않은 회벽에 그림을 그리는 회화 기법. 그림은

즉 신을 잉태한 성모가 두드러졌다. 성당은 주위 지역에 아름다움의 중심과 축성(祝聖)의 원천을 제공했다. 공동체의 모든 활동에 신의 권능이 내리기를 비는 모임을 나타내는 데 쓰인 낱말 소보르(собор)는 성당을 가리키는 낱말도 되었다.[11] 그리고 각 "모임"의 활동은 예배의식 위주로 이루어졌다. 그 예배의식은 세상을 구하는 그리스도의 희생을 공동으로 재연하는 종교 행사였다.

추상적 개념보다는 구체적 아름다움이 초기의 러시아인에게 그리스도교의 메시지를 전달하고 러시아 땅에서 비잔티움의 예술과 학문이 새로 꽃피우도록 자극했다. 사람이 하는 역할은 결정된 것을 분석하거나 신비한 것을 설명하는 것이 아니라 물려받은 찬양과 예배의 형식을 사랑을 담아 겸허한 자세로 아름답게 꾸미는 — 어쩌면 그렇게 해서 앞으로 올 찬란한 세계를 불완전하게나마 느끼는 — 것이었다. 블라디미르가 개종한 뒤 몇십 년 안에 키예프는 위풍당당한 도시로 탈바꿈했다. 키예프를 방문한 서유럽의 한 주교는 키예프를 "콘스탄티노플의 맞수"로 일컬었다.[12] 최초의 현지 출신 대주교인 키예프의 일라리온(Иларион Киевский)은 키예프를 이렇게 일컬었다.

거룩한 이콘의
빛으로 반짝이는,
그리고 향내로 향긋한,
거룩한 노래가 울려 퍼지는 도시.[13]

물감이 마르면서 회반죽과 함께 굳어 벽의 일부가 된다.

29 신을 잉태한 사람이라는 뜻의 고대 그리스어 낱말(Θεοτόκος). 동방 정교회에서 성모 마리아를 일컫는 표현.

한 그리스도교인 공후에 관한 초기 러시아의 모든 글에는 "몸이 아름답다는 말이 빠지지 않는다. 자비와 자선과 더불어 이것은 이상적인 공후가 지닌 유일하게 변하지 않는 특성이다."[14]

읽고 쓰는 능력은 그런 능력이 실무에 필요했던 사람들 사이에서는 흔히 인식되는 것보다 더 널리 퍼져 있었다. 그러나 문헌은 그 사상의 내용보다는 심미적 장식성으로 더 두드러졌다. 현존하는 가장 오래된 러시아 필사본인 1056~1057년의 오스트로미르 복음서(Остромирово еванге-лие)[30]는 복음서의 읽을거리를 추려 교회 예배용으로 요일 별로 모아 배열해서 색색이 다채롭게 장식한 책이다. 초기 러시아에서는 독자적인 신학 총서는 말할 것도 없고 빠진 부분 없이 전체가 다 갖춰진 판본의 성경도 나오지 않았다. 11세기에 쓰여 오늘날까지 남아있는 필사본 서적 22권과 12세기에 쓰여 오늘날까지 남아있는 필사본 서적 86권[15]의 대부분이 실용적인 예배 지침용으로 모아놓은 읽을거리와 설교문을 한데 묶어 러시아 필경사들이 언어와 시각 양 측면에서 아름답게 꾸민 책들이었다. 처음부터 비잔티움의 위대한 신학자나 입법자보다는 "황금의 입" 요한네스 크리소스토무스 같은 설교자가 유난스레 더 선호되었다. 키예프의 일라리온과 투로프의 키릴(Кирилл Туровский) 같은 가장 위대한 키예프 저술가들의 설교에서는 부활의 아름다움에 관한 이미지가 죽 이어져 펼쳐지다 보니 사고의 미묘한 함의가 모조리 흩날라가 버렸다.

실제로 옛 러시아[31]에는 지적으로 정교함을 갖춘 독자적인 비판적 신학이 없었다. 심지어 그 뒤에도, 즉 모스크바국 시대에도 "이론적"이라

---

[30] 11세기 중반에 노브고로드와 키예프를 다스리던 오스트로미르(Остромир)의 명령으로 쓰인 복음서.

[31] 18세기 이전, 더 정확히는 표트르 대제의 개혁 이전의 러시아를 일컫는 표현. 그 뒤의 러시아는 근대 러시아로 일컫는다.

는 말은 즈리텔늬이(зрительный), 즉 "눈에 보이는"이라는 말로 표현되었고, 존경받는 교사는 스모트렐리븨이(смотрелибый), 즉 "보신 분"으로 알려졌다.[16] 러시아의 신학에서 당대의 토박이 성자들은 각별한 중요성을 띠었다. 그 성자들이 수행한 공적은 사람들이 당시에 눈으로 보았던 행위였다. 키예프의 페오도시(Феодосий Киевский)는 부귀영화와, 그리고 사실상 고행 수도생활과도 등을 지고는 동굴 수도원을 키예프 시에서 적극적으로 조언을 해주고 자선을 하는 활동으로 이끌었다. 스몰렌스크의 아브라아미(Авраамий Смоленский)는 최후의 심판을 가르치면서 더불어 그것에 관한 그림을 그렸고 열성을 다해 기도해서 바싹 타들어 간 스텝 땅에 비를 내렸다.[32] 무엇보다도 최초의 러시아인 성자인 보리스(Борис)와 글레브(Глеб)가 있다. 블라디미르의 결백한 젊은 아들인 이들은 키예프의 정치 동란기에 그리스도와도 같은 순수한 고난을 통해 자기 백성을 구원하고자 죽음을 기꺼이 받아들였다.[17]

신학, 즉 "하느님의 말씀"[33]은 성자의 삶에서 발견되었다. 사람들은 비록 성자가 되거나 성자를 알 수는 없을지라도 이콘 제작자가 그린 시각 이미지나 성자전 작가가 입으로 해준 술회를 통해 여전히 생생하게 접할 수 있었다. 거룩한 그림이나 이콘은 러시아에서 가장 숭상된 신학적 표현 형식이었다. 실제로, "성스러운"이나 "거룩한"을 가리키는 민

---

[32] 반대파의 모함으로 한 작은 수도원으로 좌천된 아브라아미는 최후의 심판을 주제로 삼은 그림으로 수도원을 꾸몄다. 전설에 따르면, 아브라아미가 반대파의 집요한 공격에 밀려 사제직을 잃자 스몰렌스크에 가뭄이 들었고, 아브라아미가 시민들의 요구로 다시 돌아와 기도하자 비가 내렸다.

[33] 서구어에서 신학을 뜻하는 낱말(theology, theologie)은 고대 그리스어에서 신을 뜻하는 테오스(θεός, theos)와 말이나 논리를 뜻하는 로고스(λόγος, logos)라는 두 낱말의 결합 형태에서 비롯되었다. 신학을 뜻하는 러시아어 낱말(богословие)도 신(бог)과 말(слово)을 뜻하는 두 낱말의 결합 형태이다.

중의 말은 프레포도브늬이(преподобный), 즉 이콘에 있는 인물상을 "쏙 빼
닮은"이었다. 그러나 "듣는 이들의 큰 성공과 실익을 위해" 큰 소리로
낭독되도록 쓰인 성자의 일대기도 높이 평가되었다. 수도원 견습수사나
성자의 문하생을 일컫는 낱말은 포슬루시닉(послушник), 즉 "고분고분 듣
는 이"였다. 러시아의 가장 위대한 성자전 작가 가운데 한 사람이 설명
한 대로, "백 번 듣는 게 한 번 듣느니만 못하"지만 눈으로 볼 수 없는
나중 세대도 여전히 "들은 적이 있는 이들의 말을, 만약 그 사람이 진실
을 말한다면, 믿을 수도 있다."[18]

교회 성가의 종지(終止)[34]에는 최면성이 있었다. 초기 키예프의 교회에
있는 속이 빈 항아리 모양 골로스닉(голосник)[35]은 여운이 오래 남는 울림
을 만들어냈는데, 이 울림 때문에 노래로 불리는 기도문의 뜻은 알아듣
기 어려워졌지만, 그 기도문의 감동은 깊어졌다. 그림의 아름다움은 모
자이크와 프레스코화와 이콘뿐 아니라 장엄한 종교 행렬을 할 때 입는
예복과 훗날 설교문과 연대기를 쓸 때 쓰이게 될 장식흘림체 글씨(скороп-
ись)[36]에서도 나타났다. 사제가 미사를 올리는 곳인 지성소(至聖所)는 하느
님이 사람들 사이에서 지내는 거처였다. 임금문(царские врата)[37] 옆에서 피
어오르는 그윽한 향은 하느님이 맨 처음에는 모세[38]에게, 이제는 각 예

---

[34] 끝맺음을 한다는 느낌을 주도록 악곡의 끝이나 중간에서 두어 개의 화음을 연결
한 형태.
[35] 건물 천장이나 벽에 매달아 소리를 키우고 울리게 만드는 도자기 그릇.
[36] 14세기에 관청과 실무에서 쓰이며 나타난 키릴 문자의 필기체. 오늘날의 키릴 문
자 필기체의 원조였다.
[37] 정교 성당이나 교회에서 사제가 지성소와 신도석을 드나들도록 이코노스타시스
가운데 나 있는 문.
[38] 이집트에서 고생하던 이스라엘 백성을 이끌고 가나안 땅으로 향한 고대 이스라엘
의 지도자(구약성경 「출애굽기」, 「신명기」).

배의식의 절정에서 사제가 내오는 성찬용 빵을 통해 모든 사람에게 나타날 때 타고 오는 구름 기둥[39]이었다.

초기 러시아인이 그리스도교에 이끌린 것은 그리스도교 예배의 심미적 호소력 때문이었지 그리스도교 신학의 합리적 양상 때문은 아니었다. 그들은 정교의 진리 정의를 일절 따지지 않고 받아들이면서 모든 표현 양식을 신앙을 함께 나누고 찬양하는 똑같이 유효한 방법으로 보았다. 말과 소리와 그림은 모두 다 공통된 한 종교문화의 상호 연관된 하위 부분들이었다. 지중해 세계나 서유럽 세계와 확연히 다른 러시아에서 "교회 예술은 밖으로부터 종교에 보태지는 것이 아니라 안으로부터 퍼져나오는 것이었다."[19]

구체적 형태로 된 영적 진리를 보려는 똑같은 욕구에서 초기 러시아 문화의 둘째 특징인 비상한 역사의식이 비롯된다. 수많은 단순한 무인들의 경우처럼 종교의 진리는 승리를 북돋는 능력을 구체적으로 시험해서 검증되는 경향을 보였다. 기적을 일으킨다는 그리스도교의 자임(自任)은 세계의 여러 종교 사이에서 유별나지는 않다. 그러나 그리스도교 정교는 카리스마적 권능을 역사적 전통과 유난히 엄밀하게 동일시했다. 역사적 전통이란 천지창조에서 신의 성육신(成肉身)[40]까지, 그리고 나아가서 최후의 심판까지 끊기는 데 없이 죽 이어지는 대주교와 선지자와 사도들의 계승이었다. 존엄과 운명의 의식은 교회와 제국이 주었다. 그 교회는 그리스도교 세계의 초창기 주교좌들 주위에 생겨난 교회였으며, 그 제국은 로마 제국의 종교를 그리스도교로 바꾸고 니케아[41]에서 맨 처음 열린

---

[39] 구약성경 「출애굽기」 33장 9절, 「민수기」 12장 5절과 14장 14절, 「신명기」 31장 15절, 「시편」 99장 7절을 참고할 것.

[40] 하느님이 사람의 속성을 띠고 예수의 모습으로 육신을 가진 사람이 되는 것을 일컫는 신학 용어.

전체 교회의 공의회에 참여한 사람인 콘스탄티누스 대제의 도시에 중심을 둔 제국이었다. 상인과 순례자가 가리지 않고 동방의 대제국과 성지에 관한 이야기를 가지고 키예프로 돌아왔고, 이 이야기들은 서로 맞지 않는다거나 앞뒤가 맞지 않는다는 느낌 없이 얼기설기 뒤섞여 거룩한 연대기 안으로 들어갔다. 서유럽과 북유럽이 무너져가는 서방의 로마 제국에서 아직 투박하고 틀이 잡히지 않은 그리스도교를 물려받은 반면에, 러시아는 아직 무너지지 않은 동로마 제국에서 완성된 교의를 넘겨받았다. 신참이 이룰 수 있는 것으로 남는 것이라고는 성스러운 역사[42]의 이 행진극의 마지막 장(章)뿐이었다. 곧, "지상의 왕국을 신의 왕국으로 바꾸는 것"[20], 하느님의 옥좌 앞에서 열릴 성자들의 마지막 모임(ekklēsia)[43]에 대비하는 것이었다.

"고대 러시아의 신학은 합리적 요소나 논리적 요소가 없으므로 전적으로 역사적이었다."[21] 성스러운 역사를 연대기 형식으로 쓰는 것은 아마도 키예프 시대의 가장 중요하고 독특한 문예 활동이었을 것이다. 연대기는 이탈리아어나 프랑스어로 쓰이기 오래전에 키예프 러시아에서 교회 슬라브어로 쓰였으며, 적어도 똑같이 오래되고 라틴어나 게르만어로 작성된 연대기만큼 예술적이다. 원본 『원초연대기』에 나오는 인물과 사건에 관한 생생한 이야기는 중세 서방의 그 어떤 것보다 훨씬 더 뛰어나서 러시아의 연대기를 최초로 연구한 서방학자인 아우구스트 슐뢰처

---

[41] 오늘날 터키의 이즈닉. 아나톨리아 반도 북부에 있는 유서 깊은 도시였고, 비잔티움 제국 시대에는 콘스탄티노플 다음 가는 중심지였다.

[42] 구약성경에서 유대인이 겪은 사건과 신약성경에 나타나 있는 예수의 행적, 그리고 그리스도교의 발생과 발전에 관한 역사.

[43] 소집된 모임을 가리키는 고대 그리스어 낱말(ἐκκλησία). 원래는 아테네의 민회(民會)를 뜻했다.

(August Schlözer)에게 감명을 주었고, 그는 근대적인 한 대학교의 교과과정에 일반사와 러시아사를 맨 처음으로 도입할 생각을 품도록 일조했다.

12세기 초엽에 편찬된 최종 형태의 『원초연대기』는 십중팔구 그 바탕을 11세기에 여러 사람의 손을 거친 저술에 두었을 것이며, 마찬가지로 그 『원초연대기』도 훨씬 더 길고 상세한 수많은 후속 연대기의 시발점이 되었다. 성스러운 역사들이 숭상되다 보니 곧 서술이나 계보의 사소한 변화는 성마른 공후들과 수도원들 사이에서 벌어지는 정치 투쟁과 이념 투쟁의 한 실질적 형태가 되었다. 연대기의 어투에 일어나는 변형은 이 소통 형식의 비결을 터득할 수 있는 사람에게는 중세 러시아의 치열한 정치 투쟁을 가리키는 가장 좋은 표시 가운데 하나로 남아 있다.[22]

러시아의 연대기들은 성스러운 역사뿐 아니라 세속의 역사의 귀중한 사료이다. 중세 서유럽의 대다수 수도원 연대기보다 훨씬 더 그렇다. 성스러운 역사의 전통적 틀 안에서 잡다한 비그리스도교 요소와 정치·경제 정보가, 심지어는 민담마저 통째로 자주 나타난다. 대체로 키예프는 비교적 세계주의적이고 관용적인 문화 중심지였다. 연대기들은 더 오래된 토착신앙적 의례가 끈질기게 지속하였음을 빈번하게 입증해 준다. 키예프에 있는 성 소피야 성당의 신성한 벽에는 순전히 세속적인 일련의 프레스코화가 들어있다. 최초이자 가장 널리 베껴진 러시아의 예루살렘 성지 순례 이야기에는 같은 시대에 서유럽의 성지 순례자들과 십자군이 한 대다수 설명보다 더 치우침 없는 지리·민족지 서술이 들어있다.[23] 유명한 서사시 『이고르 원정기』(Слово о полку Игореве)[44]는 모스크바국 시

---

[44] 러시아인 공후 이고르 스뱌토슬라비치(Игорь Святославич)가 폴로베츠인과 싸우다 패한 사건을 바탕 삼아 1180년대 후반에 쓰인 서사시. 키예프 러시아 문학의 최고 걸작이지만, 후세의 위작이라는 의심을 받기도 한다.

대의 서사시들보다 세속적인 언설과 소재가 훨씬 더 풍부하다. 만약 『이고르 원정기』를 이 시대의 진본 작품으로 여긴다면, 키예프 러시아의 세속성과 문예적 천재성은 둘 다 훨씬 더 대단해진다.[24]

역사의식은 신학 못지않게 세속 문학에 배어들었다. 소련의 뛰어난 러시아 고문학 역사학자 한 사람이 이렇게 쓴 적이 있다.

> 러시아 중세 문학의 모든 설화 주제는 역사에서 일어났었던 일로 여겨졌다. ……
>
> 옛 러시아 설화의 등장인물은 늘 역사적 인물이었다. 존재하지 않았는데도 역사적으로 존재했다고 의심 없이 받아들여지는 인물이었다. 심지어는 러시아 고문학 작품에 허구의 인물이 들어가 있는 경우에도 그 인물은 그가 지난날 정말로 존재했다는 착각을 일으키는 숱한 역사적 기억에 에워싸여 있었다.
>
> 설화의 사건은 늘 정확하게 규정된 역사적 상황 속에서 일어났다. 또는 러시아 고문학 작품은 가장 역사적인 사건에 관해 직접 이야기하는 경우가 훨씬 더 잦았다.
>
> 바로 이런 까닭에 러시아 중세 문학에는 순전한 오락용 장르(genre)의 작품이 없지만, 그 안에는 역사주의 정신이 철두철미하게 스며들어 있었다. 이런 탓에 러시아 중세 문학에는 유난스러운 진지함과 유난스러운 진중함의 흔적이 아로새겨졌다.[25]

역사에서 뿌리와 정당성을 찾아내려는 욕구는 얼마간은 동부의 평원이 안정되지 않는다는 데에서 생겨났다. 전통적으로 역사가 아니라 지리가 유라시아 스텝의 사고방식을 좌우했다. 혹독한 계절 주기, 드물고 멀리 떨어져 있는 하천, 빈약한 강우량과 토양 비옥도가 평범한 농부의 삶을 지배했다. 유목민 정복자가 몰려오고 물러가는 것은 변함없는 거친 바다 위에 떠 있는 물체의 의미 없는 움직임에 지나지 않아 보일 때가 잦았다.

시간이 참으로 중요하다고 — 그리고 한 민족으로서 때가 되면 해야 할 사명이 있다고 — 느낀 스텝 민족은 모두 다 저절로 두드러졌다. 남쪽에서는 공격받기 쉬운 탁 트인 위치에 있는 하자르(Хазар) 제국[45]이 심원하게 역사적인 유대교 교의로 개종했기에 수명이 늘어났고, 동쪽에서는 볼가 불가르인[46]이 이슬람교를 받아들임으로써 그 수에 걸맞지 않게 중요해졌다. 그리스도교는 시간상 이 두 일신교 사이 중간쯤에서 역사에 등장했고, 동슬라브인 사이에서 뿌리를 내린 그리스도교는 그들의 이웃 문명들이 받아들인 예언적 교의와 똑같은 심리적 만족을 많이 제공했다.

가장 널리 모사된 키예프 시대의 설교문인 일라리온 대주교의 「율법과 은총 이야기」(Слово о законе и благодати)에는 역사적 맥락이 있다. 이 설교는 키예프를 빙 에워싸는 성벽의 완공을 경축하고자 도시의 황금대문 근처에 있는 성모희보(聖母喜報) 성당에서 1049년의 부활절에, 즉 성모희보 축제를 치른 지 딱 이틀 뒤에 처음으로 행해진 듯하다.[26] 구약의 율법을 신약을 통해 가능해진 은총과 대비한 뒤 곧바로 서둘러 일라리온은 러시아 땅에 임박한 영광의 시대와 같은 그 어떤 것을 묘사한다. 그는 블라디미르에게 죽은 자들로부터 일어나 일종의 새 예루살렘[47]으로 탈바꿈한 키예프를 바라보라고 이른다. 율법의 시대에 다윗[48]의 아들 솔로

---

[45] 6세기 말에 튀르크어 사용 부족의 연맹체가 러시아 남동부에 세운 교역 제국. 10세기부터 쇠퇴해서 사라졌다.

[46] 중앙아시아에 살던 튀르크인에서 비롯된 종족. 오늘날 타타르스탄 공화국 부근에 있던 중세 도시의 이름이기도 한 불가르는 500년부터 정착이 시작되었고 13세기에는 킵차크한국의 상공업 중심지였다.

[47] 그리스도교 신약성경(「요한계시록」 3장 12절, 21장 2절)에 하늘에서 내려와 구원받은 성도가 하느님과 함께 아무 고통 없이 사는 곳으로 언급된 거룩한 도성.

[48] 이스라엘을 괴롭히던 외적을 물리치고 사울에 이어 기원전 997년에 왕위에 오른 이스라엘의 지도자.

몬[49]이 예루살렘 안에 사원을 한 채 세웠던 것과 똑같이 블라디미르의 아들 현자 야로슬라프는 "영광의 도시 키예프"의 성벽 안에 "거룩한 지혜의 거룩한 신전" 성 소피야 성당을 지었다.[27] 이스라엘 백성처럼 키예프 사람들은 그저 믿음을 고백하지만 말고 살아계신 신에 대한 헌신을 행동으로 입증하라는 부름을 받았다. 이리하여 장식 효과를 위해서가 아니라 그리스도를 증거하기 위해서 야로슬라프 치세에 교회들이 지어지고 한 도시가 탈바꿈했다. 하느님의 아들이라는 하느님의 은혜로운 선물에 하느님의 백성이 찬양과 감사 기도라는 공물로 보답하고 있었다. 예술과 예배의 형식은 하느님의 성령이 깃든 단 하나의 "올바로 찬양하는" 교회가 거룩하게 만든 형식이었다.

과거의 관례에 대한 보수적 집착이, 얄궂게도, 역사의 종말이 다가오고 있다는 과격한 기대를 드높이는 역할을 하게 된다. 러시아인에게는 그리스도가 재림할 때까지 예술과 예배의 형식이 본디 모습 그대로 지켜져야 한다고 믿으면서 피할 수 없는 혁신을 약속된 종말이 가까이 다가오고 있다는 조짐으로 해석하는 경향이 있었다. 이 "종말론적 광기"는 비록 훗날 모스크바국 시대의 더 뚜렷한 특징이 되겠지만, 그 조짐은 스몰렌스크의 아브라아미가 한 암울한 예언적 설교에 이미 있다.[28]

키예프 러시아는 근본적으로 — 키예프에서 시작해서 북쪽으로, 그리고 각 도시에 있는 공후의 궁정에서 시작해서 그 주변의 주민들이 사는 훨씬 더 넓은 지역으로 움직여 나가는 — 개종의 물결을 통해 확보되는 그러한 통합성을 얻었다. 그 지역 일대를 통합하는 데에는 개종이 필시 식민보다 더 중요했으며,[29] 개종의 새 물결이 일 때마다 생긴 개종자들에게는 비잔티움의 유산뿐 아니라 더불어 키예프의 유산도 받아들이는 경향이 있었다. 교회 슬라브어는

---

[49] 아버지 다윗에 이어 왕위에 올라 융성기에 이른 이스라엘을 다스린 세 번째 왕.

원래는 러시아 북부의 대부분 지역에서 우세했던 핀-우고르계 언어[50]를 천천히 주변 지대로, 즉 서쪽으로는 핀란드와 에스토니아(Estonia)로, 동쪽으로는 볼가 강[51] 유역의 모르드바(Мордва) 지역[52]과 체레미스(Черемис) 지역[53]으로 몰아내면서 글쓰기와 예배를 위한 표준 수단이 되었다. 역사적 운명 의식이 자라났다. 장애물이 — 곧, 토착신앙이라는 장애물과 자연이라는 장애물이 — 더 무시무시해짐에 따라 그리스도교가 전투의 승리를 보장하는 종교라는 생각이 강해졌다.

그 새로운 신앙은 가는 곳 어디서나 거대한 교회 건축물로 극적으로 전환했다. 초기 러시아 제2의 도시이며 발트 해 연안의 게르만계 민족의 상업적 접촉점인 노브고로드에 있는 웅장한 성 소피야 성당, 그리고 키예프의 공후들이 선호한 북쪽 본거지이며 볼가 강 상류의 핵심 요충지인 블라디미르[54]에 있는 호화로운 성모승천 대성당이 그런 건축물이었다. 12세기의 걸작인 두 건축물이 본뜬 (그리고 이름을 딴) 대상은 키예프에 있는 성당이었다. 그러나 교회 짓기는 도시를 넘어서서, 심지어는 수도원 연대기 작가들의 기록에 나타나지 않은 채로, 라도가(Ладога) 호수의 호반처럼 다가가기 어려운 지점까지 확장되었다. 1160년대 말엽에 성

---

[50] 우랄 어족에 속하며 북쪽으로는 노르웨이, 서쪽으로는 시베리아의 오브 강, 남쪽으로 도나우 강 하류에 걸친 지역에 띄엄띄엄 분포하는 언어.

[51] 모스크바 북서쪽의 발다이 고지대에서 남쪽으로 3,530킬로미터를 흘러 카스피 해로 흘러들어가는 유럽에서 가장 긴 강.

[52] 오늘날 러시아 연방 모르드바 자치공화국에 해당하는 지역. 모르드바어(에르쟈어와 목샤어)를 사용하는 모르드바인이 살고 있다.

[53] 오늘날 러시아 연방 마리(Марий) 자치공화국에 해당하는 지역. 마리인이라고도 불리는 체레미스인이라는 민족이 살고 있다.

[54] 1108년에 블라디미르 모노마흐(Владимир Мономах)가 세운 도시. 보골륩스키가 1157년에 블라디미르-수즈달 공국의 수도를 이곳으로 옮기면서 성장하기 시작해서 13세기까지 번성하다 모스크바에 밀려 쇠퇴했다.

게오르기 교회가 라도가 호숫가에 세워져서 연대기에 나타나는 전통과 운명 의식에 대한 충실함을 생생하게 보여주는 아름다운 프레스코화로 꾸며졌다. 뇌리에 남을 만한 이 교회가 연대기에 언급조차 되어있지 않다는 사실은 이런 유의 다른 기념비적 건축물이 많이 사라져버렸을 공산이 크다는 점을 알려준다. 용을 죽여서 러시아 북부의 특별한 영웅이 된 성자의 이름을 딴 성 게오르기 교회는 스웨덴인과 벌이는 전투에서 이기기 위한 봉헌물로 세워졌음이 틀림없다.[30] 그렇지만, 도상학상 비잔티움풍인 그 현존 프레스코화를 보면 최후 심판의 세부에 몰두해 있음이 드러난다. 그 그림은 — 과연 러시아 교회의 내부답게도 — 서쪽 내벽을 가득 채우고 뻗치다 보니 심지어는 그 내벽 테두리를 넘어서기까지 했다.

그 프레스코화에 묘사된 가장 인상적인 인물상 가운데 몇몇은 구약성경의 선지자와 무사 왕이다. 그 인물상의 양식화된 비잔티움풍 표현의 무뚝뚝함 바로 그것 때문에 마리아의 자애로운 모습은 위안과 구원이 솟구치는 둘도 없이 반가운 샘처럼 보인다. 마리아는 더 앞 시기에 콘스탄티노플의 수호자였듯이 키예프와 노브고로드의 수호자였다. 러시아인은 서방 그리스도교 세계보다 훨씬 앞서 마리아의 미리 축성된 상태를 노래로 찬양하고 마리아의 몽소승천(蒙召昇天)을 기리는 교회를 봉헌하고 있었다. 12세기에 비잔티움에서 들어와 러시아에서 새로 인기를 얻어 그 인기가 지속된 「성모 마리아의 지옥 방문」(Хождение Богородицы по мукам)이라는 외경(外經)[55]의 유명한 이야기에서 마리아는 홀로 죄인들에게 영원한 형벌에서 잠시 벗어날 틈을 주었다.[31] 마리아께서 죽은 죄인들을 사랑하사 불길이 타오르는 지옥으로 내려가시어 해마다 그리스도 승천

---

[55] 그리스도교 성서의 정경(正經)에 대응하는 용어로서, 구약성경 39권과 신약성경 27권을 제외한 성경 관련 문서를 모두 외경이라고 한다.

축일[56]부터 성령강림절(聖靈降臨節)[57]에 이르는 기간은 그들이 겪는 고통에서 벗어나도록 해주셨다는 것이다.

더 앞서 일어난 문명들의 거룩한 도시에 관해 수집되었던 신화 대다수가 키예프와 노브고로드로, 유서 깊은 성전과 수도원에 관한 전승 지식이 동방 정교도 슬라브인의 새로운 성전과 수도원으로 이전되었다. 베드로가 로마에 그랬던 것과 똑같이 안드레아(Andrea) 사도[58]가 그리스도교를 키예프에 직접 가져다주었다는 전설이 콘스탄티노플로부터 전해졌다. 로마의 카타콤(catacomb)[59]에 관한 전설을 닮은 전설이 키예프의 동굴 주위에서 생겨났고, 키예프가 "제2의 예루살렘"일지 모른다는 생각이 알게 모르게 퍼져나갔다.[32]

키예프 러시아의 통일은 무엇보다도 공동의 종교 신앙의 통일이었다. 얼개가 엉성한 이 문명에서는 믿음과 예배의 형식이 거의 유일하게 통일된 형식이었다. 예전에 존재했던 경제력과 정치적 응집은 12세기 말엽에 내부 갈등이 일어나고 1204년에 라틴인(латиняне)[60]이 콘스탄티노플을 점령하고 뒤이어 거의 동시에 동쪽에서는 몽골인이, 서쪽에서는 튜튼 기사단(Teutonic Knights)[61]이 동슬라브인에게 공격을 개시하면서 허물어지기 시작했다.

---

[56] 부활절 직전의 목요일. 가톨릭에서는 성 목요일이라고 한다.
[57] 예수가 부활한 날로부터 50일째 되는 날. 그리스도교 교회력에서 부활절 다음 가는 축일.
[58] 예수의 12제자 가운데 한 사람이며 베드로의 아우였던 사도. 슬라브어로는 안드레이라고 한다.
[59] 그리스도교 초기 시대에 그리스도교도가 만든 비밀 지하무덤이자 회합 장소.
[60] 비잔티움 제국과 러시아에서 서쪽의 그리스도교인, 특히 로마가톨릭 신자를 일컫던 표현.
[61] 1190년에 레반트에서 세워져 동유럽으로 근거지를 옮긴 뒤 발트 해까지 세력을 뻗친 기사 종단.

1240년에 키예프를 약탈한 몽골인이 더 무시무시한 적이었다. 그들은 가로막는 방어물 없이 탁 트인 스텝을 마음대로 누비고 부를 창출하는 남쪽으로 가는 수운로를 가로막고 "러시아 도시들의 어머니"를 계속되는 불안정 상태에 빠뜨렸다. 몽골의 한(汗)에게 정기적으로 조공해야만 문화의 독립과 현지의 자치가 유지되었다. 세력을 뻗쳐 그리스도교 세계로 들어갈 때 그리스의 과학과 철학을 가지고 간 아랍계 이슬람교도와는 달리, 칭기즈 한과 바투 한의 유목민 이교도는 지적이거나 예술적인 가치를 지닌 것을 거의 일절 가져다주지 않았다. 몽골인의 가장 뚜렷한 문화유산은 군사 분야와 행정 분야에 있었다. 돈과 무기를 가리키는 몽골 용어가 러시아 말에 스며들었다. (말 그대로 하면 "이마로 두드리는") 쳴로비트나야(челобитная)로 알려진 앞으로 엎드려서 머리를 조아리는 형식으로 통치자에게 탄원하는 새로운 관례[62]도 넘겨받았다.[33]

대략 1240년에서 조공이 끝나는 1480년에 걸친 몽골의 지배기는 "동방 전제주의"[34]의 시대라기보다는 정교도 동슬라브인 사이에 중앙 권력이 없는 지역주의의 시대였다. 러시아사의 이 "속령 시대"는, 오스발트 슈펭글러(Oswald Spengler)의 말을 빌자면, 다음과 같은 시대였다.

…… 고결한 역사가 드러누워 지쳐 잠이 든다. 사람은 다시 초목이 되어, 흙에 달라붙어 벙어리가 된 채 참고 견딘다. 시간이 없는 마을, "영원한" 농부가 다시 나타나 아이를 낳고 어머니 대지에 씨앗을 묻는다. 바삐 움직이는 적지 않은 벌레 떼. 그 위로 군인 황제의 사나운 비바람이 몰아치다 덧없이 지나간다. …… 사람들은 얼마 안 되는

---

[62] 러시아어로 쳴로(чело)는 이마를 뜻하는 명사, 비트(бить)는 치거나 두드리는 동작을 뜻하는 동사이다. 탄원서란 뜻의 명사인 쳴로비트나야는 중국의 부복고두(俯伏叩頭)에서 비롯되었다고 할 수 있다.

생계비와 얼마 안 되는 재산으로 그날그날 살아가며 버틴다. ……
대중은 짓밟히지만, 살아남은 사람들은 원시의 다산성으로 그 틈을
메우고 고난을 견뎌낸다.[35]

이 시대의 "고결한 역사"란 동쪽에서 온 무사 공후들의 역사였으며, 그
들이 힘을 소진하며 벌인 싸움은 슈펭글러가 "별의 운행과 …… 땅과
바다의 교차처럼 목적이 없어서 고결한 드라마"로 특징을 묘사한 것에
한층 더 잘 들어맞는다.[36]

　몽골인 정복자들은 자기들보다 앞선 키예프 공후들처럼 한 종교(이슬
람교)를 골라 받아들였고, 한 대하천의 아래 자락에 수도(볼가 강의 사라이
(Сарай)[63]를 세웠고, 서쪽에서 온 공격(모스크바국이 1380년에 쿨리코보
(Куликово)에서 거둔 승리)[64]보다는 거의 같은 시기에 동쪽에서 온 새로운
정복자(타메를란(Tamerlane)[65])에게서 더 큰 타격을 입고 약해졌으며, 내부 분
열에 시달렸다. 킵차크한국(Kypchak 汗國), 즉 "금장한국"(金帳汗國)[66]은 칭
기즈 한의 드넓은 제국 안에 있는 여러 속국 가운데 하나일 따름이었다.
여러 인종이 뒤엉켜 살고 이념에 관대한 나라였던 킵차크한국은 15세기
를 거치면서 차츰차츰 허물어져, 그 자신의 "속령"들, 즉 크림(Крым) 반
도, 볼가 강 상류의 카잔(Казань), 볼가 강이 카스피(Каспий) 해로 들어가는
어귀의 아스트라한(Астрахан)에 있는 별개의 타타르 한국들보다도 정치적

---

[63] 오늘날의 아스트라한 북쪽 80킬로미터 지점에 있었던 금장한국의 수도. 13~14세
기에는 인구가 60만 명에 이르는 당시 세계의 최대 도시 가운데 하나였다.
[64] 킵차크한국의 마마이한(Мамай汗)이 드미트리 돈스코이에게 패한 쿨리코보 전투
를 이른다.
[65] 타메를란은 튀르크어로 절름발이 티무르라는 뜻이다.
[66] 몽골인이 13세기에 러시아 남부 초원에 세운 국가. 몽골 제국의 분열로 생긴 청장
한국과 백장한국이 합쳐져 탄생했고, 1502년에 이반 3세에게 정복되었다.

중요성이 떨어지는 신세가 되었다. 크림 타타르인과 그보다는 급이 떨어지는 다른 타타르인 집단이 교활한 외교술과 대담한 습격에 힘입어 18세기 말까지 유럽 러시아[67] 남부에서 군사적 위협을 주는 지위를 유지할 수 있었다.

타타르인이 동유럽의 스텝 지대에 오래도록 버티며 머무른 것의 진정한 중요성은 이들이 러시아 문화에 끼친 직접적 영향보다는 맞서 뭉치고 공동의 목적의식을 되찾을 수 있게 해주는 공동의 적을 정교도 동슬라브인에게 제공하는 데에서 했던 간접적 역할에 있다. 느릿느릿, 그러나 막을 길 없는 힘으로, 동슬라브인은 몽골 시대의 굴욕과 분열에서 헤어나와 동쪽으로 — 즉, 금장한국의 예전 영역을 넘어서, 이른바 청장한국(靑帳汗國)[68]의 영역을 넘어서, 중앙아시아의 스텝으로, 태평양까지 — 세력을 뻗쳤다. 러시아가 어떻게 그 "암흑기"에서 헤어나와 그 같은 위업을 의기양양하게 이루었는지를 이해하려면, 비잔티움이나 몽골, 즉 '황금뿔'[69]이나 금장한국 쪽에 먼저 눈길을 주어서는 안 된다. 도리어 농업 잉여와 일정한 번영을 가져다주기 시작한 "원초적 다산성"에, 훨씬 더 중요하게는 수도원에 "기나긴 침묵기 동안 축적된 영적 에너지"[37]에, 그리고 부상해서 이 지대를 지배할 새로운 도시 모스크바가 축적한 정치 역량에 눈길을 주어야 한다.

---

[67] 우랄 산맥 서쪽의 러시아 영토를 이르는 표현.

[68] 1227년에 몽골 제국이 쪼개질 때 세워져 중앙아시아 서부와 시베리아 남서부를 다스리고 러시아를 침공한 몽골 제국.

[69] 콘스탄티노플을 두 쪽으로 나누는 만(灣). 그리스어로는 흐리소케라스(Χρυσόν Κέρας)라고 한다.

02 숲

13세기에 몽골이 유라시아의 스텝을 휩쓴 것이 러시아에 가져다준 가장 중요한 직접적 결과는 한때는 변두리였던 북쪽의 숲 지대가 이제는 독자적 정교 문화의 주요 중심이 되었다는 것이다. 지리상의 초점이 드네프르 강 중류에서 볼가 강 상류로 옮아가는 것이 실제로 무슨 뜻이었는지를 정확하게는 알아낼 수 없다. 북쪽의 싸움과 서리와 불길을 견뎌내고 살아남은 문서 자료나 고고학적 자료는 딱하게도 거의 없다. 문화사가들에게는 ─ 블라디미르, 수즈달(Суздаль), 랴잔(Рязань)[1], 로스토프(Ростов)[2], 야로슬라블(Ярославль)[3] 등 ─ 북동부의 주요 도시들이 키예프만큼 오래되었다는 점, 키예프가 약탈당하기 전 여러 해 동안 블라디미르가 유력한 키예프 공후들의 통치 중심지였다는 점, 키예프 시대 제2의 도시 노브고로드가 몽골의 침략을 받지 않고 꾸준히 더욱더 번영하며 연속성을 제공했다

---

[1] 러시아 최고(最古) 도시 가운데 하나. 1095년에 세워져 랴잔 공국의 수도가 되었으나, 1237년에 몽골의 침입으로 파괴되었다. 1521년에 모스크바에 흡수되었다.
[2] 연대기에서 862년 항목에 등장하는 유서 깊은 도시. 12세기 후반과 13세기 초에 번영하다 몽골인의 침입으로 쇠퇴했다. 15세기에는 정교회의 본산 구실을 했다.
[3] 모스크바 북동쪽 250킬로미터 지점에 있는 고도. 1010년에 야로슬라프 대공이 세웠고 수운 무역의 거점 도시로 발달했지만, 몽골인의 침입로에 있었기 때문에 쇠퇴했다.

는 점을 지적하면서 키예프 시대와의 연속성을 강조하는 경향이 있다. 키예프 시대의 인물과 사건과 예술 양식에 관한 기록이 "러시아 북부의 창조적 기억에서 최종 형태를 취한" 연대기와 서사시에서 우세했다.[1] 예술과 숭배의 의례화된 형식, 아름다움과 역사에 대한 유별난 감수성, 이 모든 것이 러시아 문화의 영속적 특징으로 남았다.

그러나 권력이 비잔티움-슬라브 문명에서 가장 춥고 가장 먼 변방인 볼가 강 상류 지역으로 옮아가면서 미묘하지만 심원한 변화가 따랐다. 이 지역은 쇠퇴하던 비잔티움뿐만 아니라 그리스 철학을 막 재발견하고 최초의 대학교를 세우며 되살아나고 있던 서방으로부터도 점점 더 단절되었다. 중세 초엽의 프랑스 문헌에서 그토록 자주 나타나던 러시아 관련 언급이 14세기에는 완전히 사라졌다.[2] 서유럽 작가 못지않게 러시아 작가도 정교도 동슬라브인이 이제 단일한 정치 세력이기보다는 자잘한 여러 공국으로 이루어져 있음을 인식했다. 러시아 북부의 연대기 작가들은 자기들이 얼마간 단절되었다고 느끼고는 주로 키예프 부근의 드네프르 강에 있던 오랜 정치・문화 중심지를 가리킬 때 "루스"라는 용어를 썼다.[3]

동슬라브인의 강역 안에 분리감이 있었음은 10세기에 비잔티움이 "가까운" 루스와 "먼" 루스를 구분했다는 것으로 이미 시사되었다. 13세기에는 북쪽에 있는 "대"러시아와 남쪽에 있는 "소"러시아의 구분이 비잔티움에서 러시아로 차츰차츰 이식되었다. 순전히 크기 묘사로 시작되었다고 보이는 것이 급기야 북쪽에서는 제국임을 내세우는 명칭이 되어 애용되었다. 노브고로드와 로스토프 같은 개별 도시가 "위대"하다고 자칭했다.[4] 러시아 북부의 연대기 작가들은 — 동쪽 세계의 서사 문학에서 애호되

---

4 노브고로드와 로스토프는 흔히 도시 이름의 앞이나 뒤에 "위대하다"는 꾸밈말이

던 주제인 — 알렉산드로스 대왕의 일대기에 들어있는 세세한 사항을 — 1240년에 스웨덴인에게, 두 해 뒤에는 튜튼 기사단에게 승리를 거둔 다음에 블라디미르 대공으로서 통치한 — 알렉산드르 넵스키(Александр Невский)[4]의 이상화된 일대기 속에 섞어 넣었다. 승리를 거둔 그의 무공은 같은 시기에 몽골인의 손에 당한 굴욕감을 보상받는 데 일조했고, 그는 더 앞 시대의 인물인 알렉산드로스 못지않게 "위대"한 인물로 보이게 되었다. 15세기 말엽이 되면 이반 3세(Иван III)가 러시아 북부의 주요 도시 대다수를 모스크바에 복속시키면서 위대함을 전설에서 끄집어내어 현실로 만들었다. 스스로를 차르(카이사르(Caesar))로 칭하게 될 모스크바국 최초의 대공인 이반 3세는 "대제"(大帝)로 알려지게 될 근대 러시아의 여러 정복자 군주 가운데 첫 번째가 되기도 했다.

그러나 13세기와 14세기 초엽의 대러시아에는 위대한 것이 없었고, 심지어는 인상적이랄 것도 없었다. 황량한 볼가 강-오카 강(Волга-Ока) 지대에서는 동슬라브인이 어떻게든 지난날 키예프의 영광을 — 뛰어넘어서기는 고사하고 — 되찾을 가망은 매우 낮아 보였음이 틀림없다. 키예프, 그리고 드네프르 강 유역의 원래 루스 지대는 여전히 위협적인 몽골인에게 파괴된 상태였다. 볼가 강은 연중 상당 기간 동안 얼어붙어 있었고, 강 남쪽은 몽골인의 요새로 막혀 있었다. 지형이 평탄하고 요새가 나무로 지어진 탓에 동쪽의 침략자를 막을 천연 방호물이 별로 없었다. 같은 종교를 믿는 서쪽의 슬라브인은 다른 문제에 온통 정신이 팔려 있었다. 북서쪽에서는 노브고로드가 나름의 경제 제국을 어렵사리 일으켜 세웠고 팽창하는 한자동맹(Hansa 同盟)[5]의 권역 안으로 점점 더 옮아 들어갔다.

붙어 각각 Великий Новгород와 Ростов Великий로 불렸다.
[5] 중세에 북해와 발트 해 연안의 여러 상업도시가 뤼벡을 중심으로 결성한 동맹 조직.

더 북쪽에서는 한때 활발했던 노브고로드와 라도가의 정교회 선교사가 아니라 서방화된 스웨덴인이 억센 핀인을 그리스도교도로 만들고 있었다. 바로 서쪽에서는 튜튼 기사단과 리보니아(Livonia) 기사단[6]이 끊임없이 군사 위협을 가했다. 한편 남서쪽에서는 갈리치아(Galicia)[7]와 볼릐냐(Volhynia)[8]가 로마 교회와 제휴하는 쪽으로 기울고 있었다. 지금의 백(또는 서)러시아[9]의 대부분은 리투아니아인의 느슨한 통치를 받았고, 소러시아(또는 우크라이나)의 상당 부분은 폴란드인의 통치를 받았다. 게다가 서쪽의 이 두 이웃나라인 리투아니아와 폴란드는 동맹 관계를 향해 나아가고 있었고, 이 동맹은 1386년에 혼인과 야기에우오(Jagiełło) 왕조 개창[10]으로 확고해졌다.

대러시아에 살아남은 비잔티움-키예프 문명의 중심지들은 이들 외부 세력에게서 비교적 고립되어 있었다. 따라서 "소"러시아에서 "대"러시아로 옮아가는 데 따라 일어난 러시아 문화 활동의 변화를 단순히 다른 문명들과의 새로운 접촉이라는 관점에서 설명하기는 힘들다. 물론, 타타르인에게서, 그리고 그리스도교가 들어오기 전에 북쪽에 있었던 토착종교의 정령신앙[11]에서 빌린 것들이 늘어나기는 했다. 그러나 이 요소 가

---

[6] 오늘날의 라트비아와 에스토니아에 해당하는 리보니아에 사는 이교도와 전쟁을 벌여 그들이 그리스도교를 믿게 하고자 1202년에 세워진 십자군 기사단. 검우기사 수도회(劍友騎士修道會)라고도 한다.

[7] 동유럽 북부, 우크라이나 북서부에서 폴란드 남동부에 걸친 지방.

[8] 우크라이나 서부의 프리퍄트 강과 서부그(西Буг) 강 사이 지역.

[9] 오늘날의 벨라루스(Беларусь).

[10] 리투아니아의 요가일라(Jogaila) 대공이 1386년에 폴란드의 야드비가(Jadwiga) 여왕과 결혼해서 폴란드의 통치자가 되면서 야기에우오 왕조를 열었고, 이 왕조는 15~16세기에 중동부 유럽에서 강자로 군림했다.

[11] 자연계의 모든 사물에는 영이 깃들어 있고 이 영이 자연계와 인간사에 영향을 미친다는 믿음.

운데 어느 하나가 러시아의 특성을 이해하는 데 아주 간단한 "열쇠"를 제공한다고 주장하면 낭패를 볼 위험이 크다. "러시아인을 한 꺼풀 벗겨 내면 타타르인을 보게 되리라"는 유명한 격언과 러시아에는 영속적 이중신앙(двоеверие, 즉 관(官)의 그리스도교와 민(民)의 토착종교 사이에 있는 신앙의 이중성)이 있다는 기지 넘치는 가설이 우리에게 말해주는 것은 실제 러시아 그 자체이기보다는 러시아를 은근히 깔보는 서유럽인 관찰자들의 태도와 러시아 민족지학자의 낭만적 상상인 경우가 더 많다.

이 두 이론 가운데, 아마도, 정령신앙의 영향이 지속했다는 이론이 우리를 러시아적 사고의 형성 과정을 더 깊숙이 들여다보도록 만들어줄 것이다.[5] 타타르인은 백성에게는 아주 쉽게 알아챌 수 있는 상상의 상징을, 지도자에게는 행정의 본보기를 제공했지만, 러시아 민중과는 대개 단발성으로, 아니면 간접적으로 접촉한 외부 세력이었다. 한편, 이전부터 존재한 토착신앙의 관행은 지속적인 힘이었다. 이 관행은 안으로부터 광범위한 주민층에게 받아들여졌고 피할 길 없는 자연력에 대한 직접적 반응을 반영했다. 설령 남아 있는 단편적 자료로는 토착신앙 전통에 응집력과 지속성이 있었음이 입증될 수 없을지라도, 대러시아의 춥고 음울한 환경이 기록이 남아있지 않은 러시아 역사상 수백 년의 시대에서 벗어나 느릿느릿 출현한 문화에서 결정적 역할을 했다는 데에는 의심이 있을 수 없다. 유럽 북부의 — 스칸디나비아와 프로이센(Preußen)과 리투아니아 등 — 다른 삼림 지역에서처럼, 음침한 토착신앙적 자연주의는 햇살이 더 잘 드는 남쪽 지대로부터 비교적 최근에 전해진 그리스도교에 주기적으로 반발하는 듯 보였다. 그러나 대러시아는 서쪽에 있는 다른 산림 지대의 이웃들보다 수도원을 14세기와 15세기에 숲이 우거진 미개간지 안에 훨씬 더 많이 밀어 넣었다. 이렇듯, 대러시아에서는 신앙이 이중적이었다기보다는 원시적 정령신앙이 계속 뻗어나가는 그리스도교 문화 속으로 계속 흘러들어갔다.

　정령신앙적 자연관은 봄철 부활절 축제에서 정교의 역사의식과 조화롭게 뒤섞였다. 부활절 축제는 러시아 북부에서 유난히 열렬하게 치러졌다. 전통적인 부활절 인사는 근대 서유럽의 무덤덤한 표현인 "즐거운 부활절"이 아니라, 성스러운 역사의 중심 사실을 직접 확인하는 "그리스도께서 부활하셨네!"였다. 이 인사를 받는 통상의 대답인 "정말로 부활하셨네!"는 인간과 더불어 자연에도 들어맞아 보였다. 왜냐하면, 긴 사순절(四旬節)[12] 금식이 끝날 때만이 아니라 어둡고 추운 겨울이 끝날 때 부활제가 찾아오기 때문이었다. 부활절 설교문은 키예프 시대부터 가장 조심스럽게 간직되어 빈번하게 다시 베껴지는 문서 가운데 하나였다. 북쪽에서는 그 문서의 비잔티움식 격조에 오랫동안 눈에 감싸여있던 초목이 "봄에 잎과 꽃을 틔우"듯이 "성자의 마음속에 숨어있던 선량함이 주검 속에서 드러나리라"[6]는 소박한 언명이 보태졌다.

　중앙의 권위가 약해지고 — 자연과 인간 양자의 — 새로운 적이 자리를 잡자 널리 흩어진 러시아 북부의 공동체 안에서 가족과 공동체의 유대가 깊어져야 했다. 대다수 지역에서 권위가 "장로"에게 자연스럽게 부여되어 확장된 가족 관계를 통해 행사되었다. 각 러시아인의 세례명에는 심지어는 오늘날에도 아버지의 이름이 들어있다. "나라"와 "민중"을 가리키는 통상적인 러시아어 낱말은 "탄생"과 같은 어근을, "조국"과 "영지"는 "아버지"와 같은 어근을 지닌다.[7] 개인은 공동으로 땅을 개간하고 요새와 교회를 세우고 집단 기도와 성무일도(聖務日禱)[13]에서 함께 성가를 부르는 등 날마다 해야 할 일을 해내려면 집단의 이익에 종속되어야 했

---

[12]　그리스도교에서 부활절에 앞서 행하는 40일 동안의 재기(齋期).
[13]　그리스도교 교회에서 예배와 찬양으로 이루어지는 공식적인 기도.

다. 공동체성(соборность)과 "가족의 행복"을 추구하는 타고난 욕구를 "러시아의 얼"에서 찾아내려는 후일의 시도는 현재의 현실로부터의 낭만적 탈주를 표현하는 데 지나지 않을지 모르는 경우가 잦다. 그러나 옛날에는 공동체 행동이 실질적으로 필요했음을 부정하기 힘들다. 이미 14세기에 확연하게 슬라브어판 니케아 신경에서 "공동체적(соборная)"이라는 낱말이 "보편적(кафолическая)"이라는 낱말을 대체하기 시작했다.[8]

좋든 궂든, 거의 한 공동가족의 구성원으로서 경험을 공유한다는 느낌은 근대 러시아의 문화 전통을 형성하는 데 중요한 요소였다. 키예프 시대의 공동의 고난과 미화된 기억으로 강렬해진 이 느낌은 서쪽의 노브고로드와 스몰렌스크와 폴로츠크(Полоцк)[14] 같은 더 번영하는 세계주의적 중심지보다는 아마도 안쪽 지역에서 훨씬 더 심했을 것이다. 성모 마리아 숭배가 가장 열렬하게 전개된 곳이 바로 이 안쪽 지역이었다. 이 지역에는 — 키예프에는 알려지지 않은 — 성모제(Покров)[15] 같은 축제가 도입되었다. 그리고 더 순전히 비잔티움식인 성 소피야 성당이 키예프와 노브고로드에서 했던 중심적 역할을 블라디미르와 모스크바에서는 성모승천에 봉헌된 대성당(성모승천 대성당, Успенский Собор)이 했다. 이 성모 마리아 숭배는 비록 같은 시기에 비잔티움에서, 심지어는 서유럽에서도 성장하고 있기는 했어도 러시아의 내지에서 각별한 원초적 강렬함과 가족적 친밀감을 불러일으켰다고 보인다.

가족 안에서는 어머니가 가족을 한데 묶어주는 힘이었던 듯하다. 낭만적 사랑을 별로 이야기하지 않고 이상화된 연인이 한 쌍도 들어있지 않

---

[14] 오늘날 벨라루스의 폴라츠크(Полацк). 드비나 강에 세워져 10~12세기에 번영하다 1307년에 리투아니아 공국의 일부가 되었고, 1563년에 이반 4세에게 점령되었다가 1578년에 폴란드 영토가 되었다.
[15] 러시아에서 쓰인 율리우스력(Julius曆)으로 10월 1일.

으면서 흥미진진하고 상상력 넘치는 서사 문학을 가진 한 사회에서 어머니는 유별나게 중요한 존중과 애정의 초점이 되는 경향을 보인다.[9] 16세기 중엽의 『가정규범집』(도모스트로이(Домострой))에서 아버지가 가족 안에서 하는 역할이 수도원 원장의 역할에 비유되었다면, 어머니의 역할은 그 수도원의 성자나 영적인 "장로"의 역할에 비견되었을 법하다. 어머니는 어디에나 다 있는 "성모" 이콘의 일종의 살아있는 이형(異形)이었다. 러시아인은 마리아를 "모든 슬픔을 달래는 즐거움"과 "애정 어린 인자함을 지닌 여인"이라고 부르기를 유난히 좋아했다. 남자가 전쟁과 공무 같은 적극적인 행위를 도맡은 반면에, 여자는 인내와 보듬는 사랑이라는 소극적인 정신적 덕목을 배양했다. 마치 남자의 호전적인 공적 기풍을 보상하려는 양 여자는 악에 저항하지 않는 것과 마다치 않고 고난을 겪는 것을 찬미하는 러시아 영성의 경향을 묵묵히 북돋았다. 여자는 중세 러시아의 유기적 종교 문명, 즉 17세기의 유명한 구교도[16] 운동(Старообрядчество)을 보전하려는 최후의 열정적 노력을 개시하고 그 활력을 유지하는 데 결정적 역할을 했다.[10]

심지어 그 뒷 시기에도 고난 속에서 굴하지 않고 버텨내서 가족을 한데 묶어내는 강한 어머니상이 크게 강조되었다. 러시아의 민중 문화를 이루는 신앙과 민담, 기도와 속담을 뒤섞어 다음 세대에 물려주는 할머니(바부시카(бабушка))도 그랬다.[11] 러시아 자체가 지리적 실체나 정치적 실체보다는 공동의 어머니(마투시카(матушка))로, 러시아의 통치자는 군주나 입법자보다는 공동의 아버지(바튜시카(батюшка))로 여겨지게 되었다. "루스 땅"(русская земля)[17]이라는 용어는 문법상의 성과 알레고리상의 의미에서

---

[16] 니콘의 교회 개혁을 거부하고 예전의 전례 의식과 전례서를 고수해서 정교회의 파문을 당하고 중앙 정부의 박해를 받은 사제들과 신도.

모두 여성이었고, 그리스도교가 들어오기 전에 동슬라브인 사이에 있던 더 오래된 "촉촉한 어머니 대지"의 토착신앙적 숭배와 연관되어 있다.

> 대지는 천상의 이미지가 아니라 러시아의 "영원한 여성성"이다. 처녀가 아니라 어머니이다. 순결하지 않고 다산(多産)적이다. 그리고 검다. 러시아의 가장 좋은 흙은 검기 때문이다.[12]

볼가 강도 채록된 최초의 러시아 민요에서 "사랑스러운 어머니"로, 그리고 가장 인기 있는 민요 가운데 하나인 스텐카 라진(Стенька Разин)이라는 노래18[13]에서는 "낳아주신 어머니"로 일컬어졌다.

유라시아에서 가장 큰 이 강의 수원(水原)으로까지 키예프 문명이 확장된 것이 바로 그 문명의 구원책임이 입증되었다. 이 북쪽 지대가 사람이 살기에 알맞지 않다는 바로 그 점이 동서 양쪽으로부터 지켜주는 수단을 제공했다. 볼가 강은 장차 동쪽과 남쪽으로 뻗어가기 위한 내륙 수로를 제공했으며, 러시아 북서부의 볼가 강 지류들은 발트 해와 흑해와 북극해로 흘러들어가는 다른 강들의 수원에 거의 닿아 있었다.

그러나 러시아 역사에서 바다로 나아가고 스텝으로 들어가는 움직임은 더 뒤에 일어났다. 본질적으로 이것은 우세한 자연의 모습이 숲이었던 지역 안으로 물러나는 시기였다.

그 지역을 말할 때, 13세기와 14세기의 러시아 연대기 작가들은 유력한 도시의 이름을 사용하는 통상의 경향에서 벗어나 대신에 그냥 잘료스

---

17 러시아 고대 문헌에서 동슬라브인의 영역, 즉 오늘날의 러시아 북서부와 백러시아와 우크라이나를 일컫는 표현. 루스와 동의어로 쓰인다.
18 17세기의 농민봉기 지도자 스텐카 라진을 기리는 민요. 선율이 구슬프면서도 씩씩해서 러시아를 대표하는 노래가 되었다.

카야 젬랴(залеская земля), 즉 "숲이 우거진 땅"이라고 지칭한다. 이것은 처녀림이 대러시아 문화의 못자리였다는 점을 예리하게 암시해주는 표현이었다.[14] 심지어는 현대에도 민간전승은 원시림이 죽 뻗어나가 하늘나라에 이르렀다고 가르쳤다.[15] 초창기에 숲은 상상을 위한 일종의 늘 푸른 장막을 의미하면서 점점 더 서먹서먹해져 가는 세계인 비잔티움과 서유럽의 도회 생활에서 러시아를 가려 지켜주었다.

숲이 우거진 평원은 사막의 평원이 이슬람교를 믿는 아라비아의 삶을 빚어낸 것만큼 심원하게 그리스도교를 믿는 모스크바국의 삶을 빚어냈다고 해도 십중팔구는 지나친 말이 아니다. 두 지역에서는 음식과 친교를 찾기 힘들 때가 잦았으며, 그 점을 보상하려고 셈족과 마찬가지로 슬라브인은 손님을 환대하는 인정 어린 전통을 만들어냈다. 맨 밑바닥층에서 농민은 찾아오는 모든 이에게 의례용의 빵과 소금을 내놓았다. 맨 꼭대기 층에서 공후는 정성껏 마련한 연회와 축배로 손님을 맞이했다. 이런 연회와 축배는 러시아 관리들이 손님을 맞이하는 환대의 특징으로 남았다.

뙤약볕이 내리쬐는 사막의 삶이 오아시스 주위의 거주지와 그 오아시스의 수원에서 이루어졌다면, 얼어붙은 숲의 삶은 개간지와 온기의 근원 안의 거주지 주위에서 이루어졌다. 키예프 러시아에서 "거주지"를 가리키는 말로 쓰인 여러 낱말 가운데 "불을 땐 건물"을 뜻하는 이즈바(изба)만이 모스크바국에서 널리 쓰이게 되었다.[16] 러시아식 집에 있는 흙 난로19나 그 위에 앉아도 된다는 허락을 받는 것은 농민이 해주는 — 사막에서 마실 것을 사람에게 주는 것에 해당하는 — 최상의 환대였다. 뜨거운 물로 하는 공동 목욕에는 반(半)종교적 의미가 있으며, 이 의미는 오늘날에도 여전

히 러시아의 공중 목욕과 핀란드의 사우나에서 뚜렷이 나타나며 어느 모로는 사막 지역 종교의 세정(洗淨) 의식과 유사하다.[17]

그러나 사막의 유목민과 달리 전형적인 모스크바국 주민은 정주민이었다. 그는 메마른 모래가 아니라 풍요로운 숲으로 에워싸여 있었기 때문이다. 숲에서 그는 오두막을 지을 통나무뿐만 아니라 초를 만들 밀랍, 신발을 만들고 초보적인 기록을 할 나무껍질[20], 옷을 만들 털가죽, 바닥에 깔 이끼, 침대에 깔 소나무 가지를 얻어낼 수 있었다. 숲은 그 비밀 은신처를 아는 사람에게는 고기와 버섯과 산딸기류 과일, 그리고 — 숲에서 나는 가장 훌륭한 먹거리인 — 달콤한 벌꿀도 내줄 수 있었다.

숲을 헤집고 다니며 꿀을 찾는 사람의 경쟁자는 힘센 곰이었다. 곰은 대러시아의 민간전승과 문장(紋章)의 상징 기호와 장식용 목각에서 특별한 지위를 차지했다. 곰은 원래는 사람이었는데 사람들이 전통상 친구에게 주는 빵과 소금을 자기에게 주기를 거절하자 앙갚음으로 무시무시한 새 모습을 하고는 숲으로 들어가 지난날 자기가 속했던 종인 사람이 들어오지 못하도록 숲을 지킨다는 전설이 있었다. 곰을 조련해서 곰과 씨름을 하는 아주 오래된 러시아 북부의 풍습은 대중의 상상 속에서 숲과 숲이 주는 부를 둘러싼 태고의 싸움, 그리고 숲의 생물들 사이에서 잃어버린 조화를 궁극적으로는 다시 이룬다는 숨은 뜻을 지녔다.[18]

이 초기 시대에 대러시아의 공포와 매혹은 대개 전쟁과 기아라는 보편적인 것들이었다. 전쟁은 타타르인이나 튜튼인과 주기적으로 벌인 전투뿐만 아니라 러시아인 공후 사이의 골육상쟁으로 현실의 일이 되었다. 곡식이 자라는 철이 짧고 표토층이 얕은 데다가 힘들여 나무를 뿌리째

---

[20] 러시아에 흔한 자작나무의 껍질 안쪽은 글을 쓰거나 그림을 그리기에 알맞아 종이 구실을 했다.

뽑아내고 땅을 툭하면 망가지는 나무 쟁기로 갈아엎을 때까지는 곡식을 심을 수조차 없는 북쪽에서는 기아도 결코 동떨어져 있지 않았다.

그러나 숲도 유별난 공포를 일으켰다. 밑에서 나와 갉아먹는 곤충과 설치동물의 공포, 그리고 밖에서 안으로 휩쓸고 들어오는 불의 공포였다. 이런 원초적 힘의 공포는, 비록 대다수 사회에 다 있기는 했어도, 대러시아에서는 유난스레 심했다. 우리 시대의 군사 용어로 하자면, 그 원초적 힘들은 먹을 것, 입을 것, 비바람 피할 곳이라는 "재래식" 방어 수단으로 추위와 어둠에 맞서 싸우는 농부의 분투를 꺾어버리려고 작정한 적의 게릴라 전사와 열핵무기를 대표한다고 말할 수 있다. 북쪽의 무직(мужик)[21]은 심지어는 들판을 개간해서 곡식을 심고 오두막을 지었을 때도 구멍을 파고 올라와 마루널을 뚫고 나오고 알곡을 갉아먹는 곤충과 설치동물로 이루어진 눈에 잘 띄지 않는 대군에게 시달렸다. 무직은 따듯하고 밝은 단기간의 여름철에는 모기떼 때문에 애를 먹었으며, 겨울에 거친 털가죽과 직물을 입고 있을 때에는 훨씬 더 치명적인 곤충, 즉 티푸스균을 가지고 다니며 어디에나 다 있는 이에게 몸을 무방비 상태로 드러냈다.

몸이 옷 안에 온기를 만들어내는 바로 그 과정이 이를 꾀내어 옷에서 기어 나와 사람이라는 먹잇감을 포식하는 모험을 하도록 만들었으며, 러시아인이 몸을 깨끗이 씻으려고 하는 바로 그 공동 목욕이 이에게 이 옷에서 저 옷으로 옮겨 다닐 둘도 없는 기회를 주었다.[19] 벼룩과 쥐는 힘을 합쳐서 흑사병이라는 전염병을 14세기와 17세기에 러시아에 들여왔는데, 그 흑사병은 십중팔구 서유럽의 흑사병보다 훨씬 더 심했을 것이다.[20] 숲에 사는 더 큰 짐승을 기본적으로 막아주는 농부의 나무 오두

---

[21] 농부, 즉 농사를 짓는 시골 장정을 도시민에 대비해서 일컫는 러시아어 낱말.

막은 곤충과 설치동물을 꾀는 구실을 더 많이 했다. 곤충과 설치동물은 허기져서 농부의 거처와 식량, 그리고 — 끝내는 — 아직 따듯한 그 농부의 몸으로 들어가려고 애를 썼다.

이교도 주술사는 사실상 곤충은 사람이 아직 살아있는 동안 사람을 갉아먹기 시작한다고, 죽음은 사람이 주술사의 은비학(隱秘學)적 힘을 더는 믿지 않을 때 비로소 찾아온다고 가르쳤다.[21] "지하"(подполье)라는 낱말은 말 그대로 "마루 밑"을 뜻하며, 밑에서 "기어올라오"는(подползать) 곤충과 설치동물을 떠올려준다. 17세기 중엽에 초대 공식 영국 대사는 "쥐들이 혼자 있는 사람을 해치지 못하도록" 하인들과 함께 잠을 자라는 러시아 관리의 조언을 받았다.[22]

러시아 농민을 연구한 19세기의 한 학자는 "무방비의 원시인에게 가장 해로운 적은 덩치 큰 육식동물이 아니라 벌레와 생쥐와 들쥐, 즉 수가 많고 어디에나 다 있어서 사람을 압도하는 …… 하등 동물"이라고 주장했다.[23] 이 낱말들을 글로 쓴 혁명가들 못지않게, 니콜라이 고골(Николай Гоголь) 같은 보수적인 작가들도 점점 더 많이 시골로 파견되는 경찰과 관리의 무리를 어디에나 다 있는 곤충과 설치동물과 똑같다고 여겼다. 도스토옙스키는 자기의 초기작 『지하 생활자의 수기』(Записки из подполья)에서부터 『악령』(Бесы)에 나오는 이콘을 쏠아 먹는 쥐 한 마리와 개미탑으로 바뀌고 있는 인간 사회의 묵시록적 이미지에 이르기까지 사람이 곤충 세계와 맺은 연계에 훨씬 더 많이 놀라고 이끌렸다. 도스토옙스키는 자기 작품 속에서 거미와 파리를 시도 때도 없이 언급한다.[24] 이런 언급은 스탈린 시대에 유일하게 살아남은 그의 모방자 레오니드 레오노프(Леонид Леонов)의 작품에서 그로테스크(grotesque)의 수준으로 올라간다. 레오노프는 자기의 작품 『오소리』(барсуки)에서부터 『러시아의 숲』(Русский лес)에 이르기까지 현실적인 줄거리를 "신종 바퀴"와 270살 먹은 쥐

와 공사장을 어슬렁거리는 정체불명의 "거대한 미생물" 같은 초현실주의적 미물과 뒤섞는다.[25]

숲에서 훨씬 더 센 것은 불을 무서워하는 마음과 불에 이끌리는 마음이었다. 불은 집 안에서 "집주인"이었다. 불은 온기와 빛의 근원이었고, 불이 있는 자리는 깨끗하고 불을 붙이거나 끌 때에는 경건하게 침묵해야 했다. 수도원에서는 요리하고 빵을 구우려고 불을 붙이는 것은 성소(聖所)에 있는 등불에서 불씨를 가져오는 성물관리인만이 행할 수 있는 종교의식이었다.[26] 따뜻함을 가리키는 낱말 가운데 하나인 보가티야(богатья)는 부(富)와 동의어였다.

러시아인에게는 신비주의자 디오니시오스(Dionysius)가 썼다고 하는 유명한 저작들의 관점에서 하늘나라의 질서를 보는 경향이 있었다. 디오니시오스에게 천사는 "불의 살아있는 피조물, 번개로 번쩍이는 사람, 불꽃의 흐름이고 …… 왕좌는 불이며 세라핌(seraphim)[22]은 …… 활활 불타오르고 있다."[27] 러시아인은 "내가 불을 땅에 던지러 왔노니"라는 그리스도의 말과 성령이 "불의 혀"를 거쳐서 사람에게 맨 처음 내려왔다는 사실을 자주 언급한다.[28]

모스크바국에서 교회가, 또는 심지어 이콘이 불에 탔을 때 사람들은 그것이 "높은 데로 가 버리고 없다"고 말했다.[29] 지금처럼 그때에도 행렬 의식이 거행되는 장소였던 모스크바의 붉은 광장(Красная площадь)은 흔히 "불의 장소"로 지칭되었다.[30] 모스크바국 교회의 특징인 양파꼴 돔은 "불의 혀"에 비유되었다.[31]

그리스도 안에서 하느님과 인간이 이루는 완전한 결합을 설명하는 기

---

[22] 구약성경 「이사야」에 나오는 초자연적 존재. 날개 세 쌍을 갖추고 사람과 닮은 모습이며, 그리스도교에서는 최고 등급의 천사를 일컫는 말이 되었다.

본적 은유는 오랜 세월 동안 쇠 안으로 불이 스며든다는 은유였다. 비록 바탕은 바뀌지 않을지라도 이 사람 "쇠"는 불과 같은 하느님의 본성, 즉 그것에 닿는 모든 것을 불태우는 능력을 획득한다. 그리스도교의 헌신에 관해 러시아에서 대중화된 비잔티움식 정의는 "자연의 불이 자기의 효과를 쇠에 전하는 듯 사람은 영혼에서 온통 불이 되어서 획득된 내면의 광채를 육체에 전할 것"이라고 설명했다.[32] 또는 디오니시오스의 말을 다시 인용하면,

> 불은 작용할 물질을 찾아낼 수 있을 때에만 제 존재를 드러내면서 …… 활기를 주는 열로 만물을 새롭게 하면서 …… 만물 안에 있다 …… 자기가 잡은 것을 하늘까지 들어올리듯이 늘 변함없고, 저열한 천박함에 절대 방해받지 않는다.[33]

빛이 아니라 열, 밝은 것보다는 따뜻한 것이 하느님에게로 가는 길이었다.

한편, 불타기 쉽디쉬운 이 문명에서 불은 무서운 힘이었다. 갑자기 나타나 그 문명이 부서지기 쉬운 덧없는 존재임을 생각나게 해주는 불청객이었다. 심지어는 오늘날에도 방화 행위를 가리키는 흔한 표현은 "붉은 수탉을 풀어놓는다"이며, 붉은 수탉을 달래고 끔찍한 재난을 막으려고 붉은 수탉의 형상이 목조 건물 위에 자주 그려졌다. 레오노프는 번지는 산불을 제 앞에 놓인 모든 것을 다 먹어치우는 붉은 거미 떼에 비유한다.[34]

1330년부터 1453년까지 모스크바에서만 해도 큰불이 열일곱 차례 일어났고, 그때부터 1812년 대화재23까지 모스크바는 훨씬 더 여러 차례 불에 탔다. 기록된 노브고로드 역사서들에는 심각한 화재가 100건도 넘게 언급되어 있다.[35] 17세기의 한 방문객은 "이 나라에서 큰 축에 끼는

화재가 되려면 집이 적어도 7,000채나 8,000채는 타야만 한다"고 말했다.[36] 러시아의 이콘 도상규범에서 불이 최후 심판의 주요 상징이었음은 그리 놀라운 일이 아니다. 충실한 신도가 교회의 초에 불을 붙일 때마다 교회의 프레스코화와 이콘의 아랫부분에 있는 벌건 불빛은 심지어는 멀리 떨어진 곳에서도 알아볼 수 있었다.

천둥의 신이자 불의 창조자인 페룬(Перун)[24]은 그리스도교 수용 이전에 밤하늘의 별처럼 많은 신 사이에서 걸출한 지위를 차지했고, 깃털이 빛나는 불새는 러시아 신화에서 특별한 지위를 차지했다. 아마도 그리스도교화된 서사 민간전승의 가장 대중적인 영웅일 일리야 무로메츠(Илья Муромец)[25]는 이스라엘의 적들에게 불을 내려 태워버렸고 불 수레를 타고 하늘로 올라간 선지자 엘리야를 본떴(고 그의 슬라브식 이름을 받았)다.[26] 러시아에서 최초 형태의 연극은 성탄절 전주 일요일에 행해진 "화덕 장면 재현극"이었다. 여기서 하느님이 신심 깊은 이스라엘 사람 — 사드락과 메삭과 아벳느고 — 세 사람을 느부갓네살의 불길에서 구해냈다.[27] 이 극은 비록 비잔티움에서 넘겨받은 것이었을지라도 러시아에서 극의 공연과 음악 연출에서 새로운 자양분을 얻었다. 그 극의 러시아 판에서

---

[23] 나폴레옹이 모스크바를 점령한 뒤 시내에서 일어나 도시를 거의 다 태웠던 화재.

[24] 『원초연대기』에 천둥번개의 신으로 기록되어 있는 동슬라브인의 주신(主神).

[25] 러시아의 민담에 등장하는 주인공. 체르니고프 마을의 농부 가정에 태어난 일리야는 앉은뱅이였지만, 서른 살에 갑자기 장사가 되어 악당과 괴수와 외적을 물리쳐 영웅이 되었다.

[26] 엘리야가 불로 적을 죽이는 이야기는 구약성경 「열왕기 하」 1장 10절과 12절에, 불수레를 타고 하늘로 올라가는 이야기는 「열왕기 하」 2장 11절에 나온다. 엘리야의 슬라브어 이름이 일리야이다.

[27] 느부갓네살이 바빌로니아의 금신상(金神像)을 경배하기를 거부한 이스라엘 백성 세 사람을 활활 타는 화덕에 던져 넣었으나 그 세 사람이 죽지 않았다는 구약성경 「다니엘」 3장에 나오는 이야기.

는 진짜 불이 사용되었고, 그 이스라엘 백성 세 사람은 구원을 받은 뒤에 교회와 도시를 누비고 돌아다니면서 주님의 천사가 자기를 화덕에서 구해냈던 것과 똑같이 그리스도가 사람들을 구원하러 오실 것이라고 외쳤다.[37] 17세기의 결정적인 종교 논쟁 가운데 첫 논쟁에서 근본주의자들은 그리스도가 "성령과 불로 세례를 주시"러 온다[38]는 것이 사람들 머릿속에 떠오르도록 신현(神現)축일28에 축성된 물에 불이 켜진 초를 담그는 의식을 열정적으로 지켜내는 데 성공했다. 1618년에 러시아에서 가장 큰 수도원의 원장은 정경(正經)에 나오지 않는 이 의식을 없애려 들었다고 해서 폭도에게 두들겨 맞고 회개의 절을 날마다 1,000번 해야 했다. 그를 규탄하려고 쓰인 소책자 가운데 하나인 『어둠을 밝히는 불』(Огонь просветительный)에서 그는 러시아가 "사도들 위에 내려앉은 불의 혀"를 얻지 못하도록 시도했다는 비난을 받았다.[39] 불은 1640년대의 근본주의자들이 악기와 외래풍 그림과 모스크바에 있는 외래인 공동체 건물 자체를 불태울 때 그들의 무기였다. 근본주의자들이 1667년에 파문당한 뒤에 이 "구교도" 가운데 많은 이가 임박한 최후 심판의 정화의 불을 예기하는 수단으로 — 자주 자기의 온 가족과 모든 친구와 함께 기름에 흠뻑 젖은 나무 교회에 들어가 — 스스로를 제물로 바치려 들었다.[40]

불의 정화력에 이끌리는 묵시록적 매혹은 원초적 농민 반란의 전통 속에 — 그리고 사실상 이념적 귀족 혁명의 후속 전통 속에 — 사라지지 않고 남아 있었다. 무신론자 아나키스트인 미하일 바쿠닌(Михаил Бакунин)은 "불의 혀"가 곧 전 유럽에 나타나 낡은 신들을 쳐부수리라는 예언적 주장으로 1848~1849년의 혁명적 위기 동안 유럽을 사로잡았다. 바쿠닌은 1849년

---

28 예수가 세례를 받은 것을 기리는 1월 6일의 정교회 축일. 예수세례 축일이라고도 한다.

에 라이프치히(Leipzig)에서 리하르트 바그너(Richard Wagner)가 지휘하는 루트비히 반 베토벤(Ludwig van Beethoven)의 「9번 교향곡」 연주를 듣고 나서는 바그너에게 달려가 이 작품은 곧 닥쳐와 세계를 불사를 대화재에서 불타지 않을 가치가 있다고 장담했다. (자기가 혁명의 "화부장"(火夫長)이라고 부른) 이 사람에게 매료된 바그너의 머리에서는 그 오페라 극장이 그 뒤 얼마 되지 않아 불에 타 무너졌다는 사실이 떠나지 않았으며, 자기가 지은 불의 음악 「지크프리트」(Siegfried)[29]의 특징을 잡을 때, 그리고 「신들의 황혼」(Götterdämmerung)을 전반적으로 구상할 때 바쿠닌의 영향을 받았음직하다.[41] 러시아가 20세기 초엽에 그 나름의 음악 혁명을 일으켰을 때, 같은 정도로 불의 상징이 중심이었다. 알렉산드르 스크랴빈(Александр Скря́бин)의 「불의 시」(Поэма огня)에서, 그리고 이고르 스트라빈스키와 세르게이 댜길레프(Сергей Дягилев)의 「불새」(L'Oiseau de feu)[30]에서 이루어진 음악과 무용의 장엄한 융합에서 그랬다.

그들의 불새는 겉으로는 중요해 보이지 않던 블라디미르 레닌의 『이스크라』(Искра)[31]에서 일어나 전쟁의 바람이 부채질한 1917년 혁명의 불길 속에서, 제국의 쌍두 독수리[32]처럼, 죽었다. 구체제의 시인 몇 사람은 그 가운데 한 사람이 "불타 죽기에 이끌리는 나방의 혼"[42]이라고 부른

---

[29] 바그너의 「니벨룽의 반지」를 이루는 네 오페라 가운데 셋째 오페라. 1876년에 초연되었다.

[30] 러시아어로는 Жар-птица. 스트라빈스키가 아파나시예프의 동화를 소재로 1910년에 만든 발레곡. 사냥하다 길을 잃고 마왕의 성에 들어간 왕자가 불새의 도움으로 마왕을 물리치고 미녀를 구해내어 아내로 맞이한다는 내용으로 되어 있다.

[31] 1903년에 레닌이 이끄는 러시아 사회주의자 조직이 런던에서 간행한 신문. 제호는 데카브리스트를 기리는 푸시킨의 시에 나오는 "한 점 불꽃에서 불길이 타오르리라"는 구절에서 따왔다.

[32] 제정 러시아의 문장. 소비에트 연방이 해체된 뒤 다시 러시아 연방의 국가 문장으로 채택되었다.

것을 감지한 반면에, 새로운 체제에게 맨 처음으로 죽임을 당하는 가장 위대한 인물 가운데 한 사람[33]은 사후에 간행되는 시선집 『불기둥』(Огне- нный столп)을 남기고 떠났다.[43] 뒤이은 스탈린 치하의 무시무시한 침묵 기 동안 관중에게서 가장 큰 감성적 반응을 불러일으킨 무대 상연작은 십중팔구 무소륵스키의 "민중악극" 「호반쉬나」(Хованщина)[34]였을 것이 다. 「호반쉬나」는 — 볼쇼이(Большой) 극장의 무대에서 진짜 불을 쓰면서 — 한 구교도 공동체의 자멸로 끝을 맺는다. 그 이미지는 보리스 파스테르낙 (Борис Пастернак)의 작품 속에서 다시 나타나지만, 스탈린 시대 문화의 잿 더미로부터 무엇이 생겨났느냐는 문제는 우리 이야기의 첫 부분이 아니 라 끝 부분에 속한다. 여기서는 불이 다산성과 다투는, 즉 인간이 유별나 게 하찮아 보이는 한 세상의 지배권을 놓고 페룬이라는 남성적 힘이 촉 촉한 어머니 대지와 다투는 대러시아라는 불타기 쉬운 숲의 세계에서 더 앞 시대에 이미 있던 자연의 힘들에게 느끼는 영적 친밀감이 강렬했 다고만 말해두겠다.

러시아인이 왜 13세기와 14세기의 암흑기 동안 철저한 숙명론과 체념 에 빠져들지 않았는지는 아마도 그 시대의 모든 불과 싸움의 와중에서 러시아인과 함께 지낸 두 쌍의 주요 물품의 관점에서 설명될 수 있을 것이다. 그 두 쌍의 물품은 시골에 있는 도끼와 이콘, 그리고 수도원과 도시에 있는 종과 대포였다. 짝을 이루는 이 두 물품에서 각각 한 요소는 다른 요소와 긴밀한 관계를 지녔으며, 모스크바국의 호전적 세계에서 종교와 전쟁, 아름다움과 잔인함 사이의 밀접한 연관을 입증해주었다.

---

[33] 니콜라이 구밀료프.
[34] 표트르가 황제가 되기 직전부터 그가 스트렐츠의 반란을 무력으로 진압할 때까지 모스크바에서 벌어진 싸움을 배경으로 하는 오페라.

이 물건들은 다른 사회에서도 중요했지만, 러시아에서는 심지어 현대의 복합 문화에도 특별한 상징적 의의를 획득하고 유지했다.

도끼와 이콘

옛 러시아에서 이루어진 물적 투쟁과 영적 환희의 결합을 모든 농가의 벽에 마련된 경배의 장소에 전통적으로 함께 걸리는 두 물건, 즉 도끼와 이콘보다 더 잘 보여주는 것은 없다. 도끼는 대러시아의 기본 도구, 즉 숲을 인간의 의도에 복종시키는 필수불가결한 수단이었다. 이콘, 즉 종교화는 고난에 시달리는 변경 주민에게 궁극적 안정감과 더 높은 목적의식을 주는 종교 신앙을 생각나게 해주는 물건이었으며 어디에나 다 있었다. 도끼가 섬세하게 쓰여 이 거룩한 그림이 그려지는 나무 표면을 판판하고 매끄럽게 만들었다면, 이콘은 이콘대로 농부들이 나무를 베거나 침입자를 물리치는 더 거친 일을 하러 도끼를 들고서 서슴지 않고 숲으로 들어갈 때마다 씩씩하게 그들 앞에 들려 운반되었다.

도끼는 마체테(machete)[35]가 열대 정글 주민에게 중요한 만큼이나 북쪽의 무직에게 중요하다. 도끼는 "만능 도구"였다. 톨스토이에 따르면, 러시아인은 도끼를 가지고 "집도 짓고 숟가락도 깎아 만들" 수 있었다.[44] "도끼 하나만 있으면 온 세상 어디든지 헤치고 갈 수 있다"와 "도끼는 모든 일에 으뜸이다"[45]는 많은 속담 가운데 둘일 따름이었다. 초기 러시아의 일상생활을 맨 처음 연구한 최고의 학자 가운데 한 사람은 이렇게 설명했다.

---

[35] 중남미 원주민이 나뭇가지를 벨 때 쓰는 날이 넓은 벌채용 칼. 마셰티라고도 한다.

컴컴한 자연림이든 벌판이든 도끼가 가는 곳이면 어디든 낫과 쟁기, 그리고 꿀벌치기의 작대기가 뒤따랐다. 도끼가 가는 곳에서는 숲이 벌채되고 개간되었고 농가가 세워졌고 숲에 개간지와 마을이 들어섰다. ……[46]

그리스도교가 수용되기 전에 그 지역에 살던 부족은 자주 도끼를 돈으로 사용하고 도끼를 그 주인과 함께 묻었다. 도끼는 흔히 "벼락"이라고 불렸고, 번개를 맞아 쓰러진 나무 부근에서 발견된 돌은 천둥의 신이 쓴 도끼머리의 조각으로 여겨져 받들어졌다.

세례를 받고 그리스도교 신자가 된 모스크바국 주민도 못지않게 도끼를 받들었다. 그들은 도끼를 써서 나무를 자르고 판판하게 다듬고 조각까지 했다. 비교적 최근까지도 건물을 지을 때 — 톱과 대패는 말할 것도 없고 — 못이 널리 쓰이지 않았다.[47] 도끼는 근접 전투에 사용되어서, 만일 그렇지 않았다면 늑대나 무장한 게르만인 검사나 몽골 기마병이 누렸을지 모를 우위를 무력하게 만들었다.

없어지지 않고 남아있는 12세기 러시아 북부의 극소수 보석 세공품 가운데 하나가 권력이 키예프에서 북쪽으로 옮아가는 데 가장 큰 몫을 한 군주인 안드레이 보골륩스키(Андрей Боголюбский)의 머리글자가 새겨진 손도끼이다.[48]

도끼는 볼가 강 상류 지대의 새로운 문명을 튼실하게 만드는 데 중심 역할을 했다. 도끼를 가지고 러시아인은 결국은 침략과 화재와 전염병을 막는 방호 수단으로서 — 뾰족하게 깎은 나무 그루터기와 엇갈리게 베어 쓰러뜨린 나무가 줄줄이 이어져 있는 기다란 벌목지인 — 녹채선(鹿砦線, засечная черта)을 쳤다.[49] 도끼는 즉결 처형을 할 때 으레 쓰이는 도구였으며, 방호물 없이 탁 트인 유럽 동쪽 변방의 힘겹고 원시적인 삶의 영속적 상징이 되었다. "차 마시기하고 나무 패기는 다르다"는 속담에는 더 편하게 사는 사람들에게 품은 억눌린 미움 같은 것이 들어있다. "펜이 칼보다 더 세다"는 속담의 러시아식 표현은 "펜으로 씌어있는 것은 도끼로 패지 못한다"이다.[50]

서쪽에서 들어온 소총과 동쪽에서 들어온 단검보다는 북쪽의 도끼가 러시아 군주정의 궁정용 무기로 남았다. 16세기와 17세기의 러시아 최초의 상비 보병부대인 스트렐츼(стрельцы)는 비록 명칭은 말 그대로 하자면 "총포수"(銃砲手)라는 뜻이기는 해도 도끼를 가지고 훈련을 받았고 행진을 할 때 도끼를 들었다. 도끼는 차르들이 17세기의 도시 반란을 진압하는 데, 그리고 농민이 봉기를 일으키는 동안 지방 귀족과 관료를 겁주는 데 쓴 주무기였다. 이 봉기의 주도자들은 붉은 광장에서 커다란 도끼로 몸뚱이를 네 토막 내는 의식으로 공개 처형되었다. 도끼로 두 팔과 두 다리를 단번에 자르고 마지막으로 도끼를 내리쳐 머리를 잘랐다. 급이 떨어지는 인물들은 그저 손이나 발이나 혀만 잘라냈다.

도끼는 비록 19세기가 되면 무기로서는 시대에 맞지 않기는 했어도 반란의 상징으로 기억에 살아남았다. 급진 인텔리겐치아(интеллигенция)는 일찍이 1850년대에 온건 자유주의자에게서 "도끼를 움켜쥐는 버릇이 있"으며 러시아인을 부추겨 "도끼날을 간다"는 비난을 받았다.[51] 1860년대 초엽의 급진적 문필가 니콜라이 도브롤류보프(Николай Добролюбов)는 벗인 니콜라이 체르늬솁스키(Николай Чернышевский)의 『무엇을 할 것인가?』(Что делать?)에 들어있는 유토피아적 사회주의 강령을 "러시아여! 도끼를 들어라!"로 요약했다. 자코뱅(Jacobin)식 혁명을 일으키라는 러시아 내부의 첫 호소였던 같은 해인 1862년의 부활 주일 다음 월요일의 성명서 『청년 러시아』(Молодая Россия)는 예언자처럼 러시아가 "사회주의라는 대업을 최초로 실현하는 나라"가 되리라고 선포했고 "우리는 '여러분, 도끼로!'라고 외치고 황실 도당이 자기들의 도끼를 아끼지 않고 우리에

게 휘두른 것과 똑같이 우리도 그들을 가차 없이 치겠다"고 선언했다.[52]
1860년대 말엽이 되면 그 악명 높은 세르게이 네차예프(Сергей Нечаев)가
비밀단체 "도끼회"를 결성했고, 청년 러시아는 레닌 자신이 1902년의
『무엇을 할 것인가?』, 즉 볼셰비즘(Большевизм)[36]의 첫 선언서를 작성하겠
다는 생각을 품는 데 도움이 될 혁명 조직의 음모 전통을 개발하기 시작
했다. 안톤 체호프(Антон Чехов)의 마지막 연극인 「벚나무 동산」(Вишневый
сад)[37]이 끝날 때 무대 뒤에서 들려오는 도끼질 소리는 제정 러시아의 종
말이 다가온다는 것을 알렸다. 혁명을 일으킨 원조 공상가들의 희망을
끝장낸 1930년대의 끔찍한 숙청은 가장 창조력이 풍부하고 예언적인 러
시아 혁명의 두뇌, 즉 레프 트로츠키(Лев Троцкий)의 두뇌에 얼음 깨는 도
끼를 박아 넣으면서 1940년에 머나먼 멕시코(Mexico)에서 마침내 소진되
었다.

혁명이 러시아가 안고 있는 문제의 해답이라는 데 반대한 사람들은
능욕당한 숲이 사람의 도끼에 결국은 승리를 거둔다는 낡은 주제를 재생
함으로써 혁명에 반대하는 일이 잦았다. 베여 넘어진 나무는 톨스토이의
『세 죽음』(Три смерти)[38]에서 죽어가는 사람보다 더 기품 있게 숨을 거둔
다. 톨스토이의 부탁에 따라 그의 무덤 위에 파릇파릇한 새 묘목이 심어
졌다. 레오노프가 50대 중반에 쓴 힘찬 소설『러시아의 숲』은 소비에트
체제가 숲을 베어내는 데 핵심 역할을 했음을 시사했다. 숲은 옛 러시아

---

[36] 볼셰비키당의 이념과 혁명 전략.
[37] 희곡으로는 체호프의 마지막 작품이며, 새로운 시대에 적응하지 못하고 몰락하는
귀족을 비판하는 내용이 담겨 있으며, 러시아가 낡은 귀족 세계에서 자본주의 경
제로 이행하리라고 암시한다.
[38] 레프 톨스토이가 마님과 마부, 그리고 나무 한 그루의 죽음을 소재로 삼아 1856년
에 쓴 소설.

문화의 상징이 된다. 레오노프가 자기가 도끼 편인지 베여 넘어진 나무 편인지 독자들에게 분명히 알려주지 않았다면, 러시아 혁명의 정치적 후견인들은 자기들이 도끼 편에 섰음을 분명히 했다. 니키타 흐루쇼프(Никита Хрущев)는 "모든 나무가 다 쓸모 있지는 않습니다 …… 숲은 때때로 솎아내야 합니다"라는 점을 레오노프에게 공개적으로 상기시켰다. 그러나 흐루쇼프 자신은 1964년에 정치적 명운이 다해 베여 넘어간 반면에, 레오노프는 꿋꿋이 서서는 권좌에 있는 흐루쇼프의 계승자들에게 "슬기롭게 쓰이지 않는 쇠붙이 물건인 도끼는 중앙집권화된 국가에서 적잖은 화를 부를 수 있다"는 점을 머릿속에 떠올려 주었다.[53]

원시림에 있는 초기 러시아 농부의 오두막으로 되돌아가면, 집 안의 투박한 벽에 언제나 도끼 바로 옆에 걸려있는 물건이 하나 있었다. 그것은 나무에 그려진 종교화로서, 러시아인에게 "형상"(образ)으로 알려졌지만 꼭 빼닮은 그림이나 모습을 가리키는 그리스어의 원래 낱말, 즉 에이콘(eikon)으로 더 잘 알려졌다. 이콘은 러시아에서 사람이 살고 모이는 모든 곳에서 눈에 띄었다. 곧, 동쪽의 변방 주민에게 더 높은 목적의식을 준 신앙을 머릿속에 떠올려 주는 어디에나 다 있는 물건이었다.

이콘의 역사는 밑바탕에 있는 비잔티움과의 연속성과 러시아 문화 발전의 독창성을 둘 다 드러내 준다. 비록 옛날 이집트와 시리아의 망자의 얼굴 초상으로까지 거슬러 올라가는 지속적 역사가 있음이 틀림없기는 해도 거룩한 그림은 6세기와 7세기의 비잔티움에서 수도원 제도가 크게 성장했을 때 처음으로 체계적 숭배와 종교적 교훈의 대상이 되었다.[54] 8세기에 최초의 이콘 파괴론자가 수사(修士)의 권력을 줄이고 모든 이콘을 부수는 운동을 주도했다. 긴 싸움 뒤에 이콘 파괴론자가 졌고 정교 세계가 보편적 구속력을 가진다고 인정한 일곱 차례의 공의회 가운데 마지막 공의회였던 787년의 제2차 니케아 공의회에서 이콘 숭상이 정식으로 승인되었다.

슬라브인은 이 ── 그 공의회를 흔히 부르는 명칭인 ── "정교의 승리" 직후에 개종했고 비잔티움이 되찾은 종교화에 대한 열정을 물려받았다. 문둥병에 걸린 에데사(Edessa)[39]의 왕을 가엾게 여겨 그리스도께서 손수 기적을 일으켜 최초의 이콘을 새기셨다는 6세기의 전설은 "사람 손으로 만든 것이 아닌" 이콘에 관한 여러 러시아 설화의 밑바탕이 되었다. 이 이콘을 944년 8월 16일에 에데사에서 의기양양하게 콘스탄티노플로 옮긴 것이 러시아에서 축일이 되었고 러시아 교회 전례에서 아주 중요해지는 이콘 따라가기 행렬에 한 원형을 제공했다.[55]

"비잔티움이 세상 사람들에게 언어로 표현된 신학을 주는 데 독보적이었다면, 러시아인은 형상으로 표현된 신학을 주는 데 뛰어났다."[56] 신앙의 축일과 성찬을 묘사하는 모든 방법 가운데에서 이콘을 나무판에 그리는 것이 곧 모스크바국에서 주류를 이루게 되었다. 모자이크 예술은 러시아 문화가 지중해의 기예와 긴밀한 관계를 잃으면서 쇠퇴했다. 프레스코화는 목조 건축에 대한 의존도가 늘면서 상대적으로 그 중요성이 떨어지게 되었다. 이콘 파괴 운동 이전 시기의 납화법(蠟畫法)[40]을 대체해버린 강렬한 템페라(tempera) 화법[41]을 사용하면서 러시아의 예술가들은 11~12세기 비잔티움 회화에서 이미 두드러졌던 경향을 유지하고 확대했다. 그 경향은 (1) 각 성자를 미리 규정되고 양식화된 형태로 나타내서 이콘에 나오는 인물의 구체성을 줄이고, (2) 세부묘사와 채색과 감성 절

---

[39] 메소포타미아 북부에 있는 유서 깊은 도시. 오늘날 터키의 산리우르파(Şanlıurfa).
[40] 물감에 뜨거운 밀랍 용액을 섞어 그리는 회화 기법. 밀랍을 뜨겁게 유지해야 하는 난점이 따른다.
[41] 불에 태운 석고와 가죽, 또는 아교로 만든 희고 부드럽고 잘 흡수되는 소재를 여러 겹 바른 나무판에 안료와 수성 용매를 섞어 만든 물감으로 그림을 그리는 방식.

제에 새로이 풍성함을 불어넣는 것이었다. 러시아 미술가는 조심스레 마련해서 말린 나무 판에 더 앞 시기의 비잔티움 모델에서 따온 기본 밑그림을 등사한 다음 세부를 다채롭게 그렸다. 그는 비잔티움식 이콘의 사이프러스 나무[42]와 피나무를 차츰차츰 소나무로 바꿨으며, 색채를 밝게 하고 덧칠을 하는 새로운 기법을 개발했다.

비록 서유럽 예술사가에게 낯익은 정밀한 연대측정법과 분류 기법을 이콘 그림에 적용할 수 없더라도, 14세기 말엽이 되면 지역에 따른 일정한 특색이 뚜렷하게 나타났다. 노브고로드는 각진 선과 밝은 원색으로 활기찬 구도를 사용했다. 트베르(Тверь)[43]에는 특유의 옅은 파랑, 노브고로드에는 독특한 밝은 빨강이 있었다. 노브고로드에 가까이 있는 "아우"인 프스코프(Псков)[44]는 돋보이도록 의복에 금색을 넣는 기법을 도입했다. 멀리 떨어진 야로슬라블은 나긋나긋하게 늘어난 인물상이 전문이어서, 더 단순하고 정형화된 형태를 전반적으로 선호하는 "북부 유파"의 성향을 공유했다. 노브고로드와 야로슬라블 사이에 있는 블라디미르-수즈달 지역에서는 양쪽의 양식을 뛰어넘는 새로운 양식이 차츰차츰 나타났고, 그 긴 예술사에서 가장 뛰어난 몇몇 이콘이 배출되었다. 이 모스크바 유파의 그림은 후기 비잔티움 전통의 엄격성과 단호히 관계를 끊었고 노브고로드보다 훨씬 더 풍부한 색채와 야로슬라블보다 더 우아한 인물상을 이뤄냈다. 최근의 한 비평가는 모스크바 유파의 최고 거장 안드레

---

[42] 측백나뭇과 실측백나무속 상록 침엽교목.

[43] 러시아 연방 트베르 주의 주도. 노브고로드의 지배를 받게 된 12세기 전반기에 기록에 등장한다. 소련 시절에는 칼리닌(Калинин)으로 불리다가 최근에 원래 이름을 되찾았다.

[44] 러시아 연방 프스코프 주의 주도. 903년의 연대기에 언급되어 있다. 중세에 한자 동맹과 러시아 내륙을 잇는 중심지였고, 11~12세기에 노브고로드의 지배를 받았다. 1348년에 독립했다가 1510년에 모스크바국에 흡수되었다.

이 루블료프(Андрей Рублев)의 빛나는 색채에서 주위에 있는 북쪽 숲의 아름다움과 이어진 내적 연결고리를 보고 이렇게 말했다.

> 그는 자기의 팔레트에 쓸 물감을 전통적인 색채 규범이 아니라 자기 주위 러시아의 자연에서 얻는다. 그는 러시아 자연의 아름다움을 예리하게 감지했다. 그의 멋들어진 하늘색은 봄 하늘 파란색의 속삭임에서 알아챈 것이고, 그의 하얀색은 러시아인에게 그토록 친근한 자작나무를 생각나게 하고, 그의 초록색은 익지 않은 호밀과 닮았고, 그의 황토색은 가을에 떨어진 나뭇잎의 추억을 불러오며, 그의 청록색은 빽빽한 침엽수림의 어슴푸레한 음영에서 나오는 그 무엇이다. 그는 러시아 자연의 색채를 고결한 예술어로 옮겼다.[57]

굴곡이 나긋나긋하고 노랗게 파랗게 칠한 부분이 밝게 빛나는 루블료프의 가장 이름난 걸작 「구약의 삼위일체」(Ветхозаветная троица)에서보다 그의 예술 언어가 더 고상하게 나타난 것은 없다. 그 주제는 교회의 입장과 교리가 러시아 이콘 도상규범에 어떻게 계속 반영되었는지를 예증해준다. 삼위일체는 인간의 시각화 능력을 넘어서는 신비이므로 구약에서 사라와 아브라함에게 세 천사가 나타난다는[45] 상징적이거나 예시적인 형태로만 표현되었다. 누구도 얼굴과 얼굴을 맞대고 성부(聖父)를 본 적이 없으므로 성부는 절대 그려지지 않았다. 초기의 이콘 도상에서는 성령도 표현되지 않았다. 흰 비둘기라는 상징이 나중에 서유럽에서 들어오자 비둘기는 먹어서는 안 될 음식과 숭배할 대상으로 여겨지게 되었다.

자연주의적 인물 묘사는 말엽의 비잔티움보다 러시아에서 훨씬 더 거세게 거부되었으며, 고전 미술과는 훨씬 더 철저하게 단절되었다. 조상

---

[45] 구약성경 「창세기」 18장 참고.

(彫像)은 이 예술양식의 선정적 특성 탓에 모스크바국에 사실상 알려지지 않았고, 키예프 시대에 전도유망했던 저부조(低浮彫) 기예 전통은 거룩한 인물을 더 영적으로 나타내려고 싶어 한 나머지 완전히 사라졌다.[58] 2차원의 밋밋한 평면이 경건하게 존중되었다. 이콘에는 원근법이 없었을 뿐 아니라, 이른바 역원근법으로 거룩한 그림의 구도 안으로 보는 이가 들어서지 못하도록 하려는 의도적 노력이 자주 이루어졌다. 서방 그리스도교 세계의 (성흔(聖痕)이나 성심(聖心) 같은) 상상의 물리적 형상은 정교에는 낯설었고 러시아 미술에서는 표현되지 않는다. 고전고대의 가상적 인물상은 비잔티움의 그림보다 러시아의 그림에서 훨씬 덜 흔했으며, 다수가 러시아의 이콘에서 확실하게 배제되었다.

13, 14세기 러시아에서 이루어진 이콘 회화와 이콘 숭상의 현저한 발달은 — 7세기 비잔티움에서 원래 이루어진 발달과 마찬가지로 — 정치권력이 약해진 시기 동안 나타났다. 두 경우에서, 우상 숭배에는 수도원 제도의 성장이 함께 따랐다.[59] 어디에나 다 있는 거룩한 그림은 세속 공후의 떨어진 위신을 보상하는 데 도움이 되는 더 높은 권위의 이미지를 제공했다. 러시아에서 이콘이 공동체 최고 권위를 자주 대표하게 되었고, 사람들은 이콘 앞에서 맹세를 하고 다툼을 풀고 싸우러 나아갔다.

그러나 이콘이 인간의 권위에 신의 인정(認定)을 부여했다면, 이콘은 신의 권위에 인성(人性)을 부여하는 기능도 했다. 중요하기 이를 데 없는 부활절 축일을 위한 기본 이콘은 — 텅 빈 무덤에서 부활하는 신의 신비에 역점을 두는 서방의 부활절 이콘 도상에서는 드물게 묘사되는 장면이었던 — 지옥문을 깨부수고 수난일(受難日) 이전에 내동댕이쳐졌던 불길에서 빠져나오는 매우 인간적인 예수의 이콘이다. 초기 교회는 그리스도에게 인성(人性)이 있음을 부정하는 "아폴리나리우스주의적" 시도에 맹렬히 반발하면서 이 이단을 451년의 칼케돈(Calcedon) 공의회에서 난타했다. 부분적으로는 아폴리나리우스(Apollinarius)의 견해에 대한 지지가 서로마 제국에 존재했었기 때문에, 동로마 제국의 그리스도교 신자들은 로마의 멸망을 이 이단의 수용과 동일시하게 되었다. 비잔티움은 거룩한 그림을 서방이 야만 상태와 암흑에 빠져버린 시기에 콘스탄티노플이라는 "새 로마"에서 여전히 찬란하게 빛나고 있던 그리스도교의 상징으로 보게 되었다. 한편, 이콘 파괴론자에게 거둔 승리는 신을 인간으로 묘사한 모든 이미지를 신성모독으로 보는 (대개 유대교와 이슬람의 가르침에서 비롯된) 동방 고유의 성향에 거둔 승리를 대표했다. 비잔티움은 인간의 구원은 그가 지닌 인간의 속성을 완전히 다른 뭔가로 변형해야만 이루어진다는 여러 오리엔트 종교와 그리스도교 이단에 공통된 생각을 거부함으로써 비잔티움이라는 다민족 제국에 이념의 통합력을 불어넣었다.[60]

성상(聖像)이 인간처럼 묘사되는 이콘 그리기 경향은 12세기 비잔티움에서 어린 그리스도 쪽으로 고개를 돌리면서 신성과 더불어 모성을 보여주기 시작한 성모 마리아의 이미지에서 눈에 띈다. 크고 차분한 성모 마리아가 자기 얼굴을 예수의 얼굴에 대고 내리누르는 그런 이콘 하나가 러시아의 모든 이콘 가운데 가장 많이 숭상되는 이콘이 되었다. 바로 「블라디미르의 성모」, 즉 카잔의 성모[46]였다.[61] 이 12세기의 걸작이 콘스탄티노플에서 키예프로, 그리고는 심지어 키예프가 무너지기 전에 키예프에서 수즈달과 블라디미르로 옮겨진 것은 러시아 문화가 북쪽으로 옮아간 것을 상징한다. 성모 마리아 숭배는 북쪽에서 꽤나 더 열렬했다. 이 이콘은 14세기 말엽에 모스크바의 크레믈 안에 있는 성모승천 대성당으로 옮겨졌기 때문에 국가 통합이 정치적 사실이 되기 훨씬 전에 그러

---

[46] 1130년 무렵에 콘스탄티노플에서 제작되어 러시아에 선사된 성모자 이콘. 보존되었던 곳의 러시아 지명을 딴 이름이 붙었으며, 러시아 이콘의 본보기가 되었다.

한 통합의 상징이 될 수 있었다. 성모는 옛 모스크바국의 최고의 어머니 이미지였다. 그 이미지에서 성모는 하느님과 평화를 누리지만 연민을 느끼며 자기의 어린 아들 쪽으로 몸을 기울인다. 대대로 모스크바국 백성은 성모승천에 봉헌된 그 대성당 안에서 성모에게 자기의 소원을 신에게 전해달라고 기도했다.

이 이콘의 역사는 중세 러시아의 믿음과 싸움, 예술과 무기 사이의 긴밀한 협력을 잘 보여준다. 전사 공후 안드레이 보골륩스키가 북쪽으로 가져온 그 이콘은 14세기 말엽에 예상되는 티무르의 공성전에 맞서 모스크바 방어자의 기운을 북돋으려는 특정한 목적에서 1395년에 모스크바로 옮겨졌다. 그 이콘에 붙은 "카잔"이라는 이름은 나중에 이반 뇌제(Иван грозный)가 카잔에서 타타르인에게 거둔 승리가 그 이콘이 기적을 일으키는 힘을 지닌 결과라는 대중의 믿음에서 비롯했다. 17세기 초엽의 "대동란 시대"(Смутное время) 동안 폴란드인에게 거둔 승리도 그 이콘의 힘 덕택으로 돌려졌다. 마리아가 예수에게 러시아가 앞으로 더는 굴욕을 당하지 않도록 해달라고 빌었고 예수는 만약 러시아가 뉘우치고 하느님에게 다시 돌아간다면 그리하겠다고 약속했다고 믿는 사람이 많았다. 1520년이면 그 이콘을 경배하는 행렬이 한 해에 별도로 네 차례 거행되는 관행이 확립되었는데, 그러면서 20~30년 안에 그 이콘이 크레믈에 있는 성모승천 대성당에서 나와 붉은 광장을 가로질러 ("카잔" 성당[47]이라고도 불리는) 성 바실리 대성당으로 옮겨졌다. 이 이콘은 싸우러 나가는 군대를 축성(祝聖)하는 데, 그리고 모스크바에 오는 다른 이콘이나 고위 성직자를 "맞이"하는 데 자주 쓰였다.[62]

---

[47] 성 바실리 대성당의 별칭은 카잔 성당이 아니다. 지은이가 이반 4세의 카잔 점령을 기리고자 성 바실리 대성당이 세워졌다는 사실과 혼동한 듯하다.

이 이콘을 둘러싸고 전개되는 숭상 말고도, 마돈나의 새로운 자세가 당혹감이 일 만큼 많이 나타나기 시작했다. 모델은 대부분 비잔티움풍이 었다. 그러나 이 "상냥한 성모"(Богородица Умиления) 일반형의 러시아 특 유의 이형이 여럿 있었고, 그 가운데 몇몇 이형에서는 성모 마리아가 해부학적으로 가능한 지점을 넘어서도록 목을 아래로 구부려 어린 그리 스도를 안고 있다. 러시아의 이콘에서는 성모 마리아를 표현하는 별개의 양식이 약 400가지로 헤아려져 왔다.[63] 가장 인기 있는 독창적인 이콘 가운데 몇몇은 교회의 찬송가를 시각 형태로 바꾸는 경향이 커지는 결과 로 나타난 이콘이었다. 동방 교회의 예배에서는 시각과 청각과 후각의 상호의존이 오랫동안 중요했다. 12세기 초에는 노래로 부르는 예배와 계절에 따라 불리는 찬송가의 직접적인 시각화로서 종교 미술을 이용하 는 경향이 점점 커졌다.[64] 14세기의 러시아 북부에서는 이미 새로운 교 회 벽화가 실제로 시각화된 음악이 되고 있었다.[65] 러시아의 성탄절 이 콘은 — 즉, 경배하러 성모 마리아 앞으로 오는 모든 생명체를 그림으로 보여주는 「미리 축성된 성모 마리아께 경배」(Поклонение Пресвятой Богородице)는 — 성탄절 찬송가 를 그대로 그림으로 바꾼 것이다. 아카티스토스(akathistos)로 알려진 24개 사순절 찬송가에서 따온 갖가지 장면으로 에워싸인 성모 마리아 이콘도 러시아에서 점점 더 인기를 끌었다.[66] 개개 이콘도, 하느님을 믿지 않는 자들의 공격에 맞서 콘스탄티노플의 성벽을 강화하는 성모 마리아의 비 잔티움풍 이미지가 러시아의 거의 모든 도시와 수도원에서 사라지지 않 게 만든 「무너지지 않는 벽의 성모 마리아」(Богородица Нерушимой Стены) 처럼, 이 시리즈에서 나왔다. 전투에 심취한 나머지 이 성화(聖畵)들 속에 곧 반(半)전설상의 전사와 당대의 전투 장면이 들어갔고, 그 거룩한 그림 들은 신앙의 역사뿐 아니라 무기의 역사를 위한 중요한 사료가 되었 다.[67]

그런 주제의 확대와 기법의 진전 못지않게 극적인 것이 러시아가 이콘 활용에 가장 두드러지게 한 이바지였던 이코노스타시스(iconostasis)[48], 즉 이콘 칸막이의 발달이었다. 비잔티움과 키예프에서는 그림을 그려넣은 옷과 이콘이 교회의 신랑(身廊)[49]과 지성소를 잇는 가운데 문이나 "임금"문에, 그리고 신랑과 지성소를 가르는 칸막이에 자주 놓였다. 그 칸막이 위에 있는 들보에 거룩한 그림이 그려지고 새겨졌다.[68] 그러나 오로지 모스크바국에서만 지성소 제단 위로 높이 뻗어있으며 일종의 그리스도교 그림 백과사전 격으로 죽 늘어선 이콘 칸막이가 체계적으로 도입되었다. 그림이 그려진 이 칸막이는 적어도 14세기 말부터는, 즉 루블료프와 다른 두 사람이 모스크바의 크레믈에 있는 아르한겔 대성당(Архангельский Собор)을 위해 — 현존하는 최초의 이코노스타시스인 — 아름다운 3단 이코노스타시스를 만들었을 때부터 러시아 교회에는 꼭 있기 마련인 물건이 되기 시작했다. 지성소 칸막이의 눈높이에 붙어있는 많은 이콘 위에 6열에 이르도록 더 높이 이콘이 보태져서 새 교회의 천장까지 이르기 일쑤였다.[69]

러시아의 이코노스타시스는 정교를 인간화하는 과정이 더한층 확대된 것이었으며, 멀리 떨어진 동방의 하느님과 깨어나는 한 민족의 소박한 소망 사이를 이어주는 그림 형태의 수많은 연결고리를 제공했다. 지성소와 회중 사이에 배치된 이코노스타시스는 "하늘과 땅 사이의 경계에" 놓여 있었으며,[70] 하느님께서 계시던 거룩한 곳에서 벗어나 자기 백성을 대속(代贖)하러 나올 때 취했던 갖가지 인간적 형태를 묘사했다.

---

[48] 정교 교회에서 지성소와 회중석을 나누는 칸막이 역할을 하며 성상화가 빼곡히 붙어있는 벽. 러시아어로는 이코노스타스(иконостас).
[49] 교회나 성당의 중앙에 있는 공간.

각각의 이콘은 "사람이 거룩하게 변용한 상태의 외적 표현",[71] 즉 믿음을 가진 사람의 눈이 저편 너머를 들여다볼 수 있게 해주는 창문을 제공했다. 이코노스타시스 전체가 오직 교회만이 해줄 수 있는 축성으로 가는 그림 길 안내를 제공했다.

신도가 각각의 예배의식 내내, 그리고 그 의식이 끝난 뒤에 이코노스타시스 앞에 있는 커다란 촛대에 불을 붙이고자 켠 작고 가느다란 초는 초를 밝히지 않았더라면 어둡고 추웠을 교회를 "타오르는 촛불의 나라"로 바꾸었다.[72] 깜빡이는 이 불길은 "생명을 주는 삼위일체" 안에서 성부가 신비롭게 취했던 형상을, 즉 죽기에 앞서 변용해서 자기의 사도들에게 순수한 빛으로 나타난 성자, 그리고 성자가 마지막으로 승천한 뒤 오순절(五旬節)[50]에 순수한 불길로 사도들에게 온 성령을 회중의 머릿속에 떠올려 주었다.[73]

이코노스타시스로 말미암아 러시아인은 아름다움에 대한 자기의 사랑을 자기의 역사 인식과 결합할 수 있었다. 이콘이 그려지는 화판이 더 커지고 이코노스타시스가 더 넓어지면서 선은 더 나긋나긋해지고 색은 더 진해졌다. 성자의 개개 일대기가 성스러운 역사의 방대한 연대기 안으로 차츰차츰 얽혀 들어가는 것과 똑같이, 이콘은 가장 높은 줄에 있는 구약의 족장과 선지자에서 가장 낮은 줄에 있는 지역 성자로 움직이는 성스러운 역사의 포괄적인 이 그림 기록 안으로 곧 편입되었다. 한복판의 이콘은 사람에게로, — 하느님이 그랬듯이 — 성모 마리아를 거쳐서 임금문 바로 위에 있는 삼체성상(三體聖像, деисус)[51]의 한가운데에 앉아

---

[50] 부활절로부터 50일째 날. 성령강림절의 첫째 날.
[51] 동방정교 미술에서 예수 그리스도와 성모 마리아와 세례자 요한을 함께 그린 그림이나 이콘을 일컫는 말. 그리스도의 양옆에 마리아와 요한이 있는 구도가 일반적이다.

있는 그리스도에게로 내려왔다. 비잔티움 성당의 중앙 돔에서 고독한 웅장함 속에서 가만히 아래를 내려다보는 판토크라토르를 본뜬 "제위에 오르신 그리스도"가 러시아의 이코노스타시스에서는 덜 엄한 표정을 지었다. 그때까지는 주님에게서 멀찍이 있던 주위의 성자들이 더 앞 시기의 비잔티움 교회의 쿠폴라에서 밑으로 내려와 성모 마리아와 세례자 요한의 전통적 이미지 어느 한쪽 옆에 한 줄로 놓였다. 새롭게 눈에 보이게 된 이 성자들은 경배하듯 그리스도 쪽으로 몸을 기울였고 그리스도는 앞을 똑바로 바라보며 대개는 "수고하고 무거운 짐 진 자들아, 다 내게로 오라, 내가 너희를 쉬게 하리라"라는 글귀가 펼쳐진 복음서를 손에 들고서 회중에게 그 성자의 대열로 들어오라고 손짓하는 듯했다.[74] 마치 응답하는 양 신자는 예배를 드리는 중에, 그리고 예배가 끝난 뒤에 앞으로 밀치고 나아가 이코노스타시스에서 자기와 가장 가까이 있는 성자에게 그리스도 안의 형제[52]로서 입을 맞추었다. 이와 더불어, 정교 러시아에서 이루어지는 대부분의 예배와 숭배의 행위와 마찬가지로, 겸허하게 절을 하거나 엎드렸고 허리를 굽히며 두 손가락으로 성호(聖號)를 크게 그었다. 이것은 대중의 신앙고백이었다.

14, 15세기 러시아에서 이코노스타시스가 발전하고 이콘 숭상이 열렬해지면서 러시아 예술은 서방 그리스도교 세계의 예술에서 멀어졌다. 서방 그리스도교 세계에서는 점점 더 성화가 고유의 신학적 의의를 지니지 못한 채로 있어도 되고 없어도 그만인 장식품으로 여겨졌고[75] 예술가들이 성스러운 주제의 묘사에서 고전고대의 모델과 자유로운 창의성을 — 멀리하기보다는 — 다시 찾아내고 있었다. 러시아는 르네상스(a renaissance), 즉 해방된 창조성과 개인의 자각의 새로운 발산이 아니라 전

---

[52] 그리스도교인, 즉 세례를 받고 그리스도교를 믿는 이를 달리 일컫는 표현.

통의 종합적 재긍정으로 움직이고 있었다. 더 일찍 일어난 서방의 "중세적 종합"과 달리, 러시아의 그것은 신앙의 철학적 문제를 추상적으로 분석하기가 아니라 신앙의 영광을 구체적으로 표현하기에 바탕을 두었다. 성화에 대한 감정적 애착은 왜 근대 초 러시아의 문화에서는 고전고대의 예술 형식이나 합리주의 철학이 아무런 역할을 못 했는지를 설명하는 데 도움이 된다. 러시아가 이탈리아와 플랑드르(Flandre)[53]와 많이 접촉했는데도 러시아에는 그 두 지역의 르네상스(Renaissance) 예술을 모방한 주요 인물이 없었다. 그리고 서쪽을 바라보는 노브고로드를 거쳐 중세 말엽의 러시아에 들어온 합리주의적 사고는 세계주의적인 소규모 엘리트층에게만 호소력을 지녔고 끊임없이 교회 지도부의 제재를 받았다.

이콘이 모스크바국 문화에 지니는 중요성을 과대평가하기는 어려울 것이다. 각 이콘은 하느님이 인간사에 계속 연루되어 있음을 사람들 머릿속에 떠올려 주었다. 이콘의 참뜻은 심지어 읽지 못하거나 생각을 깊이 하지 못하는 사람에게도 곧바로 이해되었다. 완전히 고난과 절망에 빠져 허우적거렸을지 모를 사람을 위해 이콘은 생각을 위한 메시지가 아니라 하느님의 권능이 역사 속에, 그리고 역사 너머에 있으니 걱정하지 않아도 된다는 예증을 내놓았다.

이 무수히 많은 그림에 둘러싸인 가운데, 생각은 관념보다 이미지에서 구체화하는 경향을 보였다. 그리고 초기 러시아에서 발전한 "정치 이론"은 "정교 제국 전체가 하늘나라의 이콘인 것처럼 차르는, 말하자면, 하느님의 살아있는 이콘"이라는 믿음으로 잘 서술되었다.[76] 더욱이 이코노

---

[53] 유럽 북해 연안의 저지대 남서부. 오늘날의 벨기에 서부를 중심으로 프랑스 북부 일부와 네덜란드 서부가 포함되며, 중세에는 모직물 공업이 발달했고 16세기에는 예술과 학문의 중심지였다.

스타시스는 러시아 사회의 위계질서에 하나의 본보기를 제공했다. 각 인물상은 미리 정해진 자리를 미리 정해진 방식으로 차지했지만, 그 모든 인물상은 지성소의 하느님에게서 떨어진 같은 간격으로, 그리고 제위에 앉은 그리스도가 그려진 중앙 이콘에 대한 종속적 관계로 일체가 되었다. 친(чин, "서열")이라는 용어가 이코노스타시스의 일반적인 순서와 중앙의 삼체성상, 이 둘을 가리키는 데 쓰였다. 삼체성상, 즉 "기도 열"(祈禱 列, деисусный ряд)[54]은 가장 크고 가장 잘 보였으며, 이제는 박물관에 있는 가장 유명한 대형 이콘들이 여기에서 나왔다. 친은 모스크바국에서 미리 정해진 등급을 가리키는 일반 용어가 되었고, 그 말의 동사 형태인 우치니티(учинити)는 명령을 가리키는 주요 단어가 되었다. 17세기가 되면, 이 개념은 전체 사회 질서의 밑바탕이 되었다. 차르 알렉세이 미하일로비치의 『1649년 법전』(Соборное уложение 1649 года)[55]은 사회의 각 등급의 행동을 위한 도해 편람에 가까웠다. 몇 해 뒤에 알렉세이 미하일로비치는 자기의 사냥용 매들을 위한 친의 초안을 만들기까지 했다.[77]

러시아는 위계제적 사회 형태는 유지하면서도 본디 그 위계제적 사회 형태를 인가했던 종교적 이상형은 차츰차츰 내버릴 운명이었다. 알렉세이 미하일로비치의 법전은 1833년까지 효력을 유지했지만, 17세기에 심지어 알렉세이 미하일로비치 통치기가 끝나기도 전에 이콘 도상규범의 전통은 깨지고 교회는 쪼개졌다. 사실적 인물상과 과장된 인위적 구도가 서방의 모델에서 이것저것 골라서 서툴게 도입되었다. 더 오래된 이콘들

---

[54] 러시아 정교 교회에 있는 이코노스타시스에는 대개 이콘이 다섯 줄로 배열되어 있는데, 이 가운데 밑에서 두 번째 열을 일컫는 표현.

[55] 차르 알렉세이 미하일로비치의 치세인 1649년에 편찬되어 이반 3세의 1497년 법전을 대체한 모스크바국의 법전. 군주를 최고 권위자로 규정했고 농노제의 법적 토대를 마련했다. 젬스키 소보르의 인준을 받아 시행되어 19세기 전반기까지 존속했다.

은 쇠붙이 천개(天蓋)와 거무스름한 유약의 켜 밑에서 퇴색했다. 뱀처럼 비비 꼬인 로코코(rococo) 양식의 테두리가 이코노스타시스를 뒤흔들었고 그것에 에워싸인 거룩한 인물들을 조이는 듯 보였다. 모스크바국의 전통적인 친은 페테르부르그의 치노브닉(чиновник, "하급 벼슬아치")으로, 거룩한 전통으로서의 이콘 그리기는 국가가 주는 이권으로서의 이콘 생산으로 대체되었다. 1840년대에 비사리온 벨린스키(Виссарион Белинский)가 이콘은 그저 "항아리를 덮는 데에나 …… 쓸모 있다"고 잘라 말하며 러시아 혁명 전통의 새로운 예술상의 이콘 파괴론으로 가는 길을 가리켰다.[78]

하지만 이콘의 마법은 결코 완전히는 풀리지 않았다. 이콘이 아닌 다른 것은 이콘의 자리를 차지하지 못했고, 여전히 러시아인은 서방에서 그러듯 사람이 그림을 그린다고 생각하기를 달가워하지 않았다. 여전히 러시아인은 그림의 예술적 구성보다는 그림으로 표현되는 이상에 관심을 더 많이 두었다. 도스토옙스키에게 한스 홀바인(Hans Holbein)의 「무덤 속 그리스도의 주검」(Der Leichnam Christi im Grabe)은 그리스도교 신앙의 부정을, 클로드 로랭(Claude Lorrain)의 「아키스와 갈라테이아」(Acis et Galatée)는 세속의 유토피아를 암시했다. 도스토옙스키의 책상 위에 있는 라파엘로(Raffaello)의 「시스티나의 성모」(Madonna Sistina)의 판화는 그 나름대로 신앙과 창조력을 조화시키려는 노력의 개인용 이콘이었다.[79] 혁명가들 스스로가 이콘을 숭상하는 사람의 눈으로 수많은 19세기 러시아 세속화의 영웅적 자연주의를 바라보았다. 일리야 레핀(Илья Репин)이 그린 그 유명한 「볼가 강의 배끌이꾼들」(Бурлаки на Волге)에서 한 사내아이가 허리를 꼿꼿이 펴고 짓는 긍지 어린 표정에서 혁명적으로 도전하라는 외침을 발견하는 사람이 많았다. 러시아의 혁명가들은 더 앞 시대의 그리스도교인 전사들이 전투 직전에 교회에 있는 이콘 앞에서 맹세했던 것과 똑같이 — 레닌의 개인 비서의 말로는 — 트레티야코프 미술관[56]에서 "그런 그림을 보자마자 맹세를 했다."[80]

20세기 초엽에 대대적으로 이루어진 소제와 복원은 러시아인이 더 오래된 이콘이 지닌 순전한 예술적 영광을 마침내 재발견하는 데 도움이 되었다. 교회의 성가와 찬가가 초기 러시아의 이콘 화가들에게 새로운 주제와 영감을 주었던 것과 똑같이, 재발견된 그들의 그림은 제정 말기 러시아의 화가뿐만 아니라 시인과 음악가에게 신선한 영감을 되돌려주었다. 그러나 한때 신학생이었던 스탈린의 치세에 이콘은 창조적 예술을 위한 영감이 아니라 대중에게 교의를 주입하기 위한 하나의 본보기로 기억에 남았다. 더 오래된 이콘은, 더 새로운 실험적 회화와 마찬가지로, 대부분 박물관의 보관소에 처박혔다. 공장과 공공장소의 "붉은 구석"[57]에서 그리스도와 성모 마리아의 이콘 대신에 레닌의 그림이 들어섰다. 레닌 후계자들이 미리 정해진 순서에 따라 스탈린의 양옆에 배치된 사진이 제위에 오른 그리스도의 양옆에 성자들이 고정된 순서로 배치된 옛 "삼체성상"을 대체했다. 성당의 이코노스타시스가 흔히 지방 성자의 무덤 바로 위에 세워지고 종교 축일에 행렬로 특별하게 경배된 것과 똑같이, 이 새 소비에트 성자들은 볼셰비즘의 축일에 방부처리된 레닌의 능묘 위에 의례적인 형태로 나타나서 붉은 광장을 가로질러 지나가는 끝없는 행렬을 사열했다.

러시아 문화의 맥락에서, 대중의 이콘 숭상에 정치적으로 편승하려는 이런 노력은 기존의 저속화 전통이 연장된 한 사례일 따름이다. 폴란드인 가짜 드미트리(Лжедмитрий)[58], 스웨덴의 전사 구스타부스 아돌푸스

---

[56] 파벨 트레티야코프가 1856년에 모스크바에 세운 미술박물관. 러시아 미술품, 특히 이콘이 빠짐없이 소장되어 있기로 유명하다.
[57] 러시아 가정에서 이콘을 걸어두고 초를 켜두는 곳. 보통은 출입구 맞은편 오른쪽 구석에 있었다.

(Gustavus Adolphus), 로마노프(Романов) 황가의 대다수 황제, 이들의 수많은 장군은 제 모습을 러시아 백성을 위해 반(半)이콘 양식으로 그렸다.[81] 근현대사 전체를 운명이 미리 정해준 대로 옛 러시아의 참된 길에서 벗어난 이탈로 여기는 한 구교도 망명객[59]은 「블라디미르의 성모」 이콘이 소비에트 시대 초기에 성당에서 박물관으로 옮겨지는 것을 담담하게, 그리고 심지어는 기쁘게 바라보았다.

> 하늘나라 여왕[60]께서 그리스도교 신앙을 거리에서 전도하시려고 제 왕의 옷을 벗으시고 교회를 나서셨다.[82]

스탈린은 영적인 것들을 정치적으로 저속화하는 전통에 기괴함이라는 요소를 하나 더 보탰다. 그는 자기가 죽은 뒤에 자기의 이미지와 유해가 모독당하기에 앞서 과학의 이름으로 새로운 이콘과 유물을 도입한 다음 그것들의 모습을 바꾸고 신성을 떨어뜨렸다. 소비에트 이코노스타시스에 있는 2급 인물들이 권좌에 앉은 스탈린의 중앙 이콘을 떼어냈고 새로운 구원 신화를 마구 깨뜨렸다. 그러나 뒤이은 불안정한 시대에, 더 초창기의 나무 오두막 위에 이콘과 도끼가 그런 것처럼 똑같이, 레닌의 화상(畵像)과 대형 기중기가 차곡차곡 포개진 허름한 조립식 콘크리트

---

[58] 러시아의 군주 참칭자(1581~1606년). 본명은 그리고리 오트레피예프(Григорий Отрепьев). 참칭자 드미트리라고도 한다. 차르 고두노프가 죽은 뒤 혼란을 틈타 자기가 이반 4세의 아들 드미트리라고 주장하며 폴란드의 지원을 받아 1605년에 제위에 올랐지만, 민심을 잃은 뒤 군중에게 죽임을 당했다.

[59] 블라디미르 랴부신스키(Владимир Рябушинский, 1594~1632년). 러시아의 유명한 기업가 집안 랴부신스키 가문을 대표하는 구교도 실업가이면서 이콘 연구가였다. 러시아 혁명 뒤 프랑스로 망명했고 이콘 협회를 주도했다.

[60] 성모 마리아.

주택 위에 계속 둥둥 떠 있었다.

종과 대포

농부의 오두막에 있는 이콘과 도끼가 러시아 문화의 영속적 상징이 되었다면, 성벽으로 둘러싸인 도시의 종과 대포도 그러했다. 종과 대포는 나무로 된 모스크바국의 세계에서 외국인의 손을 빌리지 않고 만들어질 최초의 커다란 쇠붙이 물건들이었다. 이 물건들로 도시는 주위의 시골과 구별되었고 외부의 침략자에 맞서는 요새가 되었다.

이콘과 도끼가 서로 가까이 이어져 있었던 것과 똑같이, 종과 대포도 그랬다. 도끼는 그림이 그려지는 나무판을 만들었고 그것을 부술 수도 있었다. 마찬가지로, 최초의 대포를 벼려낸 초보적인 주물 작업장이 최초의 종도 만들어냈다. 이 종은 전시에 도로 녹여 대포를 만들 쇠붙이가 될 위험에 늘 처해 있었다. 이콘과 마찬가지로 종은 하느님을 "올바로 찬양하기"에 심미성을 부여하려고 비잔티움에서 가져온 것이었다. 두 매체 모두 다 콘스탄티노플에서보다 훨씬 더 강렬하고도 기발하게 쓰이게 되었다. 러시아의 — 종이 주렁주렁 달리고 박공이 양파 모양인 — 정교한 다층 종탑의 발달은 이코노스타시스의 발달과 여러모로 비슷했다. "사람이 이야기를 나눌 때 맞은편 사람 말을 서로 들을 수 없을" 만큼 쩌렁쩌렁 울리는 "낭랑한"[83] 종소리는 특별한 축일에 이콘을 들고 하는 행렬에 반드시 곁들여지는 반주가 되었다. 종과 그 종을 울리는 방법은 이콘과 그 이콘을 전시하는 방법만큼 많았다. 15세기 초엽까지 러시아는 비잔티움이나 서유럽이나 오리엔트의 종과는 다른 독특한 모델을 차츰차츰 개발해냈다. 러시아에서는 쇠로 된 추로 울리는 묵직한 고정식 쇠종이 강조되었으므로 대개는 더 작고 앞뒤로 뻗질나게 흔들리고 나무로 만들 때가 많은 동시대 서방의 종보다 반향과 공명이 더 컸다. 러시아는 비록 네덜란드의 카리용(carillon)[61]에 견줄 만한 카리용을 만들어내지는 못했더라도 크기가 다른 일련의 종을 울리는 나름의 방법과 전통을 개발했다. 16세기가 되면, 모스크바에서만 교회가 400개에 이르고 종이 5,000개가 넘었다고 추산되었다.[84]

이콘이 프레스코와 채색 성경과 그림 연대기를 포함하는 회화 문화의 한 요소일 뿐인 것과 똑같이, 종도 찬가가 끊임없이 불리는 교회 예배, 서민의 성가와 발라드, 갖가지 현악기로 무장하고 떠돌아다니는 대중 가수의 세속적 즉흥곡이 마구 쏟아내는 소리의 일부일 뿐이었다. 철학 추론과 문헌 연구가 아니라 보이는 것과 들리는 것이 하느님에게 가는 길을 가리켜주었다. 예배는 미사 경본이나 기도서를 쓰지 않고 기억에 기대어 이루어졌으며, 수도원에서 "고분고분 듣는 이"들은 말로 하는 지시에 따랐다. 성자는 이콘에 그려진 거룩한 형상을 "쏙 빼닮았다"고 말해졌을 뿐 아니라, 교육을 가리키는 낱말 자체가 "형상과 닮기"(오브라 조바니예(образование))를 시사했다.

보이는 것과 들리는 것의 상호작용도 돋보인다. 14세기, 15세기 러시아의 이콘 도상규범이 성가 부르기에서 특별한 영감을 끌어내고 러시아의 이콘이 "영혼에 대한 직접적 호소만 남기고 모든 것을 음악처럼 정화한 …… 추상적인 음악의 아라베스크(arabesque)"[85]의 일종이 되었다면, 같은 시기에 모스크바국에서 생겨나고 있던 새 음악 기보법에는 일종의 신성문자적 특성이 있었다. 고전적인 비잔티움 찬가의 권위가 — 음정을,

---

[61] 모양과 크기가 다른 종 여러 개를 음계 순서로 달아 놓은 서양의 타악기. 중세에 교회에서 많이 쓰였다.

그리고 음들의 상관 관계를 명확하게 정하는 다른 어떤 방식으로도 대체되지 않은 채로 ─ 14세기 이후에 줄어든 듯하다. 그 자리에 "기호 표기 찬가"가 나타났다. 그것은 "선율이 가사에서 흘러나올 뿐만 아니라 가사를 도드라지게 찍어내는 거푸집 구실을 하"는 성악 장식음의 새로운 전통이었다.[86] 빨간 색과 검은색으로 치장된 갈고리 모양 음표는, 받아적혔을 때, 음고의 정확한 표시보다는 선율의 방향을 약식으로 안내해줄 뿐이었다. 그러나 그 기호가 불러일으키는 그림처럼 생생한 인상은 "꾸며진 왕거미", "벼락", "통나무배에 탄 둘" 등과 같은 서술적 명칭을 만들어냈다.[87]

비록 이 초기 시대에는 교회 음악보다 세속 음악이 훨씬 덜 알려졌더라도, 교회 음악에는 다른 목소리들로 변주하며 하는 복창에 바탕을 둔 아름다움의 형식이 분명히 있었다. 종을 울려 드높이 "찬양하기"(블라고베스트(благовест)[62])는 "다성"(多聲) 교회성가에서 이용되는 것과 비슷한 일련의 겹치는 소리를 이용했는데, 이것은 귀에 거슬리면서도 최면을 거는 듯한 효과를 불러일으켰다.

러시아인은 이콘 숭상에서처럼 종 울리기에서 즐거운 종교적 환희와 정령신앙적 미신의 혼합을 느꼈다. 돌림병과 가뭄과 화재의 악령을 막으려고 이콘을 들고 행진한 것과 똑같이, 이 힘들에 맞서 하느님의 권능을 불러내려고 종을 울렸다. 분여지를 축성하려고 이콘을 들고 땅 둘레를 빙 둘러가며 행진한 것과 똑같이, 공식 회합의 위신을 세우려고 종을 울렸다. 두 경우 다 영적 축성이 법적 엄정성보다도 더 소중하다고 여겨졌다. 이콘을 대할 때처럼 종을 대할 때에도 사람들은 두 물건에 사람의 기분을 북돋아 하느님에게 이르게 하는 신비한 힘이 있다고 여겼다.

---

[62] 영어본 원문에는 'blagovestie'로 되어 있는데, 이런 낱말(благовестие)은 러시아 어에 없다.

나무와 쇠의 여린 소리가 …… 꼭 장엄한 종소리와도 같습니다. …… 살짝 치면 고대의 예언자가 나오고 …… 세게 치면 온 땅에 울리는 복음서의 예언이 나타납니다. …… 쇠 공이나 구리 공이를 치는 것은 우리에게 …… 미래의 심판과 천사의 나팔을 뜻합니다.[88]

모스크바국에서는 종을 만들어 울리는 것은, 이콘을 그려서 숭상하는 것과 마찬가지로, 성사(聖事)의 하나였다. 하느님 말씀을 사람에게 전하는 수단이었다. 이 "말씀"이 요한복음의 로고스(logos)[63]였다. 그 말씀은 태초에 계셨고 그리스도에서 완전하게 드러났으며 그리스도가 재림할 때까지 찬양되고 찬미되어야 할 터였다. 이 과분한 선물에 관해 추론할 필요는 없고 그저 물려받은 감사와 찬양의 형식을 손대지 않고 그대로 보전하기만 하면 되었다. 거룩하게 바뀐 저세상을 눈에 보이는 것과 귀에 들리는 것의 아름다움을 통해 — 어렴풋하게라도 — 들여다볼 수 있다면 불완전한 지금 이 세상에 관해 장황하게 쓸 까닭은 없었다.

교회 의식을 멋지고 장엄하게 하는 데에서 종이 지니는 중요성은 정교 예배에서 악기 사용이 전면 금지되면서 더더욱 두드러졌다. (화덕 장면 재현극이나 환영 행렬 같은 제의에서 이따금 나팔이나 북이 쓰였고) 사람의 목소리와 종만 허용되었다. 초기의 모스크바국에는 다성음악이, 또는 심지어 체계적 음계조차 없었으므로 종에서 울려 나오는 투박하지만, 음색이 다양한 화음은 세속 음악의 절정처럼 보였다. 모스크바국은 종교화에 원근법과 자연주의적 묘사를 도입하는 동시대 서유럽의 경향에 저항한 것과 똑같이, 종을 사용해서 정연한 음정을 정하거나 성가(聖

---

[63] 말, 진리, 이성, 논리, 법칙 등을 뜻하는 고대 그리스어 낱말이었고, 우주 만물을 지배하는 원리로 받아들여졌다. 라틴어 성경이 각국어로 번역될 때, '말씀'으로 옮겨졌다.

歌)를 (고정된 음가로, 그리고 자주 오르간 한 대와 함께) 반주하는 동시대 서유럽의 경향에도 저항했다.[89]

종은 기술상으로 대포 제작과 연계되어 있어서 정신문화뿐만 아니라 물질문화에서도 중요한 역할을 했다. 러시아인은 14세기 말엽이 되면 — 서방에 대포가 처음 나타난 지 겨우 몇 해 뒤에 — 이미 종과 더불어 대포를 만들기 시작했고, 16세기가 되면 세계를 통틀어 가장 큰 종과 대포를 만들어냈다. 이 쌍둥이 철제품은 모스크바국에 워낙 중요해서 가장 큰 견본에 "차르"라는 칭호가 붙었다. 그 종, 즉 "차르 콜로콜"(Царь-колокол)의 무게는 거의 50만 파운드(pound)[64]였고 그 대포, 즉 "차르 푸시카"(Царь-пушка)의 포신 구경은 거의 1야드(yard)[65]였다.

그 종과 대포는 앞선 기술을 "따라잡아 넘어서기"의 첫 사례이지만, 그 위업의 억지스러움을 예증해주기도 한다. 그 종은 너무 커서 매달지 못했고 그 대포는 구경이 너무 커서 쏘지 못했기 때문이다. 더군다나 그 두 분야의 기술적 위업은 14세기 초엽에 "로마인 보리스"(Борис Римлянин)라는 사람이 모스크바와 노브고로드를 위해 종을 주조하러 처음 왔을 때부터 상당한 정도로 외국인의 작품이었다.[90]

기술적 관심의 대상으로서는 종이 대포보다 앞서 만들어졌더라도, 국가적 관심의 주요 대상으로서는 대포가 종을 곧 대신했다. 지방 도시와 수도원의 많은 종이 체계적으로 녹여져서 17세기 말엽과 18세기에 팽창하던 러시아 군대에 대포를 제공했다. 그러나 모스크바에는 종이 헤아릴 수 없을 만큼 많이 남아 있었고, 솟구쳐 오른 80미터 높이의 이반 대제 종탑이 모스크바의 스카이라인(skyline)에 우뚝 치솟아 있었다. 이 시기가

---

[64] 약 227톤. 차르 푸시카의 더 정확한 무게는 44.5만 파운드, 즉 202톤이다.
[65] 약 90센티미터.

시작될 때 보리스 고두노프(Борис Годунов)가 크레믈 안에 있는 한 언덕에 세웠던 이 종탑의 용도는 (같은 세기의 후반기에 니콘(Никон) 총대주교가 모스크바 바로 바깥에 지은 또 하나의 거대한 종탑과 마찬가지로) 러시아 땅에 들어선 "새 예루살렘"의 영광을 드높이는 더없는 자랑거리가 되는 것이었다. 그것은 옛 예루살렘을 부분부분 본떠 만든, 그리고 새 예루살렘이라는 느낌이 들도록 매우 아름답게 꾸민 문명의 중심이었다. 크레믈에 있는 그 종탑은 도피처 구실을 해서, 나중에 구교도 근본주의 자들이 그곳에서 공식 교회의 행렬에 돌을 던졌다.[91] 이 구질서 수호자들은 솔로베츠크(Соловецк)에 있는 자기들의 북쪽 수도원 보루에서 여덟 해 동안 정부군의 포화에 저항했다. 그들은 전설이 된 이 마지막 보루가 함락된 뒤에 여러 지방으로 퍼져나가 목조 교회의 종탑에서 차르의 "적(敵)그리스도[66]의 군병"이 다가오는지 망을 보았으며, 그곳에서 교회와 그 안에 있는 참된 신도에게 불을 지르라는 경보를 울렸다.[92]

이후의 로마노프 황조 차르들은 봉헌하는 바로크풍 종탑을 유서 깊은 수도원들에 가득 채워놓아 양심이 편하지 않았다는 점과 취향이 나쁘다는 점을 다 드러냈다. 19세기의 두 번째 사반세기가 되면 더 오래된 종탑들이 대거 이전되었고, 지나친 종 울리기가 규제되었으며, 오르간이나 다른 악기가 러시아의 예배 음악 안으로 들이밀고 들어오면서 예배의식에서 종이 차지하던 특별한 지위가 도전을 받았다.

그러나 종소리의 메아리는 쉽게 가시지 않았다. 종은 무소륵스키의 「보리스 고두노프」에서 대관식 장면이 끝날 때 장엄하게 다시 울렸다. 축일 전날에 종들을 "모두 다 차례로 울리기"(페레즈본(перезвон))로 제공되는 그리스도의 대속에 대한 신학적 암시는 도스토옙스키의 『카라마조

---

[66] 세상이 종말에 이르렀을 때 나타나 그리스도에 대적한다고 예언된 사악한 통치자.

프 씨네 형제들』(Братья Карамазовы)의 끝에서 알료샤(Алеша)[67]의 어린 동무들을 화해로 이끄는 페레즈본이라는 이름의 작은 멍멍개로 다시 포착된다.

정치의 세계에서도 좋은 기억을 일깨웠다. 서방을 지향하는 긍지에 찬 몇몇 중세 러시아 도시에서 민회(베체(вече))를 소집하는 데 종이 쓰였던 적이 있다. 노브고로드의 민회 종이 1478년을 마지막으로 울리지 않으면서 노브고로드가 그때까지 서방의 많은 상업 도시와 공유했던 전통, 즉 전제 권력으로부터 비교적 자유로웠고 부분적으로 인민이 다스리던 전통이 끝났다. 전제 군주 없는 대의제 정부의 이상은 19세기 초엽의 개혁가[68]를 이렇게 말하도록 만들었다.

나는 몇백 년 전 노브고로드로 휙 옮아가서 베체의 종이 울리는 소리를 듣는다. …… 나는 사슬을 밟고서, "거기 누구냐?"는 파수꾼의 수하에 자랑스레 대답한다. "자유로운 노브고로드 시민이로소이다."[93]

그리고 낭만파 시인[69]을

베체 망루 위의 종처럼
인민이 즐거울 때나 괴로울 때면[94]

소리치도록 만들었다.

---

[67] 도스토옙스키의 소설 『카라마조프 씨네 형제들』에서 카라마조프 집안의 셋째아들.
[68] 블라디미르 오도옙스키.
[69] 미하일 레르몬토프.

몇 해 뒤에 서정성이 고뇌로 바뀌었을 때, 고골은 러시아 문학을 통틀어 가장 유명한 구절 가운데 하나에서 그 이미지에 더 신비로운 새 특성을 부여했다. 그는 『죽은 혼』(Мёртвые души)의 끝 언저리에서 질주하는 트로이카(тройка, 삼두마차)에 러시아를 비유하고는 그 트로이카의 목적지를 묻는다. 그러나 "대답은 주어지지 않을 것이다. 방울 종은 불가사의한 소리를 내기 시작한다."

몇 해 뒤에 예언 같은 대답이 — 어울리게도 콜로콜(Колокол, 종)이라는 이름이 붙여진 — 러시아 최초의 혁명 저널 창간호의 서시(序詩)에서 나왔다. 오랫동안 침묵해온 러시아의 사회적 양심이 이제부터는 — 편집자인 알렉산드르 게르첸(Александр Герцен)이 약속한 대로 — 종처럼 이렇게 소리를 낼 것이다.

종이 흔들리며 소리를 내리라,
끊임없이 덩덩 울리리라,
(……)
즐겁고 조화롭게,
용감하고 평온하게
모든 종이 울리기 시작하리라.[95]

그러나 게르첸의 소집 종소리는 곧 『나바트』(Набат)의 새된 소리에 묻혀 잦아들었다. 나바트란 불이 나거나 공격을 받았을 때 전통적으로 사용되던 특별한 경종이자 자코뱅적 혁명 엘리트의 형성을 촉구하는 첫 러시아 정기간행물의 이름이었다.[96] 『나바트』의 편집자인 표트르 트카초프(Пётр Ткачёв)가 옳았음은 레닌의 직업혁명가들이 결국에 가서 거두는 승리로 입증되었다. 그러나 볼셰비즘 치하에서 모든 종이 침묵에 빠졌다. 최면을 일으키는 기계 소리가 어느 정도는 종의 기능을 떠맡았고, 그 기계 소리는 천상의 낙원이 아닌 지상의 낙원이 다가온다고 알렸다.

러시아가 대포에 끊임없이 이끌렸다는 점은 이제는 전설이 된 이반 4세의 1552년 카잔 공략 이야기, 1606년에 모스크바의 폭도가 크레믈에서 통치한 유일한 외국인인 가짜 드미트리의 유해를 대포로 쏜 일, 표트르 차이콥스키(Петр Чайковский)가 나폴레옹 보나파르트(Napoléon Bonaparte)의 1812년 패전을 기념하는 자기 서곡의 악보에 진짜 대포 포격을 넣겠다고 마음먹은 일, 그 뒤의 차르들이 대관식 동안 기름 부음을 받았음을 선포하고자 대포 100문을 사용한 일[97]에서 뚜렷하게 드러났다. 스탈린은 제2차 세계대전 내내 밀집 포병부대에 신경과민일 만큼 몰입했으며, 그의 군사 성명서는 전통적으로 이반 4세에게 붙여진 그로즈늬이(грозный, "끔찍한", 또는 "무시무시한")라는 형용사를 대포에만 갖다 붙였다.[98] 그 뒤를 이어 소련이 로켓에서 거둔 성공은 이 오랜 관심의 연장으로 보일 수 있다. 우주선 발사의 눈부신 성과와 계급 없는 천년왕국[70]의 새로운 약속 사이에 존재하는 1950년대 말엽의 이 상호의존에는 역사적 타당성이 있어 보인다.

그 무렵까지 생겨난 공산주의 세계는 카를 마르크스(Karl Marx)의 예언보다는 마르크스의 동시대인이며 거의 알려지지 않은 러시아인 니콜라이 일린(Николай Ильин)의 예언에 더 잘 들어맞았다.[99] 마르크스가 정처 없이 베를린(Berlin)과 파리(Paris)와 런던(London)을 떠도는 지식인으로 일생을 보냈다면, 일린은 러시아령 중앙아시아에서 애국적인 포병 장교로 일생을 보냈다. 마르크스가 새로운, 기본적으로 서방의 프롤레타리아트가 독일의 주도 아래 합리적으로 대두하기를 기대했다면, 일린은 새로운 유라시아 종교 문명이 러시아의 후견 아래 구세주처럼 도래하기를 기대했다. 마르크스가 프랑스와 벨기에로 도피한 독일인 혁명가들을 위해

---

[70] 예수가 재림해서 지상을 다스린다는 천 년 동안의 세상.

『공산당 선언』(Manifest der Kommunistischen Partei)을 쓰던 바로 그때 일린은 시베리아의 러시아인 분리파 교도에게 『시온의 전령』(Сионский вестник)[71]을 전하고 있었다. 일린의 이상한 가르침에는 러시아 사상에 모두 다 들어 있던 천진한 대포 사랑, 시원적인 선악 이원론, 유럽에 대한 감춰둔 두려움이 반영되어 있다. 일린을 따르는 사람들은 「신의 포탄」(Бомба Божественной артиллерии) 같은 찬송가에 맞추어 행진했고, 세상을 야훼의 사람과 사탄의 사람(Иеговисты и Сатанисты), 즉 하느님의 오른편과 왼편에 앉은 사람들(десную и ошуйную)로 나누었고, 야훼를 따르는 사람들이 중동에서 시작해서 러시아를 거쳐 중국 남부까지 뻗어가는 광대한 철도를 따라 완전한 형제애와 막대한 부의 새로운 제국을 세우리라고 가르쳤다.

비슷한, 그러나 훨씬 더 몽상적인 어조로, 19세기 말엽의 모스크바에서 금욕적이고 사람의 이목을 피하는 도서관 직원 니콜라이 표도로프(Николай Федоров)가 과학과 신앙이 새로이 한데 뒤섞여서 심지어는 죽은 조상의 육신이 되살아나기까지 하리라고 예언했다. 러시아는 중국과 힘을 합쳐 새로운 유라시아 문명을 낳을 터이며, 그 문명은 대포를 써서 이 세상의 기후와 대기를 완전히 조절하고 시민을 성층권으로 밀어 올려 다른 세상에 식민지를 만들 터였다. 우주 혁명에 관한 그의 미래상은 도스토옙스키와 톨스토이를 매료했고, 가장 초기의 소비에트 러시아의 계획 기구에 있던 많은 프로메테우스(Prometheus)적 공상가에게 영향을 미쳤다.[100] 그러나 가장 영감을 크게 받은 그의 추종자들은 볼셰비키 러시아에서 도피해 만주의 하얼빈(哈爾濱)으로 가서 준(準)종교 코뮌을 만들었

---

[71] 알렉산드르 라브진이 1806년 1월에 성 페테르부르크에서 창간한 신비주의 성향의 종교 월간지. 9월까지 간행되다 교회의 검열로 정간되었다. 1817년 4월에 복간되어 1818년 6월까지 간행되었다.

다. 그 코뮌은 레닌주의 정치혁명의 물결이 그들의 고향에서 퍼져 나와 그들이 제2의 고향으로 삼은 땅을 덮쳤을 때 쓸려 내려갔다.

러시아의 역사는 다시 나타나는 상징과 병적 집착으로 가득 차 있는 것과 마찬가지로 그러한 예언적 예기(豫期)로 가득 차 있다. 도끼나 대포 앞에 쓰러진 것은 형리(刑吏)의 양심 속에는 아닐지라도 그의 의식 속에 자주 파묻혔다. 기억에서 내쫓기는 것은 무의식 속에 남아 사라지지 않으며, 문자 기록에서 지워지는 것은 구비 민간전승 속에서 살아남는다. 실제로, 종을 울리고 사람들이 노래를 부르는 투박한 초기 전통에서 발견되는 기본 주제들의 똑같은 재현이 러시아 근현대사에서 많이 발견된다.

물론, 어린 시절에서 나오는 이 메아리가 어른이 된 오늘날의 러시아에서는 더는 울려 나오지 않을지 모른다. 설령 진짜 소리일지라도 이 소리들은 고골의 트로이카에 달린 방울종의 소리만큼 수수께끼 같을지 모른다. 또는 어쩌면 단지 스러져가는 메아리, 즉 그 종이 이미 떨어져 울리지 않은 뒤에도 여전히 들리는 것 같은 착각을 불러일으키는 페레즈본일지 모른다. 옛 러시아의 문화 가운데 사라지지 않고 남은 것이 얼마나 되는지를 정하려면, 머나먼 과거로부터 되풀이해서 나타나는 이 상징들을 제쳐놓고 눈길을 역사 기록으로 돌려야 한다. 14세기에 시작되는 그 역사 기록은 단절 없이 현재까지 이어지는 성취를 헷갈릴지라도 풍부하게 듬뿍 제공한다. 러시아 문화의 유산과 환경과 초기 유물을 살펴보았지만, 이제는 모스크바국의 대두, 그리고 모스크바국이 르네상스와 종교개혁의 격통을 한창 겪던 서방 세계와 벌인 극적 대립으로 눈길을 돌려야 한다.

II 대립

1326년에 모스크바 총대주교좌가 설립될 때부터 이반 3세 "대제"가 자기의 통치기(1462~1505년) 동안 군사 패권을 이룩하고 맨 처음으로 황제 칭호를 취할 때까지 모스크바의 주도 아래서 이루어진 한 독특한 문명의 **대두**. (성 세르기가 성 삼위일체 대수도원을 세우는 1337년과 백해에 솔로베츠크 수도원이 세워지는 1436년 사이의 한 세기 동안에 특히) 러시아 북부의 식민화를, 그리고 국가 통합과 운명에 관한 의식의 창출을 주도하는 수도원. 서방에서 오는 기사 종단의 공격, 계속되는 몽골인과의 싸움, 1453년의 비잔티움 멸망에 직면해서 늘어난 호전성과 외국인혐오증. 그리스도 안의 바보성자와 "제3의 로마"로서의 모스크바 같은 러시아 신학의 역사 편향의 강화로서의 예언 열정의 고조.

강력하지만 시원적인 모스크바국과 르네상스와 종교개혁의 격통을 한창 겪던 서유럽의 복합적이고 상흔을 남기는 대립. 세계주의적인 노브고로드의 합리주의적 공화주의 전통의 파괴, 그리고 모스크바를 지향하는 고위 성직자 계층이 서방을 지향하는 이단에게 거둔 승리. 모스크바국의 차르들이 "라틴인"을 내치면서까지 채택한 16세기의 권위주의적 "요시프파"(Иосифляне) 이념의 형성에서 가톨릭 사상이 지니는 중요성. 이념상으로는 프로테스탄티즘에 반대하는데도 — 이반 "뇌제"(이반 4세, 1533~1584년), 보리스 고두노프(1598~1605년), 미하일 로마노프(1613~1645년)의 통치기에 — 북유럽 "게르만인"에 대한 군사와 기술의 의존 심화.

예언적이고 종교적인 문명을 이룩한다는 모스크바국 이상의 정점이자 첫 파열점으로서의 이반 4세의 통치. 한편으로, 계보의 신성화에 관한 그의 병적 집착과 러시아의 삶을 모조리 수도원화하려는 그의 시도, 그리고 고대 이스라엘과 동시대 에스파냐의 왕들의 통치와 그의 통치의 유사점. 다른 한편으로, (862년에 노브고로드로 와달라고 류릭을 불렀다는 전설로 시대가 거슬러 올라가는) 거룩한 왕가 계보를 끊어 "참칭자"의 전통으로 가는 길을 튼, 그리고 피해 막심한 1558~1583년 리보니아 전쟁 동안 서쪽으로 이동해서 발트 해 지방으로 들어가려는 시도를 통해 러시아가 서방의 정치에 휘말려들게 만든 이반 4세의 행위. 루터파 스웨덴과 가톨릭 폴란드가 러시아의 공위기간, 즉 "대동란 시대"(1604~1613년) 동안 유럽 북동부 통제권을 놓고 모스크바국과 이길 가망이 없는 긴 싸움을 시작하면서 러시아 땅에 찾아온 서유럽의 종교 전쟁.

01 모스크바국 이념

키예프가 빛을 잃은 뒤로 차츰차츰 떠오른 새로운 대러시아 문화의 독특함을 보여주는 사례로는 원뿔꼴 지붕과 양파꼴 돔이 있다. 눈길을 끄는 이 두 가지 새로운 형태가 16세기 초엽에 러시아 북부의 스카이라인에 우뚝 솟아 있었다.

이 시기에 걸쳐 높다란 팔각형 교회에 치솟은 목조 피라미드를 올린 것은 그리스도교가 들어오기에 앞서 대러시아인이 사는 북쪽에 있었던 목조 건축 양식을 채택했음을 뜻하는 것이 틀림없다. 러시아의 원뿔꼴 지붕은 비록 스칸디나비아 형이나 캅카즈(Кавказ) 형이나 몽골 형과 어렴풋한 연관성을 지닐지라도 통나무를 가로로 눕혀 쌓아올린 원시적인 건축물에서부터 발전해서 16세기에 나무에서 돌과 벽돌로 바뀐 것은 러시아 북부에서만 나타난 특이한 발달이었다. 또한, 새로운 양파 모양 돔과 뾰족한 양파꼴 박공(膊栱)과 아치는 다른 문화(특히 이슬람 문화)에 기원은 아닐지라도 선행 형태를 두고 있다. 그러나 비잔티움과 초기 러시아의 둥그런 돔이 이 길쭉한 새 모양으로 — 특히 꼭대기의 원뿔꼴 지붕으로 — 완전히 대체되고 화려한 장식 용도로 쓰인 것도 모스크바국 특유의 현상이었다.[1] 사라지지 않고 남아있는 모스크바국 양식의 최상의 사례인 오네가(Онега) 호수의 키지(Кижи) 섬에 있는 목조 변용 교회(Преображенская церковь)는 뾰족한 피라미드꼴 지붕에 겹겹이 얹힌 양파 모양 돔 스물두 개가 만들어 내는 우람하고 삐죽삐죽한 형상 때문에 거대한 전나무에 비유되었다. 원뿔 모양과 양파 모양이 새롭게 수직으로 치솟은 것은 눈을 떨구는 지붕에 대한 현실적 필요성과 새로운 모스크바국 문명의 영적 강화, 이 두 가지와 연관되어 있다. 북부의 숲과 눈에서 불쑥 솟구치는 도금한 이 새 형상들은 비잔티움이나 서방과 구별되는 뭔가를 대표한다고 보았다.

교회 위의 비잔티움식 쿠폴라는 땅을 뒤덮은 하늘이라는 둥그런 지붕을 나타낸다. 반대로 뾰족한 고딕식 지붕은 위로 솟구치려는 억누를 길 없는, 석조 구조물을 땅에서 하늘로 들어올리려는 마음을 표현한다. 결국, 우리나라의 "양파꼴 지붕"은 깊은 신심이 하늘로 불타오른다는 생각을 체현한다. …… 러시아 교회의 이 완성물은 맨 위에 십자가가 있고 그 십자가로 뻗어올라 닿아있는 불의 혀와 같다. 오래된 러시아의 수도원이나 도시는 햇살이 타오르는 가운데 멀리서 바라보노라면 다채로운 불빛으로 온통 타오르는 듯하다. 그리고 이 불빛은 저 멀리 가없는 눈밭 사이에서 반짝일 때면 하느님 나라의 저 먼 저세상의 환영인 양 이리 오라고 손짓을 한다.[2]

러시아인을 시골에서 문명의 새 중심지인 도시로 끌어들이는 모든 도금한 뾰족탑과 돔 가운데 그 어떤 것도 모스크바와 모스크바 교회 조직의 아성인 크레믈의 뾰족탑과 돔보다 더 위풍당당하지 않았다. 모스크바 한복판의 고지에 자리잡은 크레믈은, 17세기 초가 되면, 해자와 성벽 뒤에 그 어떤 "하느님 나라의 저 먼 천상의 환영"을 정교에 제공하는 듯한 숱한 물건을 한 무더기 모아 놓았다. 가장 큰 종, (「블라디미르의 성모」와 루블료프의 가장 큰 이코노스타시스를 비롯한) 가장 화려한 이콘,

공후와 성자의 무덤 위에 솟아 있는 장엄한 새 교회의 군집이 그런 것이 었다. 이 모든 것 가운데 가장 높이 서 있는 것은 이반 대제 종탑의 돔이 었다. 그 종탑에 쉰 개 넘게 달린 종은 다가올 세상의 "천사의 나팔"을 모사하려는 가장 야심 찬 단일 시도였다. 그리고 이반 대제 종탑보다 더 작은 종탑이 사방으로 마구 뻗어나가는 인구 10만[3]의 도시 곳곳에 속속 들어서면서 그 새로운 수도는 종탑 1,600개, 즉 "마흔 곱하기 마흔 의 모스크바"라는 영원한 호칭을 얻게 되었다.

러시아 문화의 두 번째 대도시인 모스크바는 러시아의 최대 도시이면 서 러시아적 상상력의 지속적 상징으로 남았다. 속령 시대의 분열과 굴 욕에서 벗어나 천천히 등장한 동슬라브인의 새 제국은 러시아로 불리기 오래전에 모스크바국으로 알려졌다. 모스크바는 16세기에 종말론을 믿 는 수사들에게는 "제3의 로마"의 터전이었고, 20세기의 예언적 혁명가 들에게는 "제3인터내셔널"[1]의 터전이었다. 크레믈의 색다른 아름다움 은 — 비록 일부는 이탈리아인의 솜씨였을지라도 — 근현대 러시아의 예언적 자 임, 그리고 천국을 어떻게든 지상에서 느껴보려는 러시아의 갈망을 상징 하게 되었다.

몽골의 초기 공격을 받고도 살아남을 북부의 모든 정교 도시 가운데 에서 모스크바는 장차 위대해질 후보 도시로서는 틀림없이 가장 가망 없는 도시로 보였을 것이다. 모스크바는 볼가 강의 한 지류를 따라 나무 로 지어진 비교적 새로운 정주지였으며, 그 엉성한 방벽은 심지어는 떡 갈나무로 만들지도 않았다. 모스크바에는 블라디미르와 수즈달이 가진 성당도, 키예프와 비잔티움과의 역사적 연계도 없었고, 노브고로드와

---

1 레닌의 주도로 1919년에 결성되어 1943년까지 존속한 각국 공산당의 연합 조직. 공산주의 인터내셔널, 또는 줄여서 코민테른이라고도 한다.

트베르가 지닌 경제력도, 서방과의 접촉도 없었으며, 스몰렌스크가 지닌 요새화된 진지도 없었다. 모스크바는 12세기 중엽까지는 연대기에 언급조차 되어 있지 않다. 모스크바에는 14세기 초엽까지도 상주하는 모스크바만의 공후도 없었으며, 모스크바의 원래 건물 가운데 17세기에 들어서도 없어지지 않고 남아있는 건물은 단 한 채도 없다고 알려져 있다.

그 "제3의 로마"의 대두는 원조 로마의 대두와 마찬가지로 오랫동안 역사가들의 애를 태웠다. 키예프가 몰락한 시기와 모스크바의 주도 아래 쿨리코보 벌판에서 타타르인의 위세가 퇴조기로 넘어간 1380년 사이의 결정적인 140년의 기록이 거의 다 남아있지 않다. 어쩌면 바로 이런 까닭에 모스크바국의 급속한 등장을 설명하고자 흔히 인용되는 여러 요인을 서로 재보고 견줘보는 일에는 어떤 매력이 있다. 그런 요인으로는 중심에 있는 유리한 위치, 모스크바 대공의 솜씨, 몽골에 바치는 조공을 모으는 대행자라는 특수한 지위, 경쟁 도시들의 분열이 있다. 하지만 이런 이유들은 — 더 최근에 소련의 경제결정론자들이 내놓는 이유와 마찬가지로 — 모스크바국이 — 싸움터와 더불어 이콘 작업장에서 — 느닷없이 과시한 새로운 기세와 목표 의식을 완벽히 해명하기에는 충분치 않아 보인다.

모스크바국의 대두를 이해하려면 그 정치적 성취에 앞서 이루어지고 그 밑바탕이 된 종교적 각성을 고려해야 한다. 동슬라브인 사이에는 어떤 정치적 동질성이나 경제적 동질성이 있기 오래전에 종교적 결속이 있었고, 그 결속은 몽골이 지배하는 동안 강해졌다.

정교회는 흩어져 있는 러시아인에게는 일체감을, 러시아 공후에게는 더 높은 목표를, 창의적인 러시아 예술가에게는 영감을 주면서 러시아를 암흑기에서 빼냈다. 14세기에 크레스티야닌(крестьянин)이 러시아의 평범한 농부를 가리키는 보통 용어가 되었고, 이 낱말은 명백히 "그리스도교인"(흐리스티아닌(христианин))과 동의어였다.[4] 13세기에서 14세기로 넘어갈 무렵 러시아의 통합과 국력이 최저점에 있을 때 훗날 차르를 일컫는 칭호의 핵심적 일부가 될 "온 루스"(вся Руси)라는 구절을 처음으로 불러내 사용한 이는 공후가 아니라 러시아 교회 고위 성직자, 즉 블라디미르의 수좌대주교였다.[5] 모스크바가 민족을 이끄는 지위로 떠오르는 데에는 1326년에 수좌대주교 소재지가 블라디미르에서 모스크바로 옮겨진 것이 이듬해에 타타르인이 모스크바 공(公) 이반 칼리타(Иван Калита)에게 "대공"(великий князь) 칭호를 부여한 유명한 일보다도 십중팔구 훨씬 더 중요한 획기적 사건이었을 것이다. 이런 모스크바의 주도적 지위에는 14세기의 모스크바 수좌대주교이자 그 같은 고위 성직을 차지한 최초의 모스크바 사람인 알렉시(Алексий)가 이반 칼리타나 초기의 그 어떤 모스크바 공후들보다 십중팔구 훨씬 더 중요했을 것이다.

교회 안에서는 수도원이, 조금 더 먼저 서방에서 그랬던 것과 똑같이, 러시아 문명의 부활에서 핵심 역할을 했다. 수도원의 부흥은 모스크바가 러시아 안에서 차지하는 특별한 지위를 굳히는 데 도움이 되었으며, 어디서나 러시아인에게 이후의 성공을 좌우한 운명 의식과 전투성과 식민지 개척의 열정을 불어넣었다.

북부에서 이루어진 수도원의 부흥은 1330년대에 뚜렷했는데, 이 시기에 알렉시 수좌대주교가 모스크바의 크레믈 안에 많은 교회를 짓기 시작해서 권력 거점에는 새로운 종교적 아우라를, 새 수도원 공동체에는 예배의 중심을 제공했다. 이 수도원 공동체는 주의 깊게 조직되고 규정된 서방 그리스도교 세계의 수도원과는 달리 그 짜임새가 느슨했다. 비록 그 공동체가 스토우디오스의 성 테오도르(St. Theodore of Stoudios)의 의례화된 공동체 규칙에 찬동했을지라도, 규율은 엄하지 않았고 수사들은 공동 식사와 예배 행사 때에만 모이는 일이 잦았다. 이렇게 비교적 느슨했던 까닭 하나는 러시아 문명에서 수도원이 중심이라는 바로 그 점이었다. 그리스도를 믿는 동방의 대다수 다른 수도원과 대비되게도 러시아의 초기 수도원은 대개 주요 도시공국 안에 세워졌고, 예전에 하던 정치, 경제, 군사 활동을 계속 수행하는 인물이 자주 수사 서원을 했다. 따라서 알렉시가 수사와 수좌대주교로서 하는 활동은 여러모로 그가 모스크바의 뱌콘트(Бяконт) 귀족 가문의 일원으로서 예전에 세웠던 군사적·정치적 공훈이 주는 더 대단한 후광 속에서 이루어지는 연장에 지나지 않았다. 그러나 알렉시가 하느님이 자기와 함께한다는 믿음을 새로 얻으면서 모스크바의 대의가 새 힘을 얻었다. 뒤이어 그의 유골은 이반 칼리타의 주장에 따라 시성(諡聖)되었던 초대 모스크바 수좌대주교 표트르(Петр)의 유골과 함께 나란히 숭배되었다. 알렉시가 크레믈 안에 세운 새 수도원 가운데에서 가장 중요한 수도원에 이들 초기 수좌대주교의 거룩한 삶을, 그리고 이들의 유골에 깃들어 있다고 여겨지는 기적을 일으키는 힘을 기려 기적 수도원(Чудов монастырь)[2]이라는 이름이 붙었다.

14세기에 이루어진 수도원의 부흥과 러시아의 통합에서 중심이 되는 인물이 라도네즈의 세르기(Сергий Радонежский)였다 그는 자기 벗 알렉시처럼 귀족 출신이었지만, 그가 성직으로 전향한 것은 더 심원했고 그 의미는 후세로 갈수록 점점 더 커졌다. 세르기는 동쪽에 있는 패배한 경쟁 도시인 로스토프에서 모스크바로 갔다. 그는 모스크바에, 그리고 수도원 생활의 더 오래된 방종한 전통에 환멸을 느끼고는 기도와 극기를 통해 초기 교회의 성결함을 되찾고자 숲으로 들어갔다. 그의 경건함과 당당한 체구는 그가 1337년에 모스크바 북동쪽에 세운 새 수도원으로 다른 이들을 끌어모았다. 성 삼위일체에 봉헌하고 나중에 창건자의 이름

---

[2] 1358년에 모스크바 수좌대주교가 모스크바 크레믈에 세운 수도원. 황실 자녀의 세례식을 거행하는 장소로 쓰였다. 1918년에 폐쇄되고 1929년에 해체되었다.

을 딴 이 수도원은 모스크바국에 키예보-페체르스카야 라브라(Киево-Печерская лавра)[3]가 키예프에 의미하는 것과 같은 의미의 존재, 다시 말해 문명의 중심, 순례를 위한 성소, 러시아의 역사에서 두 번째 라브라, 즉 모체(母體) 대수도원[4]이 되었다.

성 세르기 대수도원[5]과 키예프나 노브고로드의 더 오래된 수도원 사이에 존재하는 일정한 차이점은 러시아 문명에서 수도원이 할 새로운 역할을 가리켜준다. 성 세르기 대수도원은 정치 중심지의 바깥에 있으며, 개인에게 — 육체노동과 금욕적 자제라는 면에서 — 훨씬 더 혹독한 것을 요구했다. 그 대수도원은 이렇게 자연에 그대로 노출된 곳에 있는지라 요새와 식민운동 중심지의 역할도 떠맡게 되었다.

러시아에서 수도원의 부흥은 세르기 같은 사람들의 영웅적 행위와 성 결함뿐만 아니라 망해가던 비잔티움 제국의 중요한 영적 영향에도 좌우되었다. 자기들의 불운에 어찌할 바를 모르고 가톨릭을 믿는 서방에게 고난을 겪어 속이 상한 비잔티움의 수도원은 13세기 말엽과 14세기에 수도원의 스토우디오스 계율에서, 그리고 자라나는 서방 스콜라 철학의 영향에서 벗어나 헤시키아주의(Hesychasm)로 알려진 새로운 신비주의 운동[6]으로 향했다.

이 운동은 육신의 금욕적 규율과 영혼의 소리 없는 기도에서 나오는 "내면의 평온"(hēsychia)을 통해 개인이 하느님에게 직접 이르는 길을 인

---

[3] 11세기 중엽에 키예프의 드네프르 강 기슭 언덕에 있는 인공 동굴에서 고행 수사 공동체로 출발해서 동방 정교의 본산이 된 대수도원. 키예프 동굴 수도원이라고도 한다.
[4] 러시아 정교회에서 교구 대주교의 관할권 밖에 있는 독자적인 대형 수도원.
[5] 정식 명칭은 성 삼위일체-세르기 대수도원(Свято-Троицкая Сергиева Лавра), 또는 삼위일체-세르기 대수도원(Троице-Сергиева Лавра).

간이 찾을 수 있다고 주장했다. 어둠과 금식과 숨 멈추기가 이 내면의 평온을 얻는 보조 수단으로 여겨졌으며, 교회의 전통적 성사는, 그리고 심지어는 말로 하는 신자 개인의 기도까지도 비록 꼭 마음을 흐트러뜨리지는 않더라도 무의미하다고 여겨졌다. 헤시키아주의자는 사람이 이처럼 내면을 정화하는 과정을 거치면 신의 광채, 즉 그리스도가 변용할 때 타보르(Tabor) 산[6]에서 사도들에게 나타났던 하느님에게서 나온 자존(自存)의 빛의 번쩍임[7]에 대비하게 되리라고 믿었다. 이 광채로 사람은 단지 신의 "에너지"(energeia)와 접할 따름이지 신의 "본질"(ousia)과는 접하지 않는다고 주장함으로써 헤시키아주의자는 사람이 하느님과 같아질 수도 있다는 이단적 주장을 피하려고 애썼다. 동방 교회는 이런 구분을, 그리고 사람이 신의 빛을 살짝 들여다볼 수 있다는 믿음을 1351년에 신조로 확정했다.

비잔티움 제국 말기에 헤시키아주의가 승리하면서 정교는 규율이 서고 성사를 화려하게 행하는 중세 말엽의 로마 교회에서 한결 더 멀어졌다. 헤시키아주의는 권위에 도전하고 사람이 하느님께 곧바로 이르는 길을 찾도록 북돋움으로써 어느 모로는 동방판 프로테스탄티즘(Protestantism)을 미리 보여주었다.

---

[6] 이스라엘 북부의 고지대. 높이는 해발 588미터지만 평지에 우뚝 솟아 있어, 구약성경 「예레미아」 46장 18절에 "여러 산 중에서 타보르처럼"이라는 언급이 있다. 신약성경에는 예수가 변용의 기적을 보인 장소로 전해진다. 다볼 산이라고도 표기된다.

[7] 신약성경 「마태복음」 17장 1~2절: "예수님은 베드로와 야고보와 그 형제 요한을 데리고 높은 산으로 올라가셨다./ 예수님은 그들이 보는 앞에서 모습이 변하여 얼굴이 해같이 빛나고 옷은 눈부시게 희었다." 「마가복음」 9장 2~3절: "예수님은 베드로와 야고보와 요한만을 데리고 높은 산으로 올라가셨다. 예수님은 그들이 보는 앞에서 모습이 변하여/ 그 옷이 세상의 누구도 더는 희게 할 수 없을 만큼 희고 광채가 났다."

새로운 신비주의가 이겼고 로마와 서먹서먹해졌다는 점이 새로 문을 연 러시아 북부의 수도원에서보다 더 철저한 곳은 그 어디에도 없었다. 주변 환경이 불리했기에 고통을 견뎌내는 금욕적 성격과 인내가 오랫동안 요구되었다. 키예프 러시아가 정치적으로 붕괴했으므로 성 세르기 같은 몇몇 수사는 황야에서 지내던 초기의 교부를 본받아 도시에서 완전히 떠남으로써 구원을 찾게 되었다. 따라서 개척을 하는 이 러시아인 은수자들의 새로운 수도원이 아토스(Athos) 산[8]에 있는 러시아 수도원에서 돌아오는 순례자를 거쳐, 그리고 발칸 지역이 이슬람에 함락된 뒤에 모스크바국으로 도망쳐 오는 정교도 슬라브인을 거쳐 러시아의 북쪽에 이른 헤시키아주의의 가르침을 잘 받아들일 수밖에 없었다는 것은 놀랍지 않다. 모스크바국이 합리적인 신학과 명확한 위계제 규율의 고전적 전통에서 떨어져 나가면서 러시아 북부는 하느님과 곧바로 접하는 데 역점을 두는 교리를 받아들일 태세가 갖춰졌다. 한편, 은수자들은 자연에 (그리고 그리스도교를 믿지 않는 부족들의 정령신앙적 토착신앙에) 가까운지라 하느님이 모든 창조에 관여한다는 주제를 거의 프란체스코(Francesco) 식으로 역설했다. 사도들이 그리스도의 변용에서 하느님에게서 새나오는 빛을 보았던 것과 똑같이, 그리스도 보편교회의 참된 수사라면 다가오는 온 누리의 변용이라는 한 가닥 빛을 얻을 수 있었다.

변용이라는 주제는 천년왕국설에 나오는 그리스도 재림이라는 주제와 가끔 뒤섞였다. 모스크바국 시대의 대중 "영가"는 ― 타보르 산과 아토스 산을 합쳐놓은 것으로 보이는 ― 어느 산의 꼭대기에 있는 "공동체 변용 교회"

---

[8] 발칸 반도 북부에 있는 산. 본디 수사들의 은둔지였고, 963년에 성 아타나시우스가 여기에 수도원을 세우면서 수도생활의 체계가 섰다. 1400년 무렵에는 수도원 수가 마흔에 이르렀지만, 이 산이 1430년에 튀르크의 권역에 들어가면서 쇠퇴했다.

에 영광이 오리라고 노래했다.[7] 유럽의 북동쪽 변경에 새 수도원을 세운 은수자들은 자기들의 새집을 기존 교회를 되살릴 용도로 만들어진 시설이라기보다는 사람이 그리스도의 재림을 향해 가는 순례에서 거치는 임시 거처로 생각했다. 야수를 달래고 동식물에게 설교하는 성 세르기를 보여주는 이콘[8]은 약속된 종말이 단지 죽은 자의 부활이 아니라 모든 창조의 변용이라는 사실을 역설했다.

성 세르기가 자고르스크(Загорск)에 새 수도원을 세운 뒤에 이어진 한 세기 동안 그리스도교 역사에서 가장 대단한 선교 운동 가운데 하나가 일어나 새 수도원 150여 개가 세워졌다.[9] 그 수도원을 세운 사람들 대다수는 헤시키아주의의 영향을 강하게 받았지만, 중세 서방의 시토(Citeau) 수도회[9] 수사처럼 농사를 짓고 개척을 하고자 열심히 일해서 거칠디거친 새 땅을 개간하는 선구자이기도 했다. 벨로예 호수(Белое озеро) 호반에 성 키릴 수도원[10]이 세워지면서 그 수도원들의 외부 범위가 1397년까지 모스크바 북쪽으로 480킬로미터쯤 확장되었다. 성 세르기 대수도원이 세워진 뒤 딱 한 세기가 지난 1436년이 되면 사바(Савва)와 조시마(Зосима)가 솔로베츠크(Соловецк) 수도원[11]을 세우면서 그 운동은 북쪽으로 한 차례 더 480킬로미터를 뻗어가서 백해(白海, Белое море)의 섬으로 들어갔다. 러시아 역사의 다른 어떤 시기보다도 이 시기에 성자가 더 많이 나왔다. 그 성자 가운데 두드러지는 이가 세르기, 키릴, 사바, 조시마였으며, 이

---

9   1098년에 베네딕트회 수사 성 로베르가 프랑스의 시토에 세운 수도회. 12~13세기가 전성기였다.
10   정확한 명칭은 키릴-벨로제르스크 수도원(Кирилло-Белозерский монастырь). 1397년에 볼로그다 지방의 벨로오제로 시 남쪽에 세워진 정교회 수도원.
11   1436년에 백해의 솔로베츠크 군도에 세워진 수도원. 러시아 북부에서 정교의 본산 구실을 했으며, 때로는 국사범을 가두는 유폐지로도 쓰였다. 1917년에 폐쇄되고 강제수용소로 전환되었다.

들의 수도원은 그들의 유해와 유물의 공덕에서 나오는 기적의 힘 덕분에 주요 성소가 되었다.

널리 숭배되던 또 다른 14세기 지역 성자가 페름의 스테판(Стефан Пермский)이었는데, 그의 경력은 러시아 수도원이 수행한 문명화와 식민화의 기능을 잘 보여준다. 학식이 높고 고행하는 이 인물은 그리스도교의 가르침을 모스크바 동쪽으로 1,200킬로미터 확장해서 볼가 강의 가장 먼 지류까지, 즉 우랄 산맥 기슭까지 전했다. 그곳에서 그는 이교도인 코미(Коми)인[12]에게 포교하면서 그들의 말에 맞는 자모 체계를 창안해서 성경을 코미 말로 옮겼다. 스테판이 머나면 그 지역의 문화 지도자이자 초대 주교로서 그 지역에 남긴 영향은 사라지지 않고 남았다. 그는 모스크바로 돌아와 어울리게도 침엽수림 속의 구세주(Спас на Бору)라고 불리는 교회에 묻혔다. 주로 모스크바의 연대기 작성자들 덕분에 그가 자연력과 토착신앙 주술사와 벌인 영웅적 투쟁의 이야기가 러시아인 그리스도교도의 깨어나는 상상력에 불을 붙였다. 그 시대의 가장 위대한 성자전 작가인 현자 예피파니(Епифаний Премудрый)의 『페름의 스테판 일대기』(Житие Стефана Прмского)는 화려한 송덕문의 새로운 표준이 되었으며, 지역 성자의 많은 새 일대기 가운데 인기를 아마도 가장 많이 끌었을 일대기가 되었다.[10]

예피파니가 쓴 일대기 가운데 영향력이 가장 컸던 것은 그가 1420년에 죽기 바로 앞서 쓴 라도네즈의 세르기 일대기였다. 예피파니의 세르기 일대기는 그가 더 앞서 쓴 일대기보다 사실 자료와 일상어 사용 면에서 더 풍부해서 14세기 러시아 역사서처럼 읽히며 이 외로운 고행자가

---

[12] 우랄어에 속하는 페름어를 쓰는 백해 남동부의 소수민족. 14세기에 정교를 받아들였다.

어떻게 해서 "루스를 세운 사람"(строитель Руси)으로 알려지게 되었는지를 설명하는 데 도움을 준다.[11] 세르기는 사심이 없고 고결하다고 존경을 받은 지라 서로 싸우는 볼가-오카 지대의 공후들 사이에서 고문 겸 중재자가 될 수 있었다. 가까이 있는 자고르스크와 맺은 유대를 발전시켜 1370년대에 몽골인과 싸울 준비를 하는 동안 모스크바가 그 지대의 주도권을 잡는 데 도움을 주었다. 성 세르기는 타타르인에게 승리를 거두게 해달라고 기도했고, 자기 수도원의 자원을 동원해 그 싸움을 지원했고, 쿨리코보에서 거둔 그 유명한 승리에서 부대를 이끌도록 수사 두 사람[13]을 보냈다. 모스크바국의 명운에 일어난 이 결정적 전환이 많은 사람 사이에서 세르기의 도움과 중재기도의 덕분으로 돌려졌기 때문에 그의 수도원은 곧 — 거의 근대적 의미로 — 국가의 성소가 되었다. 그것은 순전히 국지적인 사건이나 지역 성자가 아니라 정교도 러시아인 연합군이 이교도 적군에게 거둔 공동의 승리와 결부되었다.

새 수도원들은 언제나 노동과 기도의 중심이었고, 교회 위계조직의 통제를 받기보다는 오히려 교회 위계조직을 통제했다. 자주 아토스 산의 수도원을 본떠 그 새 수도원은 공동생활을 하도록 조직되었고 새로운 아토스 산 전통인 헤시키아주의의 영향을 강하게 받았다. 긴 세월에 걸친 기도와 밤샘을 거쳐 격정을 제어하는 힘과 영적 통찰력을 얻은 "고행하는 장로"(스타레츠(Старец))가 수도원 안에서 (각각 작은 수도원과 큰 수도원의 명목상의 우두머리인) 수도원장과 대수도원장보다 더 큰 권위를 행사하는 일이 잦았다. 이 장로들이 "영적 에너지의 축적"에서 주도적 역할을 했고, 영적 에너지의 축적은 모스크바국의 수도원 제도가 하는

---

[13] 알렉산드르 페레스베트(Александр Пересвет, ?~1380년)와 로디온 오슬랴뱌(Родион Ослябя, ?~1389년?).

주된 일이었다.

이 영적 에너지는 자장(磁場)처럼 유리된 원소들을 끌어당기고 주변 지역을 눈에 보이지 않는 힘으로 채웠다. 이 에너지 발산 효과는 새 수도원을 꾸며야 할 필요에서 상당 부분 자극을 받은 이콘 그림의 영역에서 이미 언급된 바 있다. 루블료프의 「구약의 삼위일체」(Ветхозаветная Троица)는 성 세르기 대수도원을 위해 수사 한 사람이 그 중추적인 수도원의 봉헌 대상이었던 주제를 묘사한 그림이었다.

수도원의 부흥이 문예 문화를 북돋았다. 14세기에 배출되어 남아있는 필사본 서적의 양은 이전 3세기 동안 배출되어 남아있는 필사본 서적을 다 합친 양의 두 배쯤이다.[12] 이 필사본은 띠짜기(плетение ремней)로 알려진 새로운 유형의 장식으로 꾸며졌고, 문체는 말짜기(плетение словес)로 알려진 새로운 기법으로 치장되었다.[13] 아토스 산에서 이주해온 같은 수사 가운데 많은 이가 이 두 기술을 러시아에 가져다주었다. 그들은 헤시키아주의의 전파자였다. 이 두 "짜기"(плетение) 기술은 어느 모로는 헤시키아주의와 새로운 이콘 도상규범 양자에 공통된 원리가 문예로 확장된 것이었다. 곧장 하느님과 쉽게 맞닿도록 해줄 두어 가지 단순한 무늬와 어구의 조화롭고 율동적인 반복이 언어의 재치와 회화의 자연주의보다 우위에 섰다.

새로운 문예 활동에서 훨씬 더 두드러진 것은 예전에 러시아 신학에 있던 역사 편향의 강화였다. 이콘 도상규범에서처럼 성스러운 역사에서 모스크바국의 수사들은 "모방 기교를 의식적인 민족 예술로 바꾸"는 데 성공했다.[14] 성자의 일대기와 교회의 연대기는 정교의 종교적 진리를 모스크바국의 정치적 명운과 점점 더 동일시하는 경향을 보였다. 이 경향은 유난히 인기가 있었던 『알렉산드르 넵스키 일대기』(Житие Александра Невского)에서 이미 13세기 말엽에 뚜렷이 드러났다. 튜튼 기사단을 물리친 그 공후의 이야기는 구약성경에 나오는 인물과의 비유, 플라비우스 요세푸스(Flavius Josephus)의 「예루살렘 파괴 이야기」[14]에서 끌어낸 군사적 이미지, 알렉산드로스 대왕에 관한 전설에서 알렉산드르 넵스키에게로 이입된 영웅적 행위의 세부묘사로 가득 차 있다. 이 저작에는 호전적인 반(反)가톨릭 정신도 들어있었다. 이 반가톨릭 정신은 키예프 시대의 서사시에는 없었으며 (십중팔구 알렉산드르 넵스키 자신의 견해에서도 없었을 것이며) 거의 틀림없이 키릴 수사가 들여왔을 것이다. 키릴은 자기가 태어난 갈리치야가 로마의 권역으로 들어간 뒤 고향에서 달아났으며 13세기 초엽에 로마가톨릭이 주도하는 십자군이 콘스탄티노플 부근을 짓밟고 있던 바로 그때 니케아에 머문 터라[15] 반가톨릭 성향을 더 거세게 품게 되었다.[15]

"로마인"에게 거둔 이 승리 이야기보다 훨씬 더 의기양양한 것이 1380년에 드미트리 돈스코이(Дмитрий Донской)의 지휘 아래 쿨리코보에서 승리한 뒤 특히 인기가 높아진 타타르인과의 전투 이야기였다. 이 속인(俗人) 공후의 일대기는 완전히 성자전 양식으로 쓰였다. 그는 성자로 거듭 지칭되고 하늘나라에서 성경에 나오는 많은 인물보다 더 높은 자리에 모셔진다. 이 시기의 가장 유명한 서사시 『돈 강 너머 이야기』(Задонщина)에서 드미트리 돈스코이의 대의는 "그리스도교 신앙"과 "거룩한 교회"의 대의이다. 마찬가지로 드미트리의 미망인이 그의 무덤에 그려달라고 제작을 의뢰한 이콘은 사탄의 군대에 맞선 천국의 승리를 이끄는 미카엘 대천사의 이콘이었다.[16] 키예프 시대의 서사시가 자연주의적인, 심지어

---

[14] 『유대전쟁사』의 제3부.
[15] 로마 교황이 주도한 4차 십자군이 1202~1204년에 콘스탄티노플을 약탈하자 니케아가 1204년부터 1261년까지 비잔티움 제국의 임시 수도가 되었다.

이교적이기까지 한 세부묘사에 비교적 개방적이었던 반면에,『돈 강 너머 이야기』는 찬사와 형용 수식어의 새로운 어법으로 광신의 새로운 풍조를 전한다.[17]

(타타르 지배의 퇴조에서 그 자체로는 그리 특별하게 결정적이지는 않았던) 쿨리코보 전투가 연대기에서 유별나게 강조된 것은 상당 부분은 하느님을 믿지 않는 동방에 맞서 그리스도교의 십자군을 일으키라는 — 몇 세기 전 대각성의 시기에 라틴 그리스도교계에서 처음 나온 — 외침을 모스크바국의 연대기 작가들이 흉내 내 되풀이한 것이다. 다시 한 번, 암흑과 분열에서 헤어나오려고 분투하고 있던 한 민족이 신앙 뒤에서 한데 뭉쳐 공동의 적과 싸우라는 요청을 받았다. 15세기에 다른 모든 주요 러시아 공후를 모스크바에 차츰차츰 복속하기 위한 이념적 반주는 1408년의 성 세르기 대수도원 연대기를 비롯한 일련의 연대기로, 그리고 (노브고로드, 프스코프, 트베르의 노래와 전설과는 대비되게도) 타타르인에 맞선 거룩한 전쟁은 중요하며 "루스 땅"을 재통합하는 일을 모스크바국이 주도해야 한다고 역설하는 응원하는 노래와 전설로 제공되었다.[18]

14세기 말엽과 15세기의 수도원 문헌은 점점 더 예언의 세계로 들어가면서, 모스크바 이념의 핵심에 존재하는 상호연관된 두 신념을 펼쳤다. 그 두 신념은 다음과 같다. (1) 러시아의 그리스도교계는 끊긴 데 없이 죽 이어지는 성스러운 역사에서 완결을 이루는 특별한 한 장이다. 그리고 (2) 모스크바와 모스크바의 통치자는 이 운명의 선택받은 담지자이다.

정교에게 특별한 운명이 있다는 신념은 새삼스럽지 않았다. 정교는 그리스도 스스로가 살았던 지역 전체를 포함해서 그리스도교계 최초의 총대주교구좌의 계승자였다. 동방에서 온 천년왕국설의 가르침은 일찍부터 비잔티움의 사고 속에 들어갔다. 예루살렘이 638년에 무슬림에게 넘어가고 있을 때 진짜 십자가나 다른 성유물들이 콘스탄티노플로 옮겨졌으며, 콘스탄타노플은 새 로마일 뿐 아니라 어느 모로는 새 예루살렘일 수도 있다는 생각이 — 러시아가 그리스도교 국가로 바뀌고 있을 때 특히 마케도니아 황조[16] 치하에서 — 생겨났다.[19]

동방 교회가 단 하나의 참된 사도 교회임을 주장한 것과 똑같이 동방 제국도 바빌로니아와 페르시아와 로마를 거쳐 이어지는 특별히 축성된 계보를 주장했다. 4세기 말부터 콘스탄티노플은 새 로마로, 즉 지상의 다른 어떤 도시의 운명과도 다른 운명을 지닌 제국의 수도로 여겨지기 시작했다. 비잔티움은 **한** 그리스도교 제국이 아니라 **바로 그** 그리스도교 제국이었으며, 그리스도의 성육신부터 재림[17]까지 이어지는, 연대기 작가들이 그어놓은 길을 따라 사람들을 인도하도록 특별히 선택되었다.

아우구스티누스보다는 클레멘트와 오리게네스를 따라 정교 신학은 개인 구원의 드라마보다는 온 누리의 구속(救贖)에 관한 이야기를 더 많이 했다.[20] 아우구스티누스가 라틴 그리스도교계에게 원죄에 관한, 그리고 지상의 나라에 관한 비관론이라는 음울한 인식을 물려주었다면, 동방의 이 두 교부는 정교 그리스도교계에게 동방의 그리스도교 제국이 언젠가는 최후의 하늘나라로 전환될 수도 있다고 믿는 경향을 물려주었다. 헤시키아주의의 신비주의는 정교를 부추겨 그러한 전환이 신도의 삶의 — 그리고 궁극적으로는 그리스도교 권역 전체의 — 영성 강화를 통해 머지않아 가능하다고 믿도록 만들었다.

변화와 혼란의 시대에 역사적 상상력은 역사의 종말이 머지않고 구원

---

[16] 867년부터 1056년까지 비잔티움 제국을 다스린 황조.
[17] 죽은 예수가 미래에 나라를 세우고 인간을 심판하고자 영광스러운 모습으로 되돌아오는 것을 일컫는 신학 용어.

이 다가오고 있다는 조짐을 찾는 쪽으로 쏠렸다. 이렇듯 모스크바국에서 자라나는 운명 의식은 비잔티움이 마침내 기울어 무너지자 정교 수사들이 느낀 고뇌와 곧바로 연관되어 있었다.

계시록적 예언으로 도피하는 현상이 뒤늦게 번영하는 발칸 반도의 슬라브인 왕조들에서 14세기 말엽에 나타나기 시작했고 남슬라브인 지역에서 인물과 사상이 옮겨오면서 모스크바국으로 퍼졌다. 10세기에 남슬라브인이 유입되면서 통합된 비잔티움의 자신만만한 신앙이 들어온 것과는 달리, 15세기의 이 두 번째 유입은 세르비아(Serbia)와 불가리아가 진군하는 튀르크 앞에서 무너질 때 그 두 나라에서 발달한 과장된 수사와 종말론적 예언을 러시아에 퍼뜨렸다.

1331~1355년의 스테판 두샨(Stefan Dušan) 치하 황금시대 동안의 세르비아 왕국은 여러모로 모스크바국에서 등장하게 될 통치 유형의 총 예행연습이었다. 군세(軍勢)가 갑자기 불어나자 위엄을 과시하는 행위가 더불어 빠르게 늘어났다. 신속하고도 과감하게 두샨은 차르, 전제군주, 로마인의 황제라는 칭호를 취하고 콘스탄티누스와 유스티니아누스(Justinianus)의 계승자임을 자처하고 종교회의를 소집해서 세르비아의 독자적인 총대주교 관구를 세웠다. 요컨대, 그는 옛 비잔티움 제국을 새 슬라브-그리스 제국으로 대체하고자 했다. 그럴 자격을 인정받으려고 그는 자기가 재산을 주고 후원했던 아토스 산이나 다른 수도원들의 지지에 크게 기댔다.

비잔티움에 종속되지 않은 훨씬 더 긴 기간에 불가리아 왕국은 모스크바국이 직접 넘겨받게 될 예언 전통을 개발했다. 불가리아의 수도 터르노보(Търново)[18]의 영광을 드높이려고 연대기 작가들은 터르노보를 고

---

[18] 1185년부터 1396년까지 불가리아 제국의 수도였고 오늘날에는 벨리코 터르노보 (Велико Търново)로 불리는 불가리아 북동부의 유서 깊은 도시.

전고대의 로마와 쇠퇴하는 "제2의 로마" 콘스탄티노플을 대체한 새로운 로마로 일컬었다.

그리스도교를 믿지 않는 튀르크가 발칸 반도로 쳐들어가 1389년에 코소보(Косово)에서 세르비아를 쳐부수고 네 해 뒤에 불가리아의 찬란한 수도를 짓밟을 때, 정교 슬라브 세계의 메시아적 희망이 향할 쪽은 오직 한 방향뿐이었다. 그 방향은 모스크바국의 패하지 않은 공후와 확장하는 교회였다. 터르노보에서 온 불가리아인 수사 키프리안(Киприан)이 1390년에 모스크바 수좌대주교가 되었다. 그리고 15세기에 인물과 사상이 북쪽으로 옮아가 모스크바국으로 갔고 그곳에 새로운 역사적 소명감을 퍼뜨리는 데 도움을 주었다.[21] 발칸 반도의 수사들은 정치에서는 비잔티움의 반(反)라틴 광신자에게, 그리고 신학에서는 스콜라철학에 반대하는 헤시키아주의자에게 동조하는 경향을 보였다. 그들은 수사와 공후의 밀착을 좋아하는 성향과 로마가톨릭을 아주 미워하는 감정을 들여왔다. 남슬라브인 왕국들에서 수사와 공후의 밀착은 흔했고, 발칸 반도의 수사들이 보기에 로마가톨릭은 발칸 반도에서 정교도 슬라브인을 적대적인 공후국으로 에워쌌으며 굴욕스러운 재통합을 하도록 콘스탄티노플 교회를 꼬드겼다. 또한, 남슬라브인은 비잔티움의 뒤를 잇는다는 세르비아 왕국과 불가리아 왕국의 권리 주장을 뒷받침하려고 거짓 계보를 엮어내는 발칸의 전통을, 그리고 옛스러운 교회 슬라브어 표현이 잔뜩 들어간 화려하고 거창한 언어를 선호하는 성향을 들여왔다. 유난히 주목을 받고 영향력이 컸던 것이 『대(大) 루스의 여러 블라디미르 대공 이야기』(Сказание о великих князьях Владимирских на Великой Руси)였다. 이것을 쓴 세르비아인 망명객은 진지하게 모스크바국의 공후들을 키예프의 공후들과 전설상의 류릭(Рюрик)뿐 아니라 비수아(Wisła) 강에 있다는 가공의 고대 왕국의 통치자이자 아우구스투스 카이사르(Augustus Caesar)의 피붙이인 프루수스(Prussus)라는 훨씬 더 가공의 인물의 친계로 만들었고,[19] 아우구스투스 카이사르는 안토니우스(Antonius)와 클레오파트라(Cleopatra)를 통해 노아[20]와 셈[21]의 이집트인 자손들과 연결되었다. 널리 베껴진 이 저작은 최초의 온 루스의 차르라고 말해지는 블라디미르 모노마코스(Vladimir Monomachos)가 황제 권력의 표상을 콘스탄티노플에서 키예프로 옮겨놓았다는 엄청난 허구[22]를 제시해서 스스로를 비잔티움의 계승자로 생각하도록 러시아인을 부추기기도 했다.[22]

한편, 비잔티움의 자리를 차지했다는 의식은 몇 안 되는 타타르 지배의 이념적 기본 방침 가운데 하나로 은근히 부추겨졌다. 그 하나의 기본 방침이란 유일한 제왕 타타르의 한(汗)만을 위해 기도하라는 요구 조항이었다. 조공을 바치는 동슬라브인 사이에서 고르게 준수되거나 강요되지는 않았을지라도 이 제한 조항 탓에 그 뒤의 비잔티움 황제들의 이름이 모스크바국에서 눈에 띄지 않는 경향이 있었다. 모스크바국은 너무나도 쉽게 15세기 중엽에 점점 더 서먹서먹해져 가는 이 제국의 붕괴를 하느님이 믿음이 없는 민족을 벌하는 것으로 보았다.

모스크바국의 — 후대인 15세기 말엽에 개발된 — 관점에서 보면, 비잔티움의 교회는 리옹(Lyon)에서, 로마에서, 그리고 마지막으로 1437~1439년의 피렌체(Firenze) 공의회에서 로마와의 통합을 받아들임으로써 소유한 유산

---

[19] 러시아 통치자의 계보를 로마 황제와 연계하려고 늙고 지친 아우구스투스가 동쪽 영토를 프루수스라는 아우에게 이 프루수스의 14대손이 류릭이었다는 전설이 이반 4세의 궁정에서 날조되었다.

[20] 구약성경 「창세기」에서 하느님이 홍수를 일으키기 전에 방주를 만들어 일가족과 세상의 동물을 구해낸 의인.

[21] 노아의 맏아들. 히브리인과 아랍인의 조상으로 여겨진다.

[22] 모스크바국의 대관식에서 군주가 쓰는 제관(모노마흐 모자, Шапка Мономаха) 등 제권의 표상이 비잔티움의 콘스탄티누스 9세가 자기의 외손자인 블라디미르 모노마흐에게 준 선물이었다는 전설.

을 팔아넘겼다.

신학 쟁점을 판정할 능력을 갖추지 못했으므로 모스크바국은 로마를 발트 해 연안 동부 지역의 적대적인 기사단과 힘이 커지는 폴란드-리투 아니아 왕국과 동일시했다. 모스크바국의 교회는 피렌체 공의회의 결정 을 받아들이기를 거부하고는 그 결정을 승인했던 러시아 대표 이시도르 (Исидор) 수좌대주교를 망명으로 내몰았다. 이 그리스인 고위 성직자는 망명 생활을 하다 가톨릭 신자가 되었으며, 러시아의 1448년 교회공의회 에서 수좌대주교가 토박이 러시아인[23]으로 대체되었다.[23] 다섯 해 뒤에 일어난 튀르크의 콘스탄티노플 점령은 하느님이 비잔티움에 행한 보복 이자 러시아의 교회가 피렌체 공의회의 교회 통합 결정을 거부하는 현명 한 처신을 했다는 예언적 확증으로 여겨지게 되었다. 그러나 러시아가 비잔티움의 비극에 연루되어 있다는 의식은 민족주의 성향의 역사가들 이 흔히 받아들일 용의를 보였던 수준보다 훨씬 더 강했다. 모스크바국 은 14세기 말엽 이후로 콘스탄티노플에 동정 어린 근심의 표현과 더불어 재정 지원을 보내고 있었다.[24] 튀르크인을 피해 도망오는 사람들은 정 교 세계 전체가 무릎을 꿇을지 모른다는 두려움을 가져왔다. 아흐마트 칸이 1480년에 모스크바를 공격했을 때, 세르비아인 수사 한 사람이 주 민에게

불가리아인, 세르비아인, 그리스인, …… 알바니아(Albania)인, 크로 아티아(Croatia)인, 보스니아(Bosnia)인, …… 그리고 용감히 싸우지 않 고 조국이 망하고 국토와 국가가 무너지고 백성이 낯선 땅으로 뿔뿔 이 흩어진 다른 많은 나라를

---

[23] 모스크바의 요나(Иона Московский, 1390~1461년).

뒤좇지 말라는 열렬한 탄원서를 보냈다. 그다음에 이 탄원서에는 거의
기도하듯 이렇게 적혀 있었다.

> 그대의 눈이 보지 마소서! 그대가 사로잡히고 거룩한 교회와 그대의
> 집이 약탈당하고 그대의 자식이 죽임을 당하고 그대의 아내와 딸이
> 능욕당하는 꼴을. 위대하고 훌륭한 다른 땅에 튀르크인이 가져온 그
> 런 고통을.[25]

이런 분위기에서는 비잔티움과 발칸 반도의 다른 "위대하고 훌륭한"
정교 왕국이 무너졌어도 그리스도교 제국은 죽지 않았다고 믿어 위안으
로 삼으려는 심리적 압박이 컸다. 제국의 터전이 콘스탄티노플에서 "새
로운 로마" 터르노보로 옮겨졌을 따름이었고, 터르노보는 살짝 바꿔치
면 "제3의 로마" 모스크바가 되었다. 이 유명한 이미지는 프스코프에
있는 옐레아자로프(Елеазаров) 수도원[24]의 필로페이(Филофей)에게서 비롯
되었는데, 비록 남아있는 최초의 선언은 1511년에 바실리 3세에게 보낸
편지에 들어있을지라도 필로페이는 십중팔구 맨 처음으로는 이반 3세에
게 이 이미지를 제시했을 것이다.

> 고대 로마의 교회는 아폴리나리우스 이단 때문에 무너졌고, 제2의
> 로마 콘스탄티노플의 교회 대문은 하갈의 자손[25]이 도끼로 쪼개 부

---

[24] 프스코프에 있는 수도원. 옐레아자르(Елеазар)라는 농부가 1447년에 세운 조그만
수도원이었다가 16세기 중반에 필로페이가 수도원장이 되면서 유명해졌다. 현재
는 수녀원으로 바뀌었다.

[25] 구약성경 「창세기」에 나오는 애굽인 하갈은 아브라함의 부인 사라의 몸종이었다
가 아브라함의 아들 이스마엘을 낳는다. 유대인은 베두인족이 이스마엘의 자손이
라고 믿었으며, 이스마엘이 무함마드의 조상이라는 전승도 있다. 따라서 '하갈의

쉬버렸습니다. 폐하의 강력한 통치 아래서 제3의 새로운 로마, 거룩한 보편 사도 교회는 해보다도 더 찬란하게 그리스도 정교 신앙의 빛을 대지의 사방팔방으로 내뿜고 있습니다. …… 온 누리에서 당신이 그리스도교도의 유일한 제왕이십니다. …… 제 말씀을 들으십시오, 믿음 깊은 제왕이시여! 그리스도 정교를 믿는 모든 나라가 모여들어 폐하의 나라로 하나가 되었습니다. …… 제2의 로마는 망했고, 제3의 로마는 있지만, 제4의 로마는 나타나지 않을 것입니다.[26]

정교의 희망이 모스크바국으로 옮아갔음은 이반 3세와 비잔티움 마지막 황제의 조카딸 소피아 팔라이올로기나(Sophia Palaiologina)가 1472년에 공들여 연출한 결혼식을 치르고 몇 해 뒤에 예전의 쌍두 독수리 황제 문장이 러시아에 도입되면서 이미 극적으로 표현되었던 바 있다.[27]

오랜 정교 연력(年歷)이 1492년에서 끝난다는 순전히 우연인 사실로 말미암아 러시아인은 더 자신 있게 계시록적 관점에서 변화를 보게 되었다. 기원전 5508년에 세상이 창조되면서 시작된 7,000년이 끝나가고 있었고, 학식 있는 수사들은 역사의 종말이 다가오고 있다는 조짐을 찾는 경향을 보였다. 1490년의 교회공의회에서 "유대 추종자들"(жидовствующие)[26]이라는 합리주의적 이단에 공감을 표명했던 차르 측근의 조언자들이 "악마의 그릇,[27] 적그리스도의 전조"로 비난당했다.[28] 유대 추종자들에게 가해진 그 뒤의 박해에서 중요했던 쟁점 하나가 연도를 계산하는 점성술

자손'이란 비잔티움 제국을 무너뜨린 무슬림을 뜻한다.

[26] 15세기 후반과 16세기 초에 모스크바와 노브고로드에 나타나 위정자와 궁정인 사이에서 인기를 끈 종파. 요시프파와 겐나디 대주교는 이들이 정교의 기본 교리를 부정한다며 이들을 유대인처럼 행동하는 자들, 유대 전통을 따르는 자들이라고 부르고 극심하게 탄압했다.

[27] 그리스도교 성경에서 그릇이란 사람을 뜻하는 표현이다.

표 『여섯 날개』(세스토크릴(Шестокрыль))를 그들이 후원한 행위였다. 『여섯 날개』는 "그리스도교 연대기 작성자의 연도는 끝났지만, 우리의 연도는 남아있다"는 것을 암시한다고 보였다.[29] 유대 추종자들과 싸우는 가운데 러시아 교회는 에즈라(Ezra) 계시록[28] 같은 외경을 포함한 구약성경의 계시록 문헌의 많은 부분을 맨 처음으로 러시아어로 옮겨서 읽을 수 있게 하여 자기도 모르게 역사적 기대를 살려두었다.[30]

하느님이 역사를 끝맺을 참이라는 기대가 15세기에서 16세기로 넘어가는 시기에 나타났다. 그러나 곧바로 좋은 조짐을 찾아야 할지 나쁜 조짐을 찾아야 할지, 즉 그리스도가 재림해서 지상에서 천 년을 다스릴지 아니면 적그리스도의 지배가 다가오는지 명확하지 않았다. 필로페이는 "러시아의 차르 체제는 지상의 마지막 왕국이며, 그 뒤에는 그리스도의 영원한 왕국이 온다"고 믿었지만, 또 다른 프스코프 사람은 정복하는 차르를 적그리스도의 전조로 보았다.[31] 이렇게 재앙이 가까이 있는지 구원이 가까이 있는지 분명하지 않은 것이 러시아 예언서의 특징이 되었다. 그 뒤 여러 해 동안에도, 러시아에서 큰일이 벌어질 참이라는 느낌이 똑같이 뇌리에서 떠나지 않는 사람들 사이에서 기대와 공포가, 환희와 침울이 휙휙 교차했다.

15세기와 16세기 초엽의 모스크바국에서 예언이 왕성해졌다는 것은 "주상고행"(столпничество)과 "그리스도를 위해 바보짓을 하는 사람들"의 영원한 순례(юродство) 같은 극단적 형태의 그리스도교 영성이 성행한 데에서 뚜렷이 드러난다. 그 두 전통은 비록 동방과 비잔티움에서 비롯되

---

[28] 1세기 말이나 2세기 초에 이집트의 유대인이 기원전 5~4세기의 예언자 에즈라의 이름을 빌려 쓴 외경. 에스드라(Esdra) 2서라고도 한다. 고난을 겪는 이스라엘의 운명을 한탄하며 악에 찌든 현세와 최후의 심판에서 살아남은 의인이 사는 천국을 대조하는 이원론적 색채를 띤다.

었을지라도 북쪽에 있는 모스크바국에서 새로이 강해지고 중요해졌다.

주상고행은 공동생활을 하지 않는 수도원에서 특별한 고결성과 통찰력을 얻는 수단으로 여겨지게 되었다. 이 전통은 서른 해 동안 꼼짝하지 않고 앉아 있다 일어나서 영웅적 행위를 해냈다고 하는 일리야 무로메츠의 설화를 통해 대중의 인정을 받았다.

바보성자[29]는 "하느님의 사람들"(божие люди)로서 고행 생활과 예언적 언사로 존경을 받게 되었다. 6세기부터 10세기까지 정교 그리스도교 세계 전체에서 바보성자에게 바쳐진 성자 축일이 나흘을 넘지 않았던 데 비해, 14세기부터 16세기까지 모스크바국에서 그런 날이 적어도 열흘은 되었다.[32] 그들에게 바쳐진 교회와 성소가 무척 많았고, 이런 형태의 신앙 행위가 최고조에 이른 16세기와 17세기 초엽에는 특히 그랬다.[33]

바보성자는 사람의 삶에서 비록 흔하지는 않을지라도 자주 드물지 않은 일이 되었다. 그는 "그리스도를 위해" 육욕을 포기했으므로 정화되어 예언 능력을 받았다. 모스크바국 군주의 궁정에서 바보성자가 맡은 역할은 그리스도교 세계 서방의 궁정 고해신부와 비그리스도교 동방의 궁중 역술가를 합친 것이었다. 그들은 최후의 심판을 예고하고 새로운 십자군을 일으키거나 회개해야 한다는 어두운 이야기를 해서, 이미 도드라지기는 했을지라도 슬라브인의 정교가 이성과 규율보다는 열정과 예언으로 쏠리는 경향을 강화했다.

바보성자가 된 사람들은 자주 두루두루 돌아다녔고 그들의 글은 널리 읽혔다. 가장 먼저 "아테네가 예루살렘과 무슨 상관이 있소?"라고 교회에 묻고는 "불합리하니까 나는 믿소"라고 단언한 사람은, 어쨌든 간에, 학식 있는 인물인 테르툴리아누스(Tertullianus)였다. 르네상스 인문주의자

---

[29] 일부러 바보짓을 하며 살고 예지 능력을 지녔다고 여겨진 그리스도교 금욕 수사.

가운데 가장 학식 있는 사람 축에 끼는 로테르담의 에라스뮈스(Erasmus Roterodamus)도 "우신 예찬"을 했고, 그 제목이 붙은 그의 글이 러시아의 사상가 사이에서 제법 널리 읽히게 되었다.[34] 후대의 고뇌하는 러시아 사상가들은 — 즉, 도스토옙스키와 무소륵스키와 니콜라이 베르댜예프(Николай Бердяев)는 — 자기 나라의 참된 정체성을 "모국의" 거룩한 "떠돌이"라는 이 자유분방한 전통에서 찾고 싶었을 것이다. 그러나 그 바보 예언자들은 강단과 축성과 더불어 아나키즘적이고 피학적인 충동의 원천을 제공했다.

바보성자에게는 14세기와 15세기 동안 모스크바국에서 흔해진 예언하는 은둔 성자와 닮은 점이 많았다. 실제로, 떠돌이 성자를 가리키는 용어(스키탈레츠(скиталец))는 고립된 은수자 공동체를 일컫는 데 쓰인 용어인 스키트(скит)와 연관되어 있다. 가장 이름난 고행 은수자이자 이 소규모 공동체의 옹호자가 닐 소르스키(Нил Сорский)였는데, 이 사람을 거쳐서 헤시키아주의자의 영적 열성이 그리스 땅에서 러시아 땅으로 전해졌다.[36] 벨로예 호수의 성 키릴 수도원 출신 수사인 닐은 성지(聖地)[30]를, 그리고 함락 직후 시기에 콘스탄티노플을, 그다음에는 "거룩한 산" 아토스를 여행했다. 그는 그곳에서 외부의 규율과 속박에서 벗어난 내면의 영적 삶에 귀의했고, 러시아로 되돌아와서 그런 삶을 벨로예 호수 너머 소라(Copa) 강 유역의 황야에 세운 자기의 모범 스키트의 근본으로 삼았다. 그가 쓴 신앙서에는 일종의 시원적인 프란체스코식 자연 사랑과 이 세상의 것에 대한 무관심이 있다. 어떤 스키트에서도 "형제"는 열두 명을 넘지 않아야 하고 그들은 모두 사도처럼 청빈하게, 그리고 자연계와 친하게 교감하며 살아야 했다. 복음서와 몇몇 다른 "성전"(聖典)이 권위의 유일한 원천이어야 했다.

---

[30] 팔레스타인.

닐은 스키트를 수사 생활의 중용으로 보면서, 공동체 형태의 수도원을 독실 형태와 결합했다. 개별 수도실 안에는 경험 많은 "장로"가 영적 기도와 성경에서 견습수사 한두 명을 개인 지도하는 일종의 견습 제도가 있어야 했다. 여러 수도실은 모두 일요일과 다른 축일에 다 함께 모여야 했으며, 각 스키트는 경제적으로 자립해야 하지만 재산과 사치의 모든 유혹을 견뎌내야 했다. 내면의 영적 삶을 주창하는 이 사도에게 외면은 하찮은 것이었다. 닐은 금식 준수나 이단 탄압에 깊이 관여하지 않았다. 오히려 그는 영적 모범의 힘을 설교했으며, 그런 모범을 만들 수단을 수도원에서 찾고자 했다. 은유에 찬 닐의 말에서 영적 기도는 죄악의 거친 바다를 건너 구원의 항구로 사람을 이끌 수 있는 순풍이었다. 모든 외면은 ― 심지어는 말로 하는 기도조차도 ― 다만 키의 손잡이, 즉 오순절 때 사도들에게 맨 처음 불었던 이 영성의 바람[31] 속으로 사람들을 돌려보내는 수단이었다.

닐의 삶과 교리는 확장되는 북동부 변경의 새 수도원들에 영향을 많이 주었다. 볼가 강 너머의 장로로 알려진 그의 추종자들은 성 세르기 대수도원에 딸린 부속 수도원에서, 그리고 그보다는 덜 알려진 "구세주 돌"(Спасо-Каменный) 수도원[32]과 야로슬라블-볼로그다(Вологда) 지방에 있는 이 수도원 산하의 아홉 개 수사 공동체에서 주로 배출되었다. "구세주 돌" 수도원은 1380년에 한 그리스인 헤시키아주의자[33]의 관리 아래 들

---

[31] 신약성경 「사도행전」 2장 1~4절을 참고할 것.
[32] 1260년 무렵 볼로그다 지방 쿠벤스코에(Кубенское) 호수 가운데 있는 섬에 세워진 수도원. 정식 명칭은 구세주 변용·거룩한 돌 수도원(Спасо-Преображенский Свято-Каменный монастырь).
[33] 디오니시오스. 수사들이 자급자족하고 검소한 음식을 먹고 개인 재산을 인정하지 않는 아토스 산 형식의 공동생활 방식을 "구세주 돌" 수도원에 도입했다.

어갔을 때 "내적 영성"을 훈련하는 중심지가 되어, 견습 수사뿐만 아니라 장사꾼, 개척민, 속인 순례자 같이 다양한 사람들에게 좋은 말을 해주었다.[37]

닐의 가르침에는 사람이 곧장 하느님과 이어질 수 있으며 겉이 화려한 정교 예배의식보다 — 그것이 사실상 더 낮다고 — 생각하도록 만들어서 기존 관례를 뒤흔드는 효과가 있었다. 하느님이 영감을 얻은 매개자를 교회라는 공식 통로를 거치지 않고 직접 자신의 선민에게 보냈다는 믿음은 흥분을 자아내는 종교적 성정 같은 것을 삶에 부여했다.

강국으로 떠오르던 시기의 모스크바국은 기대감에 찬 신앙부흥운동가 훈련소와 닮았다. 러시아는 시원적이지만 힘이 넘치는 종교 문명이었고, 불길하게도 비판 의식이나 명확한 권한 구분이 없었다. 심지어는 비잔티움에서도, 물론, 보편적 그리스도교 국가 안의 두 유형의 축성된 권위(사케르도티움(sacerdotium)[34]과 임페리움(imperium)[35])가 아닌 "교회"와 "국가"를 말하는 것은 늘 잘못이었다.[38] 모스크바국에서 그 둘은 비잔티움의 기나긴 역사 속에서 진화했던 이론적 정의(定義)와 실질적 한계에 얽매이지 않은 채 훨씬 더 촘촘히 얽혔다.

교회 이외 영역에서는 16세기 초엽까지 (심지어는 엉성한 프리카즈(приказ) 유의) 영속적인 행정 부서가 없었다.[39] 교회 영역에서는 명확한 교구 구조나 감독 위계가 없어서 오랜 정치분열기 동안 고위 성직자들이 정치적 권위의 효과적 대체물을 내놓기가 어려웠다. 수도원 사이에는 명확한 서열조차 없었다. 로마법 개요가 발견되기를 기다리고 있고 무슨

---

[34] 영혼의 구원을 최고 목표로 삼는 현세의 교회를 뜻하는 라틴어 용어.
[35] '명령'이나 '제국'이라는 뜻을 지닌 라틴어 용어. 고대 로마에서는 군사권과 사법권을 포괄하는 최고집행권을 가리키는 낱말이었다.

림 침공자가 아리스토텔레스(Aristoteles)의 저작을 가지고 들어온 중세 서방과는 대조적으로, 머나먼 모스크바국은 고전고대의 정치 학설과 법률 학설에 거의 접하지 못했다. 모스크바국 사람들은 기껏해야 철인왕(哲人王)의 배타적 통치에 찬성하는 플라톤(Platon)의 논거의 일부 논설을 읽었을 따름이다. 그것도 선하고 거룩한 지도자가 꼭 있어야 한다는 자기들의 결론을 굳히기 위함이었지, 결코 소크라테스(Socrates) 방식[36]의 실행으로서는 아니었다.

모스크바국 백성은 과거의 정치 체제를 알지 못하거나 현재의 정치 체제를 그리 많이 겪어보지 못했으므로 동방의 신격화된 태양왕과 민담에 나오는 공후와 성자를 본보기 삼아 지도자 한 사람을 막연하게 구했다. 플라톤의 이상론이 동방의 그리스도교 세계에서 거둔 승리는 이콘이라는 이상적 형상의 숭상에 그 예가 있는데, 그 승리로 말미암아 러시아인은 사실상 "주님의 살아있는 이콘"이 될 이상적 공후 한 사람을 찾게 되었다.[40]

그러나 이상적인 러시아 공후는, 플라톤의 이상과 달리, 철인(哲人)이 아니라 전통의 수호자여야 했다. 모스크바국에서 최고의 선은 지식이 아니라 기억, 즉 파먀트(память)였다. 사람들은 "내가 아는데"라고 해야 할 경우에 "내가 기억하는데"라고 했다. 프리카즈에서 명세서, 비품 목록, 행정 기록이 모두 다 파먀트로 알려졌다. 서사적 이야기는 "늙은이가 듣고 젊은이가 기억하도록" 기록되었다. 분쟁에서는 가장 늙은 권위자에게서 얻을 수 있는 "중요하고 훌륭하고 확실한 기억"보다 호소력이 더 큰 것은 없었다.[41]

---

[36] 질문과 답변을 주고받는 대화를 거쳐 진리에 다가서는 방법. 고대 아테네의 철학자 소크라테스가 즐겨 썼다.

이렇듯 모스크바국은 주로 공식적인 법전과 규정이나 합리적인 절차가 아니라 비판과 성찰이 없는 집단기억으로 결속되었다. 가장 멀리는 사도 시대로 거슬러 올라가는 기억을 지니고 경험이 많아 그리스도교 전통에 관한 식견이 가장 높은 사람인 지역 "장로"들에게 특별한 권위를 주는 경향이 있었다. 수도원에는 금욕 생활을 하는 스타레츠, 도시에는 존경을 받는 스타로스타(староста), 대중의 상상력을 위해서는 서사적인 스타리나(старина, 옛날이야기)가 있었다. 사회는 옛것에 좀처럼 매달리지 않지만, 모스크바국은 과거를 돌이켜보면서 사고의 형식보다는 영웅담을, 변증보다는 수사를, 아리스토텔레스의 "골치 아픈 논리"보다는 성 요한네스 크리소스토무스의 "청산유수 같은" 설교를 찾았다.[42] 심지어는 공후도 모스크바국의 가부장적 분위기 속에서 존경을 받기 위해 자신의 계보와 문장의 기원을 찾아 거룩한 과거로 거슬러 올라가야 했다.[43]

모스크바국의 권위가 러시아 전역에 제대로 통하도록 만드는 데 없어서는 안 될 요소 하나가 수도원의 지지였다. 수도원은 속령 시대의 자잘한 다툼을 넘어서서 더 높은 이상을 보도록 사람들의 시선을 들어올림으로써 러시아를 재통합했던 적이 있다. 모스크바 대공들은 주요한 수도원을 헤아릴 수도 없이 여러 차례 순례했고, 수사들과 편지를 주고받았고, 어떤 중요한 군사 행동이나 정치 행동을 하기에 앞서 그들의 물적 원조와 영적 중재를 구했으며, 새로 얻은 땅과 재산을 그들에게 서둘러 한 몫 떼주었다. 그 보답으로 수도원은 지극히 중요한 신성의 아우라를 모스크바 대공에게 제공했다. 모스크바 대공은 수도원의 보호자였다. 즉, 그 인물 안에서 "가이사의 법과 하느님의 뜻의 이율배반이 극복되었다."[44]

16세기 초엽에 형성된 모스크바국 차르 체제 이념은 순전히 수도원의 창작물이었다. 그 주요 주창자는 위대한 수도원 개척자 가운데 마지막 인물이자 자기 견해를 표현하는 능력이 가장 뛰어난 요시프 사닌(Иосиф Санин)이었는데, 그는 볼로콜람스크(Волоколамск) 수도원[37]의 창건자이자 원장이었다. 다른 이들과 마찬가지로 요시프는 기존 수도원에 절망해서, 그리고 이상적인 그리스도교 공동체를 만들어내겠다는 희망을 품고 도 피해 들어갔던 숲 속에서 자기의 수도원을 맨손으로 세웠다. 돋보이는 외모와 금욕적인 개인 습관을 지닌 사람이었던 요시프는 복장, 먼저 앉는 순서, 심지어는 몸동작에 적용되는 세세한 규칙에 절대복종해야 한다고 고집했다. 그는 외면에서 얻은 습관이 내면의 영혼에 영향을 미친다는 믿음을 중시했으므로 그와 동시대인이자 맞수인 닐 소르스키와 정반대 지점에 놓였다. 두 사람이 가진 철학의 근본적 충돌은 수도원 재산을 둘러싼 유명한 논쟁에서 최고조에 이르렀다. 사도처럼 청빈해야 한다는 닐의 가르침에 맞서 요시프는 커가는 자기의 수도원 조직망에 이반 3세의 동생이나 다른 부유한 후원자와 견습수사가 증여해서 모인 막대한 재산을 옹호했다. 요시프는 사치스러운 생활의 옹호자도 아니었고 사치스럽게 살지도 않았다. 그는 수도원의 소유물이 개인 재산이 아니라 수사들의 신심과 중재기도[38]에 고마워하며, 그리고 그들의 고결함이 사방으로 뻗어나가 사회 속으로 퍼져 들어가기를 소망하며 주어진 일종의 신성한 신탁물이라고 역설했다.[45]

"소유파"와 "무소유파" 사이의 논쟁은 본질적으로 수도생활에 관한 두 개념 사이의 충돌이었다. 논쟁에 참여한 주요 인물은 모두 다 모스크바국을 대공이 절대 주권을 가지는 종교 문명으로 생각하는 수사였다.

---

[37] 정식 명칭은 요시프-볼로콜람스크 성모승천 수도원. 요시포-볼로츠키(Иосифо-Волоцкий) 수도원이라고도 한다. 1479년에 세워져 15~16세기에 성 세르기 대수도원에 버금가는 권위를 누린 수도원이었다.

[38] 다른 사람을 위해 하느님에게 올리는 기도.

진짜 쟁점은 이 가부장적 수도원 문명에서 권위가 지니는 성격이었다. 수도원장의 물적 권위 대 스타레츠의 영적 권위, 중앙집권화된 조직과 통상적인 규율 대 느슨하게 묶인 예언적 신앙의 공동체였다.

비록 이반 3세가 — 근대 초기의 다른 야심만만한 국가 건설자들처럼 — 교회 소유재산을 세속화하고 싶어 했을지라도, 1503년의 교회공의회는 소유파에 유리한 결정을 내렸다. 그 뒤 얼마 되지 않아 이반 3세와 닐이 잇달아 죽고 닐의 추종자들이 일련의 박해를 받으면서 요시프 파당과 모스크바 대공들 사이의 동맹이 굳건해졌다. 모스크바가 제3의 로마라는 필로페이 수사의 착상은 차르가 교회 지도부에 맞서는 행동을 하지 않도록 주의를 딴 데로 돌리려는 노력의 일환으로 차르의 허영심을 겨누는 것일지 모른다.[46] 그는 그 모스크바 대공을 차르라고 불렀을 뿐만 아니라 "거룩한 보편 사도 교회의 신성한 제위의 보유자"라고도 불렀다.[47] 궁정에서 요시프 파당의 영향력이 커지면서, 차르 체제의 개념 자체가 수도원의 색채를 띠었다. 모스크바국 전체가 차르라는 대수도원장의 규율 아래 놓인 일종의 광대한 수도원으로 보이게 되었다. 16세기에 시작된 "폐하에 관한 구설"(Слово и дело государево)이라는 전통은 — 즉, 처형당하지 않으려면 일체의 심각한 주권자 비판을 지체 없이 고해야 할 러시아인의 책무는 — 십중팔구는 요시프 계열 수도원 내부에서 충심이 흔들리면 낱낱이 고해야 할 엄한 의무가 일반 백성 전체로 확대된 것이다.

16세기 전반기에 수사와 차르 사이에 형성된 긴밀한 동맹은, 물론, 마키아벨리식 결탁이라고 분석될 수 있다. 수사들은 자기 재산을 지키고 교회 지도부에게서 벗어나고 수도원의 청빈을 옹호하는 예언자를 죄인으로 몰았고, 차르는 이혼해도 된다는 교회 지도부의 승낙과 "그분은 비록 모든 이처럼 사람의 모습을 하고 계시지만 권좌에서는 하느님과 같으시다"[48]는 입장을 뒷받침하는 교의 지원을 얻어낸 것이다. 그러나

16세기 러시아에서 요시프파가 승리하고 그들의 영향력이 확대된 것은 대중이 수도원과 수도생활의 이상을 존중한 직접적 결과였음을 깨닫는 것이 중요하다. 사람들은 새로운 부를 얻으려고 애썼지만, 여전히 그 부를 하느님에게 바치려 들었다. 그들은 권력을 쥐고 싶어 했지만, 또한 권력을 행사해도 된다는 수도원의 인가를 받고 싶어 했다. 15세기 피렌체의 세속적 영광에 파묻힌 코시모 데 메디치(Cosimo de Medici)마저도 자기의 수도원 독방으로 주기적으로 물러나 들어가야 한다고 느꼈다면, 같은 시기에 모스크바국이라는 시원적 종교 문명의 공후와 지도자가 자기가 가진 속세의 재화와 용역을 러시아의 수도원에 그토록 많이 내주었다는 것은 조금도 놀랍지 않다.

승리한 수사 파당은 수도원과 그 바깥세상 사이의 구분을 흐릿하게 만들어서 권력이 뒤섞여 갈피를 잡지 못하는 새로운 상태를 모스크바국에 불러일으켰다. 차르는 일종의 모든 수도원의 최고 대수도사제[39]가 되었고, 수도원은 수도원대로 차르의 정치적 반대자를 가둬놓는 감옥 구실을 하기 시작했다. 요시프파 수도원의 금욕주의와 규율이 민간 사회에 적용되기 시작했으며, 투박한 변경 사람들의 타락상과 천박성이 수도원으로 더 깊숙이 파고들어왔다.

비록 수도원의 타락이 자주 선정적으로 부풀려지는 주제였을지라도, 러시아 수도원의 재산과 권세가 늘어나서 속세에 끌리는 강한 유혹이 생겼다는 데에는 의문이 별로 없다. 수가 불어나는 수도원 신참자들은 모스크바국 사회에 가장 널리 퍼져있던 부도덕 행위 가운데 두 가지, 즉 알코올 중독과 성적 타락을 가지고 들어왔다. 서사시에서 고전적인 한 쌍의 이상적 연인을 만들어내지 못하고 — 요시프파의 가르침에서 — 거의

---

[39] 정교회에서 수도원장에 오를 자격을 가진 고위 사제를 일컫는 직명.

피학적이라고 할만한 금욕적 규율의 교리를 받아들였던 한 문명에서 성적 타락은 특별한 문젯거리였다.

높은 성적 탈선행위 발생률은 모스크바국을 찾은 외국인을 충격에 빠뜨리고 매혹했다. 신성의 기조와 신성모독의 기조가 모스크바국 안에 뒤엉켜 있었음을 수도원이 바실리 3세에게 보낸 서한이며 의기양양한 "제3의 로마" 이론을 맨 처음으로 내놓는 서한에 수도원 안에서 자행되는 비역질과 싸우는 일을 도와달라는 긴 호소가 들어 있었다는 사실보다 더 잘 보여주는 것은 없다. 수도원이 이 실태를 계속 걱정하자 이반 뇌제가 속내를 털어놓는 최측근 성직자인 실베스트르(Сильвестр)가 러시아 평원의 새로운 소돔과 고모라에 하느님의 진노가 찾아올 참이라고 확신하는 등 모스크바국의 사고에서 예언적 성향이 한층 거세졌다.[49]

16세기에 수도원의 세속성이 커진 것보다 덜 알려진 점이 수도원 바깥세상의 수도원화가 진행된 것이다. "재속수사", 즉 결혼하는 교구 성직자가 "수도수사", 즉 결혼하지 않는 수도원 성직자보다 종교 계율을 더 열렬히 행하는 경우가 잦았다. 네 차례의 축일(성탄절, 부활절, 성베드로제[40], 성모승천제[41]) 전의 길고 힘든 대재(大齋)[42]를 지키는 일, 예수 그리스도가 십자가에 못 박힌 날인 금요일뿐만 아니라 유다가 그리스도를 팔아넘기기로 합의한 날인 수요일도 금욕하는 요일로 삼는 일, 정교의 보편적인 열두 축일 전날에 밤샘 기도를 하는 일, 혼자 기도를 하고 지역 축일을 지키는 일, 이 모든 일에서 흔히 평신도가 가장 성실했다. 미천한 그리스도교인이 자기에게 몸을 덮힐 온기도, 앉아 있을 자리도

---

[40] 구력 6월 29일.
[41] 구력 8월 15일.
[42] 단식재(斷食齋)와 금육재(禁肉齋)를 지키는 날.

주지 않는 교회에 가기 위해 꽤 먼 곳에서 자주 왔다. 각각의 방문은 매번 순례와도 같은 것이었다. 참배자는 자주 서 있는 시간과 같은 분량의 시간을 차디찬 바닥에 무릎을 꿇거나 엎드려서 보냈다. 종교 행렬은 빈번했고 길었으며, 날마다 하는 의식인 조과(早課)[43]와 만과(晩課)[44]가 모두 합쳐 일곱 시간이나 여덟 시간 동안 계속되는 경우가 잦다.[50]

정교한 러시아 정교 전례의 배후에는 요시프파의 새로운 차르 이념과는 살짝만 접했을 뿐인 더 깊은 대중의 영성이 자주 있었다. 평신도는 제국의 주장에 현혹되고 제국의 예언적 선언에 흥분했다. 그러나 그들은 자기가 알아먹을 수 없는 말로 이루어지고 읽을 수 없는 문서에 쓰인 논쟁에는 진정한 관심을 두지 않았다.

따라서 모스크바국의 호전적인 예언적 이념과 나란히 겸허와 헌신이, 즉 러시아 최초의 민족 성자인 보리스와 글레브의 겸허한 방식으로 아낌없이 사랑을 쏟고 고난을 받아들여 "완전히 주님처럼" 되려는 노력이 예찬을 받았다.[51] 박해받은 "볼가 강 너머"의 닐 소르스키 추종자들이 승리한 요시프파보다 이 전통에 더 가까웠으며, 다른 이의 죄를 대속하고 하느님의 죄 많은 백성을 정화하는 수단으로서 그리스도의 식으로 자진해서 기꺼이 고통을 겪으려는 모든 사람과 함께 대중의 존경을 더 많이 누렸다.

적극적 호전성과 소극적 자기 비우기 사이의 대립은 실제로 그렇기보다는 보기에만 그렇다. 운명 의식을 지닌 한 집단의 바깥에 있는 사람에게 품는 미움은 그 집단 안에 있는 사람에게 품는 사랑과 자주 합쳐진다. 그리고 초기 러시아 영성의 강압성과 동정심, 이 양자는 초기 러시아

---

[43] 아침에 하는 기도.
[44] 저녁에 하는 기도.

신학이 대체로 예언과 역사에 치우친 결과였다. 군인이 성자의 이미지를 좇아 싸움에 임하는 동안 후방의 신자는 그리스도의 이미지를 좇아 죄와의 싸움에 임했다. 그들은 저마다 역사에서 포드비그(подвиг, 위업)를 세우고 최후의 심판일에 소리 내 읽혀질 거대한 연대기에서 작은 자리 하나를 얻고 있었다. 더 세속적인 후세에 "광신자"라는 뜻의 경멸어로 쓰이는 경향이 있는 낱말인 포드비즈닉(подвижник)은 그 뜻과 함께 아직도 — 스포츠에서든, 전쟁에서든, 기도에서든 — "투사"라는 의미를 지닌다.[52] 다가오는 종말과 심판의 생생하고도 끔찍한 이미지를 러시아의 이콘 화가들에게 물려준 원조인 14세기의 바로 그 성자 시리아인 에프라임(Ephrem the Syrian)은 사순절 예배를 할 때마다 꿇어 엎드린 채로 낭송되는 기도문에서 회개하고 겸손해지라는 자기의 가장 낯익은 호소를 평신도에게 했다. 그 호소는 다음과 같았다.

> 우리 생명의 주이시며 스승이시여, 저를 헛된 말과 권력의 욕망과 실망, 그리고 나태한 마음에서 멀리해 주소서. 그리고 주의 종에게 사랑과 인내와 겸손과 정결의 마음을 주소서.
>
> 주이시며 임금이시여, 저로 하여금 제 자신의 허물을 알게 하시고, 제 형제들을 판단치 않게 하소서. 주는 영원히 영광을 받으시나이다. 아멘.

모스크바국의 군인은 워낙에 용병이 아니었고 모스크바국의 성자는 본디 도덕군자가 아니었다. 자기를 비우는 성자라는 러시아의 이상은 토마스 아 켐피스(Thomas à Kempis)가 주창한 "그리스도 본받기"(Imitatio Christi)와 중세 후기 유럽의 "새로운 경건"(Devotio Moderna)[45]에 딱 맞아떨어지지는 않는다. 모스크바국 사람들은 그리스도를 "본받기"보다는 "따르기"나 "섬기기"를 이야기했으며, 그런 섬기기에 따르는 수난과 순교를 더 중시했다. 그들은 그리스도의 가르침보다는 그리스도의 사명에 주의를 기울였다. 완전한 슬라브어 신약성경이 없었으므로 그리스도의 가르침은 어쨌든 널리 알려지지 않았다. 사람의 본분은 그 사명에 가담하는 것, 즉 하느님의 적을 물리쳐서, 그리고 완전히 이해된 그리스도 공생애(公生涯)의 그 요체에서 ── 즉, 그분의 개인적 동정심과 기꺼이 고난을 받아들이는 자세에서 ── 그분을 좇아 하느님을 섬기는 것이었다.

그러나 모스크바국의 수도원적 문명에서는 대체로 자기 비우기보다는 광신이, 동정보다는 강압이 더 우위에 섰다. 이 강조점을 생생하게 보여주는 사람이 모스크바국을 통치할 최초의 이념가, 정식으로 즉위하는 차르가 될 최초의 통치자, 러시아의 역사에서 다른 어떤 인물보다도 더 오래 러시아를 통치한 사람인 이반 뇌제이다.

1533년에 세 살 나이로 제위에 오르는 이반 4세는 반세기 조금 넘게 군림했고, 심지어는 평생 무시무시한 매혹과 헷갈리는 논란의 대상이 되었으며 오늘날까지도 그러하다.[53]

여러모로 이반 4세는 비잔티움의 근본주의적 잔존물의 일종으로 볼 수 있다. 요시프파 스승들을 좇아 그는 비잔티움 문서를 이용해서 자기의 절대권을 정당화했고 1547년에 오랜 러시아식 황제 칭호로 대관식을 거행하면서 비잔티움 의례를 활용했다. 황제를 칭하는 그의 허위의식, 형식에 매달리는 전통주의, 복잡한 궁정 음모는 콘스탄티노플이라는 사라진 세계를 생각나게 하는 듯하다. 그러나 교회 이외 영역뿐만 아니라

---

45 겸손, 순종, 청빈 등 초기 교회의 경건성을 되찾아 거듭나자며 14세기 말엽에 시작된 종교 운동. 15세기에 네덜란드와 독일에서 성행했고, 아 켐피스에게 영향을 주었다.

교회 영역까지도 절대적으로 지배하려는 그의 열망은 비잔티움의 그 어떤 전례도 넘어서는 황제교황주의[46]였고, 그의 잔학 행위와 변덕과 더불어 그 열망 탓에 그를 치세 초기에 그의 격돌 대상이었던 타타르의 한에 견주는 이가 많았다. 이반 4세의 냉혹성을 변호한 동시대의 주요 인물인 이반 페레스베토프(Иван Пересветов)가 차르 이반으로 하여금 자기처럼 튀르크의 술탄[47]과 술탄의 예니체리(Yeniçeri)[48]를 찬양하도록 만든 인물이었을지 모른다.[54] 이반 4세의 더 유명한 몇몇 잔학행위는 튀르크 세계와 가톨릭 세계 사이에서 침공에 노출되었던 한 발칸 지역 공국인 왈라키아(Wallachia)의 잔인하지만 용맹한 한 15세기 통치자[49]의 설화에서, 덧붙여 16세기 초엽의 러시아에서 인기를 끈 드라쿨라(Dracula) 전설에서 슬쩍 가져왔다고 보인다.[55]

서방의 동시대 세속인들은 그의 강력한 통치에 자주 찬사를 표현했다. 그를 섬긴 사람이 많았으며, 르네상스기 이탈리아 출신의 한 방문자는 니콜로 마키아벨리(Niccolò Machiavelli)의 『군주론』(Il Principe)을 생각나게 하는 용어를 써서 이반 4세가 지닌 장점이 남달리 뛰어나다(le singulare suoi virtù)며 환호했다.[56] 지금처럼 그때에도 이반 4세를 전통적인 지주귀족을 희생해서 권력을 중앙에 집중하고 근대국가를 건설하려고 노력하는 강한 통치자의 또 한 사례로만 보는 경향이 있었다. 이 관점에서 보면 그의 유명한 오프리치니나(опричнина)[50], 즉 "별도 신분"의 구성원들은 오

---

46 그리스도교 세계에서 세속 권력과 종교 권력이 분리되지 않은 상태에서 국가의 주권자가 교회 수장보다 더 높은 권위를 지니고 종교 영역에서도 최종 결정권을 행사하는 체제를 일컫는 근대의 용어.
47 이슬람 세계의 통치자. 특정하게는 오스만 튀르크 제국의 최고 권력자.
48 14세기 말부터 1826년까지 튀르크 제국 친위부대로 활약한 정예 보병부대.
49 블라드 3세(Vlad III, 1431~1477년).
50 이반 4세가 귀족을 견제할 목적으로 설정한 군주 직할지를 뜻하며, 이 직할지에

리엔트의 예니체리로보다는 근대 병역국가의 건설자로 보인다. 그들은 나랏님(государь)이나 국사(國事, государево дело)만이 아니라 국가(государство)에도 충성을 맹세한 최초의 집단이었다.[57]

그러나 이반 4세의 이름이 근대화를 수행하는 국가 건설자의 다소 밋밋한 명단에 소리 없이 묻혀 있도록 내버려두기에는 그와 동시대의 튜더(Tudor) 가문[51]이나 부르봉(Bourbon) 가문[52]의 군주 사이에 차이점이 너무나도 많다. 동시대의 거의 모든 서방인 관찰자는 그의 잔인성과 허세가 여태껏 본 그 어떤 것보다도 더 극단적이라고 여겼다.[58] 더욱이 그의 혁신 바로 그것은 더 자세히 살펴보면 새로운 세속적 전망에서가 아니라 전통을 보전하려는 욕구 바로 그것에서 비롯된 듯하다. 러시아를 돌이킬 길 없이 유럽식 국가 체제로 가는 길 위에 놓은 그 사람이 한편으로는 모스크바국 이념을 집대성한 최고의 인물이기도 했다. 이반 4세의 무척 실험적인 정책과 광신적으로 전통적인 설명 사이의 이 긴장이 풀리지 않은 결과로 근대화와 유럽화에 러시아인이 느끼게 되는 헷갈리는 양면 감정이 생겨났다.

이반 4세는 자기의 수사 스승들의 가르침으로 모스크바국의 전통주의를 철저히 배웠고, 수도원 지도자들과 편지를 많이 주고받았으며, ─ 모스크바에서 성 세르기 대수도원까지 60킬로미터를 맨발로 가는 적어도 한 차례의 참회 행진을 포함해서 ─ 수도원의 성소를 자주 순례했다. 그는 이따금 수사를 자처했으며, 프로테스탄티즘의 좌익(체코 형제단[53])에서 가톨릭의 새로운 우

소속된 무사들로 구성된 행정 조직과 군대를 기반으로 실행된 행정 체계를 뜻하기도 한다. 이반 4세는 귀족과 반대파를 억누르는 일에 오프리치니나를 활용했다.

51 1485년부터 1603년까지 영국을 다스린 다섯 국왕을 배출한 왕가. 튜더 왕조기에 영국은 국력 증대와 중앙권력 신장을 이루었다.

52 1589년부터 1792년까지 프랑스를 통치한 왕가. 부르봉 왕조 국왕들은 귀족 세력을 억누르면서 느릿느릿 중앙집권화를 이루었다.

익(예수회)에 이르는 서방의 다양한 사상가들과 벌인 신학 논쟁에서 정교를 몸소 수호했다.

군주는 유기적 그리스도교 문명의 지도자라는 수도원적 관념이 이반 4세의 치세에 실현되었다. 경쟁 상대가 될 만한 정치권력의 중심들은 — 즉, 전통적인 지주 보야린(боярин)[54]과 노브고로드처럼 자존심을 세우는 도시는, 그리고 심의기구로 전제정을 제한하는 제도를 만들려고 시도하는 벗마저 — 모조리 다 굴욕을 당했다. 현직 모스크바 수좌대주교인 필립(Филипп)이 감옥에 갇히고 죽임을 당하면서 교회 지도부의 권세와 잠재적 독립성이 억제되었다. 러시아 서부에서 반유대 포그롬(погром)[55]이 자행되면서, 그리고 러시아 서부 출신의 초기 프로테스탄트 지도자들이 재판을 받고 처형되면서 정통이 아닌 종교관이 말살되었다.

이반 4세의 통치는 모스크바국의 역사적 신학에 뿌리를 두고 정당화되었다. 그의 수사 고문들이 작성한 묵직한『차르의 계보』(Степенная книга царского родославия)에서는 교회의 역사와 세상의 역사를 뒤섞는 행위가 새로이 극단적 수준에 이르렀다. 차르에 관한 서술에 성자전이 대거 응용되었고, 제왕의 조상은 고전고대의 황제뿐만 아니라 기적을 일으키는 성자로까지 거슬러 올라갔다. 이반 4세는 노브고로드나 다른 공국의 수사 이념가들의 독자적인 정치적 자임을 꺾는 일에서만큼이나 정치적 전설과 그 수사 이념가들을 한데 모아 모스크바를 치켜세우는 일에서 부지

---

[53] 15세기에 얀 후스의 사상을 따르는 보헤미아의 종교 단체. 보헤미아 형제단이라고도 한다. 청빈을 추구했고 성경을 신앙의 유일한 기준으로 삼아 16세기 후반에 체코어 성경을 펴냈다.

[54] 10~17세기 러시아의 최상위 귀족. 소유한 영지에서 독자적 공권력을 행사했다. 중앙 권력이 강화되면서 권한이 줄어들다가 18세기에 호칭이 폐지되었다.

[55] 행정 당국이 묵인하거나 지원하는 가운데 군중이 사회적 소수자, 특히 유대인을 공격하거나 그들의 재산을 파괴하는 행위.

런했다.

이 모든 활동에서 이반 4세는 자신을 이질적 요소가 없는 단일한 종교 문명의 우두머리로 인식했지, 단순하게 군사 지도자나 정치 지도자로는 결코 인식하지 않았다. 그가 카잔의 타타르인을 상대로 1552년에 벌인 군사 원정은 일종의 종교 행렬, 즉 예리코 공격[56]의 재현이었다. 거대한 포크롭스키 대성당(Покровский собор)[57]이 붉은 광장에 지어졌고, 그 원정의 승리에 공을 세운 바보성자인 바실리 복자(Василий Блаженный)의 이름을 따서 명칭[58]을 정하게 되었다. 색다르게 꾸며지고 꼭대기에 양파꼴 쿠폴라를 얹은 그 성당의 비대칭 원뿔꼴 지붕 아홉 개는 여러모로 모스크바국 건축술의 절정이며, 이반 3세 치세에 크레믈 안에 지어진 균형 잡힌 이탈리아-비잔티움식 대성당들과는 두드러진 대조를 이룬다. 이 모스크바국 성기 양식으로 지은 다른 교회가 많이 생겨났고, 이반 4세 치세의 바보성자들의 이름을 딴 교회는 열 개가 넘었다.[59]

이반 4세가 1549~1550년에 소집한 — 그리고 훗날의 선출제 "젬스키 소보르"에 몇몇 선례를 제공한 — 입법 협의체는 종교 집회로 인식되었다.[60] 1551년에 제정되고 『100항목 결의집』(Стоглав)[59]으로 알려진 교회법령집은 다만 "옛 관습을 굳힐" 용도로 만들어졌고 이콘 그리기에서 수염 깎기와 술 마시기에 이르는 모든 것을 위한 규칙을 정했다. 달력의 하루하루가 빠

---

56 구약성경 「여호수아」 6장에 따르면, 이집트에서 나와 가나안에 이른 이스라엘인이 예리코 성읍을 공략할 때 야훼의 명에 따라 나팔을 불며 예리코 성을 돌자 일곱째 날에 성벽이 무너져서 손쉽게 예리코를 점령했다.

57 영어 원문에는 지은이의 착오로 카잔 대성당으로 되어 있다.

58 성 바실리 대성당.

59 1551년에 열린 러시아 교회공의회에서 교회의 관행과 성직자의 일상에 관해 결정된 사항을 모아놓은 법령집. 이반 4세가 한 질문 100개에 답하는 형식으로 되어 있으며, 전례문의 오류를 바로잡고 수도원 재산을 제한하려는 의도를 지녔으나, 교회의 반발에 밀려 성과를 거두지 못했다.

짐없이 채워졌고 거의 모든 성자가 거룩한 읽을거리 백과사전, 즉『성자축일표력』(聖者祝日表曆, Четья Минея)[60]의 큼직한 27,000페이지에 그려졌다.[61]『가정규범집』에서 가내 활동의 모든 양상이 반(半)수사식 품행 규정으로 의례화되었다. 심지어 오프리치니나도 수사 종단의 배례와 규칙과 복장에 꽁꽁 얽매여 있었다.

이렇게 사회가 근본적으로 수도원처럼 된 결과로 세속 문화가 16세기에 사실상 사라져버렸다. 러시아가 예전에는 세속적인 설화와 우화를 — 각각 남슬라브인과 서슬라브인[61]을 통해 비잔티움과 서방에서 끌어와서 — 많이 만들어낸 반면에, "16세기 러시아 문학에는 …… 같은 것이 나타나지 않았다. …… 16세기 러시아의 필사 전통에는 15세기 루스에 알려져 있던 문학 작품마저 있지 않다. 그 탓에 17세기에는 문학 작품이 널리 퍼져나갔다."[62] "말도 안 되는 쓸데없는 이야기"가 연대기에서, 그리고 새로 윤색된 그 시대의 족보, 성자전, 군담, 논쟁문에서 제거되었다. 닐 소르스키는 볼로콜람스크의 요시프 못지않게 이런 형태의 검열을 지지했다. 1551년의『100항목 결의집』은 이 세속문화 금지를 음악과 미술로도 확장했다. 이반 뇌제의 시대가 되면, 모스크바국은 역사적 자임이 도를 넘고 문화 전체가 종교적 성격을 띤 탓에 심지어는 정교를 믿는 다른 슬라브 민족과도 달라져 버렸다.

이반 4세 치세에 형태가 완성된 모스크바국 문명은 워낙 특이한지라 동방의 전제군주와 서방의 국가 건설자뿐만 아니라 겉보기에는 동떨어

---

[60] 성자전을 비롯한 각종 종교 경전을 추려 모아 교회력에 맞추어 월별이나 일별로 나열한 러시아 정교회의 공식 문헌. 1530년대~1540년대에 편찬되었으며, 성자의 축일에 맞추어 예배할 때 낭송되었다.
[61] 인도-유럽어족에 속하는 슬라브인의 한 지파. 오늘날의 폴란드인, 체코인, 슬로바키아인.

진 두 문명, 즉 제국기 에스파냐(España)와 고대 이스라엘과도 비교하고 싶은 마음을 자아낸다.

에스파냐처럼 모스크바국은 외부 침략자의 충격을 흡수해서 그리스도교 세계를 지켜냈으며 그 침략자를 내쫓는 싸움 속에서 자기 나라의 민족 정체성을 찾아냈다. 에스파냐와 마찬가지로 러시아에는 군사적 대의가 종교적 대의가 되었다. 정치 권위와 종교 권위가 한데 뒤얽혔으며, 그 결과로 광신성이 생겨난 탓에 두 나라는 각자의 그리스도교 교파의 유난스레 열렬한 대변자가 되었다. "그리고 성자에게서"라는 문구를 신경에 집어넣어서 동방과 서방을 맨 처음으로 쪼갠 일은 톨레도(Toledo)[62]에서 열린 공의회에서 일어났으며, 그 일이 러시아보다 더 거센 반대를 받은 곳은 그 어디에도 없었다. 러시아와 에스파냐의 교회 지도부는 1437~1439년에 피렌체에서 이루어진 양대 교회의 화해를 각각 동방 교회와 서방 교회 안에서 가장 확고하게 거부했다. 실제로, 피렌체에서 에스파냐 대표단을 이끈 주도적 대변자는 이름난 종교재판관 토마스 데 토르케마다(Tomás de Torquemada)의 친척이었다.

이반 3세 치세에 러시아의 힘이 빠르게 불어나는 가운데 러시아의 교회 지도부는 자기들의 권위에 대한 도전이 — 그리고 그 도전에 대한 해답이 — 둘 다 머나먼 에스파냐에서 오고 있음을 알아차린 듯하다. 15세기 말엽의 "유대 추종자들"(жидовствующие) 색출이, 최근에 주장된 바대로[63] "유대인"(예브레야닌(еврянин))과 "에스파냐인"(이베리아닌(иверианин))을 가리키는 초기 러시아어 낱말들 사이에 혼동이 생기는 바람에 일어난 일이든 아니든, 이단이라고 하는 이런 사람들이 이용한 (모세스 마이모니데스

---

[62] 에스파냐 중남부에 있는 톨레도 주의 주도(州都). 그리스도교 역사에서 중요했던 공의회가 여러 차례 열린 도시로 이름나 있다.

120 | II. 대립

(Moses Maimonides)의『논리론』같은) 금서 가운데 많은 문헌이 사실은 에
스파냐에서 오지 않았다는 데에는 의심의 여지가 별로 없는 듯하다. 이
런 외국 합리주의 유입에 대처하는 방법을 찾으면서 노브고로드 대주교
는 1490년에 에스파냐의 페르난도(Fernando)에 관해 찬탄하며 모스크바 수
좌대주교에게 다음과 같은 글을 써보냈다. "그 서방인은 자기 신념에
그 얼마나 확고한지요! 신성로마제국[63] 황제 대사가 에스파냐 국왕 이야
기를 하다가 그가 자기 왕토를 어떻게 청소했(очистил)는지 말했습니다.
제가 그 대화의 메모를 당신께 보내드렸습니다."[64] 이렇듯 러시아는 에
스파냐의 종교재판에 이끌리고 그것을 부분적으로 본뜨기 시작했으며,
"청소"가 이념적 숙청을 가리키는 말로 사용되었다.[65] 뒤이은 "유대 추
종자들" 숙청이 "제2의 로마가 아니라 원조 로마를 본떠" 수행되었다는
데에는 의심할 여지가 별로 없는 듯하다.[66] 이단자를 의례에 따라 심문
하고 채찍질하고 불태워 죽이는 기술은 예전에는 러시아에 알려지지 않
았고 전통을 고수하는 볼가 강 너머 장로들의 거센 반대를 받았다. 모스
크바국의 숙청이 로마가톨릭 교도를 대상으로 자주 유난히 광포하게 자
행되는데도, 그 숙청에서 사용된 무기는 가톨릭교회 안에서 판을 쳤던
종교재판이었다.

　도도하고 정열적이고 미신에 사로잡힌 이 두 민족 사이에는 이상한
애증 관계가 계속 존재했다. 두 민족 모두 다 믿기지 않는 군사 영웅담에
푹 빠졌고, 토박이 성자를 숭배하는 강한 전통에 고무되었고, 시원적인
무조(無調)의 민속 애가(哀歌)의 음악 전통을 현대까지 보전하고 있으며,

---

[63]　962년부터 1806년까지 존속한 유럽의 제국. 교황이 게르만인 군주를 로마제국
　　황제의 후계자로 축성하면서 성립했고, 시대에 따라 영역이 바뀌지만 오늘날의
　　독일, 이베리아 반도, 네덜란드, 동유럽을 아울렀다.

20세기에 혁명적 아나키즘의 양성소와 국제적 의의가 큰 내전의 싸움터가 될 운명을 타고났다.

나폴레옹의 침공으로 민족 자의식이 자극을 받으면서 러시아인은 에스파냐와 새로운 동질감을 품게 되었다. 나폴레옹에 맞선 1812년의 러시아 파르티잔전 지도자들은 게릴라(guerilla), 즉 "작은 전쟁"의 원조인 1808~1809년의 에스파냐의 저항에서 영감을 얻었다.[67] 나폴레옹 전쟁 이후 시기의 데카브리스트(Декабрист) 개혁가도 에스파냐인 개혁가의 애국주의 교리문답과 입헌주의 기획안에서 영감을 얻었다.[68]

현대 에스파냐인 가운데 예지력이 가장 뛰어난 사람인 오르테가 이 가세트(Ortega y Gasset)는 "유럽의 거대한 대각선의 양단인 러시아와 에스파냐는 …… 두 '서민'(pueblo) 족속, 즉 평민이 지배권을 쥐는 족속이라는 점에서 비슷하다"고 보았다. 러시아 못지않게 에스파냐에서는 민중 앞에서 "교양 있는 소수가 …… 벌벌 떨"고, "대중이라는 거대한 원형질을 조직화의 영향력으로 흠뻑 적실 수 있었던 적이 단 한 번도 없다. 이런 사실에서 원형질적이고 무정형이고 끈질기게 시원적인 러시아의 실체가 유래한다."[69] 비록 덜 "원형질적"이었을지라도 에스파냐도 정치적 자유를 추구하는 데에서 똑같이 좌절했다. 그리고 유럽의 그 "양단"은 교양 있는 소수를 권력이 사라진 세상, 시(詩), 혁명으로 내모는 총체적 해방의 꿈을 키웠다.

근대 러시아인들은 서유럽의 비인간화된 형식성의 영적 대안으로서 에스파냐의 정열과 자연발생성에 꽤 매력을 느꼈다. 그들은 악한(惡漢) 소설에 나오는 토르메스의 라사리요(Lazarillo de Tormes)[64]의 못된 짓을, 그

---

[64] 천한 사내아이가 여러 악한을 주인으로 모시며 자라나는 이야기가 들어있는 자전 형식의 16세기 에스파냐 소설 『토르메스의 라사리요 일대기』(La vida de Lazarillo

리고 도스토옙스키가 "아직은 인간 정신의 가장 위대한 최후의 이야기"[70]로 여긴 책에 나오는 돈키호테(Don Quixote)의 믿기지 않는 용감성을 이상화했다. 한 러시아인 비평가는 자기가 에스파냐 문학을 이탈리아 문학보다 더 좋아하는 까닭을 에스파냐인이 고전고대의 구속에서 벗어나 자유를 더 많이 누리는 탓으로 돌렸다.[71] 러시아의 위대한 소설가 가운데 가장 고전적인 이반 투르게네프(Иван Тургенев)마저도 윌리엄 셰익스피어(William Shakespeare)의 연극보다는 페드로 칼데론(Pedro Calderón)의 연극을 더 좋아했다.[72] 러시아인은 칼데론의 작품에 배어있는 염세적 아름다움과 명예 의식뿐만 아니라 "삶은 한낱 꿈"이고 역사는 "모두 다 예정되어 있다"고 여기는 한 사내가 내놓는 환상적인 줄거리와 얄궂은 구도를 사랑했다. 제정 러시아 황혼기의 러시아 인텔리겐치야의 침울함은 제국기 에스파냐 황금시대의 황혼기에 살았던 그 위대한 극작가의 침울함과 다르지 않다.

> 그 이유는 내 가슴속에 있는 마음
> 원인이 없지는 않지만
> 두려워하는 마음이 너무 커서
> 세상이 그 마음에게는 너무 좁다.[73]

에스파냐는 러시아 국민음악의 아버지 미하일 글린카(Михаил Глинка)가 아늑하게 느꼈던 유일한 타국이었다. 그는 에스파냐를 여행하면서 음악의 소재를 모았고, 그 음악에 오리엔트적 모티프들이 통합되어 있고 고난을 그려내는 능력을 지녔다는 점에서 러시아와 에스파냐의 음악

---

de Tormes)의 주인공. 악한소설 주인공의 전형이 되었다.

을 유럽에서 "유일한 본능적 음악"으로 여겼다.[74] 러시아에서 처음으로 상연된 서방 오페라는 어울리게도 「사랑과 미움의 힘」이라는 정열적인 제목이 붙은 한 에스파냐인의 작품이었다.[75] 초연(初演)이 러시아에서 이루어진 유일하게 중요한 서방 오페라(주세페 베르디(Giuseppe Verdi)의 「운명의 힘」(La forza del destino)), 그 뒤에 아마도 최고의 인기작이었을 서방 오페라(조르주 비제(Georges Bizet)의 「카르멘」(Carmen)), 가장 꾸준하게 인기를 끈 서방 연극 가운데 하나(프리드리히 실러(Friedrich Schiller)의 「돈 카를로스」(Don Karlos))의 배경은 — 비록 각각 이탈리아어, 프랑스어, 독일어로 쓰이기는 했어도 — 에스파냐였다. 도스토옙스키의 가장 위대한 소설의 가장 유명한 장면, 즉 『카라마조프 씨네 형제들』에 나오는 "종교재판소장의 극시(劇詩)"의 배경은 종교재판 시대의 세비야(Sevilla)[65]로 설정되었다. 에스파냐 혁명과 러시아 혁명이 정반대의 성향을 띠면서, 끌어당기는 힘이 20세기에는 밀어내는 힘으로 바뀌었다. 에스파냐 내전에 참여했다는 경력은 1930년대 말엽과 1940년대의 스탈린주의 숙청에서 죽임을 당한다는 보증서가 되었다. 그러나 공산주의가 1950년대 말엽과 1960년대에 라틴 아메리카(Latin America)로 파고 들어가자 정치적 환희가 소련 지도자들에게 안겨졌을 뿐만 아니라 — 어쩌면 히스패닉(Hispanic) 세계[66]의 더 오래되었지만 똑같이 머나먼 낭만적 호소력이 여러모로 반영된 — 쿠바(Cuba) 혁명의 순진한 이상주의를 부러워하며 예찬하는 대중의 호기심 어린 잠재 정서가 일기도 했다.

러시아와 에스파냐의 흥미진진한 유사점 가운데 하나는 유대인이 그 두 나라 문화의 발전에서 잘 알려져 있지는 않지만 중요한 역할을 했다

---

[65] 에스파냐 남부 안달루시아 지방에 있는 도시.
[66] 이베리아 반도와 중남미 대륙을 통틀어 일컫는 표현.

는 점이다. 비록 유대의 영향을 추적해서 확인하기가 에스파냐보다 러시아에서 더 어려울지라도, 러시아 역사에서 — 히브리어에서 유래한 글자인 "체"(ц)와 "샤"(ш)를 가진 슬라브어 자모 체계의 첫 형성에서 스탈린 이후 시대의 비판적 지식인들의 친유대 성향에 이르기까지 — 유대의 영향력이 숨어있음을 알려주는 단서가 거듭 나타난다.[76]

유대인의 역사라는 관점에서 볼 때, 러시아가 "유대 추종자들"을 공격한 일이 에스파냐에서 유대인이 내쫓긴 뒤 곧이어 일어났으며 세계 유대인의 문화 중심이 유럽의 남서쪽 주변부에서 북동쪽 주변부로, 즉 에스파냐에서 폴란드와 러시아 서부로 옮아간 일과 함께 일어났다는 사실에는 분명한 연속성이 있다.

16세기에 모스크바국 이념의 구성 요소가 되어버린 열렬한 반(反)유대 성향은 부분적으로는 서방식 태도가 동쪽으로 옮아갔음을, 그리고 부분적으로는 농민이 도시의 지성 활동과 상업 활동에 품는 고전적인 반감을 나타내준다. 그러나 이 태도는 이스라엘의 유구한 자부와 모스크바국의 새로운 자임 사이에 내밀한 유사점이 있음을 드러내 준다. 새로 선언된 한 선민(選民)은 이 호칭을 쓸 자격을 주장한 더 오래된 민족에 적대감을 품었다. 논리상으로는 모스크바국 백성으로 하여금 자기들의 특별한 지위에 의문을 품도록 만들었을지 모르는 실패와 좌절은 심리상으로는 그들이 내적 의구심을 하느님의 총애를 받을 자격이 있다고 주장하는 경쟁자에 대한 외적 격분으로 내뿜도록 만들었다.

고대의 이스라엘처럼 중세의 모스크바국은 굴종과 굴욕을 예언적으로 풀이하면서, 하느님이 자기들의 운명을 특히 걱정한다고 믿으며 메시아가 구원을 해주리라는 기대를 국가 결속의 바탕으로 키웠다. 이스라엘처럼 모스크바국은 정치 질서라기보다는 종교 문명이었다. 삶 전체가 종교적인 계율과 전례에 얽매여 있었다. 구약성경의 예언자처럼, 고행 수사와 떠돌이 바보성자는 러시아를 고난을 겪는 하느님의 종으로 보고 러시아 백성에게 회개하라고 외쳤다. 프스코프의 필로페이는 차르를 "홍수에서 구원받은 방주 속의 노아"라고 불렀다.[77] 모스크바는 "제3의 로마"로뿐만 아니라 "예루살렘"과 "새로운 이스라엘"로 일컬어졌다. 모스크바의 구원자인 드미트리 돈스코이는 모세와 기드온[67]에, 모스크바의 공후는 사울[68]과 다윗에 비유되었다.[79] 초기의 유대인처럼 모스크바국 백성은 연력을 세상이 창조된 날부터 세고 새해 첫날을 9월에 쇘고[80] 턱수염을 길렀고 고기를 조리해서 먹는 것에 관한 상세한 규정을 지녔다. 유대인 못지않게 모스크바국 백성도 박해와 유혹을 견디고 살아남아 하느님의 선민을 구원해줄 남은 의인(義人)을 찾았다.

이 예언 열정과 구약식 어법의 상당 부분은 비잔티움 전통의 연속이며 중세 서방 관행의 괜찮은 모사였다. 그러나, 비록 체계적으로 평가되었던 적은 없을지라도, 유대의 직간접적인 영향도 있었던 듯하다. 유대교를 믿는 캅카즈의 하자르 왕국과의 접촉이 키예프 시대에 많이 이루어졌으며, ― 키예프의 일라리온이 쓴 설교문 「율법과 은총 이야기」에서처럼 ― 심지어는 유대교가 비난을 받는 곳에서도 하자르의 칭호인 카간(каган)[69]이 키예프 공에게 주어졌다.[81] 초기 러시아 문학은 구약성경과 외경뿐만 아니라 『유대전쟁사』 같은 더 뒤의 유대 역사서에서도 널리 차용을 했음을 보여준다. 11세기의 키예프에서는 그리스어 문헌뿐만 아니라 히브리어 문헌도 직접 번역되었고,[82] 12세기가 되면 키예프가 ― 꼼꼼한 유대사 연구

---

[67] 정예병 300명을 이끌고 외적을 물리쳐 나라를 구한 고대 이스라엘의 지도자(구약성경 「사사기」 6~8장).

[68] 기원전 1020년에 고대 이스라엘의 첫 왕이 된 지도자.

[69] 튀르크계 유목민의 언어에서 통치자를 일컫는 낱말. 이 낱말의 이형으로 몽골어의 하간이나 한, 중국어의 가간(可汗)이 있다.

자 한 사람의 말을 빌리면 — "유대학의 중심"이 되었다.[83] 하자르인이 12세기에 수수께끼처럼 느닷없이 휙 사라진 뒤에 몇몇 유대적 요소가 모스크바국에 흡수되었을 가능성이 있어 보인다.[84] 영향의 자취가 지금까지 남아있는 땅이름에 존재하고, 그 영향을 뚜렷하게 보여주는 증거들이 13세기에 존재한다. 13세기에 느닷없이 러시아에서 유대 연대기가 여러 편 편찬되었고 히브리어 사전 한 권[85]이 만들어진 것이다. 좀처럼 파악하기 쉽지 않고 등한시된 영역인 초기 러시아 음악도 유대인의 영향이 있었다는 몇몇 단서를 내놓는다. 에스파냐에서처럼 러시아의 유대인은 오리엔트의 모티프를 민속음악 안에 들여오는 데 중요한 매개자였다고 보인다.[86] 러시아의 교회 성가가 비잔티움의 교회 성가에서 갈라져 나온 것도 얼마간은 유대인의 영향을 받은 결과로 돌릴 수도 있다.[87]

남쪽에서 온 카라이파 유대인[70]이 먼저 일으킨 충격[88]이 무엇이었든, 더 뒤에 중세 성기의 서방에서 자행된 박해를 피해 도망치는 탈무드파 유대인[71]이 유입된 것이 중요하다는 데에는 의문이 있을 수 없다. 대규모 유대인 공동체의 영향력 증대는 임대 수입을 뜻하는 란다르(рандар)와 고용 계약을 뜻하는 카발라(кабала) 같이 『탈무드』[72]에 나오는 용어가 모스크바국에서 쓰였다는 데에 반영되어 있을지 모른다.[89] 반(反)유대 조치는 당대의 유대인이 모스크바국 문화보다 더 합리주의적이고 세계주의적인 문화를 보유한 사람이라는 인식에 얼마간 바탕을 두고 있었다. 실제로, 유대인은 유대인 지정 거주지구(черта оседлости)[73]로 알려진 25개

---

[70] 『탈무드』보다 모세 5경, 즉 토라를 더 중시하고 축자적으로 해석하는 유대인의 일파.

[71] 『탈무드』의 권위를 인정하고 준수하는 유대인.

[72] 고대부터 유대인 사이에서 구전되어온 율법과 법률을 정리하고 해설과 주석을 달아놓은 유대인의 경전. 유대교에서는 토라 다음으로 중시된다.

지역의 게토(ghetto)에 갇혀 지내다가 마침내 풀려 나와서 제정 말기 러시아의 이념적 발효와 예술적 창조성과 학문 활동에 크게 이바지했을 때 이런 자극을 주는 기능을 수행했다.[90] 그러나 두려움과 미움은 줄지 않았다. 16세기 초엽에 "유대 추종자들"을 뿌리 뽑고 대공의 아들을 독살했다며 모스크바 크레믈의 유대인 의사들을 목매달아 죽인 행위와 스탈린의 말년에 "조국 없는 세계주의자"와 "독살자-의사"를 맹렬히 매도한 행위 사이에는 등골 오싹한 유사점이 있다.[91]

그러나 유대인이 러시아에서 행사한 영향력의 가장 중요한 양상은 예술과 학문이라는 세련된 세계가 아니라 메시아를 기대하는 원초적 세계에 있다. 모스크바국에서 ── 16세기 초와 17세기 중엽에 ── 계시록적 흥분이 일어난 두 위대한 시기는 유대인 공동체에서 재앙이 생기고 계시록 신앙이 다시 일어난 때, 그리고 모스크바국에서 폭력적 반(反)유대 조치가 취해진 때와 딱 맞아떨어진다. 맨 처음에는 메시아적인 제3의 로마 이론을 믿는 이들이 "유대 추종자들"의 숙청에서 에스파냐의 유대인 박해를 서툴게 흉내 냈던 것이 끝내 20세기 이전에는 그 어디에도 견줄 데 없는 1648년의 유대인 학살[74]로 이어졌다. 그러나 이 무렵에 러시아인은 박해자이면서 수난자이기도 했다. 모스크바국의 구교도와 사바타이 체비(Sabbatai Zevi) 유대인 추종자들, 둘 다 1666년에 세상이 끝나리라고 예상하고 있었음이 알려져 있다. 러시아의 분리파 운동과 분파교 운동의 이후 역사는 러시아인 역사가나 유대인 역사가가 대체로 기꺼이 인정한다고 보이는 수준보다는 훨씬 더 많이 서로 영향을 주고받았음을 보여주는

---

[73] 러시아 제국 정부가 유대인이 살 곳으로 지정한 지역. 유대인은 러시아 제국의 서쪽 국경 지대에 있었고 유럽 러시아의 1/5을 차지한 이 지역을 벗어나서 살 수 없었다.
[74] 흐멜니츠키가 이끄는 카작이 1648년부터 폴란드계 유대인을 대량 학살했다.

계시록적이고 유대화하는 요소로 가득 차 있다.[92] "유대인이 더욱더 많이 사라지거나 그리스도교 신자가 될수록 에스파냐 사회가 그리스도교 신앙에서 더욱 더 광신화했다는 것은 역설이 아니라 기본적 진실"이라는 발언[93]이, 적어도 몇몇 작은 부분에서는, 러시아에 적용될 수 있었다.

메시아를 바라는 기대는 제정 러시아 말엽의 유대인과 러시아인 사이에서 각각 인민주의(народничество)와 시온주의(Zionism)[75]를 통해 유사하게 표현되었다. 마침내 1917년에 혁명이 러시아를 뒤흔들었을 때, 그리고리 지노비예프(Григорий Зиновьев), 레프 카메네프(Лев Каменев), 야콥 스베르들로프(Яков Свердлов), 그리고 특히 레프 트로츠키 같은 재능 있는 러시아 유대인의 마음을 끄는 예언의 목소리를, 그리고 메시아적 구원이 러시아 땅에서 바야흐로 이루어질 참이라는 전염성 강한 신념을 볼셰비키(Большевики)[76]의 대의에 부여하는 데 도움을 주었다.[94] 그러나 러시아 혁명에 계시록적 열정을 불어넣은 유대인은 새 질서의 수혜자보다는 희생자가 되었다. 스탈린은 그 스스로는 알아채지 못했던 듯한 이상한 이념적 강박증에 내몰려 천년왕국을 이룩하겠다는 약속의 강도를 꾸준히 올리면서 곁들여 유대인 핍박의 강도를 높였다. 유대인은 제3의 로마에서 그랬던 것처럼 제3인터내셔널에서 내몰렸다. 모스크바국의 영속적 유산임을 입증할 외부인 혐오의 희생양이었던 것이다.

이반 뇌제라는 인물과 견줄 사례는 에스파냐와 이스라엘에서 찾아야 한다. 종교를 수호하겠다는 열의가 대단하고 이념을 광신하고 정통이

---

[75] 고대 유대인의 본거지였던 팔레스타인에 유대인 국가를 세워야 한다는 이념을 구현하는 운동. 19세기 말에 오스트리아 언론인 테오도르 헤르츨(Theodor Herzl, 1860~1904년)이 주창했고, 20세기 초부터 실현 노력이 이루어졌다.

[76] 러시아 사회민주노동당의 좌익 분파로 출발해서 1903년부터 사회주의 혁명을 목표로 삼은 독자 정당으로 활동한 볼셰비키당의 조직원. 볼셰비키당은 1917년 10월혁명으로 러시아에서 권력을 잡은 뒤 이듬해에 공산당으로 이름을 바꾸었다.

아닌 것을 미워했으므로 그는 정서면에서 다른 어느 동시대인보다도 에스파냐의 펠리페 2세(Felipe II)에 더 가까웠다. 하느님의 선민을 이끌고 전투에 나서도록 하느님이 자기를 불렀다고 확신했기에 이반 4세는 연대기 작가들이 거듭해서 그와 비기던 대상인 구약성경의 왕들과 닮게 되었다. 이반 4세의 스승이었던 요시프파나 "소유파"의 핵심 사항 가운데 하나는 그들이 결정적으로 구약성경이 중요하다고 역설하고 오로지 신약성경과 "예수의 기도"에만 의지하는 "무소유파"를 배척한다는 것, 바로 그 점이었다. 이반 4세가 아주 좋아한 읽을거리는 「열왕기」였다.[95] 그는 각각 카잔과 리보니아를 상대로 군사 원정을 하는 동안 타타르인을 가나안 사람으로, 폴란드인을 필리스티아 사람[77]으로 보았던 듯하다. 이 구약성경적 관점은 자기 예하의 사령관이었던 안드레이 쿠릅스키(Андрей Курбский) 공이 러시아를 떠나 폴란드령 리투아니아에서 살게 된 뒤에 그에게 보낸 이반 4세의 유명한 편지에 잘 나타나 있다. 번갈아가며 허풍을 떨고 모욕을 퍼붓는 요시프파의 문체로 편지를 쓰면서 이반 4세는 "하갈의 자손"과 "이스마엘의 자손"과 벌이는 싸움에서 헤어나지 못하는 선민의 지도자로서 잔인해지고 절대 권력을 쥘 권리가 자기에게 있다고 변호한다.

이반 4세는 유려하게 이렇게 묻는다. "하느님께서 유대인을 노예 신세에서 구해주셨을 때를 기억해 보거라! 과연 하느님께서 유대 백성 위에 사제나 수많은 관리를 올려놓으셨더냐? 아니다. 하느님께서는 유대 백성 위에 통치자 딱 한 사람만 올려놓으셨다. 모세 말이다."[96] 이스라엘은 사제가 다스릴 때에는 약했고 왕과 사사(士師)가 다스릴 때에는 강했

---

[77] 팔레스타인 서남부에 살았던 고대 민족. 이스라엘과 자주 싸웠고, 블레셋이라고도 불렀다.

다. 특히 다윗은 비록 "여부스 족속을 모조리 죽이라는 명령을 내리기"
는 했어도 올곧은 통치자였다.[97] 쿠릅스키는 이스라엘의 적에게 넘어가
붙었으므로 자기의 세례반(洗禮盤)에 든 물을 더럽히기까지 한 "개"로 서
술될 수 있을 따름이다. 쿠릅스키가 마땅히 받을 만한 것이라곤 경멸밖
에 없다. 이반 4세가 두 발을 창으로 땅에 박아 고문을 한 쿠릅스키의
전령 시바노프(Шибанов)와 달리 쿠릅스키에게는 되돌아와서 하느님과 지
상에서 하느님을 대리하는 차르의 심판을 몸소 마주할 용기가 없었기
때문이다.[98] 하느님의 대의를 배반한 자의 무죄를 입증할 수 있는 것은
오로지 하느님의 중재이지 사람의 주장이 아니다.

쿠릅스키는 이반 4세 못지않게 모스크바국 이념에 사로잡혀 있었다.
그가 고대의 고전 학문에서 온갖 사례와 개념을 끌어와 인용할지라도,
명백히 그의 주된 열망은 모스크바국 안에서 한 번 더 자리 하나를 얻는
것이지, 모스크바국의 기본 이념에 도전하는 것이 아니다. 실제로, 쿠릅
스키의 편지들은 때로는 그가 편지를 주고받기 시작하면서 던진 질문을
고뇌에 차서 되풀이한 것에 지나지 않아 보인다. 그 질문이란 이렇다.
"오, 차르시여! 어이하여 이스라엘에서 강자를 죄다 없애시고 하느님께
서 당신께 내려주신 장수(將帥)를 …… 갖가지 극형에 처하시나이까?"[99]
쿠릅스키는 자기가 폴란드인과 리투아니아인과 한통속이 되기는커녕
잠시 다른 나라에서 지낸다고 여기고 이반 4세가 아주 좋아하는 구약성
경의 인물에 빗대어 이렇게 말하며 자기가 옳음을 입증하려고 애쓴다.
"오, 차르시여! 다윗도 사울의 박해 때문에 어쩔 도리 없이 이교도 왕과
함께 이스라엘 땅에서 싸움에 나서야 했나이다."[100] 그러나 나라 밖에서
보내오는 청산유수 같은 항변은 크레믈에 있는 지도자로 하여금 예전에
자기 휘하에 있던 장수가 속으로는 제 입장을 확신하지 않는다고 굳게
믿도록 거들었을 따름이다. 이반 4세의 비방전(誹謗戰)은 — 그를 높이 산

사람인 스탈린의 비방전처럼 — 자기의 믿음을 굳히고 자기 영토에 있는 잠재적 배반자에게 경고하는 목적에 들어맞았다.

쿠릅스키가 보야린이 가진 전통적 권리의 수호자로서 자기도 모르게 모스크바국 이념의 거짓 주장을 받아들이고 있었다면, 교회 조직과 도시 공동체의 독립성을 수호하는 이들은 훨씬 더 나아갔다. 필립 수좌대주교는 한 비잔티움 문헌을 이용해서 교회 제도의 독립성을 옹호했는데, 그 문헌에는 무제한의 황제권을 떠받치는 고전적 주장이 들어 있어서 필립의 입장이 곤란해졌다.[101] 라도가 호수의 유서 깊은 수도원78의 수사들이 모스크바국의 옛 도시 민회 원칙으로 되돌아가기를 옹호하려고 쓴 『발라암 대담』(Валаамская беседа)은 한편으로는 황제권을 키워야 하고 황제권이 신이 정한 절대적 성격을 띠고 있음을 인정해야 한다고 주장했다.[102] 이렇듯, 이반 4세의 통치에 불만이 있는데도, 그에게 대항하는 어떠한 효과적 강령도 존재하지 않았다. 고뇌하던 당시의 논객은 비잔티움의 정치 교의밖에는 아는 것이 없었으므로 자기의 개혁 강령에 무제한의 황제권을 — 자주 "모스크바국의 황제권 주장의 지지자와 이론가보다 훨씬 더 세게" — 옹호하는 비잔티움 문헌을 집어넣었다.[103] 아마도 이반 4세의 통치를 옹호하는 주요 인물은 여러 곳을 돌아다녔고 기본적으로 세속인인 이반 페레스베토프였을 것이다. 그는 편의를 근거로 들어 이렇게 주장했다.

차르가 자기 나라에서 온화하고 온순하면, 그의 나라는 초라해지고 그의 명예는 땅에 떨어진다. 차르가 자기 나라에서 두려움을 사고 슬기로우면, 그의 나라는 넓어지고 그의 이름은 온 땅에서 영광스럽다 …… 두려움이 없는 나라는 재갈과 고삐를 차지 않고 차르를 태운

---

78 발라암 수도원.

말과 같다.[104]

이반 4세의 통치 후반기 동안 사실상 모스크바국은 두건을 쓴 자경단 (自警團)인 오프리치니나가 무서워 벌벌 떠는 공포의 왕국이었다. 당시에 오프리치니나는 군부대를 가리키는 타타르어에서 유래한 트마(тьма)로 자주 불렸는데, 트마는 어둠을 가리키는 러시아어 낱말이기도 했다. 이 "어둠"이 러시아에 오고 쿠릅스키가 도피한 시기는 이반 4세의 군사적 관심사가 불길하게도 동쪽에서 서쪽으로 돌아선 시기와 일치했다. 이반 4세에게 갑작스레 일어난 광증이나 성격 변화보다는 그가 1558년에 개시해서 스물다섯 해 동안 치렀으나 성공을 거두지 못한 리보니아 전쟁이 십중팔구는 그의 말년에 일어난 위기의 더 큰 원인일 것이다. 이반 4세가 발트 해 쪽으로 움직임으로써 허세에 찬 모스크바국 문명은 서방과의 군사적·이념적 갈등 속으로, 그리고 경제와 정치의 안정성을 깨뜨린 피해 막급한 군사 원정에 휘말려 들어갔으며, 궁극적으로는 발트 해 해안에 새로운 서방식 수도가 건설되는 결과가 빚어졌다. 모스크바국이라는 빡빡한 종교 문명이 방만하고 세속적인 서방과 극적으로 대립하면서 이반 4세부터 표트르 대제(Петр Великий)까지 지속하고 그 뒤로도 러시아 문화에 지워지지 않는 자국을 남긴 혼란과 갈등이 생겨났다.

02 서방의 도래

러시아인과 서방의 관계가 지닌 성격보다 러시아인을 더 골치 아프게 만드는 문제는 없었다. 이 문제에 관한 관심은 제정 시대의 살롱(salon)[1] 안이나 아득한 슬라브인의 고대가 아니라 15세기부터 17세기 초엽까지의 모스크바국에서 시작되었다. 이 근대 초기에 일어난 서방의 재발견이 모스크바국에 포괄적인 심리적 의의가 있다는 점과 중요한 접촉이 잇달아 이루어지는 상이한 "서방"이 여럿 존재한다는 점, 이 두 가지를 제시하려는 시도가 여기서 이루어질 것이다. 서방이 러시아에 어떻게 도래했는지를 살펴보면 러시아 역사뿐만 아니라 유럽 역사 전반을 규명하는 데 도움이 될지 모른다.

서방과 대립하면서 생겨난 전반적인 심리 문제는 어떤 특정한 정치 문제나 경제 문제보다 여러모로 더 중요했다. 그것은 사춘기의 트라우마와 같았다. 모스크바국은 유년기의 환경에 머물기에는 너무 크지만 복잡한 바깥세상에 적응할 수 없는 일종의 풋내기 청소년이 되어 있었다. 모스크바국은 성장의 관성에 떠밀린 나머지 이해할 태세가 되어 있지

---

[1] 원래는 저택의 응접실이라는 뜻이지만, 근대 프랑스의 상류 사회에서 사람을 사귀고 대화와 토론을 하면서 지식을 키우는 사교 모임을 가리킨다.

못한 세계에 갑자기 내동댕이쳐졌다. 15세기의 서유럽은 키예프 시대의 서유럽보다 훨씬 더 공격적이고 언설에 조리가 있었으며, 러시아는 훨씬 더 숫기가 없고 촌스러웠다. 성마르고 고집을 피우는 모스크바국의 반응은 여러모로 전형적인 사춘기 청소년의 반응이었으며, 보살펴 준답시고 깔보는 서방의 태도는 무정한 어른의 태도였다. 다른 이에게도 자기 자신에게도 이해될 수 없었기에 모스크바국은 토라진 사춘기를 한 세기 넘도록 오랫동안 거쳤다. 17세기 내내 러시아를 뒤흔든 갈등은 본질적으로 유럽적인 세계에서 어설프고 충동적인 정체성 찾기의 일부였다. 피할 수 없는 서유럽의 도전에 대한 러시아의 대응은 분열되었고 — 거의 정신분열증적이었고 — 이 분열은 지속하여 어느 정도는 현재까지도 이어지고 있다.

노브고로드

근대 러시아가 서방에 관해 품은 복잡한 감정 대부분은 노브고로드가 15세기 말엽에 모스크바에 정복되어 굴복하면서 시작된다. 노브고로드 시의 전통이 파괴되고 시민 대다수가 타지로 이송되면서 키예프 시대 이후로 러시아 북부에 살아 남아있던 서방과의 아주 중요한 자연스러운 연계가 깨졌다. 한편, 노브고로드에서 자라난 서방 세속주의와 싸우려는 노력의 일환으로 부분적으로 서방 가톨릭의 이념과 기술에 의존하게 되었고 전제정을 옹호하는 노브고로드의 새로운 성직자들이 노브고로드가 흡수되면서 모스크바국 안으로 들어왔다. 여기서 우리는 심리적 불안감을 불러일으키는 유형의 미약한 시작을 본다. 그 유형이란 외국을 미워하는 당파마저도 한 "서방"과 싸우기 위해서는 또 다른 한 "서방"에 기대지 않으면 안 되는 것이었다. 따라서 모스크바국이 점점 더 새된 목소리로 러시아에게는 독특한 운명이 있다는 계시록적 주장을 한 까닭은 얼마간은 러시아 문화가 점점 더 모방적이고 종속적인 성격을 띠어간다는 점을 스스로에게 감추려는 심리적 필요성이다.

물론 노브고로드에서 이루어진 것 이외의 서방과의 다른 접촉은 키예프가 무너진 다음에도 사라지지 않았으며, 서방을 다시 발견하면서 곤혹스러운 마음이 덜 들게 하는 데 도움이 되었을지 모른다. 마르코 폴로(Marco Polo)와 프란체스코 수도회 중국 선교단처럼 몽골 지배기에 동쪽 세계를 여행하는 사람들이 러시아 남부를 거쳐 지나갔다. 스몰렌스크와 체르니고프 같은 러시아 도시가 문화·경제 접촉의 통로로 남아 있었다. 심지어는 대러시아에서도 서방의 영향을 블라디미르와 수즈달의 교회 미술에서 탐지할 수 있다.[1] 더욱이, 동방과 서방의 분리는 전혀 엄밀하지 않았다. 팔라이올로고스(Palaiologos) 황조[2] 비잔티움으로부터, 그리고 동슬라브인보다 더 앞선 남슬라브인과 서슬라브인으로부터 스며들어오는 기술과 사상은 이들 "동쪽" 지대가 아주 긴밀하게 접촉하던 초기 이탈리아 르네상스의 기술과 사상과 자주 비슷했다.[2]

그렇더라도, 13세기와 14세기에 가톨릭권 유럽과 정교권 동슬라브인 사이에는 결정적인 문화적·정치적 간극이 있었다. 가톨릭권 유럽은 관심을 서슬라브인에게 온통 쏟았고 대러시아보다는 그 동쪽에 있는 몽골 제국과 중국 제국에 흥미를 더 많이 품었다. 모스크바국은 모스크바국대로 유라시아 스텝의 지정학에 몰입하게 되었고 가톨릭을 믿는 서방을 콘스탄티노플을 점령한 적이 있으며 러시아를 치도록 튜튼 기사단을 부추기는 성가신 세력으로밖에는 눈여겨보지 않았다.

---

[2] 13세기 중엽부터 비잔티움 제국이 멸망할 때까지 제국을 다스린 마지막 황조.

그러나 키예프 루스(Киевская Русь)의 주요 도시들에서는 대개 드문 일이 아니었던 여러 방면에 걸친 서방과의 연계를 노브고로드가 유지하고 확대했다. 당시 명칭대로 하자면 "맹주 대노브고로드"(Господин Великий Новгород)[3]는 키예프가 러시아 도시들의 "어머니"였던 것처럼 러시아 도시들의 "아버지"였다.[3] 자부심이 강하고 부유한 이 중심도시 안에서 이루어진 동방 문화와 서방 문화의 평화 공존은 노브고로드의 가장 유명하고 위풍당당한 대형 건조물 가운데 하나인 12세기의 성 소피야 대성당 청동 대문으로 생생하게 표현된다. 대문 한쪽은 비잔티움에서, 다른 한쪽은 마그데부르크(Magdeburg)[4]에서 왔다. 곧, 하나는 동방 제국의 본거지에서, 다른 하나는 모범이 되는 도시자치 특허장을 서방 제국[5]에게서 받았던 북독일 도시에서 왔다.[4] 노브고로드는 마그데부르크나 발트 해 연안의 다른 어떤 독일 도시보다도 더 오래된 독립 전통과 더 넓은 경제 기반을 가지고 있었다. 그러나 모스크바국의 대공들이 떠오르면서 노브고로드는 신성로마제국이 15세기까지 그랬던 것보다 훨씬 더 야심만만한 중앙 권력에 직면했다.

모스크바와 노브고로드 사이의 문화적 분리는 숲이 우거진 발다이 (Валдай) 고지대가 볼가 강 상류의 지류들과 발트 해로 가는 하천-호수 접근로 사이에서 경계선 구실을 하는 지리적 분리보다 훨씬 더 뚜렷했

---

3   12~15세기에 노브고로드 시 자체만을 일컫던 표현. Государь Господин Великий Новгород이라고도 했다. 노브고로드 시가 지배하는 배후 지역은 Новгородская земля로 불렸다.

4   독일 중동부의 도시. 9세기 초에 슬라브인이 사는 지역과 맞닿아 있는 작은 교역 도시로 출발해서 크게 발돋움해 한자동맹 도시가 되었다.

5   여기서 언급되는 '서방 제국'은 신성로마제국, '모범이 되는 도시자치 특허장'은 중세도시의 자율권에 관한 법률을 체계화한 마그데부르크 법(Magdeburger Recht) 이다. 중세에 모든 독일 도시가 이 법을 본떠 자치법을 만들었다.

다. 노브고로드는 모스크바국과는 달리 몽골에 복속되는 상황에서 완전히 벗어나 있었으며, 한자동맹과 독자적 연계를 폭넓게 맺었다. 노브고로드의 연대기는 다른 어떤 지역의 연대기보다도 도시 건축과 사회경제활동에 관한 훨씬 더 정확한 사실 정보를 포함함으로써 노브고로드 시가상업에 전념했다는 점을 드러내 주었다.[5] 모스크바가 1470년대에 노브고로드를 상대로 군사 공격을 개시했을 때 모스크바는 여전히 타타르인에게 조공을 바치고 재무와 행정에서 몽골 용어를 쓰고 있었던 반면에, 노브고로드는 여러 서방 열강과 유리한 조건으로 교역하고 독일 화폐체계를 사용하고 있었다.[6] 더욱이, 압도적으로 수도원식인 모스크바 문화의 말과 글이 점점 더 장식체가 되는 바람에 모스크바에서 문자해독률이 떨어지고 있었던 것이 거의 확실한 반면에, 노브고로드에서는 상업업무를 기록하는 일에 점점 더 자작나무 껍질을 쓰면서 문자해독률이꾸준히 올라가서 아마도 지주 계급의 80퍼센트까지는 읽고 쓸 줄 알았을것이다.[7]

따라서 모스크바국의 노브고로드 공격은, 여러모로, 동쪽을 바라보는러시아와 서쪽을 바라보는 러시아 사이의 — 훗날 모스크바와 성 페테르부르크사이에 빚어질 내부 갈등의 전조가 되는 — 첫 내부 갈등이었다. 이반 3세의 모스크바는 노브고로드를 정복하면서 수적 우세뿐만 아니라 노브고로드 자체 내 동서 분열의 도움도 받았다. 이 분열은 서쪽을 바라보는 러시아의발트 해 진출로가 지닌 고유한 속성이 되었다. 때로 그 분열은 순전히스웨덴식 도시 나르바(Нарва)와 이반 3세가 나르바 강 건너편 발트 해해안에 세운 러시아식 요새 도시 이반고로드(Ивангород) 사이처럼 또렷했다. 러시아가 리가(Рига)를 넘겨받아서 한 폭의 그림 같은 한자동맹 항구를 촌스러운 러시아 도시로 에워쌌을 때, 그 분열은 리가의 커다란 항만을 곧장 꿰뚫고 지나갔다. 한 리가의 한복판에는 세상에서 가장 큰 오르간이 있는 후기 고딕 성당이 치솟아 있었고, 다른 리가는 악기 사용을 일절 금하고 외국 것을 싫어하는 구교도 공동체의 지배를 받았다. 그 분열은 완전한 서방식 외관이 미신에 사로잡힌 주민의 계시록적 공포와 충돌하는 성 페테르부르그에서 더 미묘하고 심리적인 것이 되었다.

노브고로드 안의 분열에는 이 모든 것이 다 들어 있었다. 우선, 볼호프 (Волхов) 강의 오른쪽에는 상인 지구가, 왼쪽에는 교회-행정 지구가 있어서 볼호프 강이 또렷한 구분선 구실을 했다. 상인 지구의 실용적인 목조 건조물과 교회-행정 지구의 더 영구적이고 웅장한 비잔티움식 건조물은 건축학상의 대조를 이루었다. 그러나 가장 중요하고도 미묘한 것은 공화적 경향과 전제적 경향, 세계주의적 경향과 외국혐오적 경향 사이의 이념적 분열이었다. 14세기 무렵에 동슬라브 세계에서 가장 철저한 공화 정부와 재산이 가장 많은 교회 기구가 둘 다 노브고로드에 있었다.[8] 노브고로드의 교회 기구는 대체로 모스크바를 위한 일종의 이념적 제5열[6] 구실을 했다. 노브고로드가 서쪽으로 쏠리는 경향을 제어하려고 모스크바 대공의 메시아적-제국적 권리주장을 찬양했다.

일찍이 1348년에 노브고로드의 교회는 스웨덴 국왕이 종교 화해를 논의하자고 제안했을 때 그 서방 군주에게 거만하게도 비잔티움 황제에게나 가서 알아보라고 했다.[9] 표현력과 상상력이 풍부한 노브고로드 작가들은 타타르인에게 종속되지 않고 단절 없이 키예프 시대에 이어지는 노브고로드의 독특한 역할을 의식했으므로 운명이 특별하다는 인식을 키웠다. 그들은 노브고로드가 그리스도교 신앙을 비잔티움이 아니라 곧

---

6   적과 내통하는 내부 세력을 일컫는 말. 에스파냐 내전에서 4개 부대를 이끌고 마드리드로 진군하던 반란군의 에밀리오 몰라(Emilio Mola) 장군이 마드리드 내부에 반군 지지자들이 있다며 이들을 '제5열'이라고 부른 사실에서 비롯된 표현이다.

바로 안드레아 사도에게서 받아들였다고, 자기들의 도시를 노아의 셋째 아들 야벳이 세웠다고, 하느님이 "찬란한 러시아"의 타락하지 않은 백성을 위해 기적을 일으켜서 — 콘스탄티누스 황제가 실베스테르(Sylvester) 교황에게 주었다고 하는 흰 수사 두건[7]과 티흐빈의 성모 마리아 이콘 같은 — 거룩한 물건을 죄 많은 비잔티움에서 노브고로드로 가져오셨다고 주장했다.[10]

15세기에 노브고로드에 가해지는 정치적·경제적 압박이 가중되자 노브고로드 교회는 서방과 벌이는 협상을 1492년에 교회력이 끝나면 역사의 종말이 오리라는 조짐으로 빈번하게 해석했다.[11] 노브고로드와 프스코프의 겐나디(Геннадий Новгородский и Псковский) 대주교는 1485년에 직위에 취임한 뒤 곧바로 앞장서서 아직도 주저하는 모스크바에 자기가 노브고로드 대주교관구에서 했던 것과 똑같이 이교도를 영역에서 일소함으로써 이 운명의 순간에 대비하라고 다그쳤다.[12] 물론, 그 뒤를 이어 노브고로드 대주교관구 안에 있는 두 핵심 수도원의 지도자들인 볼로츠크의 요시프(Иосиф Волоцкий)와 프스코프의 필로페이가 모스크바국 이념의 주창자가 되었다. 모스크바국 이념의 신경과민적이고 계시록적인 성격의 일부는 지식 활동과 교회 재산, 이 양자의 세속화가 이 서부 지대에 임박했다는, 그리고 차르 자신이 그 같은 혁명을 주도해서 서쪽의 새로운 국가건설자들을 (또는 사실상 이콘 파괴론을 지지하는 비잔티움 황제들을) 흉내 낼 수도 있다는 두려움에서 나왔음이 거의 틀림없다. 모스크

---

[7] 전설에 따르면, 14세기에 콘스탄티노플 총대주교에게 환히 빛나는 젊은이의 환영이 나타나 콘스탄티누스 대제가 교회의 영광을 위해 실베스테르 교황에게 선사했던 흰 수사 두건을 교황청이 선물로 당신에게 줄 터이니 일단 받은 다음 나중에 돌려달라고 할 때를 대비해서 노브고로드에 가져다 놓으라고 말했고, 실제로 그 젊은이의 말이 실현되어 노브고로드가 그 두건을 보관하게 되었다. 이것은 16세기에 프스코프의 수사 필로페이가 러시아 정교회의 위상을 높이려고 만들어낸 전설이었다.

바국의 분위기에 예언적 기대를 가득 불어넣는 데 큰 몫을 한 바보성자들은 자기들의 러시아적 기원을 노브고로드에서 나타난 비잔티움 그리스도교 신앙과 서방 상업주의의 대결에서 찾는다. 바보성자로서는 러시아에서 맨 처음으로 시성된 (그리고 16세기에 쓰인 그의 일대기가 널리 읽히면서 수많은 다른 이의 본보기가 된) 13세기의 떠돌이 바보성자 프로코피(Прокопий)는 사실은 노브고로드에 여러 해 거주한 뒤에 개종했던 독일인이었다.[13]

경제 요인과 이념 요인 두 가지가 노브고로드의 지나친 서방화를 억제하는 경향을 보였다. 서쪽에 있는 다른 주요 도시로 모스크바와 겨루다가 이반 3세에게 무릎을 꿇은 트베르와는 달리 노브고로드는 정치적으로 폴란드-리투아니아로 쏠리지 않게 단단히 중심을 잡았다.[14] 노브고로드는 멀리 폴란드 서쪽에 있는 독일 도시들과 접촉해서 가장 중요한 서방과의 경제적 연계를 했고, 드넓고 독립적인 하나의 경제 제국을 통해 대러시아의 북쪽과 동쪽의 변경과 연계되었다. 심리적으로, 러시아 도시들의 "아버지"인 노브고로드는 키예프라는 "어머니"가 몽골인에게 능욕당한 뒤에 루스의 기억과 명예를 지켜야 한다는 각별한 의무감을 품었다. 무엇보다도 류릭이 심지어 자기 후계자들이 키예프로 이동하기 전에 노브고로드에서 지배 가문을 확립했다는 말이 있었다. 그리고 노브고로드가 몽골이라는 "하느님의 채찍"에 맞지 않았다는 사실은 많은 이에게 노브고로드가 각별한 총애를 받고 정교를 믿는 슬라브 세계 안에서 각별한 권위를 누릴 만하다는 표시로 여겨졌다.

노브고로드가 모스크바에 정치적으로 종속되면서 모스크바국의 광신 성향이 거세지는 한편으로 노브고로드와 프스코프가 성기 중세 서방의 선진 도시들과 공유했던 두드러진 세 전통이 파괴되었다. 그 세 전통은 상업상의 세계주의, 대의제 통치, 철학적 합리주의였다.

세계주의는 이반 3세와 이반 4세가 노브고로드에 있는 한자동맹 영토를 파괴하면서, 그리고 뒤이어 노브고로드와 프스코프가 심지어 한자동맹과 제휴하기 이전에 독자적으로 서방과 교역하고 교섭하던 관계에 제한이 가해지면서 산산조각이 났다. 대의 정치는 노브고로드와 프스코프, 그리고 노브고로드의 속령인 뱌트카(Вятка)에서 재판관을 선출하고 중요한 정책 문제에 관한 합의를 얻으려고 민회(베체)를 소집했던 종을 떼어 내면서 무너졌다. 비록 민주주의적인 공개 토론장도 아니었고 완전한 대의제 입법부도 아니었을지라도 베체는 유산 계층에게 공후의 권위를 제어하는 효과적 수단을 제공했다. 노브고로드의 베체는 재산에 따라 참여 자격을 제한하는 제도를 차츰차츰 도입했으며, 대체로 자율적인 시구(市區)에 더 작고 더 잘 작동하는 민회 모델을 새끼 치듯 퍼뜨리기도 했다. 드루지나(дружина, 즉 공후의 자문기관 겸 친위대)[8]와 마찬가지로 베체는 비잔티움식 전제정 전통에서는 찾을 수 없고 키예프 시대부터 시작되어 살아남은 유물이었다. 베체는 특정한 한 지역에, 그리고 원기 왕성한 상인 계급의 경제적 사리추구에 단단한 뿌리를 두었기 때문에 철저한 전제정을 세우려는 요시프파의 강령에 훨씬 더 심각한 장애물이었다.

수도원 조직은 공화적 정치 지도자의 활동보다 비판적 세속 지식인의 활동을 훨씬 더 두려워했다. 수사들은 구체적인 통치 형태를 정의하는 것보다 그리스도교인 황제에게 신화화된 신성을 부여하는 데 관심을 더 많이 두었기 때문이다. 그들은 비잔티움 모델에 푹 빠진 나머지 정치 전통과 행정 전통에 나타난 견해 차이보다는 이념의 분열과 이단이 그

---

[8] 중세 러시아에서 공후의 측근에서 지내며 조언과 자문을 하고 경호 업무를 수행하던 전사 무리.

제국을 허물어뜨리는 데 더 크게 작용했다는 결론에 이르렀다. 수도원 전통 안에서 "쓰인" 것 일체를 지극히 숭상하는 모습과 그 전통 밖에서 쓰인 것 일체를 지나치게 두려워하는 모습이 함께 나타나고 있었다. 근대 초기에 "책 속에서 정신을 잃었다"(зашелся есть в книгах)는 표현은 "미쳤다"(сошел с ума)는 뜻으로 쓰였다. 그리고 "**견해는** 모든 고뇌의 어머니이며, 견해는 **두 번째 타락**"이라는 말이 흔한 속담이 되었다.[15] 1490년에 교회공의회가 열리기에 앞서 이념이 들끓는 동안 노브고로드의 겐나디가 썼듯이,

> 우리나라 사람들은 단순해서, 책의 방식으로 말할 줄 모릅니다. 신앙을 가지고 백성과 무엇이든 말하는 것은 좋지 않습니다. 공의회가 그들을 사형에 처해서 목매달아 태워 죽이는 것이 낫습니다.[16]

교회 지도부는 묘하게도 훗날의 연출재판[9]을 생각나게 하는 절차를 거쳐 "유대 추종자들"의 합리주의적 경향을 짓밟아 없애는 일에서 공후의 도움을 구했고 차츰차츰 그런 도움을 얻었다. 비록 그 "이단"에 관해 확실히 알 수 있는 것은 거의 없을지라도, 그들의 사상은 앞 세기에 교회 지도부에 반대하는 성향을 지닌 "탁발파"(стригольники)[10]가 그랬던 것처럼 교역로를 거쳐 노브고로드 안으로 들어왔음이 분명하다. "유대 추종자들"은 삼위일체론에 반대하고 이콘 숭상을 거부했으며, 수사의 금욕

---

[9] 1930년대에 스탈린 체제가 고위 지도자들을 숙청할 목적으로 각본을 짜고 진행한 재판.

[10] 14세기에 나타난 러시아 최초의 이단 종파. 본거지가 처음에는 프스코프였다가 나중에는 노브고로드와 트베르로 옮겨졌다. 주로 상인과 하급 사제로 이루어졌고, 사회와 교회의 부조리를 비판하고 평신도도 설교할 권리를 가지고 있다고 주장했다. 박해를 받아 15세기 후반에 사라졌다.

생활과 재일(齋日)에 반발한다고 보였다. 그러나 그들은 중세 말엽의 이 단이라는 전 유럽적 현상과 여러 면에서 연계되어 있기는 했어도, 감정을 자극하는 신앙부흥론으로 대중의 정서에 호소하기보다는 오히려 급진적 합리주의로 지식인 엘리트에게 호소함으로써 서방의 롤라드(Lollard)파[11]와 후스(Huss)파[12]와는 달랐다. 세계주의적 지식인은 외국 것을 두려워하는 대중의 반합리적인 역사적 신학에 극도의 혐오감을 품은 나머지 반(反)역사적인 합리적 철학이라는 정반대의 사상 세계로 들어서게 되다. 유대 추종자들을 박해하는 자들이 주장하는 만큼 유대 추종자들이 유대인 사상가와 무슬림 사상가의 "골치 아픈 논리"에 관심을 가졌든[17] 그렇지 않든 상관없이, 바로 그런 고발이 모스크바국 정교의 논리적 대안은 서방의 합리주의임을 시사하는 구실을 했다. 서방의 합리주의는 성 페테르부르그가 모스크바의 세계주의적 맞수로서 노브고로드를 계승하자 그 논리적 대안이 되었고, 보편적 합리주의의 이름으로 일어나는 혁명을 차츰차츰 배태했다.

이반 3세 치세에 노브고로드가 첫 번째로 반신불수가 되는 사건과 더불어서 이반 4세 치세와 스탈린 치하에서 재발하게 될 것과 똑같은 강박성 서방 공포가 일었다. 세계주의적 지식인의 이념적 숙청과 더불어 사람들을 동쪽으로 보내는 대량 이주 사업이 벌어졌다. 앙갚음하려는 모스크바국 세력이 더 앞선 발트 해 지역의 인구를 주기적으로 줄이는 첫 사례였다.[18] 노브고로드에 취한 이 치명적인 첫 조처의 구실은 노브고

---

[11] 14세기 영국의 종교개혁가 존 위클리프(John Wycliffe, 1320~1384년)를 따르며 교회와 귀족의 타락과 탐욕을 비판한 이들을 일컫는 표현. 당대의 농민 봉기와 후대의 종교개혁에 영향을 미쳤다.

[12] 위클리프의 영향을 받아 성경을 유일한 권위로 삼고 교회의 타락을 비판해서 처형된 체코의 종교개혁가 얀 후스(Jan Huss, 1372~1415년)의 가르침을 따르는 무리를 일컫는 표현.

로드가 "라틴인"에게 붙어버렸다는 것이었다. 비록 그 어떠한 공식적인 정치적 의미로나 교회적 의미로나 십중팔구 사실이 아닐지라도, 그 비난은 근대 초기에 모스크바국과 마주설 "여러 서방" 가운데 첫 번째 서방, 즉 르네상스 성기의 가톨릭 서방이 일으킨 동요 효과를 부각한다.

"라틴인"

러시아에서 이탈리아의 영향은 심지어는 르네상스 초기에도 오늘날의 통념보다 훨씬 더 컸을지 모른다. 이탈리아의 산물과 사상이 13세기 말엽과 14세기에 간접적으로는 발트 해 항구를 거쳐, 직접적으로는 크림 반도에 있는 제노바(Genova)인 교역 공동체를 거쳐 러시아에 왔다. 14세기 중엽에는 모스크바에 영속적인 이탈리아 상인 거주지가 있었고, 이탈리아제 종이가 러시아에서 널리 쓰이게 되었다.[19] 14세기 중엽에 만들어져 현대까지 남아있는 러시아 교회 건축의 유일한 사례에는 — 심지어 이탈리아에서도 선진적이었을 활력과 사실주의, 그리고 피에타(pietà)[13]처럼 순전히 서방식인 작품을 포함해서 — 전통적인 비잔티움식 이콘 도상규범보다는 초기 르네상스 양식에 더 가까운 프레스코화가 들어간다.[20] 이 이탈리아의 영향이 교회 장식에서 얼마만큼 지속했을지는 틀림없이 풀리지 않을 러시아 초기 역사의 여러 수수께끼 가운데 하나이다. 그러나 그 뒤의 러시아 이콘 도상규범은 이 프레스코화의 영향을 받았다고 보이지 않는다. 그리고 이탈리아 문화가 영향을 미치는 뚜렷한 다음 시점은 거의 한 세기

---

[13] 십자가에서 숨을 거둔 예수를 안고 슬퍼하는 마리아의 모습을 묘사하는 서양 미술의 주제.

뒤에, 즉 피렌체 공의회에서 나타났다.

러시아 각지에서 온 대표 100여 명이 이시도르 수좌대주교의 이탈리아 여행에 동행했다. 어떤 대표는 예전에 접촉한 적이 있고, 어떤 대표는 로마와의 통합에 대한 이시도르의 불운한 승인에 동조했을지 모른다. 비록 그 러시아인들이 성기 르네상스의 세속적인 예술과 문화를 보고 움찔했을지라도 — 수즈달 출신의 수사 두 사람이 1438년에 산 마르코(San Marco) 성당에서 본 이탈리아 신비극(神秘劇)[14] 한 편을 가감 없이 있는 그대로 묘사한 글을 남겼다[21] — 그 뒤로 이탈리아와의 접촉이 늘어났다. 장-바티스타 델라 볼페 (Gian-Battista della Volpe)가 모스크바에서 화폐 주조를 관장하는 자리에 임명되었다. 그의 중개를 거쳐, 이반 3세의 두 번째 부인인 소피아 팔라이올로기나의 수행단원으로 베네치아(Venezia)와 피렌체의 기능공이 많이 도착하면서 이탈리아인의 유입이 1470년대에 절정에 이르렀다. 이 이탈리아인들이 모스크바 크레믈의 보루를 세웠고 그 크레믈과 성 세르기 대수도원에 아직도 존재하는 교회 가운데 가장 오래되고 가장 아름다운 교회를 지었다.[22]

소피아는 이탈리아에서 오랫동안 지낸 다음 로마 교황의 개인 사절로서, 그리고 "홀어미가 된" 러시아 교회가 로마와 결합하도록 주선할 매파로서 러시아에 왔다. "유대 추종자들" 박해는 소피아(와 그의 아들 바실리의 제위 계승권을 지지하는 정신들),[23] 그리고 노브고로드 교회 지도자들이 힘을 합쳐 애쓴 결과였다. 두 파당은 라틴 교회가 중세 성기에 썼던 엄한 이단 대처법을 익히 알고 있었다. 할아버지가 리투아니아인이었던 볼로츠크의 요시프는, 겐나디가 노브고로드에 일종의 라틴식

---

[14] 10~16세기에 유럽에서 성행한 중세 연극. 성경의 이야기를 소재로 삼아 그림과 노래를 곁들여 교회에서 상연되었다. 나중에는 교회와 사회를 풍자하기도 했다.

학술원을 세워서 이단과 싸웠던 것과 똑같이, 노브고로드에 살고 있던 한 크로아티아인 도미니크회 수사의 저작에 크게 의지해서 수도원의 토지 소유에 관한 자기 입장을 옹호했다. 겐나디의 주요 고문은 라틴식 교육을 받은 뤼벡의 니콜라이와 드미트리 게라시모프(Дмитрий Герасимов)였다. 황궁에서 근무하라고 겐나디가 러시아로 데려온 인물인 이 두 사람은 황궁에서 오랫동안 영향력을 크게 행사했다. 겐나디의 측근들은 맨 처음으로 구약성경과 외경의 책 여러 편을 러시아어로 옮겼다. 그리고 나중에 러시아에서 최초의 인쇄 성경이 된 "겐나디 성경"(Геннадиевская Библия)[15]의 본보기는 라틴어 불가타 성경(Vulgata)[16]이었다.[24] 더욱이 16세기 초엽에 요시프파는 막대한 세속 재산을 가질 권리가 교회에 있다는 주장을 서방의 교황권 옹호론자들이 오랫동안 이용했던 위조문서 「콘스탄티누스 기증장」(Donatio Constantini)[17]으로 뒷받침했다.[25]

모스크바국의 견습 종교재판관들이 가톨릭을 믿는 서방에서 차입되었다고 말할 수 있다면, 그들의 희생자의 경우도 마찬가지라는 점은 훨씬 더 명백하다. 겐나디는 (이반 3세의 외교관이자 고문인) "쿠리친(Курицын)[18]이 땅에서 도착하면서 좋지 않은 일이 일어났습니다"라고 썼다.[26] 그가 모스크바에서 후원하고 비호한 합리주의적 이단은 성기 르네상스의 세속 문화로부터 다방면으로 들여온 사상과 관례의 일부일 따름이었

---

[15] 노브고로드의 겐나디의 주관 아래 여러 판본의 그리스도교 성경을 참조해서 번역하는 작업을 한 끝에 1499년에 간행된 최종판 슬라브어 신구약 성경.

[16] 기존 성경의 잘못을 바로잡으라는 교황의 명을 받아 히에로니무스가 4세기 후반에 펴내 중세에 서방 교회의 표준 성경으로 쓰인 라틴어 성경.

[17] 로마 황제 콘스탄티누스 1세가 그리스도교로 개종할 때 감사의 표시로 교황 실베스테르 1세에게 로마 제국 서부 통치권을 부여했다는 내용의 문서. 로렌초 발라가 1440년에 위조문서임을 밝혀냈다.

[18] 러시아의 외교관 표도르 쿠리친(Федор В. Курицын, ?~1504년?).

다. 사실상, 요시프파는 — 도스토옙스키의 종교재판소장처럼 — 자기들의 임무를 사람들을 섬기는 행위로 인식했다. 중세 서방의 원조 종교재판관들과 마찬가지로 러시아의 성직자들은 자기들이 통합하려고 노력하고 있었던 사회에 있는 지독한 무지와 타락과 마주쳤다. 무지가 러시아가 물려받은 유산의 일부였다면, 타락은 적어도 얼마간은 서방에서 비롯된 것이었다. 15세기 말엽과 16세기 초엽에 러시아를 덮친 두 가지 대재앙인 보드카(водка)와 성병은 이탈리아의 르네상스가 근대 초기의 러시아에 물려준 다중적 유산의 일부로 보이기 때문이다.

성병은 맨 처음에는 이탈리아에서 교역로를 따라 분명히 1490년대에 크라쿠프(Kraków)를 거쳐 모스크바로 왔으며, 제2차 감염 사태는 30년전쟁에 참전했던 용병을 거쳐 17세기 중엽에 (런던 대역병[19]과 나란히) 일어날 터였다.[27] 그 질병이 "라틴병"(латинская болячка)으로 불렸다는 점은 반(反)라틴 정서가 커지고 있다는 첫 조짐 가운데 하나이다.[28]

보드카는 한 세기 더 먼저 러시아에 왔는데, 보드카의 역사는 르네상스가 모스크바국에 준 충격의 몇 가지 핵심적 특징을 잘 보여준다. 맑지만 독한 이 국민 음료는 13세기 말에 서유럽에서 분명히 처음에는 약용(藥用)으로 증류된 액체인 아쿠아 비타이(aqua vitae)[20]의 네댓 가지 직계후손 가운데 하나였다. 보드카는 흑해의 제노바인 정주지를 거쳐 러시아에 이른 듯하다. 한 세기 뒤에 그곳에서 몽골의 크림 반도 정복을 피해 달아난 피난민이 보드카를 북쪽으로 가지고 갔다.[29]

속아 넘어가도록 무해해 보이는 이 마실 것이 예전에 모스크바국의

---

[19] 1664~1665년에 나돌아 당시 런던 인구의 1/5인 10만 명의 목숨을 앗아간 페스트.
[20] 농축 주정수용액을 일컫는 고풍스러운 표현. 원래는 생명수라는 뜻의 라틴어 낱말이었지만, 중세에는 증류한 알코올음료를 가리키는 말로 쓰였다.

주요 알코올음료였던 정제하지 않은 형태의 벌꿀술과 보리술을 차츰차츰 대체한 것은 러시아의 도덕에는 아주 좋지 않은 일이었다. 보드카에 붙은 세금은 공후의 주요 수입원이 되었고 세속 당국에 백성의 중독으로 이득을 볼 권리를 주었다. 초기의 한 러시아어 사전 원고에서 기미 드렝키 오코비텐("Gimi drenki okoviten", 보드카, 즉 "생명수(生命水)를 마시게 나한테 주시오(Give me drink aqua vitae)")이라고 바꿔놓은 영어 구문을 찾아내는 것은 슬프면서도 우스운 일이다. 17세기 초의 한 네덜란드인 여행가는 모스크바국의 주벽(酒癖)과 방탕에서 러시아인은 "내버려두면 제멋대로 구는 반면 꽉 조이면 일하면서 시간을 보내니까, 자유 상태보다는 예속 상태를 지지하는 게 낫다"는 증거를 보았다.[30]

보드카가 틀림없이 의료계를 거쳐 러시아로 들어왔다는 사실은 서방식 교육을 받은 어의(御醫)가 서방의 개념과 기술의 초기 유입 통로로서 중요했음을 알려준다.[31] 사람들이 보드카가 병을 고치는 신비한 성질을 지닌 일종의 불로장생 영약이라고 믿었다는 사실은 러시아의 무직이 자기의 중독을 분칠하고 탐닉을 미화하는 방법을 잘 보여주는 어처구니없는 초기의 한 사례이다. 이 순진한 믿음은 서방 사상이 시원적인 모스크바국 백성의 마음을 처음에 사로잡은 매력은 그것이 우주를 이해하고 우주의 불행을 고치는 간단한 열쇠를 내놓는다는 믿음에 있었음을 보여주기도 한다. 만약 압도적으로 전통주의적인 모스크바국 이념에 항거하려고 한다면, 전통의 테두리에서 벗어나서 진리에 이르는 또 다른 길, 즉 어떤 만병통치약이나 "현자의 돌"²¹의 이름을 내거는 것이 최선일 수 있다.

15세기에 러시아어 번역으로 나타나기 시작한 갈레노스(Galenos)와 히

---

21 연금술에서 비금속을 황금으로 바꿀 수 있다고 여겨진 상상의 물질.

포크라테스(Hippocrates)의 저작과 함께, 모스크바국의 — 그리고 동유럽 전역의 — 의사들은 자기들의 약초와 치료제의 일람표 안에 『비밀의 비밀』(Secreta Secretorum)[22]에서 추린 발췌문을 끼워넣기 시작했다. 이 저작은 생물학이 모든 기예와 과학을 여는 열쇠라고, 그리고 이 "생명 과학"은 몸 안에 있는 신비로운 힘들의 조화와 합류의 지배를 받는다고 주장하면서 아리스토텔레스가 세계의 참된 본성을 알렉산드로스 대왕에게 은밀히 드러내 보여주는 것이라고 일컬어졌다.[32] 이 책은 "유대 추종자들"이 번역한 저작 가운데 핵심적 위치를 차지했으며, 16세기 초엽에 요시프파가 이단을 박해하는 동안 이 책을 아마도 번역하거나 소장했을 유대인 의사들과 함께 파괴되었다.

그러나 연금술 문헌에 관한 흥미는 지속했고, 곧이어 의사 대신에 서방 사상의 주요 전달자 노릇을 하게 된 외교사절청 소속 번역관들이 여기에 푹 빠졌다. 러시아에서 외무장관 역할을 제대로 해낸 최초의 인물인 표도르 쿠리친은 서방에서 "유대 추종자들"의 이단설을 가지고 돌아왔다는 비난을 받았다. 없어지지 않고 남아있는 가장 오래된 외교사절청 문서 가운데 하나가 17세기 초에 한 네덜란드인 번역관이 쓴 비망록, 즉 「더 수준 높은 철학적 연금술에 관하여」(O высшей филосовской алхимии)였다.[33] 17세기 중후엽에는 "보편 과학"을 찾으려는 라몬 유이(Ramon Llull)의 350년 된 노작 『총체적이고 궁극적인 위대한 기예』(Ars magna generalis et ultima)가 번역되어 외교사절청의 한 서방인 러시아어 번역관이 엮은 영향력 있는 연금술 편찬서의 밑바탕이 되었다.[34]

러시아가 점성술에 보이는 관심도 못지않게 대단했다. 15세기 말엽과

---

[22] 통치, 윤리, 관상술, 점성술, 연금술, 마술, 의학 등 갖가지 주제에 관한 아랍어 백과사전의 라틴어 번역판. 12세기 중엽에 간행되었다.

16세기 초엽의 거의 모든 저술가가 언제라도 한 번쯤은 "천체 운행 법칙의 매력"(звездозаконная прелесть)에 푹 빠졌다. 겐나디 대주교 스스로가 없애버리라는 소명을 받았다고 느낀 점성술에 매혹되었다.[35] 겐나디가 죽은 뒤에는 그의 첫 피후견인이었던 뤼벡의 니콜라이가 모스크바국에서 점성술 지식을 앞장서서 선전하는 사람이 되었다. "의학과 점성술의 교수"로 알려진 니콜라이는 새 교회력을 만드는 일을 거들려고 로마를 거쳐 모스크바로 왔던 사람이었다. 그는 의사로 머물면서, 약초와 의학에 관해 뤼벡에서 썼던 「시원한 과수원」(De genochlichke Gharde der suntheit)이라는 논문23을 황실 조정을 위해 1534년에 번역했고 가톨릭교회와 정교회의 재통합을 위해 적극적으로 움직였다. 그는 세상 종말이 1492년에서 1524년으로 미뤄졌을 따름임을 보여준다고 주장함으로써 교회 통합을 위한 자기의 간청을 다급하게 만드는 점성술 계산 결과를 내놓았다.[36] '그리스 사람' 막심(Максим Грек)은 자기의 초기 저술 대부분을 니콜라이의 주장을 논박하는 데 할애했지만, 그 과정에서 자기도 이탈리아에 있는 동안 점성술에 매료된 적이 있다고 밝혔다. 막심의 추종자인 도회풍의 외교관 표도르 카르포프(Федор Карпов)는 점성술을 "예술 중의 예술"로 부르며 점성술이 "그리스도교인에게 필요하고 유용"함을 알고 있다고 고백했다.[37] 16세기에서 17세기로 바뀔 무렵에 영국에 유학생으로 보내진 최초의 러시아인들은 점성술과 마술과 심령술을 연구하는 유명한 케임브리지(Cambrdige) 대학 출신 학자 존 디(John Dee)에게 특히 관심을 품었다.[38] 16세기와 17세기에 점복술, 심지어는 노름이 빠르게 퍼졌다는 것은 르네상스기 유럽 전역에서 유행하는 점성술 사고가 대중화되었

---

23 1492년에 뤼벡에서 간행된 이 논문은 "Благопрохладный вертоград"라는 제목으로 번역되었다.

음을 부분적으로 드러내 준다.[39]

이렇듯 서방과 초기에 접촉하는 동안 러시아인은 단편적인 사상과 기술이 아니라 우주의 내밀한 비밀을 푸는 열쇠를 얻고자 툭하면 서방을 쳐다보는 팔자가 되었다. 초기의 외교관들은 외국의 경제·정치 발전의 세부사항이 아니라 점성술·연금술 체계에 흥미를 느꼈다. 이 두 르네상스기 과학은 역사의 움직임을 지배하는 천체의 법칙이나 북쪽 숲의 허섭스레기를 황금으로 바꿀 현자의 돌을 찾아내겠다고 약속했다. 따라서 러시아의 세속 과학은 불가지론[24]적이기보다는 영지주의(靈智主義)[25]적인 경향을 띠었다. 초기의 연금술사와 점성술사에서 야콥 뵈메(Jakob Böhme)의 은비학적 신지학(문자 그대로, "신의 지식")과 프리드리히 셸링(Friedrich Schelling), 게오르크 헤겔(Georg Hegel), 카를 마르크스의 포괄적인 총체적 철학에 이르기까지, 대대로 연이어 러시아 사상가를 매혹한 서방의 총괄적 형이상학 체계에는 사실상 일종의 전통의 연속성이 있다.[40]

모스크바국에서 가장 일관성 있게 점성술과 연금술에 반대한 이들은 공식적인 요시프파 이념가들이었다. 다시금 정교 신학보다는 로마가톨릭 신학에 더 가까워 보이는 한 명제에서 요시프의 수제자 다니일(Даниил Московский) 모스크바 수좌대주교는 "하느님께서는 사람에게 지혜와 이성을 주시어 그를 어여삐 여기시고, 자기의지를 가진 존재로 창조하셨다"고, 그리고 다시 "하느님께서는 영혼을 자기의지를 가진 자유로운 존재로 창조하셨다"고 주장했다.[41] 따라서 자기의 구원을 성취할 책임

---

[24] 그노시스(영적 지식)로 신의 본질을 알 수 있다는 영지주의에 반대해서 그노시스를 부정하는 사상. 근대에는 경험할 수 있는 것만 이해할 수 있다는 사상을 가리키는 표현으로 쓰였다.

[25] 율법을 지키기보다는 그노시스를 이해해야 구원을 받는다는 교리를 편 고대의 교파. 이단으로 몰려 기원후 3세기에 쇠퇴했지만, 그 뒤로도 여러 종파에 영향을 미쳤다.

은 별의 움직임이나 체액(體液)[26]에 상관없이 자기 개인에게 있었다. 규율 있고 헌신하는 삶에서 입증되는 좋은 행실은 예수회에게만큼이나 요시프파에게도 중요했다. 그러나 인간의 자유와 책임에 두는 이런 강조는 그리스도교 세계의 동방에서는 — 요시프파가 충분히 발전시키지 않았으며 다른 종파는 사회 질서를 위협한다며 철저히 거부한 — 외로운 목소리였다.[42]

천체에 관한 초기 러시아의 저술이 모조리 은비학적 점성술로 배척될 수는 없었다. 15세기 말엽 "유대 추종자들"의 『여섯 날개』는 일식과 월식에 대한 정밀한 편람을 내놓았으며 사실상 "러시아에 나타날 최초의 수리천문학 문서"였다.[43] 그러나 그런 문서는 별의 이치가 하느님의 이치를 대신해야 한다고 제안하는 듯한 유대인 권위자와 이슬람 권위자에 바탕을 둔 한 14세기 에스파냐 유대인의 저작을 번역한 것이었으므로 요시프파 이념가들에게는 무척 수상쩍었다. 수학이 수도원에서 — 실용적인 것으로 — 널리 쓰이고 심지어는 가르쳐졌는데도 "수(數)의 지혜"는 신의 지혜에 대한 도전이라는 두려움이 모스크바국 시대 내내 가시지 않았다.[44]

요시프파는 러시아의 사상가가 교회의 엄한 통제에서 벗어나 방치되면 과학의 종교를 만들어내리라고 두려워했다. 실제로 그럴 의도가 "유대 추종자들"과 초기의 다른 반체제 인사들에게 얼마만큼 있었는지는 십중팔구 절대 밝혀지지 않을 것이다. 그러나 차츰차츰 러시아 교회의 두려움이 러시아 교회의 권위에 분개하는 사람들의 희망이 — 그리고 끝내 그 권위를 뒤엎은 혁명 세력에게는 최상의 현실이 — 되었다는 점은 분명하다.

---

[26] 중세 이후까지 통용되던 고대 서양의 생리학 이론에서는 4대 기본 체액인 혈액, 점액질, 담즙질, 우울질이 다른 비율로 섞여 사람의 천성이나 기질을 정한다고 여겨졌다.

로마가톨릭의 초기 영향의 마지막 양상은 모스크바국 안에서 들리는 르네상스 인문주의의 우물거리는 메아리였다. 16세기 초엽의 러시아는 르네상스기 이탈리아의 특징인 비판 정신, 고전고대에 관한 흥미, 덜 독단적인 신앙의 추구를 부분적으로 공유하는 고립되었지만 유력한 소수 인사들을 배출했다. 물론, 러시아의 인문주의 운동이 일관되었다고 말하기보다는 그 운동의 영향이 들쭉날쭉하고 성찰이 불완전했다고 말해야 더 맞다. 그러나 이 점은 이탈리아에서 뻗쳐나와 파리와 네덜란드를 지나 영국 남부로 들어가는 좁다란 지대 밖의 인문주의에 흔한 특성이라는 것도 사실이다.

종교를 비판하는 태도가 15세기 말엽과 16세기 초엽에 외교 사절로 외국을 다녀온 차르 측근 세속인 사이에 퍼졌다. 이반 3세 치세에 외교 사절청의 수장인 표도르 쿠리췬과 이반 4세 치세에 훨씬 더 큰 외교사절청의 수장인 표도르 카르포프, 이 두 사람은 철저한 회의론자가 되었다. 그리고 이반 4세가 가장 신임한 서기관 이반 비스코바틔이(Иван Висковатый)와 절대군주제의 주요 옹호자 이반 페레스베토프는 철저히 세속적이었다고 보인다.[45] 교양 있고 박식한 트베르 상인 아파나시 니키틴(Афанасий Никитин)은 성사 예배의식을 — 그리고 심지어는 그리스도교 특유의 진리까지도 — 은근히 문제 삼았다. 그는 근동과 남아시아를 두루두루 여행하는 동안 사람은 모두 다 같은 하느님을 믿는 "아담의 아들"이라는 결론을 내린 듯하다. 그리고 그는 비록 외국에서 정교 예배를 계속 준수했을지라도 자기가 쓴 『세 바다 여행기』(Хождение за три моря)에서 "하느님"이라는 낱말을 딱 집어서 러시아어로뿐만 아니라 아랍어와 페르시아어와 튀르크어로 썼다.[46]

더 합리적이고 보편적인 신앙 형태의 추구는 세계주의적인 러시아 서부에서 관심을 꽤 끈 듯한데, 이 지역에서는 프로테스탄트 종교개혁에서 배출되어 나와서 이런저런 교리를 혼합하고 삼위일체론을 거부하는 한 종파가 교회의 1553~1554년 특별 교회공의회에서 파문을 당해야 했다. 이 운동은 딱 반세기 더 앞서 한 공의회에서 유죄 판결을 받은 "유대 추종자들"과 마찬가지로 모호한 것 투성이다. 지도자인 표도르 코소이 (Федор Косой)가 모세 5경[27]의 가르침을 중시하고 나중에 리투아니아의 유대 여인과 결혼한 점에 비춰 보면, 다시 한 번 유대 문화와 어떤 연계가 있었을 공산이 크다.[47] 코소이는 1553~1554년 공의회에서 "모든 사람은 하느님 안에서 하나입니다. 타타르인도, 독일인도, 그 밖의 이교도도 말입니다"라고 유창하게 역설했다.[48] 이 운동은 "유대 추종자들" 운동처럼 공식 유죄판결 뒤에도 계속해서 동조자를 가지고 있었다고, 그리고 삼위일체론에 반대하는 소치누스주의가 그 뒤에 폴란드에서 급속히 번성한 것이 러시아 서부에서 시선을 계속 끌었다고 가정해야 타당해 보인다.

16세기 중엽의 유력한 러시아인 네 사람, 즉 안드레이 쿠릅스키, 표도르 카르포프, 예르몰라이-예라즘(Ермолай-Еразм), '그리스 사람' 막심은 서방 인문주의의 특성을 러시아 땅에서 재현했는데, 그 특성이란 미신과 스콜라 철학에 철학적으로 반대하는 것이었다. 네 사람 저마다 다 고전고대에 ── 특히 키케로(Cicero)의 도덕론과 플라톤의 이상론에 ── 중대한 관심을 보였다.

쿠릅스키는 정치와 역사를 전통적인 모스크바국의 관점에서 보면서도 과거의 고전주의와 가장 깊이 사랑에 빠졌고 러시아를 떠나서 라틴화한 폴란드-리투아니아 왕국 문화를 빨아들인 유일한 인물이었다. 그는 '그리스 사람' 막심에게 플라톤 사상과 초기 그리스 사상에 관한 직접적

---

[27] 구약성경의 맨 앞에 있는 「창세기」, 「출애굽기」, 「레위기」, 「민수기」, 「신명기」.

지식을 습득한 다음에 오랫동안 외국에서 지내는 동안 라틴어 고전에 관한 훨씬 더 폭넓은 지식을 보탰다. 라틴화한 백러시아 귀족 동아리와 비공식적으로 교제한 쿠룹스키는 중세 유럽에서 가장 동쪽에 있는 로마 가톨릭계 대학교인 크라쿠프 대학을 찾아갔고 자기 조카를 이탈리아로 보냈다. 이반 뇌제와 편지를 주고받으며 벌인 논전의 후반 단계에서 그는 강압 때문에 한 도주는 반역으로 여겨질 수 없음을 입증하는 수단으로 키케로의 저작을 번역한 긴 글을 편지에 넣어 보냈다.[49]

라틴어 번역가이자 러시아의 외교사절청에서 서른 해 넘게 일한 주요 관리였던 카르포프의 글에는 그가 고전 문화를 훨씬 더 깊이 빨아들였음이 또렷이 나타나 있다. 그는 글을 감칠맛 나고 문법에 맞게 "야만스럽지 않은 방식"으로 "호메로스(Homeros)의 언어"로 쓰려고 의식적으로 노력했다.[50] 얼마 남아있지 않은 그의 글에는 뛰어난 문체뿐만 아니라 명석한 지성, 도덕 상태를 비꼬고 걱정하는 마음이 드러난다.[51] 이런 마음은 모스크바국에서는 체제 타파로 쉽게 넘어갔다. 도덕 상태를 비꼬고 걱정하다가 도덕률이 군주의 의지보다 더 위에 있다는 결론을 내렸기 때문이다. 교회의 일과 세속의 일은 분리되어야 하며 정의는 인간 사회를 위한 도덕적 명령이자 현실적 필수 요소라고 역설하는 사람은 카르포프가 살던 시대에는 그를 빼놓고는 거의 없었다. 세속 사회에는 "큰 인내"라는 수사의 덕성 이외에 더 많은 것이 필요하다. 세속 사회는 법과 질서가 없으면 무너질 것이다. 그러나 법은 페레스베토프의 글에서 그런 것과는 달리 공포로 지탱되지 못한다. "정의 없는 자비는 소심이지만, 자비 없는 정의는 폭압"[52]이므로 자비는 정의와 함께 가야 한다.

그 시대의 풍조에 따라 카르포프는 섭리적 역사 이론에 기댔지만, 그의 문체는 풍자적이고 그의 결론은 비관적이다. 사람은 원시적인 자연의 법에서 모세의 율법을 거쳐 그리스도의 은총의 법으로 나아갔지만, 이

법 아래서 사는 사람들은 그 법에 따라 살지 않는다. 탐욕과 욕정이 판을 쳐서, 오늘날의 모스크바국에서는 뇌물로 돈을 주지 않으면 심지어는 사도 가운데 으뜸가는 이의 말에도 도무지 귀를 기울이려 들지 않는다.

모스크바국의 상태를 똑같은 정도로 비관하는 관점이 예르몰라이-예라즘 수사의 글에 제시된다. 그 글에서는 서방 개혁가들이 좋아하는 또 하나의 주제, 즉 목가적인 유토피아의 꿈, 그리고 자연 경제와 참된 그리스도의 사랑으로 되돌아가는 꿈이 되풀이된다. 교만이, 그리고 땅에서 멀어진 것이 세상 만악의 근원이다. 농민은 곡식을 거둘 때마다 5분의 1을 딱 한 번 차르와 귀족에게 바치는 것을 빼고는 모든 세금을 면제받아야 한다. 다른 세금은 기생적인 도소매 상인에게 매겨야 한다. 금은의 교환은 폐지되어야 하며 칼끝은 뭉툭하게 만들어 암살을 막아야 한다. 이런 것들이 그가 1540년대에 쓴 『좋은 황제가 되도록 황제를 조종하는 황비와 측량술』(Благохотящим царем правительница и землемерие)이라는 안내서에 들어있는 천진난만하기 일쑤인 생각의 일부이다.[53] 거의 모든 자연 현상에 숨어있는 삼가성(三價性) 원리를 찾아내서 삼위일체 교리를 옹호하려는 예르몰라이-예라즘의 노력에는 성기 르네상스의 수비학(數秘學)과 우주론적 신플라톤주의 신학 이론도 뚜렷이 나타나 있다.[54]

15세기 초엽 러시아 르네상스 문화의 가장 뛰어난 대표자이자 쿠릅스키와 카르포프와 예르몰라이-예라즘의 스승이었던 대단한 인물이 '그리스 사람' 막심이었다. 그를 통해 인문주의는 그리스도 정교의 색조를 얻었고 모스크바국 이념의 무비판적 광신성을 조절하려고 무던히도 애를 썼다.[55] 알바니아(Albania)와 코르푸(Corfu)[28]에서 자란 정교도 그리스인인 그는 르네상스기 이탈리아에서 여러 해 동안 공부를 한 다음에 수사

---

[28] 이오니아 해에 있는 섬. 오늘날 그리스의 케르키라.

가 되어 아토스 산으로 갔다. 1518년에 아토스 산에서 러시아로 불려갔고, 그의 여생 서른여덟 해 동안 러시아에 — 때로는 자기의 의지에 거슬러서 — 머물렀다. 그리스어와 라틴어로 된 경전을 번역하는 일을 도와달라는 차르의 부름을 받은 막심은 작업에 착수해서 지금까지 사라지지 않고 남아있는 자기 저술 150편보다 더 많은 글을 썼고, 수많은 수사 제자와 속인 제자를 사로잡았다. 그는 크리스토퍼 콜럼버스(Christopher Columbus)가 아메리카(America)를 발견했다는 소식을 러시아에 가장 먼저 전한 사람이 었으며, 발견되지 않은 채로 남아있는 고전고대 분야에 관심을 쏟으라고 촉구하기도 했다.[56]

막심의 인문주의 기질은 그가 고전에 해박하고 문헌비판에 흥미를 보였다는 데에서뿐만 아니라 문체에 관심을 가졌고 그의 저작에 시와 문법서가 들어있다는 데에서 생생하게 드러난다. 그는 중세 스콜라 철학자들이 우러러본 아리스토텔레스를 (비록 러시아에서는 이 영웅이 거의 알려지지 않았어도) 논박하는 인문학 유희를 즐겼고,[57] 르네상스의 전형적 사조에 따라 플라톤을 더 좋아했다. 그는 자주 대화 형태로 글을 썼고 이성을 선(善)과 미(美)와 거의 동일시했다.

> 하느님의 참된 이성은 사람의 내면을 지혜, 온화함, 모든 진실로 아름답게 꾸밀 뿐만 아니라 눈, 귀, 혀, 손 등 그 사람의 몸 바깥 부분을 가지런히 한다.[58]

친케첸토(cinquecento)[29]의 플라톤 아카데미의 본산인 피렌체는 막심을 신

---

[29] 500을 뜻하는 이탈리아어 낱말인 친케첸토는 1500년대, 더 정확하게는 르네상스 예술의 완숙기인 16세기 전반기를 일컫는 표현이다.

플라톤주의적 이상론뿐만 아니라 그가 젊은 학생으로서 찬양한 설교자인 지롤라모 사보나롤라(Girolamo Savonarola)의 권위주의적이고 청교도적인 열정으로 물들였다.[59] 이 유명한 예언자에 대한 그의 찬양은 그가 러시아에서 당한 운명의 열쇠를 쥐고 있을지 모른다. 사보나롤라처럼 막심은 자기 시대의 부도덕성과 세속성과 열성을 다해 싸워서 이목을 끌었으며, 예언과 계시록을 믿는 자들에게서 명사 대접을 받았다. 그 피렌체 사람처럼 막심도 순교자가 되었다. 비록 막심의 시련과 영향이 사보나롤라의 시련과 영향보다 더 오래갔을지라도 말이다.

사보나롤라와 달리 막심은 심지어 예언에서도 인문주의자의 문체와 기질을 유지했다. 그가 세 가지 나쁜 욕정인 색욕과 명예욕과 금전욕(сластолюбие, славолюбие, и сребролюбие)[60]에 퍼붓는 규탄은 시 같은 성격을 띤다. 그는 러시아 교회 문헌에 있는 오역을 바로잡으려는 자기의 노력을 옹호하고 자기를 수도원에 가둔 자들에게 적어도 서재로 조용히 돌아갈 수 있게는 해달라고 이렇게 탄원한다. "만약 제가 한 말이 옳지 않고 그르다면, 저를 업신여기지 마시고 적절한 배려로 저를 고치고 구해주시기를 바라며, 제가 성스러운 아토스 산으로 돌아갈 수 있도록 허락해주시기 바랍니다."[61] 언제나 막심은 명상하는 삶과 헤시키아주의적 영성의 중심인 이 아토스 산에 친밀감을 품었다. 성직자의 재산과 교조주의에 대한 반대는 그가 일찍이 스승으로 모신 이탈리아의 인문주의자들과 나중에 그를 따르는 볼가 강 상류 지역 출신 수사들을 잇는 고리 하나를 벼려냈다.

막심은 "추악하고 유대인 같고 비굴한 금전욕"[62]을 거룩한 곳 안으로 들여왔다는 이유에서만이 아니라 타산적 정치 목적을 위해 성경을 조작한다는 이유에서 수도원 재산을 비호하는 요시프파에 반대했다. 요시프파인 다니일 모스크바 수좌대주교와 쉬지 않고 논쟁을 벌이는 과정에서 막심은 교회가 "올바른 법칙"(правила)보다는 "비뚤어진 법칙"(кривила)의 권위 아래로 들어가고 있다는 두려움을 표명하면서, 러시아의 도덕 철학에서 아주 중요해질 "허위"와 "진실"(кривда-правда) 사이의 대립을 미리 보여준다.[63] 한 능란한 대담에서 막심은 수도원의 재산이 공동 위탁물이라는 요시프파의 주장을 창녀와 맺는 관계를 그 창녀가 "모든 이에게 속하는 것"이라는 근거를 들어 정당화하는 호색가 무리에 비유한다.[64]

막심은 차츰차츰 정치 저술로 돌아서서, 차르 바실리 3세의 이혼을 규탄했고 성공하지는 못하지만 젊은 이반 4세를 "끔찍한" 차르보다는 "공정한" 차르로 만들려고 애썼다. 막심의 정치 철학은 도덕주의적이고 보수적이어서, 동정심을 가진 한 외국인이 개발되지 못한 지역의 배움이 짧은 지도자를 위해 고안한 일종의 도덕재무장 프로그램이었다. 사회 질서를 바꾸지 않고도 모든 갈등이 해소될 수 있다. 첫째 과제는 군주에게 도덕적 열정을 불어넣는 것이다. "지상의 통치자에게 정의만큼 필요한 것은 없다."[65] 그러나 군주는 궁극적으로는 개인적인 청렴과 겸손이라는 덕성이 따르지 않고서는 공명정대해질 수 없다.[66]

비잔티움의 멸망은 이제는 모스크바가 "제3의 로마"라는 보증이기보다는 높은 곳에 있다는 교만과 자만을 버리라고 모스크바국에 보내는 도덕적 경고였다. 젊은 이반 4세에게 보내는 편지에서 막심은 사악한 그리스도교인 왕은 자주 망하고 페르시아의 키루스[30] 같은 공정한 이교도는 "매우 정의로웠기에, 온화하고 자비로웠기에" 하느님의 총애를 누렸으므로 참된 신앙을 지킨다고 해서 하느님의 은총이 공정하지 못한

---

[30] 고대 페르시아 제국의 황제(기원전 6세기 말~529년경). 뛰어난 통치자이자 이상적 군주라는 평가를 받았고, 구약성경에는 바빌로니아에 붙잡혀 있던 유대인을 해방한 군주로 나온다. 한국어 성경에는 고레스로도 표기되어 있다.

군주에게 절로 보장되지는 않으리라고 시사한다.[67] 막심은 황제의 권위와 사제의 권위 사이에서 권력이 조화를 이룬다는 비잔티움의 고전적 사상을 차르의 권력은 제한을 받지 않는다는 모스크바국의 주장과 나란히 놓고 비교했다. 자기의 벗인 카르포프처럼 막심은 차르가 교회 영역에 간섭해서는 안 된다고 거리낌 없이 말했으며 심지어는 교회 밖의 영역에서도 차르는 더 높은 도덕률에 구속된다고 시사했다.

그러나 이 외국인 스승은 주장의 논리나 문체의 아름다움이 아니라 신앙심의 깊이 때문에 존경을 받았다. 초기에 그는 콘스탄티노플을 해방할 십자군을, 그리고 크림의 한을 상대로 예방 전쟁을 일으키자고 주장했다.[68] 그러나 세월이 흐르자 온화와 겸허와 연민이라는 소박한 바울 사도의 이상이 그의 글을 지배한다. 수도원에 갇혔다 풀려났다 하면서, 무고와 고문을 당하고 거의 굶어 죽을 뻔하면서 막심은 오랜 고난을 거친 사랑의 교리를 자기의 삶으로 강조했다. 그는 자기가 찾아온 나라의 배은망덕에 화를 내기는커녕 러시아를 사랑하는 마음을, 그리고 차르 측근에서 거드름을 피우는 요시프파 수사들이 품은 러시아의 이미지와는 다른 러시아의 이미지를 키웠다.

막심은 통치의 기법이나 실제 개혁의 가능성에는 거의 관심을 보이지 않지만, 모스크바국에서 억압받는 사람에게는 연민을, 부자에게는 슬픔을 느낀다. 그는 "사는 데 꼭 필요한 것을 빼앗긴 자식에게 어머니가 마음으로 느끼는 슬픔도 경건한 차르가 자기가 사랑하는 백성의 안전과 안녕을 걱정하는 마음에는 미치지 못한다"고 굳게 믿는다.[69] 지닌 허물이 무엇이든 러시아는 타타르 같은 폭정은 아니다. 밖으로는 괴롭힘을 당하고 안으로는 타락이 판을 쳐도 러시아는 동방에서 그리스도교의 지배를 세울 거룩한 사명을 안고 있다.

막심은 자기의 말년과 이반 뇌제의 통치 초기에 사보나롤라의 『교회의 붕괴에 관하여』(De ruina ecclesiae)에 나오는 멸망한 교회의 이미지를 붕괴한 러시아 제국의 이미지와 바꿔놓는다. 막심은 자기가 여행을 하던 도중에 인적이 끊긴 길가에서 들짐승에 에워싸인 채 검은 옷을 입고 울고 있는 한 여인과 마주친 상황을 설명한다. 막심은 그 여인에게 이름을 알려달라고 부탁하지만, 그 여인은 거절하면서 자기의 슬픔을 덜어줄 힘이 그에게 없으니 모른 척하고 그냥 지나가는 것이 낫겠다고 우긴다. 마침내 그 여인은 자기의 진짜 이름이 ("제국"을 뜻하는 바실레이아 (Basileia)라는 그리스어 낱말에서 나온) 바실리야(Василия)라면서 자기는 "거룩한 그리스도 교회를 …… 섬기려는 마음이 …… 조금도 없는" 폭군들에게 능욕당하고 금전욕과 음탕한 쾌락에 사로잡힌 자식들에게 버림을 받았다고 말한다. 예언자들은 그 여인을 더는 이야기하지 않고 성자들은 그 여인을 더는 지켜주지 않았다. "내가 남편 잃은 아내 같지 않은가, 이 무도한 시대의 인기척 없는 길옆에 앉아있지 않은가?"[70]

사실은 바로 여기에 "거룩한 루스"(Святая Русь) 개념이 있다. 러시아는 욕을 보고 고난을 겪지만 늘 정이 많다. 러시아는 통치자인 "남편"과 백성인 "자식들"에게 푸대접을 받고 버림을 받을 때조차도 그들에게 충실한 아내이며 어머니라는 것이다. 비록 그 개념의 기원이 막심의 문하생인 쿠릅스키에게로 거슬러 올라가고[71] 17세기 초엽의 동란기에 처음으로 널리 인기를 얻기는 했어도,[72] "거룩한 루스"가 무정하고 냉정한 국가와는 상반된 이상이라는 인식은 막심에게서 처음으로 표출된다.

한편, 막심은 기성의 예배의식 밖에서 끊임없이 기도한다는 헤시키아주의적 이상을 그리스도교의 역사적 진리 밖에 있는 보편적 진리라는 인문주의적 이상에 연결했다. 그는 자기 글을 읽는 이들에게 러시아가 "일체의 악과 일체의 허위를 내버리고 진리를 깨닫"도록 멈추지 말고 기도하라고 간청했다.[73] "진리"(правда)는 이미 막심에게 이 낱말이 훗날 러시아의 개혁가들에게 지니는 철학적 확실성과 사회 정의라는 이중의 의미를 지녔다. 그 개혁가 가운데 많은 이와 마찬가지로 막심은 선동죄로 자주 고발당했고, 수인(囚人)과 별반 다를 바 없는 신세로 숨을 거두었다.

막심은 죽은 뒤에 그가 살아있는 동안에는 공식 교회가 두려워하고 벌주려고 애썼던 바로 그 독실한 신앙심 때문에 (그에 앞서 닐 소르스키가 그랬던 것처럼) 차츰차츰 공식적인 존경을 받게 되었다.[74] 그러나 모스크바국 이념에 인문주의적 이상을 불어넣으려는 그의 시도는 실패했다. 닐 소르스키의 학식 높은 문하생이었고 막심의 충실한 후원자였던 아르테미(Артемий) 성 세르기 대수도원 원장은 1553~1554년의 교회공의회에서 이단으로 몰려 솔로베츠크로 유배되었다. 그 뒤에 아르테미는 막심의 제자인 쿠릅스키처럼 폴란드로 도망쳤다. 두 사람 모두 다 정교 신앙에 여전히 충실했지만, 모스크바국 이념에 인문주의적 이상을 용해하려는 시도를 더 해볼 희망을 잃었다.

닐 소르스키가 "유대 추종자들"의 고발과 처형에 반대했던 것과 똑같이 막심은 1553~1554년의 교회공의회에 참석하기를 거부했다. 막심이 1556년에 성 세르기 대수도원에서 숨을 거두었을 때, 관용적인 그리스도교 인문주의를 옹호하는 마지막 유력인사가 모스크바국의 무대에서 사라졌다. 외국의 문화적 영향력이 여러 방면에서 공격을 당하고 있었다. 이콘 도상규범에서 외국의 영향을 엄금하는 데 반대한다는 이유로 차르의 최측근 속인 고문 이반 비스코바틔이에게 혹독한 보속(補贖)[31]이 부과되었다. 이반 4세가 속내를 터놓는 성직자 친우였던 (그리고 치마부에

---

[31] 그리스도교에서 죄인이 죄를 뉘우치고 고해를 한 뒤 사제가 명하는 대로 실천해서 죄를 씻는 행위.

(Cimabue)와 피에트로 페루지노(Pietro Perugino)의 그림을 모사한 작품을 모스크바에 제공하라고 프스코프 미술가들에게 명했던) 실베스트르가 르네상스 예술에 잠시 반짝 보였던 관심도 사라졌다.[75] (막심의 벗이자 라틴어 번역을 같이 한 동료인 드미트리 게라시모프가 1524~1525년에 외교업무로 로마를 방문하는 동안 일깨웠던) 팔레스트리나(Palestrina)의 화려한 다성음악에 관한 관심도 이반 4세가 기존의 교회 성가 체계를 러시아교회를 "올바르게 찬양하"는 음악의 유일한 형식으로 삼는다고 결정하면서 사라져버렸다.[76] 마지막으로, 그리고 가장 중요하게도, 막심처럼 언어 재능을 가진 비판적 인물들이 성경 재간행 작업에서 밀려났고 지식은 모자라지만 더 믿을 만한 차르 부하들이 그 작업을 맡았다. 이반 4세 주위의 요시프파 수사들은 개념의 합리적 계열화보다 방대한 개설을 더 좋아했다. 문헌 비판에 대한 반대가 확장되어 신앙을 선전하고 성경을 복제하는 수단으로 인쇄술을 활용하는 것마저 반대하기에 이르렀다. 백러시아 사람인 이반 표도로프(Иван Федоров)의 관장 아래 모스크바에 국립 인쇄소를 세우려는 단기간의 노력이 성과를 거두지 못한 채 1565년에 폭도가 그 인쇄소를 부수고 인쇄공들이 리투아니아로 도망치는 참사로 끝나고 말았다.[77] 1565년은 쿠릅스키가 도주하고 오프리치니나가 수립된 해였다. 새로운 외국공포증이 나돌았고, 르네상스기 이탈리아의 다면적 문화와 비교적 조화롭게 이루어지던 자잘한 접촉의 시대가 끝나고 이반의 통치 말기에 시작된 더 광범위한 대립이 분란을 일으키고 있었다.

한 세기 동안 단속적으로 이탈리아의 영향을 받으면서 빚어진 주요 결과는 서방을 수상쩍게 여기는 감정이 생겨난 것이다. 이 감정은 영향력이 커지고 있던 수사들 사이에서 가장 거셌으며, 점점 더 라틴 교회에 대한 미움으로 바뀌었다. 모스크바국의 이런 공식적인 반(反)가톨릭 성향은 이해하기 어렵다. 요시프파가 가장 두려워한 르네상스 문화의 양상에

— 즉 점성술, 연금술, 유토피아 사회 사상, 회의주의 철학, 그리고 삼위일체론과 성사에 반대하는 신학에 — 로마 교회도 반대했기 때문이다. 물론 반가톨릭 성향은 부분적으로는 예전에 헤시키아주의자들이 말기의 비잔티움 제국 안에서 세력을 키우는 스콜라 철학에 가했던 저항의 연장이었을 뿐이다. '그리스 사람' 막심은 자기의 아토스 산 스승들에게 충실해서, 러시아인에게 이렇게 말했다. "라틴인은 그리스와 로마의 교리의 유혹뿐만 아니라 심지어는 유대 문헌과 아랍 문헌의 유혹에도 넘어갔습니다. …… 화합할 수 없는 것을 화합하려는 시도는 온 누리에 재난을 몰고 왔습니다."[78]

그러나 왜 유난히 로마 교회가 분노의 초점이 되었는지를 완전히 이해하려면 모스크바국 문화의 본성과 타문화를 자기 자신의 이미지에 따라 인식하는 변함없는 경향, 이 양자를 명심해야 한다. 모스크바국이 유기적 종교 문명이니까 서유럽도 유기적 종교 문명이어야 했다. 동방의 러시아에 있는 모든 문화가 정교회의 표현이므로 당혹스러운 서방의 문화적 다양성은 이 문제에 관한 로마 교회의 공식 입장이 무엇이든 로마 교회의 표현임이 틀림없었다. 라틴스트보(латинство), 즉 "라틴 세계"는 서방을 가리키는 일반 용어가 되었고, "라틴 세계로 간다"(податься в латинство)는 관용구는 "악마에게 간다"(податься к дьяволу)는 뉘앙스를 띠었다. 16세기 중엽까지 차르가 "라틴스트보 이 베세르멘스트보"(Латинство и Бесерменство)에게서, 즉 라틴 세계와 무슬림 세계에서 러시아를 구하라는 기도가 있었으며, 러시아인과 서방인을 대비하는 데 쓰이는 용어는 "그리스도교인"(крестьянин)과 "라틴인"(латинянин)이었다.[79] 그리스도교를 믿는 동방의 통치권이 이제 "제3의 로마"의 차르에게 집중되어 있으므로 서방의 통치권도 신성로마제국 황제(체자르(Цезарь))의 손에 집중되었다고 가정되었다. 서방의 다른 군주권은 급이 떨어지는 러시아의 속령 공후와 동등하게 다뤄졌다. 그들의 외교 통신문은 근대 러시아어의 토대를 제공하는 새로운 토착 "관청어"로 번역된 반면에, 거의 다 라틴어로 된 신성 로마제국 황제의 통신문은 교회 슬라브어로 번역되었다.[80]

폴란드와 싸우는 17세기에 나타나 체계적으로 고취된 반(反)가톨릭 성향을 16세기로 거슬러 올라가 찾아내는 것은 착오일 것이다. 바티칸 (Vatican)과의 관계는 모스크바국 통합을 거부했는데도 16세기에는 비교적 온화했다. 15세기 말엽에는 모스크바에 가톨릭교회가 하나 있었다.[81] 16세기 한 세기 내내 가톨릭교도 거주민이 헤아릴 수 없이 많았으며, 왕실 사이에 혼사가 이루어져서 로마가 백러시아와 소러시아에서 거두고 있었던 개종 사업의 성공에 맞먹는 성공을 대러시아에서도 거둘 수 있을 뻔했던 경우가 여러 차례 있었다. 그러나 승리를 거둔 요시프 파당이 러시아 사회에 부과하고 있던 변화에 대한 민중의 반대를 딴 데로 돌릴 피뢰침이 필요했으므로 러시아의 반가톨릭 성향의 토대가 이미 조성되고 있었다. 새로 지위가 높아진 차르와 그의 측근에 있는 성직자들에게 감히 도전할 사람은 없었지만, 러시아 사회의 많은 보수 인자들은 요시프파가 러시아에 가져온 위계적 규율과 교리의 경직성이 심해지는 사태에 뚜렷이 드러내지는 않을지라도 깊디깊은 반감을 품었다. 그래서 남몰래 자국 안에서 은밀히 싫어하는 바로 그것들 때문에 머나먼 로마가톨릭교회를 훨씬 더 거세게 공격하는 경향이 심해지고 있었다.

이렇듯, 요시프파 고위성직자들은 심지어는 로마가톨릭교회에서 지식과 기술을 빌리고 있는 동안에도 로마가톨릭교회 비판이 나라 안의 분노를 조절하는 데 유용한 안전판임을 알아챘다. 또한, 모스크바국 차르의 손에 권력이 집중되는 데 드러내지 않고 반대하기 위해서 서방이 희생양이 되었다. 모스크바국에서 전제정이 모든 반대파를 분쇄하고 있던 바로 그때에 군주정에 반대하는 내용의 무언극이 러시아 대중문화에 나타났다. 이 극의 — 그리고 결국은 천벌을 받는 교만하고 잔인한 왕의 — 이름은 모스크바국이 광범위한 관계를 맺은 초대 신성로마제국 황제인 차르 막시밀리얀(Царь Максимильян)이었다.[82]

이렇듯 로마에 대한 불신은 러시아에서는 처음부터 이념적 토대뿐만 아니라 심리적 토대도 가지고 있었다. 15세기 중엽부터 16세기 중엽까지 이런 접촉이 형성되는 첫 100년 동안 러시아에게 "서방"은 성기 르네상스의 세련된 라틴 교회와 신성로마제국이었다. 그러나 매력은 공포와 뒤섞였다. 러시아 교회가 서방으로부터 일련의 운명적인 부분적 차용을 시작했고 소규모 교양 엘리트가 문화를 표현하는 주된 언어를 차츰차츰 그리스어에서 라틴어로 바꾸기 시작했기 때문이다.

"게르만인"

모스크바국이 서방과 하는 접촉은 이반 4세 통치기 동안 가톨릭 "라틴인"과 하는 단발성 간접 교류에서 프로테스탄트 "게르만인"(германцы)과 지속적으로 벌이는 직접 대결로 결정적으로 바뀌었다. 돌이킬 수 없을 만큼 러시아를 서방의 영향에 개방하는 시점이 차르들 가운데 겉보기에는 가장 외국을 싫어하는 전통주의자인 이 차르의 치세에 왔다는 점, 그리고 이반 4세가 부지불식간에 러시아를 내맡긴 손이 그가 가톨릭교도보다 훨씬 더 미워한다고 공언한 프로테스탄트 혁신가들의 손이었다는 점이 곱절로 얄궂다. 루터(Luther)라는 이름[32]이 류틔이(лютый, "잔혹한")라는 낱말과 관련이 있다고, 그리고 프로테스탄트 전도사를 가리키는 러시아어 낱말(казнодей, 카즈노데이)이 사실은 코즈노데이(кознодей, "모사꾼")

---

[32] 루터라는 고유명사는 러시아어에서 류테르(Лютер)로 발음된다.

의 한 형태라고 시사한 사람이 바로 이반 4세였다.[83] 그러나 16세기 중엽부터 18세기 중엽까지 러시아 사상에 큰 영향을 준 북유럽 프로테스탄트 국가들과 대규모로 접촉하기 시작한 사람도 바로 이반 4세였다.

이반 4세는 1550년대 초엽에 모스크바국의 이콘과 깃발을 들고 나아가 카잔을 지나 볼가 강을 따라 밑으로 내려가서 카스피 해에 이르던 바로 그때, 저 멀리 북쪽에 있는 아르한겔스크(Архангельск)라는 백해 항구에서 광범위한 치외법권과 경제 이권을 영국에게 허가했다. 영국은 볼가 강을 따라 오리엔트로 가는 수지맞는 교역로를 트는 일에서 이반 4세의 가장 열성적인 협력자가 되었다. 같은 시기에 덴마크는 카잔 공방전의 핵심이었던 포병대원부터 모스크바국에 나타난 최초의 (사실은 위장한 루터교회 선교사였던) 식자공에 이르는 다양한 기술자를 제공했다. 급팽창하는 이반 4세의 군대에서 복무하는 용병은 가장 먼저 프로테스탄티즘으로 넘어간 지역인 발트 해 연안의 게르만인 거주지역에서 주로 나왔다.

다른 게르만인은 오프리치니나에 들어간 경력을 통해 새로운 봉직귀족의 지위를 차지했다. 무인 수사(武人 修士)의 군사 종단이라는 착상 자체가 모스크바국이 아주 오랫동안 긴밀하게 접촉했던 튜튼 기사단과 리보니아 기사단에서 차용되었을 공산이 크다. 어쨌든, 이반 4세가 두건을 쓴 이 반(反)전통적 치안 종단을 만든 것은 그가 동에서 서로 방향을 튼 다음에, 그리고 그가 리보니아 전쟁의 강도를 높이겠다고 결정한 것과 동시에 일어난 일이었다. 리보니아 전쟁의 초기에 승리를 거두는 동안 발트 해 연안 지역의 게르만인이 포로로, 아니면 재산을 잃고 일자리를 찾는 난민으로 이미 모스크바에 대거 이주해 있었다. 1560년대와 1570년대에 모스크바에서 남동쪽으로 6킬로미터 떨어진 곳에 외국인 거주지가 처음으로 체계적으로 조성되기 시작했다. 이 거주지는 당시에는 "도시 아랫마을"(нижегородская община)이라고 불렸지만, 곧 "독일인 거류지", 즉 네메츠카야 슬로보다(Немецкая слобода)로 알려지게 된다. 새로 들어오는 외국인에게 적용된 넴칙(немцы)라는 용어는 일찍이 10세기에 사용된 적이 있고[84] "벙어리"(немые)라는 경멸 어린 의미를 띠었다. 비록 모스크바국에서는 용법이 다양하기는 했어도, 넴칙는 북유럽의 게르만 계통의 모든 프로테스탄트 교인을 — 요컨대, "라틴인"이 아닌 모든 서방 유럽인을 — 가리키는 포괄적 용어로 널리 쓰였다. 빠르게 성장하는 볼가 강 교역로를 따라 형성된 핵심 요충지인 니즈니 노브고로드(Нижний Новгород)와 볼로그다와 코스트로마(Кострома)에 (자주 "작센(Sachsen)인" 교회나 "장교의" 교회를 다 갖춘) 다른 "게르만인" 정착지가 나타났다. 1590년대 초엽에 서방의 프로테스탄트 신자들이 시베리아에서 토볼스크(Тобольск)만큼 먼 동쪽에 정착했으며, 정교회의 카잔 수좌대주교는 러시아인뿐만 아니라 타타르인도 루터교회로 넘어가는 중이라고 불평하고 있었다.[85]

그러나 모스크바국에서는 현지의 관습에 순응하라는 압박이 심했으며, 프로테스탄트의 이런 초기 진출은 오래가는 자취를 거의 남기지 못했다. 동화된 발트 해 출신 독일인과 작센 출신 독일인이 가져온 외국의 방식과 신앙을 직접 수용한 것보다는 더 멀리 영국과 덴마크와 네덜란드에서 온, 그리고 뤼벡과 함부르크(Hamburg) 같은 서쪽의 독일 항구에서 온 "게르만인"에게 러시아가 점점 의존하게 된 것이 더 중요했다. 이반 4세가 리보니아로 쳐들어가고 러시아를 이웃 나라인 폴란드와 스웨덴과 벌이는 장기전에 밀어 넣는 바람에 러시아는 바로 옆에 있는 적국의 맞은편에 있는 동맹국을 구해야 했다. 부지런하고 진취적인 이 프로테스탄트 열강들은 통행권과 교역권을 얻고 원료를 받는 보답으로 군사 장비와 훈련된 인력을 내줄 수 있었다. 러시아의 동맹 관계가 그 시대의 복잡한 외교 정세에 따라 자주 바뀌었을지라도, 북서 유럽의 이 원기왕성한 프로테스탄트 공국들과 맺은 우호 관계는 16세기 말엽부터 18세기 중엽까지 비교적 상수(常數)로 남았다. 이런 형세는 이전에는 이반 3세가 (그리고 이반 4세가) 폴란드-리투아니아에 대항하는 지원을 얻고자 신성로마제국을 우호적인 눈길로 바라보도록 만들었고 이후에는 18세기 중엽에 동유럽에서 폴란드와 스웨덴 대신에 독일이 러시아의 주요 경쟁자가 될 때 러시아의 관심을 독일에서 프랑스로 옮겨놓을 법칙과 동일한 "맞은편 국경의 법칙"(Gesetz der Gengengrenzlichkeit)과 함수 관계에 있었다.

말년에 점점 심해지는 이반 4세의 격노는 그가 편집증보다는 일종의 정신분열증을 앓은 결과로 보인다. 이반 4세는 사실상 두 사람이었다. 두 사람이란 배타적인 전통 이념을 진정으로 믿는 이와 실험적인 근대 통치술을 실행하는 데 성공한 이였다. 그 두 역할이 툭하면 맞부딪쳤기 때문에 그의 통치는 모순으로 뒤범벅되었다. 쪼개져 서로 맞부딪치는 그 두 사람 속에서 맹렬한 폭발과 철저한 칩거가 번갈아가며 일어나면서 그의 인성은 점점 더 망가졌다.

리보니아 전쟁의 이면에는 모순과 역설이 있다. 약삭빠른 경제적·정치적 이유에서 개시된 리보니아 전쟁은 한때 리보니아 기사단이 자기들의 러시아 침공을 언급할 때 그랬던 것과 아주 흡사한 방식으로 그리스도교의 성전으로 선전되었다. 전쟁에 힘을 보태려고 이 열성 정교 신자[33]는 자기가 리보니아 왕이라고 선포하기도 한 루터파 덴마크 왕자에게 조카딸을 시집보내면서 루터교회-정교회 혼성 예배에 참석했다. 한편, 이반 4세는 비록 어처구니없기는 했어도 영국 여왕과 결혼을 해보려고 끈덕지게 노력했다.[86] 강화 주선을 거들려고 이반 4세는 처음에는 폴란드를 섬기는 한 체코인 프로테스탄트 신자에게 기댔다가 그다음에는 교

---

[33] 이반 4세.

황을 섬기는 이탈리아인 예수회 단원에게 기댔다.[87] 그 두 사람을 다 미워하면서도 이반 4세는 한 사람이 있는 자리에서 다른 한 사람을 함께 헐뜯어 두 사람과 따로따로 일정한 합의를 보았다. 이반 4세는 과연 그 답게도 — 교섭에 나선 그 체코인을 "이단자일 뿐만 아니라 악마 무리의 적그리스도들을 섬기는 하수인"[88]이기도 한 사람이라고 부르면서 — 자기가 가장 많이 의존하는 프로테스탄트 교인들에게 가장 모질게 굴었다.

한편, 이 철저한 전제정의 옹호자는 대의제 전국회의, 즉 1566년의 젬스키 소보르를 러시아 역사상 최초로 소집한 통치자가 되었다. 이것은 이 자칭 전통주의자의 순전한 정치적 임기응변이었다. 리투아니아로 전쟁을 확장하려는 노력의 일환으로 이반 4세는 리투아니아의 귀족 회의(세이믹(sejmik))에 익숙한 러시아 서부의 편력 귀족을 유인하는 동시에 백성을 더 많이 끌어들이는 유럽식 3신분 대표제를 채택함으로써 도시의 새로운 부(富)를 동원해 보려고 애썼다.[89] 이반 4세가 헌정으로 유혹하기보다는 군대로 공격하는 쪽을 택하자, 리투아니아는 이제까지는 구상 차원에 머무르던 폴란드와의 결합을 서둘러 마무리했다. 1569년에 이 병합을 루블린(Lublin)에서 선언한 의회(세임(sejm))는 순전히 귀족으로만 이루어진 회의체였고, 대표성에서 이반 4세가 1566년에 소집한 회의체보다 훨씬 못했다. 그러나 그 의회는 야기에우오 왕조의 대가 1572년에 끊어졌을 때 새로운 다민족 공화제 국가(제츠포스폴리타(Rzeczpospolita))의 국왕을 선출하는 중요한 역할을 맡았다.

이반 4세와 그의 후계자들은 (거의 모든 다른 유럽 왕가와 마찬가지로) 이 기구의 의회 음모에 정력적으로 참여했다. 폴란드가 1586년에 왕위계승 위기를 겪는 동안에는 특히 그랬다. 그리고서 1598년에 러시아에서도 제위 계보가 끊기자 특별히 소집되어 폴란드식 절차에 기대어 1566년 이후로는 처음 열리는 젬스키 소보르에서 통치자가 — 즉, 불운한 보리스 고두노프가 — 선출되었다. 이 젬스키 소보르는 그 뒤 사반세기 동안 훨씬 더 폭넓은 대표성을 지니게 되었으며, 여러모로 나라에서 최상위 정치권력이었다. 엇비슷한 대의 기구들이 1598년뿐만 아니라 1606년, 1610년, 1611년, 1613년에도 제위 계승자 선정에 관한 중대 결정을 내렸다.[90] 구성과 기능에서 차이점이 많기는 했어도 이 회의체들은 모두 다 이반 4세가 1566년에 소집한 회의체의 원래 목적과 같은 목적을 지녔다. 그 목적이란 서쪽의 러시아인을 유인해서 폴란드-리투아니아의 세임에 게서 떼어놓는 것과 북유럽 프로테스탄트 국가들의 다(多)신분제 의회를 모방해서 더 효율적으로 자금을 마련하는 기구를 만들어내는 것이었다.[91]

따라서 모스크바국의 전제정에게 모든 시원적 대의체가 했던 도전 가운데 가장 심각한 이 도전은, 얄궂게도, 가장 철저한 전제정 옹호자로 보이는 이의 국가통치술에서 비롯되었다. 자가당착으로 점점 더 분열된 이반 4세는 모스크바에 최초의 인쇄기를 들여와서 1564년에 러시아 최초의 인쇄 서적 『사도행전』(Деяния Апостолов)의 간행을 후원하고서 이듬해에는 폭도가 인쇄기를 불태우고 인쇄공들을 리투아니아로 내쫓도록 내버려두었다. 그는 수도원에 주는 황실 교부금과 수도원을 순례하는 횟수를 늘리고 나서는 알렉산드로프(Александров)에 있는 오프리치니나 본영에서 정교회 예배를 풍자하는 작품의 상연을 후원했다. 빠르게 변하는 세계의 복잡다단성을 해석할 수 없었던 이반 4세는 1572년에 오프리치니나를 폐지하기 전 여러 해 동안 서방화하는 인자들을 상대로 테러 행위를 강화했다. 1570년에 그는 다시 한 번 노브고로드를 철저히 부수고 거주민 수를 확 줄였으며, 자기가 속내를 털어놓는 최측근 세속인 가운데 한 사람이던 비스코바틔이를 즉결 처형했다. 한 해 뒤에 느닷없이 타타르인이 쳐들어와서 모스크바를 노략질하고 불태웠다. 1575년에는 ─ 러시아에서 최초로 차르로 제위에 올랐던 ─ 이반 4세가 알렉산드로프로 물러나서는 차르 칭호를 그리스도교로 개종한 타타르의 한[34]에게 넘겨 주고 퇴위했다. 그는 곧 통치를 재개하기는 했을지라도 이 이상한 일화 뒤에는 차르 칭호를 훨씬 덜 썼다.

이반 4세가 군주의 권위에 먹칠한 행위는 무뎌진 모스크바 백성의 심성에 단지 테러만으로는 일으킬 수 없었을 충격을 안겨주었다. 이반 4세가 그토록 북돋으려고 무던히도 애썼던 그리스도교 제국 지도자로서의 차르의 이미지가 몹시도 망가졌다. 이 가부장 사회에서 모든 충성과 "민족" 정서의 초점인 신성화된 군주가 자기의 신성을 내팽개쳤다. 그 이미지는 이반 4세가 사람을 여러 차례 죽였다는 사실보다는 그에게 희생된 두 사람의 신분 탓에 망가졌다. 1568년에 필립 모스크바 수좌대주교를 죽였을 때 이반 4세는 다른 무엇보다도 불충하다는 의심을 산 한 대귀족 가문의 우두머리를 없애버리려고 시도한 셈이다. 그러나 존경받는 교회의 최고 어른을 죽임으로써 이반 4세는 러시아 백성이 지은 죄의 값을 대신 치르고자 무고한 죽음을 자발적으로 받아들였던 러시아 최초의 민족 성자인 보리스와 글레브의 후광 비스무리한 것을 필립에게 씌워주었다. 필립의 유해는 저 머나먼 솔로베츠크 수도원에서 숭배를 받았고, 이 수도원이 순례의 중심지로서 자고르스크 부근의 성 세르기 대수도원과 맞먹는 위치에 오르기 시작했다. 큰 수도원과 모스크바 대공의 밀착 관계가 헐거워지기 시작하고 있었다.

모스크바국 이념에게 훨씬 더 심각했던 충격은 이반 4세가 자기와 이름이 같은 아들이자 후계자인 차레비치(царевич)[35] 이반을 살해한 것이다.

---

[34] 랴잔 주에 있던 카심(Касим) 한국의 통치자 시메온 벡불라토비치(Симеон Бекб- улатович, ?~1616년).

차르 이반이 자기에게 절대적 제왕권이 있다고 주장할 수 있었던 근거는 아득히 먼 지난날인 사도 시대와 제국 시대부터 끊기지 않고 이어지는 계승이었다. 이 계보를 이전의 그 누구보다도 더 완벽하게 막힘없이 줄줄 읊었던 이반 4세가 이제 그 거룩한 사슬을 제 손으로 끊었다. 그렇게 함으로써 그는 하느님의 선택을 받은 그리스도교인 전사이자 구약성경에 나오는 통치자의 아우라, 카잔에서 승리를 거둔 뒤로 자기를 휘감아 온 아우라를 꽤 많이 잃었다.

순교한 필립과 이반은 러시아 민간전승의 새로운 주인공이 되었고, 따라서 차르 이반의 적들은 많은 이가 보기에 "거룩한 루스"의 참된 머슴이 되었다. 17세기의 종교 위기 속에서 대립하는 양대 파당은 자기 파당의 기원을 거슬러 올라가 필립에게서 찾았다. 니콘 총대주교는 필립의 유해를 모스크바로 옮기는 행사를 연출했고, 구교도는 필립을 성자로 숭상했다. 17세기의 정치 위기 속에서 차레비치 이반이 어쨌든지 죽지 않고 살아있다는 인식, 즉 사도 시대까지 끊기지 않고 대가 이어지는 "진짜 차르"가 아직도 있다는 인식이 생겨났다. 이반 4세 스스로가 자기 아들의 넋을 달래는 예배에 돈을 대려고 성 세르기 대수도원에 5,000루블이라는 전례 없이 큰 금액을 기부함으로써 그 전설의 발생을 거들었다.[92]

이 두 사람 사이의 갈등은 근대 러시아 초기의 민요에 나오는 모든 주제 가운데 가장 빈번한 주제가 되었다.[93] 모든 19세기 러시아 역사화 가운데 가장 극적인 그림은 십중팔구 이반 4세가 자기 아들을 죽이는 장면을 선홍색 물감을 듬뿍 찍어 화폭에 담은 레핀의 그림일 것이며,

---

35 러시아 황제의 아들을 뜻하는 낱말. 제위를 물려받을 제1후보자는 체자레비치(цезаревич)로 불렸다.

도스토옙스키는 혁명에 관한 자기의 예언적 소설 『악령』의 핵심 장에 "차레비치 이반"(Иван-Царевич)이라는 제목을 붙였다.

이반 뇌제의 계승자는 지능이 낮은 아들 표도르였는데, (이반 4세의 유일한 다른 아들인 어린 차레비치 드미트리가 1591년에 의문에 휩싸인 채 피살된 뒤에) 표도르마저 1598년에 죽자 유구한 차르 계승의 계보가 끝났다. 섭정이었던 보리스 고두노프가 제위에 오른 것은 모스크바국의 정서에 한 차례 더 가해진 모욕이었다. 보야린이 아니고 조상의 일부가 타타르인인 보리스 고두노프는 추잡한 정치 논쟁이 벌어지는 와중에 젬스키 소보르에서 (아주 최근인 1589년에야 비로소, 그리고 외국 정교회 지도자들의 조금은 수상쩍은 인가를 얻어 만들어진 직위인) 러시아 총대주교와 공모해서 선출되었다. 차르가 "모든 남자 백성으로 이루어진" 회의체를 소집해야 한다는 쿠릅스키의 전제정 반대 주장이 "만백성의"[94] 대표들이 보리스 고두노프를 선택했다는 공식 선언으로 충족되는 듯했다.

일단 권좌에 오르자 고두노프는 적극적이고 체계적인 서방화론자가 되었다. 그는 면도하는 유럽식 관행을 장려했다. 외국 기업가에게 유리한 조건으로 경제 접촉이 크게 확대되었고, 장차 러시아를 이끌 지도자로 선정된 서른 명이 유학생으로 외국에 파견되었고, 주요 직위가 외국인에게 할당되었고, 외국인 공동체가 차르의 보호를 받았고, 루터교회가 모스크바뿐만 아니라 저 멀리 니즈니 노브고로드에서도 허용되었고, 덴마크 왕태자[36]가 경쟁자인 스웨덴 왕자[37]의 청혼이 무산된 뒤에 고두

---

[36] 요한 슐레스비히-홀슈타인 공 (1583~1602년). 덴마크 국왕 프레데릭 2세의 막내 아들이었고, 1602년에 고두노프의 딸과 결혼하려고 1599년에 모스크바로 갔지만, 병에 걸려 10월 28일에 급사했다. 모스크바의 한 루터교회에 묻혔다.

[37] 구스타프 에릭손 바사 (Gustav Eriksson Vasa, 1568~1607년). 스웨덴 국왕 에릭

노프의 딸 크세니야(Ксения)와 결혼하도록 모스크바로 불러왔다.

그러나 러시아가 보리스 고두노프 치세에 그가 가장 찬양하는 나라인 잉글랜드(England)와 덴마크에서 시행되는 형태의 제한 군주제를 향해 평화롭게 진화할 그 어떠한 가망도 기껏해야 잠시 나타났다 덧없이 사라지는 정도에 그쳤다. 이반 4세가 러시아에 불러들인 위기보다 훨씬 더 심한 위기가 잇달아 고두노프를 곧 덮쳤기 때문이다. 고두노프의 통치 마지막 세 해 동안 그의 영토에 백성 3분의 1의 목숨을 앗아갔을지 모를 기근이 닥쳐왔고 비적 행위와 농민 소요가 걷잡을 수 없이 번졌다. 한편, 고두노프의 사위가 될 덴마크 왕자가 모스크바에서 갑자기 죽었고, 미래의 지도자로 선정된 유학생들은 서른 명 가운데 두 명을 빼고는 모두 서방에 남기로 마음먹었다.[95]

1605년에 보리스 고두노프에게 죽음이 거의 구원처럼 찾아왔음이 틀림없지만, 가뜩이나 뒤흔들린 나라의 고통은 그가 죽으면서 가중되었을 따름이다. 그 나라는 열다섯 해 동안 한 계승자를 중심으로 통합될 수 없었다. 혼란에 찬 이 공위기간에 모스크바국에 워낙 심한 위기가 일어났고, 그 위기에 오랫동안 붙여진 명칭인 "대동란 시대"는 대제국의 건설에 앞서 일어나 그 건설을 촉진하는 결정적 시련과 부분적 붕괴의 시기를 가리키는 일반적인 역사 용어가 되어버렸다.[96] 이 원조 "대동란 시대"(스무트노예 브레먀(Смутное время))는 섬처럼 고립되어 있던 모스크바국에게 바로 그런 시련이었다. 모스크바국은 빠르게 잇달아 얻어맞아 넋을 잃었고 폴란드와 스웨덴과 동유럽 통제권을 놓고 벌인 삼각 분쟁에 반쯤

14세의 아들이었고, 아버지가 퇴위한 뒤 폴란드에서 어렵게 살았다. 고두노프의 딸과 결혼하려고 1599년에 모스크바로 갔지만, 방종한 생활이 문제가 되어 혼담이 깨졌다. 그 뒤 러시아에서 지내다 숨졌다.

은 자기도 모르게 떠밀려 들어갔다. 러시아는 온 힘을 쥐어짜내서 1654~1667년의 제1차 북방전쟁[38]에서 폴란드를 물리치고 1700~1721년의 제2차 북방전쟁, 즉 대북방전쟁[39]에서 스웨덴을 물리치면서 내륙 제국이면서 동유럽을 지배하는 열강으로 탈바꿈했다.

종교 전쟁

러시아 역사의 최대 불행 가운데 하나는 러시아가 서방 그리스도교 세계에서 전례 없는 분열과 퇴락이 일어나는 시기에 유럽 발전의 본류에 발을 디뎠다는 것이다. 러시아는 ― 12세기와 13세기에 고전 논리학을, 14세기와 15세기에 고전 시대의 아름다움을, 16세기의 종교개혁을 다시 발견한 ― 유럽 문화의 더 긍정적이고 창조적인 단계에 들어갈 기회를 놓쳐버리고 17세기 초엽에 유럽의 종교 전쟁의 파괴적인 마지막 단계로 갑자기 끌려들어갔다.

프로테스탄트 유럽과 가톨릭 유럽 사이의 다면적 논쟁을 촉발했던 종교 개혁과 종교 부흥에 관한 진심 어린 관심이 16세기 말엽에 대륙 차원의 내전으로 크게 승화했다. 부단히 강화되는 규율과 더 치명적인 무기와 더 유동적인 전술에 의존하는 대규모 상비군으로 각 국가를 짓누르는 "군사혁신"(military revolution)[40]의 역학에 유럽 전체가 무릎을 꿇고 있었다.

---

[38] 발트 해 연안 지역으로 진출하려는 스웨덴이 1654년에 폴란드와 벌인 전쟁. 폴란드는 스웨덴에 맞서 러시아, 오스트리아와 함께 싸웠다.

[39] 발트 해 연안 지역에서 세력을 키우는 스웨덴을 상대로 폴란드가 러시아의 지원을 받으며 1700년에 벌인 전쟁. 러시아는 전쟁 초기에 스웨덴에게 고전했지만, 결국은 승리하고 열강으로 떠올랐다.

[40] 15~17세기 유럽에서 대포 등 화약 무기가 보급되면서 전쟁이 장기화되고 대규모화하고 자본집약화했으며, 유럽 각국의 중앙권력이 이런 전쟁을 수행하려고 노력

이념 선전과 심리전을 군사 목적에 활용함으로써, 그리고 "전쟁의 종교적·윤리적 정당성에 관해 마지막으로 남아있는 양심의 가책"이 내는 소리를 국가이성(raison d'état)[41]의 이름으로 잠재움으로써,[97] 17세기 초엽의 유럽은 미리 맨 먼저 총력전을 맛보고 있었다. 동유럽에는 종교 전쟁이 뒤늦게 찾아왔다. 그러나 그 종교 전쟁이 16세기에서 17세기로 넘어가는 시기에 취한 형태는 가톨릭의 폴란드와 루터파의 스웨덴 사이에 유난스레 격렬한 대결이 벌어지는 형태였다. 그 두 당사자가 움직여서 대동란 시대에 러시아 안으로 들어오자 정교 국가인 모스크바국도 끌려들어갔고, 이런 상황에서 러시아가 품은 서방의 이미지가 영구히 나빠졌다.

모스크바국은 이반 뇌제의 통치 말기 이후로 내내 정치가 불안정하고 이념이 혼란에 빠진 상황 속에서 지내왔다. 거룩한 과거와 죽 이어져 있다는 인식과 모스크바국 문명의 기초인 주권자, 교회, 가족 사이의 내적 연대를 깨뜨리는 데 이반 뇌제가 큰 몫을 했다. 17세기 초엽에는 전쟁에 지고 경제가 무너지는 더 심한 충격이 일어났다. 폴란드인들이 모스크바를 — 1605년과 1610년에 — 두 차례 유린하고 점령했다. 그들은 1618년까지 모스크바를 포위했고 멀리 동쪽 땅까지 차지했다. 모스크바국은 막강한 폴란드인과 싸우려고 스웨덴인에게 크게 의존했는데, 이번에는 스웨덴인이 노브고로드와 다른 러시아 영토를 차지해 버렸다. 러시아는 스웨덴에게 의존하는 정도를 줄이려고 더 멀리 떨어져 있는 "게르만인", 특히 영국인과 네덜란드인에게 눈길을 돌렸고, 이들은 수지가 맞는 경

하는 과정에서 근대 국가가 등장했다. 이런 변화를 일컬어 군사혁신이라고 한다.

[41] 자기목적적 존재인 국가가 스스로를 유지하고 강화하기 위해 지켜야 할 법칙이나 행동 기준.

제 이권에서 보답을 뽑아냈다.

폴란드와의 대립은 서방과 정면으로 처음 벌인 이념 대결이었다. 이 막강한 서방 이웃나라는 모스크바국과는 문화상으로 거의 완전히 정반대였다. 폴란드-리투아니아 연합은 이질적 요소가 전혀 없는 전제정이기 보다는 느슨한 공화제 국가였다. 여러 민족이 뒤섞여 있는 이 나라의 인구에는 폴란드인 가톨릭교도뿐만 아니라 몰도바(Moldova)[42]와 백러시아에서 온 정교도, 그리고 칼뱅주의자, 소치누스주의자, 유대인의 자족적인 대규모 공동체도 포함되어 있었다. 모스크바국의 신비주의적 신앙심과 무정형의 민간전승과는 뚜렷이 대비되게도 폴란드에서는 라틴식 합리주의와 양식화된 르네상스 문학이 우세했다. 폴란드는 회화와 음악을 세속적 목적에 사용함으로써 러시아 정교회의 관행과 대립했을 뿐만 아니라 사실상 가장 먼저 그림을 교리 선전에 이용하고 기악(器樂) 다성음악을 정리했다.

그러나 가장 중요한 점은 지그문트 3세(Zygmunt III)의 폴란드가 대항종교개혁의 유럽 지역 전위였다는 것이다. 예수회는 요시프파가 반세기 전에 이반 4세에게 불어넣었던 것과 같은 유의 메시아적 광신성으로 지그문트 3세의 마음에 새로 불을 지폈다. 이반 4세처럼 이단과 소요의 공포에 사로잡힌 지그문트 3세는 이반 4세가 체코 형제단에 보낸 회답의 번역문을 프로테스탄티즘에 맞서 백러시아에서 수행하는 자기의 전역(戰役)을 거드는 수단의 하나로 활용했다.[98] 지그문트 3세는 자기 영토가 더 흩어져 있고 프로테스탄티즘이 훨씬 더 굳건하게 틀을 잡았으므로 여러모로 이반 4세보다 훨씬 더 한 광신자가 되었다. 이반 4세가 에스파

---

[42] 우크라이나와 루마니아 사이에 있는 나라. 러시아어로는 몰다비야(Молдавия)이며, 소련을 구성한 15개 공화국 가운데 하나였다.

냐의 펠리페 2세를 닮았다면, 지그문트 3세는 에스파냐 왕가와 가까운 벗이자 라틴어 편지를 주고받는 사이가 되었다.[99] 요시프파가 에스파냐의 종교재판에서 착상을 적잖이 빌렸다면, 지그문트 3세는 신앙을 위해 싸우는 에스파냐의 열성에 바치는 훗날의 금자탑인 이냐시오 데 로욜라(Ignacio de Loyola)의 예수회에게 자기 왕국을 사실상 넘겨주었다.

전통적으로 모스크바국 군대를 따라다니면서 그 군대의 대의명분에 예언적 열정을 불어넣던 떠돌이 수사와 성자들이 이제는 성직자 보좌관이라는 경쟁 집단, 즉 지그문트 3세의 궁정에 있는 예수회 단원들과 대립했다. 바로 이처럼 예수회 단원들이 모스크바국과 벌이는 전쟁에 이념적 기조를 부여했기 때문에 예수회 교단은 그 뒤의 러시아 사상가들에게 그토록 병리학적인 증오의 — 그리고 은밀한 매혹의 — 대상이 되었다.

예수회 종단은 서유럽과 북유럽에서 프로테스탄티즘에게 상실한 것을 선교 열정을 더 유연하고 기발한 전술과 결합함으로써 동쪽에서 적어도 일부는 되찾을 수도 있다는 생각에 바티칸이 흥미를 느끼도록 만들려고 오랫동안 애써왔다. 예수회는 리투아니아와 백러시아의 정교 공동체에 — 교황의 수위권(首位權)과 신경의 라틴식 정식화를 받아들이는 한편 동방식 전례와 슬라브어를 유지하는 — 새로운 우니아트 교회(Униатская церковь)[43]가 형성되도록 부추겼고 1596년에 바티칸이 반드시 그 우니아트 교회를 정식으로 인정하도록 거들었다.

이반 뇌제 통치 말기에 예수회 정치가 안토니오 포세비노(Antonio Possevino)는 러시아를 끌어들여 로마와 동맹을 맺게 만들 수도 있다는 생각을 품었다. 근거지에서 쫓겨난 동유럽 가톨릭교도와 새로 만들어진 로마 교황청 포교부(Sacra Congregatio de Propaganda Fide)[44]의 지도자들이 특히

---

43 합동동방가톨릭교회라고도 한다.

이 제안을 17세기 내내 툭하면 되뇌었다. 그러나 17세기 초 무렵에 예수회는 폴란드의 지그문트 3세와 실용적 제휴 관계를 긴밀하게 유지하는 것을 바티칸의 동유럽 정책으로 삼도록 만드는 데 성공했다. 지그문트 3세는 리투아니아에 완전한 통치력을 행사했고 스웨덴 왕위에 오를 유력한 권리를 보유했으므로 유럽 북동부에서 가톨릭 대의를 수행할 적임자로 보였고, 합스부르크(Habsburg) 가문과 잇달아 두 차례 결혼함으로써 자기가 로마의 대의에 충성한다는 것을 확증했다.[45]

언변과 전략 구상이 가장 뛰어난 예수회 단원 가운데 한 사람인 표트르 스카르가(Piotr Skarga)는 1590년대 말엽의 『세임에 한 설교』(Kazania sejmowe)에서 지그문트 3세와 그의 조정의 상상력을 사로잡을 수 있었다.[100] 아직도 싸움이 벌어지는 동방에서 그리스도교 사상이 띤 기사도(騎士道)적이고 계시록적인 성향에 편승해서 스카르가는 폴란드 민족의식의 본질적 일부가 될 음울한 경고와 십자군식 낭만주의를 뒤섞어 지그문트 3세의 측근들에게 불어넣었다. 아직도 어딘가에서 "진짜 차르"를 찾을 수 있다는 희망을 혼란에 빠진 모스크바국 백성이 품은 데 편승해서 예수회는 그 참칭자, 즉 드미트리를 따라다니며 보좌하는 폴란드인들이 권세를 누리도록 거들었다. 서방에서 커지는 인쇄기의 위력을 편승해서 나이 든 포세비노는 드미트리를 지원하는 소책자를 유럽 여러 나라의 수도에서 가명으로 찍어냈다.[101] 모스크바국에서 이콘이 받는 종교적 경외심에 편승해서 드미트리의 그림이 인쇄되어 미신에 사로잡힌 대중에게 유포되었다. 새 왕조의 권리 주장을 굳히고자 크레믈 안에서 드미

---

[44] 가톨릭의 세계 선교 사업을 지원하는 자금을 모으고 분배하는 교황청 기관.

[45] 지그문트 3세는 전통적으로 가톨릭 신앙을 수호한 합스부르크 가문의 일원인 오스트리아 대공 카를 2세의 맏딸 안나(Anna, 1573~1598년)와 1592년에 결혼했고, 안나가 죽자 처제인 콘스탄체(Constanze, 1588~1631년)와 1605년에 결혼했다.

트리와 가톨릭 신자의 결혼식이 거행되었다.

가장 높은 차원에서는 예수회가 개종에 열을 올리고 가장 낮은 차원에서는 노골적인 불경 행위를 일삼는 일이 폴란드 진영 안에서 어우러지자 1606년에 모스크바의 폭도가 드미트리를 권좌에서 끌어내려 죽여버렸다. 1605년의 한여름 날에 귀가 멍해질 만큼 종이 울리는 가운데 의기양양하게 모스크바로 들어왔던 그 참칭자는 한 해가 채 지나지 않아 거리거리를 질질 끌려다녔고 그의 유해는 대포로 쏘아 올려졌다. 그러나 폴란드의 사명감은 결코 사그라지지 않았다. 한 폴란드 궁정시인은 크라쿠프를 "옛 로마보다 더 근사한 새 로마"로 일컬었고,[102] 지그문트 3세는 가톨릭 신자인 헝가리 국왕에게 보내는 편지에 자기의 대의가 "모든 그리스도교 국가에 …… 유용하고 유익한" 대의라고 썼다.[103] 로마노프 가의 첫 차르로 미하일 로마노프(Михаил Романов)가 1613년에 모스크바에서 대관식을 거행했는데도, 적어도 미하일의 아버지인 필라레트 니키티치(Филарет Никитич) 총대주교가 폴란드에 붙잡혀 있다가 되돌아온 1619년까지 모스크바국에는 명확한 중앙 권력이 없었다. 친폴란드파가 모스크바국 안에서 1630년대까지 계속 유력했고, 모스크바국의 제위에 오를 권리를 주장하는 폴란드인들이 유럽의 가톨릭 권역에서 1650년대까지 계속해서 널리 승인을 받았다.

가톨릭의 대의가 폴란드의 무력과 동일시되면서 로마 교회가 러시아 교회에 평화롭게 권위를 행사했을지 모를 일체의 기회가 줄어들었다. 폴란드의 군사적 패배는 동슬라브인 사이에서 로마가톨릭 신앙의 패배가 되었다. 비록 라틴 문화의 패배는 아니었을지라도 말이다. 모스크바국이 17세기에 폴란드 군대를 물리치면서, 그리고 라틴화한 우크라이나와 백러시아를 천천히 폴란드의 손아귀에서 빼내면서 폴란드의 문예·예술 문화를 많이 흡수했기 때문이다.[104]

폴란드가 바티칸의 후원을 받아 정교 슬라브 세계를 상대로 벌인 공세는 모스크바국에서 이념과 민족의식의 고취를 자극하는 데 주로 도움을 주었으며, 그 통에 폴란드인들이 쫓겨나고 러시아가 새 로마노프 황가를 내세워 차츰차츰 한데 뭉쳤다. 로마노프 황가는 — 비록 늘 군림하지는 못했을지라도, 또는 권좌에 올랐던 그 암울한 시대가 드리운 그림자에서 결코 완전히 헤어나지는 못했을지라도 — 300년 넘도록 통치했다. 초기의 발라드에서 시작해서 초기의 역사서를 거쳐 제정 말기의 연극과 오페라에 이르기까지 대동란 시대는 선대 차르들의 원죄 탓에 고난을 겪는 시기, 그리고 후대 차르들에게 해주는 경고로 여겨지게 되었다. 드미트리의 폴란드인 아내 마리나 므니셰흐(Maryna Mniszech)의 이름은 "마녀", "할망구"와 동의어가 되었고, — 크레믈에서 열린 결혼 피로연에서 추었다고 하는 — 폴란드의 마주르카(mazurka)[46]는 글린카의 「차르를 위한 목숨」(Жизнь за царя)과 그 뒤의 악곡에서 "몹쓸 외국인"의 주테마가 되었다. 그 뒤에 이 시대에 관한 러시아의 거의 모든 글에 나오는 반(反)폴란드 논조와 반(反)가톨릭 논조에는 핵심적이고도 중대한 사실이 충실히 반영되어 있다. 그 사실이란 모스크바국이 17세기 초엽의 동란 이후에 주로 외국인 혐오, 특히 폴란드인 혐오를 통해 통합을 이루었다는 것이다.

그러나 폴란드인 침략자에 맞선 거국적 국민총동원(levée-en-masse)[47]에 관한 오페라식 낭만성은 러시아가 유럽의 프로테스탄트 국가에 더 많이 의존하는 대가를 치르고 승리하게 되었다는 사실을 너무나 오랫동안 가

---

[46] 폴란드의 대표적 민속춤이며, 그 춤에 반주하는 무용곡이기도 하다. 17세기부터 유럽 상류사회에서 유행했다.

[47] 프랑스의 모든 시민을 전쟁수행노력에 동원해서 반혁명과 외국 군대와 싸우기 위해 1793년 8월 16일에 프랑스 혁명정부가 공표한 법령. 그 뒤에는 외적에 맞선 국민의 거국적 총봉기를 일컫는 표현으로 쓰였다.

려왔다. 프로테스탄트의 영향이라는 가냘픈 시냇물은 상이한 세 원천에서 흘러들어왔다. 그 세 원천은 가까운 가톨릭 국가들 안에서 포위된 프로테스탄트교도, 상무적인 스웨덴, 더 멀고 상업에 치중하는 "게르만인"(잉글랜드, 네덜란드, 덴마크, 함부르크 등)이었다.

폴란드에서 한때 융성했던 (그리고 헝가리와 보헤미아와 트란실바니아(Transylvania)[48]에 많았던) 프로테스탄트의 이산(離散, diaspora)은 동유럽의 복잡한 종교 정치에서 상대적으로 흐릿한 영역으로 남아있다. 대항종교개혁을 하려는 예수회의 열정이 정치 붕괴와 사회 변화에 군주들이 품은 두려움과 결합하면서 16세기 말엽과 17세기 초엽에 가톨릭 세력이 중유럽 동부 전체에서 다시 공세에 나섰다는 것은 꽤 분명한 사실이다. 그러나 칼뱅주의자, 체코 형제단, 소치누스주의자의 비교적 극단적인 공동체들이 군사적으로 패한 뒤에 그대로 사라지고 가톨릭 신앙을 순순히 받아들였다고 가정하기에는 미심쩍은 구석이 있다. 물론, 많은 지역이 전투가 끝날 무렵에 철저히 황폐해졌고 투항 말고는 대안이 없었다. 그러나 가장 강력한 프로테스탄티즘 지지자들의 일부가 거주하고 대항종교개혁이 비교적 뒤늦게 힘을 얻은 폴란드 동부에서는 백러시아의 정교 공동체가 있고 정교를 믿는 모스크바국과 가까워서 반(反)가톨릭 대의가 강했다. 가톨릭화가 강요되는 바람에 폴란드의 통치 아래 있는 규모가 큰 프로테스탄트 소수파와 정교 소수파가 방어적 동맹자가 되는 경향이 있었다. 그 정교 공동체가 프로테스탄트 신도의 일부 인적 자원을, 그리고 더불어 망각된 그들의 조직 기법과 논쟁 기법을 흡수했을 가능성이 커 보인다. 따라서 가톨릭에 반대하는 백러시아와 우크라이나의 정교 성직자들은 맹렬히 진행되는 대항종교개혁에 맞서 보호를 해달라고 결국은

---

[48] 오늘날 루마니아의 중앙부를 일컫는 역사적 지명.

모스크바에게 부탁했을 때 폴란드 프로테스탄티즘이 쇠락하고 슬라브 정교가 흥기하는 요인을 들여왔다.

우니아트 교회가 형성되어 로마를 향한 폴란드 왕국의 정교 성직자 대다수의 충성이 확보됨으로써 이 연쇄적 사태 전개에 속도가 붙었다. 로마와의 통합은 하급 성직자나 역사적으로 형성된 특권과 자율성을 유지하고 싶어 하는 현지의 속인 지도자 사이에서는 그리 선뜻 받아들여지지 않았다. 가톨릭화에 저항하고자 정교 공동체들은 조직하면서 프로테스탄트 티가 나는 현지의 형제단들에 점점 더 많이 의존했다. 비록 아직도 불분명하기는 해도, 그 형제단들의 기원은 짜임새 있는 "형제단" 형태의 조직을 만들도록 폴란드의 프로테스탄트 교도를 이끄는 데 도움을 주기도 했던 이웃나라 체코의 반대파와 가졌던 접촉에 있다고 보인다.[105] 그 정교 형제단들의 힘은 처음에는 폴란드 동부의 여러 반(半)독립적 도시에 몰려 있었다. 이 도시들은 반세기 전에 폴란드의 프로테스탄트 교도가 가장 괄목할 만큼 힘을 키웠던 바로 그 도시들이었다. 그 정교 형제단들 사이에 있는 반(反)고위성직자 편향, 엄한 공동체 규율, 토착어로 종교 서적을 펴내고 가르치는 프로그램에 두는 강조는 후스파와 칼뱅파, 이 두 종파의 관행을 생각나게 한다.

지그문트 3세는 비(非)우니아트 정교도와 프로테스탄트 교도를 싸잡아 "이단"으로 취급해서 로마가톨릭의 가르침에서 전통적으로 주어지던 "떨어져 나간 종파"라는 조금은 유리한 지위를 정교에게 부여하지 않음으로써 둘 사이의 동질감 조장을 거들었다. 프로테스탄트 교도와 정교도는 1595년 여름에 리투아니아에서 열린 두 공동체 지도자들의 회의에서 지그문트 3세의 정책에 맞선 일정한 공동 행동을 탐색하기 시작했다.[106] 이 회의가 열리기 이전 10년 동안 정교가 세운 형제단 조직은 적어도 열네 개였고 학교와 인쇄소는 여러 개였다.[107] 그다음 여러 해 동안 프로테스탄트 공동체들은 지그문트 3세가 이견(異見) 종파를 더 심하게 박해하자 기반이 더 튼튼한 정교 공동체의 품 안으로 들어가 보호를 구하지 않을 도리가 없었다. 한편, 가톨릭에 반대하는 정교도는 프로테스탄트 논쟁문의 계시록적 반가톨릭 사상을 많이 채택하고 예수회 학술원을 등진 슬라브인뿐만 아니라 핍박을 당했지만 고등교육을 받은 폴란드인 프로테스탄트 신자들을 정교 학교로 끌어들였다.

백러시아의 형제단 학교와 인쇄소는 동슬라브인 정교도 사이에 최초로 나타난 광범위한 교육 매체였다. 최초의 형제단 인쇄소 두 개가 — 즉, 빌뉴스(Вильнюс)[49]와 르보프(Львов)[50]의 인쇄소가 — 계몽에 특히 크나큰 이바지를 했다. 빌뉴스의 인쇄소는 (1596년과 1619년에) 두 가지 교회 슬라브어 문법교본을 최초로 펴냈고 르보프의 인쇄소는 문자 기초교본(букварь)을 1585년과 1722년 사이에 33,000부 넘게 펴냈다.[108] 오스트로그(Острог)에 있는 학교는 그리스어와 더불어 라틴어도 가르쳤고, 1576~1580년에 최초로 빠진 부분 없는 슬라브어 성경의 간행을 후원했다.[109] 형제단 학교는 17세기 초엽에 몇 곱절로 계속 늘어났고 동쪽과 남쪽에 있는 정교 공동체가 가톨릭의 영향력 확대에 맞서 싸우려고 애쓰면서 그 지역으로 퍼져나갔다. 키예프 형제단은 특히 중요한 역할을 해서, (1632년에 아직 폴란드의 다스림을 받는 동안) 동슬라브인 사이에 나타난 최초의 정교 고등교육 기관인 키예프 학술원을 세웠다.

16세기 말엽과 17세기 초엽의 저명한 정교 지도자 두 사람이 이 시기

---

[49] 리투아니아의 수도. 리투아니아에서는 빌뉴스(Vilnius), 폴란드에서는 빌노(Wilno), 독일에서는 빌나(Wilna). 러시아에서는 지난날에 빌나(Вильна)나 빌노(Вильно)로 불렸다.

[50] 우크라이나 서부의 도시. 우크라이나어로는 르비우(Львів), 폴란드어로는 르부프(Lwów), 독일어로는 렘베르크(Lemberg)라고 한다.

동안 프로테스탄티즘이 고난에 처한 러시아 정교 공동체에 준 영향을 생생하게 보여준다. 1596년에 최초의 슬라브어 문법 입문서를 쓴 백러시아인인 스테판 지자니(Стефан Зизаний)는 루터교회의 관행을 좇아 자기의 설교집에 교리문답식 설명과 반(反)가톨릭 논평을 끼워넣었다. 우니아트 교회에 반대하는 음울한 예언을 모아 엮은 그의 『키릴의 책』(Кириллова книга)[51]에는 프로테스탄트 선전가들이 로마 교회에 맞서 사용한 논쟁용 주장이 많이 들어있었다. 키예프 학술원이 17세기 말엽에 모스크바국에 나타나기 시작한 수도원 학교와 수도원 학술원의 본보기가 되었던 것과 똑같이, 적그리스도의 지배가 머지않았다는 지자니의 주장은 17세기 모스크바국 교회의 외국혐오적이고 계시록적인 저작의 기초가 되었다.[110]

프로테스탄티즘의 영향을 훨씬 더 많이 받은 이가 17세기 초엽의 그리스인 콘스탄티노플 총주교 키릴로스 로우카리스(Kyrillos Loukaris)였다. 그는 1590년대 동안 빌뉴스의 형제단 학교와 르보프의 형제단 학교에서 교구사제 겸 교사로 근무했다. 그 학교의 반(反)가톨릭주의에 영향을 크게 받은 그는 1596년에 브레스트(Брест)[52]에서 양대 교회 통합의 최종 수용에 반대표를 던지는 두 정교회 대표 가운데 한 사람이었다. 그 뒤에 로우카리스는 폴란드와 헝가리의 칼뱅주의자뿐만 아니라 여러 영국국교회 신자의 가까운 벗이 되고 교리상으로는 실질적인 칼뱅주의자가 되는 이력을 보였다. 그는 1620년에 콘스탄티노플 총대주교 자리에 오른 뒤에 "프로테스탄트 세력과 한통속이 되었다."[111] 튀르크 제국 주재 합스부르크 대사는 그를 일컬어 "가톨릭교회의 원수"라고 했다.[112] 로우

카리스는 필라레트 총대주교와 맺은 밀착 관계를 통해 30년전쟁 후반기에 러시아를 반(反)합스부르크 동맹 안으로 끌어들이는 일을 거들었다.

공동의 반(反)가톨릭 슬라브 연합으로 벼려져 정교 세계와 프로테스탄트 세계를 잇는 마지막 고리 하나를 17세기 체코의 위대한 저술가이자 교육자인 얀 코멘스키(Jan Komenský)에게서 찾을 수도 있다. 코멘스키는 동슬라브인의 교육 수준이 낮은 데 실망했으면서도 1620년에 체코의 프로테스탄트 공동체가 파괴된 뒤에 유럽에서 가톨릭의 대의를 물리칠 희망을 주는 나라는 모스크바국뿐이라고 썼다.[113] 그런 다음 폴란드의 프로테스탄트 공동체에 속한 망명객으로서 코멘스키는 정교 형제단에 흥미를 느끼게 되었으며, 자기 고유의 유명한 교육 및 대중 계몽 이론을 구상하는 동안 십중팔구는 그 정교 형제단의 교육 과정과 교육 이론에 영향을 받았을 것이다.[114]

러시아 서부와 남부의 우니아트 교회 반대 운동을 거쳐 흘러들어온 프로테스탄티즘의 영향 못지않게 중요한 것이 모스크바국의 북쪽에 이웃한 프로테스탄트 국가이자 강력한 경쟁자인 스웨덴이 직접 준 충격이었다.

스웨덴의 존재는 스웨덴이 1590년대에 북빙양의 페트사모(Petsamo)[53]에 있는 러시아 북쪽 맨 끝의 수도원을 약탈하고 점령하면서,[115] 그리고 스웨덴의 개척자들과 복음전도자들이 이동해서 라도가 호수 지역으로 들어오면서 느껴지기 시작했다. 그러나 실질적 유입은 스웨덴이 대동란 시대 동안 폴란드가 러시아 안으로 치고 들어가지 못하도록 막으려고 애쓰면서 시작되었다. 지그문트 3세의 프로테스탄트 교인 숙부인 스웨덴의 카를 9세(Karl IX)는 새 차르 바실리 슈이스키(Василий Шуйский)가 가

---

[53] 오늘날 러시아 북부 무르만스크 주에 있는 도시. 러시아어로는 페첸가(Печенга).

톨릭 국가인 폴란드를 상대로 벌이는 저항의 강도를 높이는 원정을 "그리스도교 전체"의 이름으로 개시했다.[116] 1607년에 카를은 러시아에서는 처음 보는 유럽의 최신식 전쟁술 관련 전문서적을 러시아인들에게 보냈고,[117] 이듬해에는 "개 같은 폴란드와 리투아니아"에 맞서 들고 일어나자고 호소하는 유례 없는 세 건의 선전문 가운데 첫째 선전문을 직접 "모스크바국의 만백성"에게 보냈다.[118] 그다음 몇 달 동안 스웨덴인들은 대규모 간섭을 개시해서 노브고로드에서 출발해 야로슬라블로 들어갔으며, 라도가 호수의 군도(群島)에 세워진 유서 깊은 발라암(Валаам) 정교 수도원[54]을 점령하고 솔로베츠크 수도원과 러시아 북쪽에 있는 다른 중심지에 가톨릭에 반대하는 선전문을 돌리는 일에 관여했다.

사실상 스웨덴인은 모스크바를 폴란드의 점령에서 해방한 드러나지 않은 주인공이었다. 스웨덴은 폴란드에 맞서 1609년에 개입한 다음에는 모스크바국에 돈을, 그리고 네덜란드에서 훈련을 받았고 스웨덴군에서 복무하는 장군 한 사람을 보냈다. 그 크리스테르누스 솜(Christernus Some) 장군은 1609~1610년의 결정적 전역(戰役)을 위해 미하일 스코핀-슈이스키(Михаил Скопин-Шуйский)의 군대를 편성하는 일을 도왔고, 그 군대는 밖에서는 지그문트 3세를 쫓아내고 안에서는 카작 봉기를 진압했다.[119] 1612~1613년에 두 번째이자 마지막으로 폴란드 귀족 부대를 모스크바에서 밀어낸 쿠즈마 미닌(Кузьма Минин)과 드미트리 포자르스키(Дмитрий Пожарский)의 비(非)귀족 민병대는 여러모로 얼마 지나지 않아 30년전쟁에서 합스부르크의 귀족 군대를 무찌를 스웨덴의 혁명적 신형 시민군의 초보 형태였다. 1612년에 폴란드인의 침입이 정점에 이르렀을 때, 야로

---

[54] 라도가 호수에서 가장 큰 발라암 섬에 세워진 정교 수도원. 10세기와 15세기 사이에 설립되었다고 추정되며, 동방 정교의 북쪽 전초 구실을 했다.

슬라블에서 소집된 젬스키 소보르가 스웨덴 왕태자가 비어있는 러시아의 제위를 넘겨받도록 스웨덴과 협상에 들어갔다.[120] 한편, 영국이 러시아에 보호국의 지위를 제시했다.[121] 러시아에서 주요 외국 상업열강으로서 영국과 경쟁하고 곧 영국을 대신한 네덜란드는 1621년에 손으로 써서 만드는 『쿠란틔』(куранты), 즉 소식을 체계적으로 러시아 안에 유포하는 최초의 기관지 창간을 도왔고 빠르게 자라나는 러시아 군대에 물자와 인력을 많이 제공했다.[122] 덴마크는 두 차례에 걸쳐 — 1621~1622년과 1643~1645년에 — 로마노프라는 불안정한 신흥 가문과 왕조 간 결혼을 보장하는 데 성공할 뻔했다.[123]

로마노프 황조 초기에 스웨덴의 영향력이 어느 정도였는지는 아직도 제대로 평가되지 않고 있다. 스웨덴은 러시아가 제한적으로나마 발트해 동부로 다가서는 움직임을 1617년에 스톨보보(Столбово) 조약[55]의 조항으로 차단했을 뿐만 아니라, 스웨덴의 패권은 차츰차츰 해안을 타고 내려가 리가 너머로 뻗쳤고 노브고로드와 러시아의 다른 주요 상역 중심지에서 스웨덴의 교역 특권이 유지되었다. 스웨덴인은 1621년에 성 키릴 수도원에게서 러시아 안쪽 깊숙한 곳에 있는 벨로예 호수에서 물고기를 잡을 권리를 얻었으며, 노브고로드 수좌대주교가 1629년에 루터교도와 관계를 맺는 행위를 전면 단속한다는 포고령을 러시아 북부 전체에 내릴 때까지는 백해에서 스웨덴과 솔로베츠크 사이에 거래가 꽤 많이 이루어졌다.

노브고로드 수좌대주교가 걱정한 까닭은 스웨덴인이 수행하고 있는

---

[55] 1610년에 러시아의 제위 계승 문제를 둘러싸고 러시아와 스웨덴 사이에 벌어진 전쟁을 끝맺고자 라도가 호수 남쪽 티흐빈 부근의 스톨보보 마을에서 1617년 2월 17/27일에 체결된 강화 조약. 스웨덴은 러시아 내정에 간섭하지 않고 러시아는 발트 해로 진출하지 않기로 약속했다.

정력적 전도였다. 스웨덴은 1625년에 스톡홀름에 슬라브어 인쇄소를 만들었다. 스웨덴의 지배 아래서 사는 정교 사제들은 한 달에 적어도 한 차례는 루터교회 예배에 참석하라는 요구를 받았으며, 루터교회 교리문답서의 두 판본 가운데 첫 번째 판본이 1625년에 러시아어로 인쇄되었다. 다른 판본의 교리문답서는 핀인과 카렐리아인에게 복음을 전도하기 위해 키릴 문자로 된 핀어판으로 더 뒤에 인쇄되었다. 1631년에 정력적인 리보니아 신임 총독 요한네스 쉬테(Johannes Skytte)가 교육 과정에 러시아어가 들어있는 학교를 훗날 성 페테르부르그가 들어설 터에 세웠다. 1632년에 루터교회 계열의 대학 하나가 에스토니아의 타르투(Tartu, 도르파트(Dorpat), 데르프트(Дерпт), 유리예프(Юрьев))에, 그것도 예전 예수회 학술원 자리에 세워졌다.[124] 1640년에 더 수준 높은 학술원이 스웨덴령 핀란드의 주요 항구이자 수도인 투르쿠(Turku, 오부(Åbo))[56]에 세워졌다. (투르쿠라는 이름은 교역을 뜻하는 러시아어 낱말 토르그(торг)에서 유래했을지 모른다.) 1633~1634년에 리보니아에 루터교회 상급 종무원이 6개 하급 종무원과 탄탄한 대중교육 프로그램을 갖추고 세워졌다. 어느 모로 — 1632년에 비(非)러시아인들이 기본적으로 라틴식 교과 과정을 갖추고 세운 — 타르투의 대학교와 키예프의 학술원은 1755년에 모스크바 대학이 창립되기 한 세기도 넘게 전에 세워진 러시아 최초의 고등교육 기관이었다. 따라서 1667년에 폴란드인에게서 키예프를, 1704년에 스웨덴인에게서 타르투를 탈환한 것은 정치상으로뿐만 아니라 문화상으로도 중요한 사건이었다.

프로테스탄트 개혁교회는 소극적이지 않았다. 1620년대 말엽에 모스크바에는 루터교회 세 개와 더불어 주로 네덜란드인 거주민이 후원하는 칼뱅주의 교회가 적어도 한 개는 있었다.[125] 그리고 서방에 존재하는

---

[56] 핀란드 남서부에 있으며, 1812년까지 핀란드의 수도였던 도시.

원형을 찾아내지 못한 1620년대나 1630년대의 러시아어 칼뱅주의 교리 문답서가 한 권 있다는 사실은 러시아인 독자를 위해 칼뱅주의 문건을 받아들이려는 일정한 시도가 있었을지 모른다는 점을 가리켜준다.[126]

이토록 다양한 프로테스탄트의 힘이 17세기 초엽에 모스크바국 안에서 작동하고 있었으므로, 반(反)가톨릭주의가 빠르게 자라난 것은 전혀 놀라운 일이 아니다. 필라레트 총대주교가 1619년에 자기 아들인 차르 미하일 로마노프와 함께 러시아의 공동 통치자가 된 뒤 맨 처음 한 행동 가운데 하나가 모든 가톨릭 신자의 재세례를 명령한 것이었다. 그리고 러시아를 위해 복무하는 용병의 수가 늘어났는데, 그런 용병을 서유럽에서 모집할 때 로마가톨릭 신자를 배제하는 차별 규정이 1630년대에 시행되었다.[127] 러시아 서부와 폴란드령 우크라이나에서 예수회 학교가 계속 늘어나고 가톨릭의 스몰렌스크 주교구가 신설되고 지그문트 3세가 정교와 가톨릭의 "교회 통합"을 선언하자, 1620년대에 가톨릭에 반대하는 감정이 거세졌다.[128] 스웨덴이 1632년에 러시아의 폴란드 공격을 지원하고 격려했으며, 같은 해에 스웨덴이 브라이텐펠트(Breitenfeld)에서 가톨릭 황제에게 거둔 승리[57]가 모스크바에서 특별 교회예배와 경축 타종 행사로 축하되었다. 노브고로드의 정교도 상인들은 여느 때에는 이콘을 두는 곳인 숭배의 자리에 승리를 거둔 구스타부스 아돌푸스의 그림을 놓았다.[129]

사실, 러시아 사회는 프로테스탄트 신자인 덴마크 왕태자가 1644년에 모스크바에 도착해서 차르 미하일 로마노프의 딸과 결혼[58]하려고 채비

---

[57] 30년전쟁에서 프로테스탄트 진영의 구스타부스 아돌푸스 휘하 스웨덴-작센 연합군이 1631년 9월 17일에 라이프치히 근교의 브라이텐펠트 마을에서 가톨릭 진영의 신성로마제국 황제 페르디난트 2세의 군대에 대승을 거두었다. 지은이는 착오로 브라이텐펠트 전투가 1632년에 있었다고 서술했다.

할 때에야 비로소 그 어린 황조가 프로테스탄트 열강들과 얼마나 한통속인지를 알아챘다. 주요 성직자들이 종교상의 근거를 들어 이 결혼을 막으려는 움직임에서 거둔 성공이 외국인에게 경제 이권을 양도하는 데 반대하는 토착 상인의 거센 움직임과 한데 합쳐져서 1640년대의 모스크바국이 프로테스탄티즘 쪽으로 차츰차츰 옮아가는 추이에서 벗어나도록 만들었다. 그러나 러시아가 프로테스탄트 세력의 활동을 제한하고 스웨덴과 싸울 준비를 하기 시작할 무렵에 더 멀리 있는 "게르만인"에게 — 그리고 특히 네덜란드인에게 — 기술과 행정 면에서 심하게 의존하는 상태가 굳어져 버린 상황에 있었다. 이 의존 상태는 폴란드와 스웨덴에 맞서 싸워야 할 군사적 필요성에서 비롯되었기 때문에 그 의존에서 헤어나기란 가장 힘든 일이었다.

1550년대 초에 러시아는 이반 뇌제가 최초의 전업 유급 러시아인 보병대(스트렐츠)를 동원하고 외국인 용병을 대규모로 모집하기 시작하면서 "군사혁신"에 돌입했다.[130] 스트렐츠와 외국인 용병의 숫자가 늘어났고, 17세기의 첫 서른 해 동안 전통적인 비(非)귀족 인자의 총수가 러시아 군대의 2분의 1에서 4분의 1쯤으로 떨어졌다.[131] 더 긴 창과 더 기동력이 뛰어난 부대와 더 엄한 훈련방식이 도입되고 군사용 지도가 최초로 사용되는 데에서 스웨덴과 네덜란드의 영향이 뚜렷해졌다. 적국인 폴란드는 시샘하면서 — 그리고 그런대로 정확하게 — 러시아 군대의 "네덜란드 기법"을 언급했다.[132]

네덜란드가 승패가 좀처럼 판가름나지 않는 폴란드와의 1632~1634년

---

58 차르 미하일 로마노프의 맏딸 이리나(Ирина, 1627~1679년)와 결혼하려고 1644년에 모스크바에 온 덴마크 국왕 크리스티안 4세의 아들 발데마르 크리스티안(Valdemar Christian, 1622~1656년)이 정교로 개종하기를 거부하면서 결혼이 성사되지 못했다.

전쟁을 위해 러시아 군대를 만드는 일에 스웨덴을 끌어들이자, 모스크바국 군대는 역사상 가장 극적으로 팽창하기 시작해서 10여만 명 안팎의 통상적 규모에서 1660년대에 폴란드를 상대로 한 전역(戰役)에서 승리를 거두는 마지막 단계에서는 30만 명에 가까운 숫자로 불어났다.[133] 장교 대부분과 일반병사 다수가 북유럽의 프로테스탄트 국가에서 데려온 사람이라서, 부풀어오른 이 군대에서 외국인이 족히 4분의 1은 차지했다.[134]

서방에서 들어온 이들은 (새로 동화된 많은 타타르인, 남슬라브인 등과 마찬가지로) 고향에서 몰려난 사람들로, 국가에 철저히 종속되어 있었다. 그들은 더 오래되고 더 전통적인 토지귀족을 차츰차츰 대체한 새로운 봉직귀족, 즉 드보랸스트보(дворянство)의 주요 구성요소가 되었다. 17세기 초엽 러시아의 "군사혁신"에 수반되고 그것을 뒷받침한 다른 사태전개는 정부 관료제가 자라나고 지방군정관(воевода)의 권한이 커지고 농노제가 국가에 제공할 식량과 병력을 확보하는 수단으로 정식 승인된 것이었다.

미하일 로마노프의 취약한 통치 기간에 러시아 사회의 형태를 바꾸는 일을 도운 새로운 군사-행정 지도자의 전형이 이반 체르카스키(Иван Черк-асский)였다.[135] 체르카스키의 아버지는 이반 뇌제의 군대에 입대해서 초대 노브고로드 지방군정관으로 복무했던 캅카즈 출신 개종 무슬림이었다. 노브고로드에서 그는 장차 총대주교가 될 필라레트의 누이동생[59]과 결혼했고 탁월한 스웨덴인 용병대장 야콥 드 라 가르디(Jacob de la Gardie)와 사귀었다. 어린 이반 체르카스키는 애향심에 얽매이지 않는 충성을 차르에게 바치는 군인으로 양육되었다. 그는 곁에 있는 스웨덴인들의 군사

---

[59] 마르파 로마노바(Марфа Романова, ?~1610년).

방식을 공부했고 대동란 시대 동안 그들과 힘을 합쳐 폴란드에 반대하는 러시아 여론을 동원했다. 군사 활동을 인정받아 그는 1613년에 차르의 대관식이 거행되는 날에 (모스크바의 공동 해방자인 드미트리 포자르스키와 더불어) 보야린 신분으로 승진했다. 그는 "수사업무청"(приказ сыскных дел)으로 알려진 신설 반(半)테러 조직을 비롯한 모스크바의 여러 부서에 대한 사적 통제권을 강화해서 1642년에 죽을 때까지 모스크바국 정부에서 십중팔구 가장 막강한 개인이 되었을 것이다.[136] 그의 이력을 통틀어 스웨덴과 네덜란드의 군사 인력과 행정 인력의 (그리고 그들과 맺은 친분 관계의) 활용은 그의 성공에 필수불가결한 요인이었다. 그는 스웨덴에, 그리고 "교황을 떠받드는 놈들과 예수회와 이단의 로마 신앙"에 맞선 "우리 차르 폐하와 국왕 폐하 사이의" 동맹에 환호했다.[137] 그는 보편 제국을 세울 권리가 로마에 있다는 새로운 주장에 맞서 러시아인이 스웨덴인처럼 자기의 "주권적 본성"을 지켜야 한다고 역설했다. 그는 러시아의 외교 통신문에 암호를 집어넣음으로써 (차르에게 준 것보다 훨씬 더 푸짐한 선물을 자기에게 자주 퍼붓는) 스웨덴인과 네덜란드인을 모방했다.[138]

네덜란드인이 1632년에 러시아 최초의 근대적인 무기공장과 조병창을 툴라(Тула)에 지었고, 1647년에는 최초로 동판화를 활용한 러시아어 서적이기도 한 러시아 보병 훈련교범을 찍어냈다.[139] 프랑스의 위그노(Huguenot)[60] 축성 전문가들이 작업에 투입되었으며, 남쪽에 요새화 방어선이 최초로 설치되어 그 방면에서 급습해 오는 약탈자들의 공격에 전통적으로 보여왔던 취약성에 종지부가 찍혔다.[140]

---

[60] 16~17세기 프랑스의 칼뱅파 신교도를 일컫는 표현. 전문직업인 가운데 위그노가 많았는데, 17세기 후반기에 탄압을 받자 국외로 이주했다.

러시아가 더 멀리 있는 "게르만인" 동맹자들과 이어지면서 생겨난 최종 부산물 하나는 드디어 러시아가 바다 쪽으로 눈길을 돌린 것이었다. 발트 해 연안 동부는 (그리고 사실상 북쪽의 몇몇 호수와 하천은) 스웨덴이 뭍으로 둘러싸인 모스크바국에 굴욕감을 안겨주는 우위를 보여온 분쟁 지역이 되어있는 상태였다. 그리고 러시아의 힘이 볼가 강과 돈 강을 타고 남쪽으로 내려가면서 러시아는 이 두 강이 각각 카스피 해와 흑해로 들어가는 지점에서 페르시아와 튀르크의 해군력과 대결하게 되었다. 따라서 — 시베리아가 개척되고 러시아가 태평양으로 줄달음질한 때이기도 한 — 16세기 말엽부터 17세기 초엽까지의 기간에 러시아 해군을 만드는 일련의 시도가 이루어졌다. 이런 시도에서 러시아는 (스웨덴에 맞서 러시아를 강화하고 싶어 하는) 덴마크에서 원조와 격려를 받았고 (각각 백해에 있는 아르한겔스크 항과 홀모고릐(Холмогоры) 항[61]에서 출발해서 러시아의 하천을 거쳐 오리엔트로 가는 교역로를 지키고 싶어 하는) 영국과 네덜란드에서는 원조와 격려를 훨씬 더 많이 받았다. 이반 4세는 해군에 관한 생각을 처음으로 한 사람이었고, 보리스 고두노프는 러시아 깃발을 달고 항해할 배를 맨 처음으로 산 사람이었고, 미하일 로마노프는 하천 함대를 맨 처음으로 창설한 사람이었고, 알렉세이 로마노프는 원양을 항행하는 러시아 군함 한 척을 처음으로 건조한 사람이었다.[141]

러시아가 이렇게 북유럽의 프로테스탄트 국가들 쪽으로 쏠리면서 나타난 중대한 특성은 그 지향이 아주 철저하게 군사적·행정적 성격을 띠었다는 점이었다. 모스크바국은 이 선진국의 종교사상이나 예술사상이나 교육사상을 전혀 취하지 않았다. 모스크바국이 순전히 실질적이고 군사적인 측면에서 세속적 계몽에 흥미를 느꼈다는 점을 잘 드러내 주는

---

[61] 아르한겔스크 남동쪽 75km 지점에 있는 항구. 북(北)드비나 강에 붙어 있다.

것이 러시아에서 훗날 "과학"과 "학문"을 뜻하는 말로 쓰인 낱말인 나우카(наука)가 1647년의 군사교범에 "군사 기술"의 동의어로 들어갔다는 사실이다.[142] 과학혁명은 러시아에 군사혁신 뒤에 왔으며, 자연과학은 여러 해 동안 기본적으로 군사 체제의 머슴으로 생각되었다.

1654~1667년의 전쟁에서 폴란드의 패배로, 그리고 반세기 뒤에 스웨덴의 패배로 이어진 장기간의 군사 충돌은 그 두 패전국보다는 승전국인 러시아에서 더 큰 문화적 변화를 일으켰다. 폴란드와 스웨덴이 지난 시대의 형식과 이상에 매달린 반면에 러시아는 미래를 지향하는 원대한 변혁을 겪었다. 이질적 요소가 없는 수도원 문명이었던 것이 다민족 세속 국가가 되었다. 알렉세이 미하일로비치와 그의 아들 표트르 대제의 치세에 러시아는 실제로 폴란드의 가톨릭 신앙은 거부했을망정 폴란드의 미적 문화와 철학 문화는 받아들였고, 루터파나 칼뱅주의 형태의 프로테스탄티즘 없이 스웨덴과 네덜란드의 행정 문화와 기술 문화를 효과적으로 받아들였다.

폴란드가 준 영향의 상징은 잃어버린 지 오래된 "러시아 도시들의 어머니", 즉 문화가 앞서고 부분적으로 라틴화한 키예프 시가 팽창하는 모스크바국에 1667년에 병합된 것이었다. (스몰렌스크와 체르니고프, 그리고 다른 도시들과 더불어) 키예프를 얻자 상상력은 자극을 받았지만 모스크바국의 평정은 깨졌다. 몽골 지배 이전 시대의 반쯤 잊혀진 통일과 훨씬 더 높은 수준의 문화와 계몽의 체화로 되돌아가는 모습이 나타난 것이다.

스웨덴이 준 영향의 상징은 러시아 문화의 위대한 세 중심지 가운데 마지막 중심지, 즉 표트르 대제가 18세기 초엽에 북유럽 쪽으로 억지로 열어젖혀 러시아의 새 수도로 바꿔놓은 창문인 성 페테르부르그였다. 오래된 스웨덴 요새가 있던 자리에 철저한 대칭 형태로 건설되고 네덜란드 이름이 붙은 페테르부르그[62]는 게르만계 프로테스탄티즘의 대부분을 지배했던 행정 효율과 군사 규율이라는 삭막한 발트 해의 기풍이 모스크바국에 오는 것을 상징했다. 이 핵심 도시들을 각각 한 세기 간격을 두고 획득한 다음에 폴란드와 스웨덴을 희생한 최대의 영토 획득이 뒤따라 이루어진다. 18세기 말엽에 폴란드의 동부와 우크라이나의 대부분을 흡수하고 19세기 초엽에 핀란드와 발트 해 연안 지역을 획득한 것이다. 그러나 결정적 심리 변화는 키예프를 되찾고 성 페테르부르그를 건설하면서 일어났다.

서방화된 이 두 도시를 모스크바와 함께 하나의 정치 단위로 합치는 일에는 문화적 교란 효과가 있었다. 동유럽을 차지하려는 싸움은 사회의 심한 격변을 불러일으키는 한편으로 점점 더 많은 사람을 이념 논쟁과 종교 논쟁으로 끌어들였다. 17세기에 서방의 영향이라는 물살이 거세져 홍수로 불어나자, 러시아인은 점점 더 필사적으로 몸부림치는 듯 보였다. 사실상, 17세기 전체와 18세기 초엽은 대동란 시대의 연장, 즉 폭력이 끊이지 않은 시대, 서방에게서 점점 더 많이 빌리면서도 서방에게 대드는 시대로 보일 수 있다. 모스크바국과 서방 사이에 일어난 대립의 이 마지막 단계에서 깊은 분열이 끝내 겉으로 떠올랐다.

---

[62] 성 페테르부르그의 원래 이름은 네덜란드어 풍인 성 피터르 부르흐였다.

▮ 도판 ▮ 성모 마리아의 형상

도판 1~2

러시아는 그리스도교 미술의 성모 마리아 묘사에 새로운 다정함과 상상력을 불어넣었다. 12세기 초엽의 유명한 「블라디미르의 성모」(도판 1)는 오랫동안 러시아의 이콘들 가운데 가장 많이 숭상되었다. 그리고 이 이콘은 본래의 모습이 복원(1918년에 완료)되자 가장 아름다운 이콘들 가운데 하나이기도 하다는 점이 밝혀졌다. 사람들은 원래는 콘스탄티노플에서 그려진 이 이콘이 성모 마리아의 특별한 보호 능력을 그 "새로운 로마"에서 키예프로, 키예프에서 블라디미르로, 그리고는 마지막으로 "제3의 로마"인 모스크바로 가져왔다고 믿었다. 이 「블라디미르의 성모」는 1480년 이후로는 계속 모스크바에 남았다.

이 이콘은 어머니와 아이 사이의 관계를 강조하는 비교적 새로운 비잔티움 양식의 이콘이었으며, 러시아에서는 "상냥한 성모"로 알려지고 숭상되었다. 이 보편적인 양식의 전형이 1세기 중엽에 볼가 강 상류 지방에서 배출된 그림인 「어린 아이의 기쁨」(Взыграние Младенца, 도판 2)이었다. 아래를 내려다보는 성모 마리아의 형상은 이 이콘의 원산지의 영적 기질, 즉 과장된 몸과 다정한 마음의 결합을 시각적으로 전해준다. 어린 아이의 두 팔을 풀어놓고 반(半)사실주의적으로 묘사한 의도는 굴곡선의 율동적인 흐름을 강조해서 추상성이 점증하고 거의 음악성을 띠는 구도를 짜기 위함이다.

〈도판 1〉「블라디미르의 성모」, 12세기 초엽, 콘스탄티노플.
(모스크바, 트레티야코프 국립미술관)

〈도판 2〉「어린 아이의 기쁨」, 16세기 중엽에 볼가 강 상류 지대,
십중팔구는 코스트로마에서 나온 그림.
(모스크바, 트레티야코프 국립미술관)

도판 3~4

도처에 있는 개인소장용 성모자(聖母子) 이콘 못지않게 숭상을 많이 받은 것이 모스크바국의 이코노스타시스에 붙은 성모 마리아의 갖가지 초상이었다. 이 도판들 가운데 세 번째 그림(도판 3)은 16세기의 한 이코노스타시스의 한복판에 있는 삼체성상에서 그리스도의 오른쪽에 있는 성모 마리아를 보여준다. 보석이 박혀있고 호화로운 돋을새김이 있고 그려진 인물상을 에워싼 금속제 표면은 점점 사치스러워지는 그 시대 이콘 숭상의 전형이었다. 지금은 소련 화가 파벨 코린의 개인 소장품인 이 이콘에는 보리스 고두노프의 인장이 찍혀있다. 짐작하건대, 그는 이 이콘을 개인 예배 용으로 사용했을 것이다.

도판 4는 소비에트 시대에 어쩔 도리 없이 사회주의적 주제와 사실주의적 인물묘사에 몰두하는 와중에서도 성모자라는 주제가 살아남았음을 생생히 보여준다. (공식 표제가 "페트로그라드의 1918년"(1918 год в Петрограде)인데도 일반인 사이에서는 "페트로그라드의 마돈나"(Петроградская Мадонна)로 알려진) 1920년의 이 그림은 허름한 옷을 입고 혁명의 도시 위에 서있는 성모자를 연상하지 않을 수 없으므로 모스크바의 트레티야코프 미술관에서 경건한 관심을 계속 끌고 있다. 이 그림은 톨스토이의 삽화가이자 보리스 파스테르낙의 아버지인 레오니드 파스테르낙 밑에서 배웠던 쿠즈마 페트로프-보드킨(Кузьма Петров-Водкин)의 작품이다. 쿠즈마 페트로프-보드킨은 시인 파스테르낙이 억압적인 스탈린 통치기에 자기의 지조를 지키고자 번역에 전념한 것과 같은 이유로 그림에서 교육으로 돌아섰다. 두 사람 다 재능 있는 젊은 추종자들을 끌어들였으며 러시아 문화의 옛 예술 전통과 영적 관심에 관한 감각을 후속 세대에게 조용히 물려주었다.

〈도판 3〉 16세기의 한 이코노스타시스의 한가운데 있는 삼체성상의 성모와 그리스도.
(모스크바, 파벨 코린의 개인소장품)

⟨도판 4⟩ (흔히 「페트로그라드의 성모」로 알려져 있는)
「페트로그라드의 1918년」, 쿠즈마 페트로프-보드킨, 1920년.
(모스크바, 트레티야코프 국립미술관)

‖ 약어 ‖

이 전거문헌 목록에서는 학술 자료의 상대밀도를 될 수 있는 대로 높이 유지하고 자 기술적으로 간결하게 하는 여러 가지 방법이 쓰였다. 처음 나올 때에만 서지사항을 줄이지 않고 표시하고, 모든 제목은 원어로만 표시하고, 저자 이름의 머리글자는 대개 하나만 표기하며, 내부 상호대조는 없다. 파리에서 간행된 모든 프랑스어 저작이나 베를린에서 간행된 독일어 저작의 출판지는 표기되지 않으며, П.는 성 페테르부르그를, Л.은 레닌그라드를, M.은 모스크바를, NY는 뉴욕을 가리킨다. 이밖에 한 개이상의 낱말로 된 정기간행본과 기본 전거문헌에 다음과 같은 약어가 사용된다.

ААЭ	*Акты собранные···археографической экспедицией*
АИ	*Акты исторические*
БВ	*Богословский вестник*
БЕ	*Брокгауз и Ефрон: Энциклопедический словарь*, К. Арсеньев, В. Шеваков, ред., 1890~1907, в 43 т., 86 кн.
БЗ	*Библиографические записки*
БЛ	*Библиографическая летопись*
БСЭ(1)	*Большая Советская Энциклопедия*, 1-е изд., О. Шмидт, ред., 1926~1947, в 66 т.
БСЭ(2)	*Большая Советская Энциклопедия*, 2-е изд., С. Вавилов, ред., 1950~1958, в 51 т.
ВАН	*Вестник Академии наук*
ВВ	*Византийский временник*
ВДЛ	*Временник Демидовского юридического лицея* (야로슬라블)
ВЕ	*Вестник Европы*
ВИ	*Вопросы истории*
ВИМК	*Вестник истории мировой культуры*
ВЛ	*Вопросы литературы*
ВР	*Вера и разум* (하르코프)
ВсВ	*Всемирный вестник*
ВФ	*Вопросы философии*
ВФПс	*Вопросы философии и психологии*
Гр	*Энциклопедический словарь, Гранат*, 7-е изд., В. Железнов, ред., 1910~1938, в 34 т.
ДАН	*Доклады Академии наук*
ДНР	*Древная и новая Россия*

ДРВ	*Древная российская вивлиофика*
ЕИИ	*Ежегодник института истории искусств*
ЖМНП	*Журнал Министерства народного просвещения*
ЖС	*Живая старина*
ЖЧО	*Журнал Императорскаго человеколюбивого общества*
ЗИАН	*Записки Императорской Академии наук*
ЗОР	*Записки отдела рукописей Всесоюзной библиотеки имени В. И. Ленина*
ЗПУ	*Записки историко-филологическаго факультета Императорскаго С-Петербургскаго университета*
ЗРВИ	*Зборник радова Византолошкого института* (베오그라드)
ЗРИОП	*Записки Русского исторического общества в Праге*
ЗРНИБ	*Записки Русского научного института в Белграде*
ИА	*Исторический архив*
ИАН(Г)	*Известия Академии наук СССР, Отделение гуманитарных наук*
ИАН(И)	*Известия Академии наук СССР, Серия истории и филологии*
ИАН(Л)	*Известия Академии наук СССР, Отделение литературы и языка*
ИАН(О)	*Известия Академии наук СССР, Отделение общественных наук*
ИАН(Р)	*Известия Академии наук СССР, Отделение русского языка и словесности*
ИВ	*Исторический вестник*
ИЖ	*Исторический журнал*
ИЗ	*Исторические записки*
ИЛ	*Историческая летопись*
ИМ	*Историк-Марксист*
ИС	*Исторический сборник*
ИСР	*История СССР*
ИЯс	*Известия Академии наук СССР, отделение русского языка и словесности*
КЗ	*Красная звезда*
КЗ(Я)	*Краеведческие записки* (야로슬라블)
КиС	*Каторга и ссылка*
КП	*Комсомольская правда*
КС	*Киевская старина*
КУИ	*Киевские университетские исвестия*
ЛА	*Литературный архив*
ЛГ	*Литературная газета*
ЛЗАК	*Летопись занятий археографической комиссии*

ЛЭ	*Литературная энциклопедия*, 1-е изд., В. Фриче, ред., 1929~1939, в 10 т.
МБ	*Мир Божий*
МГ	*Минувшие годы*
МК	*Молодой коммунист*
МО	*Миссионерское обозрение*
МС	*Миссионерский сборник*
НЖ	*Новый журнал* (뉴욕)
НЗК	*Наукові записки праці науково-дослідчої катедри історії евройської культури* (하르코프)
НИС	*Новгородский исторический сборник*
НК	*Новые книги*
НМ	*Новый мир*
ОЗ	*Отчественные записки*
Оч	*Очерки истории СССР*

(1) *Первобытно-общинный строй и древнейшие государства на территории СССР*, П. Третьяков, ред., 1956;

(2) *Кризис рабовладельческой системы и зарождение феодализма на территории СССР III-IX вв.*, Б. Рыбаков, ред., 1958;

(3, 4) *Период феодализма IX-XV вв. в двух частях*, И. Б. Греков, ред., 1953;

(5) *Период феодализма, конец XV в. –начало XVII в.*, А. Насонов, ред., 1955;

(6) *Период феодализма, XVII в.*, А. Ховосельский, ред., 1955;

(7) *Период феодализма, Россия в первой четврти XVIII в.*, Б. Кафенгауз, ред., 1954;

(8) *Период феодализма, Россия во второй четврти XVIII в.*, А. Баранович, ред., 1957;

(9) *Период феодализма, Россия во второй половине XVIII в.*, А. Баранович, ред., 1956;

(10) *Конец XVIII –первая четверь XIX в.*, С. Окунь, ред., 1956.

ПДЛ	*Памятники древнерусской литературы*
ПДП	*Памятники древней письменности*
ПДПИ	*Памятники древней письменности и искусства*
ПЗМ	*Под знаменем марксизма*
ПО	*Православное обозрение*
ПРП	*Памятники русского права*
ПС	*Православный собеседник*
ПСЗ	*Полное собрание законов*

ПСРЛ	*Полное собрание русских летописей*
ПСС	(인용된 저자의) *Полное собрание сочинений*
РА	*Русский архив*
РБ	*Русское богатство*
РБС	*Русский биографический словарь*, П., 1896~1918, в 25 т.
РВ	*Русский вестник*
РЛ	*Радянське литературо-знавство* (키예프)
РМ	*Русская мысль*
РМГ	*Русская музыкальная газета*
РР	*Русская речь*
РС	*Русская старина*
РУ	*Радянська Украина* (하르코프)
РФ	*Русский фольклор: Материалы и исследования*
РФе	*Российский феатр*
СА	*Советская археология*
СЗ	*Современные Записки* (파리)
СИИ	*Сообщения института истории искусств, Академия наук*
СК	*Советская культура*
СкС	*Скандинавский Сборник* (탈린)
СЛ	*Советская литература*
СМ	*Советская музыка*
СМАЭ	*Сборник музея антропологии и этнографии*
СН	*Старина и новизна*
СРИО	*Сборник русского исторического общества*
СРИП	*Сборник русского института в Праге*
СС	(인용된 저자의) *Собрание сочинений*
ССРЛЯ	*Словарь современного русского литературного языка*, В. Чернышев, ред., М.-Л., 1950~1958, в 7 т.
СХО	*Сборник Харьковского историко-филологического общества*
СЯС	*Сборник отделения русского языка и словесности Академии наук*
ТВО	*Труды восточнаго отделения русскаго археологическаго общества*
ТГИМ	*Труды государственного исторического музея*
ТИАИ	*Труды историко-архивного института*
ТИИЕ	*Труды института истории естествознания и техники*
ТКИЗ	*Труды комиссии по истории знания*
ТКДА	*Труды Киевской духовной академии*
ТКФ	*Труды карельского филиала Академии наук СССР* (페트로자보드스크)

ТОДЛ	*Труды отдела древнерусской литературы*
ТСРЯ	*Толковый словарь русского языка*, Д. Ушаков, ред., М., 1934~1940, в 4 т.
УГ	*Учительская газета*
УЗАОН	*Ученые Записки Академии общественных наук при Центральном Комитете ВКП(б)*
УЗИАН	*Ученые Записки второго отделения Императорской Академии наук*
УЗКУ	*Ученые Записки Казанского университета*
УЗЛГУ	*Ученые Записки Ленинградского государственного университета*
УЗМГУ	*Ученые Записки Московского государственного университета*
УЗРАНИОН	*Ученые Записки: Российская ассоциация научно-исследовательских институтов общественных наук. Институт истории*
УЗЮУ	*Ученые Записки императорскаго Юрьевскаго университета*
Х Чт	*Христианское чтение*
Чт	*Чтения общества истории и древностей Московского университета*
ЯЛ	*Язык и литература*

AB	*Analecta Bollandiana* (브뤼셀)
AESC	*Annales Economies-Sociétés-Civilizations*
AHR	*American Historical Review*
AHRF	*Annales historiques de la révolution française*
AIOS	*Annuaire de l'institut de philologie et d'histoire orientales et slaves* (브뤼셀)
AK	*Archiv für Kulturgeschichte* (베를린-라이프치히)
AMH	*Annals of Medical History*
AQC	*Ars Quatuor Coronatorum* (런던)
AR	*Archiv für Reformationsgeschichte* (라이프치히)
ASR	*American Slavic and East European Review* (1963년에 *Slavic Review*로 개칭)
BNYL	*Bulletin of the New York Public Library*
BRP	*Bibliothèque russe et polonaise*
BS	*Byzantinoslavica*
CA	*Communist Affairs* (로스앤젤레스(Los Angeles))
CDSP	*Current Digest of the Soviet Press*
CH	*Church History*

ChC	*Christian Century*
CMR	*Cahiers du monde russe et soviétique*
CS	*Le Contrat social*
CSP	*Canadian Slavonic Papers* (토론토(Toronto))
CSS	*California Slavic Studies*
DOP	*Dumbarton Oaks Papers*
DR	*Deutsche Rundschau*
ECQ	*Eastern Churches Quarterly* (램스게이트(Ramsgate))
EHR	*English Historical Review*
ER	*Eastern Review* (클라겐푸르트(Klagenfurt))
ESR	*Études slaves et roumaines* (부다페스트(Budapest))
ESS	*Encyclopedia of the Social Sciences*, E. Seligman, ed., 1930~1935, 15 v.
FA	*Foreign Affairs*
FOG	*Forschungen zur osteuropäischen Geschichte*
GBA	*Gazette des beaux-arts*
HJ	*Historisches Jahrbuch* (뮌헨), *Görres-gesellschaft zur Pflege der Wissenschaft im katholischen Deutschland* (본(Bonn))
HSS	*Harvard Slavic Studies*
HT	*Historisk Tidskrift* (스톡홀름)
IJSL	*International Journal of Slavic Linguistics and Poetics* (헤이그)
JAH	*Journal of American Society of Architectural History*
JGO	*Jahrbücher für Geschichte Osteuropas* (브레슬라우/브로추아프, 뮌헨)
JHI	*Journal of the History of Ideas*
JHR	*Journal de l'histoire des religions*
JKGS	*Jahrbücher für Kultur und Geschichte der Slaven*
JMH	*Journal of Modern History*
JWI	*Journal of the Warburg and Courtauld Institute*
KH	*Kwartalnik Historyczny* (바르샤바)
KR	*Kenyon Review*
MAV	*Mémoires de l'académie de Vaucluse* (아비뇽)
MF	*Mercure de France*
MGH	*Monumenta Germaniae*
ML	*Music and Letters*
MQ	*Musical Quarterly*
NG	*National Geographic*
NL	*New Leader*
NS	*New Statesman and Nation*
NYT	*New York Times*
OC	*Orientalia Chistiana Analecta* (로마)

OCP	*Orientalia Christiana Periodica* (로마)
OSP	*Oxford Slavonic Papers*
PMLA	*Publication of the Modern Language Associaton of America*
PP	*Past and Present*
PR	*Partisan Review*
RBPh	*Revue belge de philologie et d'histoire*
RDM	*Revue des deux mondes*
RES	*Revue des études slaves*
REW	*Rußisches etymologisches Wörterbuch*, M. Vasmer, hrgb., Heidelberg, 1953~1958, 3 Bd.
RH	*Revue historique*
RHL	*Revue d'histoire littéraire de la France*
RHMC	*Revue d'histoire moderne et contemporaine*
RHR	*Revue de l'histoire des religions*
RiS	*Ricerche Slavistiche* (로마)
RLC	*Revue de littérature comparée*
ROJ	*Russian Orthodox Journal*
RoS	*Romanoslavica* (부쿠레슈티(Bucureşti))
RP	*Review of Politics* (인디애나 주, 사우스 벤드(South Bend, Indiana))
RPSR	*Research Program on the USSR* (등사본 시리즈, 뉴욕)
RR	*Russian Review*
RSH	*Revue de synthèse historique*
RSMP	*Revue des travaux de l'académie des sciences, morales et politiques*
SAP	*St. Anthony's Papers*
ScS	*Scandoslavica* (코펜하겐)
SEEJ	*Slavic and East European Journal* (인디애나)
SEER	*Slavonic and East European Review* (런던)
SEES	*Slavic and East European Studies* (몬트리얼(Montreal))
SKP	*Annales et comptes rendus, Seminarium Kondakovianum* (프라하)
SKST	*Suomen Kirkkohistoriallisen Seuran Toimituksia* (헬싱키)
SO	*Slavia Orientalis* (바르샤바)
SR	*Soviet Review*
SSt	*Soviet Studies* (옥스퍼드)
Su	*Soviet Survey* (1961년에 *Survey*로 개칭)
SUN	*Skriffter utgitt av det Norske Videnskaps-Akademi* (II Hist.-filos. Klasse, 오슬로Oslo)
SVQ	*St. Vladimir's Seminary Quarterly*
SW	(인용된 저자의) *Selected Works*
TC	*The XX-th Century* (상하이(上海))
TH	*The Third Hour* (뉴욕)

TRHS	*Transactions of the Royal Historical Society* (런던)
VSP	*Veröffentlichungen der slavistischen Arbeitsgemeinschaft an der Deutschen Universität in Prag*
WMR	*World Marxist Review*
WP	*World Politics*
WSJ	*Wiener Slawistisches Jahrbuch*
ZFS	*Zeitschrift für Slawistik*
ZOG	*Zeitschrift für osteuropäische Geschichte*
ZSPh	*Zeitschrift für Slavische Philologie* (라이프치히)

▍참고문헌 ▍

입문 성격의 이 참고문헌 목록은 특별히 지적 자극을 주거나 학술 가치를 지니는, 그리고 본문의 여러 부분과 연관된 기본 저작의 목록이다. 더 한정된 관심사의 저술은 해당 부분의 후주에서 언급된다.

이 참고문헌 목록은 포괄적이라고 할 수 없으며, 각 주제별로 기재된 문헌의 수가 그 주제의 고유한 중요성에 꼭 들어맞지는 않는다. 그렇기보다는 쉽게 구할 수 있고 매우 포괄적인 다른 참고문헌 목록이 있을 경우에 독자에게 그 목록을 참조하도록 유도하려는 시도이다.

1. 개설적인 문화사와 사상사

П. Милюков, *Очерки по истории русской культуры*, Paris, 1930~1937, исправ. изд., в 3 т.는 참고문헌이 잘 되어 있고 종교와 문학과 예술을 한 권에 하나씩 연대순으로 다루는 포괄적인 책이다. 이 미완성 저작의 제1권 제2부("선사 시대부터 역사 시대까지")는 죽기 바로 앞서 밀류코프가 마무리한 수고를 가지고 Н. Андреев가 편집한 판('s Gravenhage, 1964)으로 최근에 맨 처음 간행되었다. 주가 달리지 않은 영어 축약판이 *Outlines of Russian Culture*, NY, 1962, 3 v.(염가보급판)이다. В. Рязановский, *Обзор русской культуры*, NY, 1947~1948, 3 части в 2 т.는 밀류코프의 책보다는 덜 충실하지만, 상이한 문화 분야들을 상호연결하는 데에서는 더 낫다. Г. Вернадский, *Звенья русской культуры*, Ann Arbor, 1962 (1938년 판의 재간행본)은 문화에 속하는 현상을 밀류코프의 책보다 더 폭넓게 살펴보지만, 15세기 중엽까지만 다룬다. Р. Иванов-Разумник, *История русской общественной мысли*, П., 1918, 5-е исправ. и доп. изд., в 8 т.; Д. Овсянико-Куликовский, *История русской интеллигенции*, М., 1907; (염가보급판도 있는) N. Berdiaev, *The Russian Idea*, NY, 1948; Berdiaev, *The Origin of Russian Communism*, Ann Arbor, 1960(염가보급판); T. Masaryk, *The Spirit of Russia*, NY, 1955, 2 v., rev. ed. 이 모든 저작은 19세기의 문학과 논쟁에 주로 반영된 러시아의 사회사상과 철학사상을 호의적으로 다룬다. W. Weidlé, *Russia: Absent and Present*, NY, 1961(염가보급판)은 시각예술에서 자주 논거를 끌어오는 도발적이고 인상기적인 논구이다. S. Volkonsky, *Pictures of Russian History and Russian Literature*, Boston-NY, 1898은 비록 피상적일지라도 가독성이 좋은 연구이며 초기 시대 부분에

서, 그리고 독일어 자료를 활용한다는 점에서 뛰어나다. 근대 러시아 사회사상에 관한 가장 좋은 마르크스주의적 논고는 (Г. Плеханов, *Сочинения*, М.-Л., 1925, 2-е изд., XX-XXII에 수록된) Плеханов, *История русской общественной мысли*, П., 1918이다. 이 책은 원래 기획된 일곱 권 가운데 세 권일 뿐이며, 라디쉐프에 이르러 이야기가 끝난다. 제20권의 긴 서지학 논문과 표트르 대제 이전 러시아에 관한 논구는 18세기 초중엽을 다루는 몇몇 절의 등사판 영어 번역인 Plekhanov, *History of Russian Social Thought*, NY, 1938에는 완전히 빠져있다. 또한 19세기의 주제에 관한 비평 논고 Плеханов, *Очерки по история русской общественной мысли XIX века*, П., 1923을 볼 것. Плеханов, *Сочинения*, М.-Л., 1926, XXIII에 있는 자료도 있다. 마르크스주의의 관점보다 그리스도교 사회주의의 관점이 더 많이 반영된 초기 소비에트 러시아의 또 다른 흥미로운 해석이 В. Сиповский, *Этапы русской мысли*, Петроград, 1924이다. Ш. Левин을 편집 책임자로 삼아 1917년 까지를 망라하는 한 권짜리 연구서 *История русской культуры*가 1966년 초엽에 간행되면 소련의 최신 연구서가 제공될 것이다.[1] 대체로 밀류코프를 논박하려는 의도로 이루어진 소비에트 러시아 초기의 허술한 마르크스주의적 해석이 М. Покровский, *Очерки истории русской культуры*, М., 1914~1918, в 2 т.이다. Г. Васецкий и др., *Очерки по истории философской и общественно-политической мысли народов СССР*, М., 1955~1956, в 2 частях는 덜 알려진 비(非)러시아 소련 지역의 근대 사상을 논한다는 점에서 값지다.

Г. Флоровский, *Пути русского богославия*, Paris, 1937(복사판, 1963)은 종교사상을 더 폭넓은 사회문화 발전과 연계하며, 희귀한 정기간행 참고도서가 여럿 들어있는 풍부한 참고문헌 목록이 달려있다. V. Zenkovsky, *A History of Russian Philosophy*, NY, 1953, 2 v.는 비록 Zenkovsky의 러시아어 원작 *История русской философии*, Paris, 1948~1950, в 2 т.에서처럼 증거 문서가 빠짐없이 제시되어 있지는 않을지라도 Н. Лосский가 쓴 같은 제목의 저작(NY, 1951)보다 더 좋은 정교 입장의 논고이다.

초기 러시아의 사상과 문화에 관해서는 А. Щапов, *Сочинения*, П., 1906, II에 있는 "Общий взгляд на историю интеллектуальнаго развития в России"와 "Историческия условия интеллектуальнаго развития в России"를 볼 것. Д. Лихачев, *Культура русского народа X-XVII вв.*, М.-Л., 1961과 А. Сахаров и А. Муравьев, *Очерки русской культуры IX-XVII вв.*, М., 1962도 볼 것.

---

[1] Ш. Левин, ред., *Краткий очерк истории русской культуры с древнейших времен до 1917 года*, Л., 1967.

자료집 Е. Бобров, *философия в России*, Казань, 1899~1901, в 6 т., 그리고 더 해석 위주인 Г. Шпет, *Очерк развития русской философии*, Петроград, 1922는 주로 18세기 말엽과 19세기 초엽을 다룬다. А. Введенский, "Судьбы философии в России", *ВФПс*, 1898, март-апрель은 러시아에서 공식적 철학 연구가 마주친 진통을 다룬 (모스크바에서 1898년에 별도로 재간행된, 그리고 А. Введенский, *Философские очерки*, Praha, 1924에 수록된) 유용한 저술이다. М. Филиппов, *Судьбы русской философии*, П., 1904와 D. Chizevsky, *Narisi z istorii filosofii na Ukraini*, Praha, 1931도 유용하다. Е. Радлов, *Очерк истории русской философии*, Петроград, 1920, 2-е исправ. изд.는 비판적인 러시아 철학사 저작 문헌목록이 달린 유용하고 간결한 연구서이다. 소련에서 새로 나온 *Философская энциклопедия*도 볼 것. 이 저작의 제1~3권은 모스크바에서 1960~1964년에 간행 되었는데, 철학 전반뿐만 아니라 러시아 철학에 관한 논문이 많이 들어있다. O. Lourié, *La Philosophie russe contemporaine*, 1902는 이제는 잊혀진 여러 사조가 들어있는 유용한 개설서이다. A. Koyré, *Études sur l'histoire de la penseé philosophique en Russie*, 1950은 매우 유용한 논문집이다. P. Pascal, "Les grands courants de la penseé russe contemporaine", *CMR*, 1962, janvier-mars, 5~89는 최근 100년을 간결하지만 포괄적으로 다룬다.

H. Арсеньев, *Из русской культурной и творческой традиции*, Frankfurt/ M., 1959는 러시아의 역사에서 가족의 연대와 공동체 전통이 지닌 중요성을 강조 하는 일련의 논문이다. A. Jensen, *Rysk Kulturhistoria*, Stockholm, 1908, 3 v.과 L. Schinitzky, *El pensamiento Ruso en la filosofia y en la literatura*, Buenos Aires, 1946은 각각의 언어에 한정된 더 좁은 독자층을 넘어서는 관심을 받을 만하다. 독일계 라트비아인 사회학자 W. Schubart의 *Russia and Western Man*, NY, 1950은 러시아 민족성의 특징을 규명하려고 시도하는 많은 문헌 가운데 가장 뛰어난 저서의 하나이다. 이 장르에서는 덜 사변적인 W. Miller, *Russians as People*, NY, 1961(염가 보급판)과 농민의 제도와 사고방식이 현대의, 특히 소비에트 시기의 러시아 문화에 미친 영향을 탐구하는 N. Vakar, *The Taproot of Soviet Society*, NY, 1962도 유용하다.

2. 교회

А. Карташев, *Очерки по истории русской церкви*, Paris, 1959, в 2 т.는 충실한 참고문헌 목록이 달린 정교회 연구서이다. 마카리(Макарий) 모스크바 수좌 대주교인 М. Булгаков는 19세기 중엽까지는 가장 상세하고 포괄적인 역사서였던 *История русской церкви*, Ann Arbor, 1963, в 12 т.(2판의 재간행복사본)을 썼다.

그러나 이 책은 초기 시대를 위해서는 (각 권이 2개 절로 이루어진) E. Голубинский, *История русской церкви*, М., 1880~1916, в 2 т., 2-е пересмотр. и расшир. изд.로, 그 뒷 시기를 위해서는 A. Доброклонский, *Руководство по истории русской церкви*, Рязань-М., 1883~1893, в 4 т.로, 그리고 I. Smolitsch, *Geshchichte der rußischen Kirche, 1700~1917*, Leiden-Köln, 1964의 풍성한 제1권으로 보완되어야 한다. П. Знаменский, *Руководство к русской церковной истории*, Казань, 1886은 탁월한 약사이며, 여러모로 그 주제에 관한 최고의 입문서이다. G. Fedotov, "Religious Backgrounds of Russian Culture", *CH*, 1943, March, 35~51도 볼 것.

로마가톨릭 측의 평가 가운데에서 (원래는 1948년에 토리노(Torino)에서 이탈리아어로 간행된) A. Ammann, *Abriss der ostslawenischen Kirchengeschichte*, Wien, 1950이 가장 학술적인 논구이다. J. Danzas, *The Russian Church*, London, 1936은 특히 종파의 역할에 관해 기지가 번뜩인다. N. Brian-Chaninov, *The Russian Church*, NY, 1930에는 좋은 절(節), 특히 가톨릭 신앙으로 개종한 러시아인이 쓴 가톨릭-정교 관계에 관한 훌륭한 절이 여럿 들어있다. A. Palmieri, *La chiesa russa*, Firenze, 1908도 여전히 유용하며, 긴 연구서 H. Gomez, *La iglesia rusa. Su historia y su dogmatica*, Madrid, 1948도 있다. 프로테스탄트 신자가 쓴 역사서 가운데에는 각각 루터교회 신자와 영국국교회 신자가 호의를 품고 쓴 저서 E. Benz, *The Eastern Orthodox Church: Its Thought and Life*, NY, 1963(염가보급판)과 R. French, *The Eastern Orthodox Church*, London, 1951을 볼 것. A. Oakley, *The Orthodox Liturgy*, London-NY, 1958도 볼 것. 정교 신자인 학자들의 개설서로는 P. Evdokimov, *L'Orthodoxie*, Neuchâtel-Paris, 1959; S. Bulgakov, *L'Orthodoxie*, 1932; T. Ware, *The Orthodox Church*, Baltimore, 1963(염가보급판)이 있다. V. Никольский, *История русской церкви*, М., 1930은 마르크스주의적 역사서를 쓰려는 진지한 유일한 노력이다. A. Pawłowski, *Idea Kościola w ujęciu Rosyjskiej Teologji i Historjozofji*, Warszawa, 1935는 러시아의 교회 개념의 역사에 관한 연구서이며 참고문헌 목록이 뛰어나다.

가장 충실한 러시아 분파교 연구서는 K. Grass, *Die rußischen Sekten*, Leipzig, 1907, 2 Bd.이지만, С. Маргаритов, *История русских мистических и рационалистических сект*, Симферополь, 1914, 4-е исправ. изд.가 더 간결하고 분석적이다. (Маргаритов의 책처럼 주로 분파교도를 논박할 의도로 쓰인 연구서이지만 일부는 Grass가 구할 수 없던 유용한 자료와 참고도서가 들어있는) T. Буткевич, *Обзор русских сект и их толков*, П., 1915, 2-е изд.도 볼 것. F. Conybeare, *Russian Dissenters*, NY, 1962(염가보급판)은 상세하지만 조금 비역사적이고 구식이다. S. Bolshakoff, *Russian Nonconformity*, Philadelphia, 1950은 영어로 된 유용한 입문서이다. С. Зеньковский가 준비하는 것[2]이 있기는 해도 분리파나

구교도의 전통에 관한 포괄적 역사서는 없다. 구할 수 있는 가장 충실한 (그리고 참고 문헌 목록이 훌륭한) 논고는 П. Смирнов, *История русского старообрядчества*, П., 1895, 2-е исправ. изд.이다. 짧은 입문서로는 К. Плотников, *История русского раскола старообрядчества*, П., 1914; 교회분열 초기에 관한 가장 좋은 분석으로는 П. Смирнов, *Внутренние вопросы в расколе в XVII веке*, П., 1898과 П. Смирнов, *Споры и разделения в русском расколе в первой четверти XVIII в.*, П., 1905를 볼 것. Смирнов의 다른 연구단행본과 논문, 그리고 В. Дружнин 소장 자료에 바탕을 두고 1917년까지 다루는 자료 목록 *Раскол и сектантство*, П., 1932에 있는 (상당수가 분리파 스스로가 등사하거나 비밀리에 간행한) 다른 자료도 볼 것. 이 주제에 관한 방대한 자료 다수가 Ф. Сахаров, *Литература истории и обличения русского раскола*, Тамбов, 1887, П., 1892~1900, в 3 т.에 인용되어 있다. 구교도 전통이 러시아 문화에 (특히 19세기 문학에) 미친 영향은 V. Pleyer, *Das rußische Altgläubigentum: Geschichte, Darstellung in der Literatur*, München, 1961에서, 러시아 종교사상 전반에 미친 영향은 (주 없는 등사판인) В. Рябушинский, *Старообрядчество и русское религиозное чувство*, Joinville le Pont, 1936에서 평가된다. 정교 측의 역사서 Г. Стрельбицкий, *История русского раскола*, Одесса, 1898, 3-е изд.도 볼 것.

러시아 종교 생활과 서방 종교 생활의 상호작용은 L. Boissard, *L'Église de Russie*, 1867, 2 t.에서 강조된다. 초기 프로테스탄티즘과의 (그리고 전반적으로 유럽과의) 관계는 Д. Цветаев, *Протестантство и протестанты в России до эпохи преобразовании*, М., 1890과 И. Соколов, *Отношение протестантизма к России в XVI и XVII веках*, М., 1880에서, 가톨릭교회와의 관계는 예수회 학자의 기념비적 저작 P. Pierling, *La Russie et le Saint-Siège*, 1901~1912, 5 t.와 동유럽 학자의 학구적이지만 치우친 저작 E. Winter, *Rußland und das Papsttum*, 1960~1961, 2 Bd.에서 속속들이 다루어진다. 러시아 서부의 교회에 관해서는 И. Чистович, *Очерк истории западно-русской церкви*, П., 1882~1884, в 2 т., 우크라이나 교회, 그리고 이 교회가 러시아 교회에 미친 전반적 영향에 관해서는 내용이 풍부한 대형 저작 К. Харлампович, *Малороссийское влияние на великорусскую церквную жизнь*, Казань, 1914를 볼 것.

러시아 수도원에 관해서는 오래되었지만 아직도 기본 역사서인 П. Казанский, *История православнаго монашества на востоке*, М., 1854~1856, 2 части,

---

[2] С. Зеньковский, *Русское старообрядчество: Духовные движения XVII в.*, München, 1970.

그리고 (성 세르기 대수도원 설립까지만 다루는) П. Казанский, *История православнаго русскаго монашества*, М., 1855; 또한 유용한 참고문헌 목록이 달린 I. Smolitsch, *Rußische Mönchtum*, Würzburg, 1953; I. Smolitsch, *Leben und Lehre der Starzen*, Köln, 1952; Rouët de Journel, *Monachisme et monastères russes*, 1952; 그리고 Л. Денисов, *Прославные монастыри Российской империи*, П., 1910에서 전체 일람표와 해설을 볼 것.

성자에 관해서는 Н. Барусков, *Источники русской агиографии*, П., 1892; В. Васильев, "История канонизации русских святых", *Чт*, 1893, кн. 3, ч. 3, 1~256; Е. Голубинский, *История канонизации святых в русской церкви*, М., 1903; В. Ключевский, *Древнерусския жития святых как исторический источник*, М., 1871; P. Peeters, "La Canonisation des Saints dans l'Église russe", *AB*, XXXIII, 1914, 380~420; Г. Федотов, *Святые древней Руси*, Paris, 1931; I. von Kologrivov, *Essai sur la sainteté en Russie*, Bruges, 1953; E. Behr-Sigel, *Prière et sainteté dans l'Église russe, suivi d'un essai sur le rôle du monachisme dans la vie spirituelle du peuple russe*, 1950을 볼 것.

영어로는 유용한 러시아의 영성서 문선 G. Fedotov, *A Treasury of Russian Spirituality*, NY, 1948; 대중적 연구서 Constantin de Grunwald, *Saints of Russia*, London, 1960; N. Gorodetzky, *The Humiliated Christ in Modern Russian Literature*, London, 1938이 있다. Robert Payne, *The Holy Fire: The Story of the Eastern Church*, Ldonon, 1958은 러시아 정교 사상의 발전에서 핵심 역할을 한 초기의 동방 교부에 관한 (영어 참고문헌 목록이 있는) 좋은 대중적 입문을 제공한다. N. Zernov, *Eastern Christendom*, London, 1961은 러시아의 그리스도교를 더 넓은 맥락 속에 끼워넣으며 좋은 영어 참고문헌 목록을 제공한다. 매우 소중한 비잔티움적 배경 연구가 H. Beck, *Kirche und theologische Literatur im Byzantinischen Reich*, München, 1959에서 이루어진다.

교회법에 관해서는 Г. Розенкампф, *Обозрение Кормчей книги в историческом виде*, П., 1839, 2-е исправ. изд.; Н. Калачов, *О значении кормчей в системе древнего русскаго права*, М., 1850; Н. Никольский, "К вопросу о западном влиянии на древнерусское церковное право", *БЛ*, III, 1917; 유용한 참고문헌 목록이 달린 М. Красножен, *Краткий очерк церковнаго права*, Тарту, 1900; 비(非)정교 신자의 지위와 역할을 탐구한 Красножен, *Иноверцы на Руси*, Тарту, 1903, 3-е исправ. изд.를 볼 것. 최근에 작고한 니콜라이 모스크바 수좌대주교의 박사학위논문, Н. Ярушевич, *Церковный суд в России до издания Соборного Уложения Алексея Михайловича*, П., 1917도 볼 것.

잘 구성된 교리 연구로는 F. Gavin, *Some Aspects of Contemporary Greek*

Orthodox Thought, Milwaukee-London, 1923을 볼 것. 더 최근의 연구는 Iōannēs Karmirēs, *Ta Dogmatika kai Symbolika Mnēmeia tēs orthodoxou katholikēs ekklēsias*, Athens, 1952~1953, 2 v., (제2판, 1960년)에 들어있다. 교리문답서와 교리서에 관한 러시아 교회의 저작은 무오류 교리 선언문의 지위를 누리지 않으며, 한 시대의 특정한 관심사와 특성을 자주 반영한다. 꽤 최근의 간결한 논구는 Д. Соколов, *Краткое учение о богослужении православной церкви*, П., 1915, 37-е изд.와 И. Жилов, *Православное-христианское катехизисное учение*, Тарту, 1919, 3-е исправ. изд.이다. 영어로 된 더 긴 교리문답과 더 짧은 교리문답으로는 다른 기본 문서와 함께 R. Blackmore, *The Doctrine of the Russian Chruch*, London, 1845를 볼 것. S. Salaville, *An Introduction to the Study of Eastern Liturgies*, London, 1938과 모스크바 총대주교구 공식 간행물 *The Russian Orthodox Church Organization, Situation, Activity*, M., 1958도 볼 것. 비판적인 러시아 신비주의 연구로는 V. Yankevich, "Les Thèmas mystiques dans la pensée russe contemporaine", in *Mélanges publiés en l'honneur de M. Paul Boyer*, 1925를 볼 것.

3. 정치사상의 발전

M. Kovalevsky, *Russian Political Institutions*, Chicago, 1902는 유용한 개설적 논고를 제공해주지만, 세부사항에서 늘 믿을 만하지는 않다. 또 다른 짧은 입문서는 S. Utechin, *Russian Political Thought*, NY, 1963(염가보급판)이다. M. Cherniavsky, *Tsar and People*, New Haven, Conn., 1961은 오랜 세월에 걸친 차르 체제의 이미지에 관한 비록 조금은 역사적으로 흐릿한 논구이기는 할지라도 기지가 번뜩이고 박식하다. 혁명가였다가 반동가가 된 이의 저작 Leo Tikhomirov, *Russia, Political and Social*, London, 1888, 2 v.도 흥미롭다.

압도적으로 정치적인 문제에 관한 유용한 논집은 E. Simmons, ed., *Continuity and Change in Russian and Soviet Social Thought,* Cambridge, Mass., 1955; C. Black, ed., *The Transformation of Russian Society*, Cambridge, Mass., 1960; 러시아 인텔리겐치야에 관해 R. Pipes가 편집한 *Daedalus*, 1960, Summer, 「러시아 인텔리겐치야」 호(號); J. Curtiss, ed., *Essays in Russian and Soviet History in Honor of Geriod Tanquary Robinson*, NY, 1963; M. Karpovich 고희 기념호 *HSS*, IV, 1957에서 찾을 수 있다. В. Альтман, ред., *Из истории социально-политических идей*, M., 1955; R. Tucker, *The Soviet Political Mind*, NY, 1963(염가보급판); (*FA*에서 추려 펴낸 논문들인) P. Mosely, ed., *The Soviet Union, 1922~1962: A Foreign Affairs Reader*, NY, 1963(염가보급판)도 볼 것.

더 초기 시대에 관해서는 M. Шахматов, *Опыты по истории древнерусских политических идей*, Praha, 1927; B. Вальденберг, *Древнерусские учения о пределах царской власти: Очерки русской политической литературы от Владимира Святого до конца XVII века*, П., 1916; M. Приселков와 L. Goetz와 M. Дьяконов의 저서와 논문, 특히 각각 이들의 연구서인 *Очерки по церковно-политической истории Киевской Руси X-XII вв.*, П., 1913; *Staat und Kirche in Altrußland, 988~1240*, 1908; (독일어판으로도 구할 수 있는) *Очерки общества и государственного строя древней Руси*, П., 1912, 4-е изд.를 볼 것. 특이한 해석으로는 В. Алексеев, *Народовластие в древней Руси*, Ростов-на-Дону, 1904를 볼 것. 비록 억지일 때가 없지는 않을지라도 훗날의 "사회평론" 논쟁 전통이 키예프 시대의 문학과 모스크바 시대의 문학에서 비롯되었다고 해석하려는 박식한 시도에 관해서는 각각 И. Будовниц, *Общественно-политическая мысль древней Руси*, М., 1960과 *Русская публицистика, XVI века*, М.-Л., 1947을 볼 것. 표트르 대제 이전 러시아의 정치 개념이 서방에서보다 러시아에서 더 "대범"하고 더 자비로웠음을 입증하려는, 비록 이따금 공상적일지라도 기지가 번뜩이는 "유라시아적" 시도로는 М. Шахматов, "Опыт истории государственных идеалов в России", *Евразийский временник*, Paris, III, 55~80; IV, 268~304를 볼 것. 표트르 대제 이전 시대 정부의 구조에 관해서는 В. Строев, *Очерки государства московскаго перед реформами*, Ростов-на-Дону, 1903; 또한 짧은 C. Веселовский, *Приказный строй управления Московского Государства*, Киев, 1912; A. Lappo-Danilevsky, "L'Idée de l'état et son évolution en Russie depuis les troubles du XVIIᵉ siècle jusqu'aux réformes du XVIIIᵉ", in P. Vinogradoff, ed., *Essays in Legal Theory*, Oxford, 1913, 356~383을 볼 것. Г. де Воллан, *История общественных и революционных движентй в связи с культурным развитием русскаго государства*, М.-П., 1913~1916은 18세기 중엽까지를 다룬다.

제정기에 관해서는 S. Zezas, *Études historiques sur la legislation russe, ancienne et moderne*, 1862; 뛰어난 A. Блок, *Политическая литература в России и о России*, Warszawa, 1884; C. Сватиков, *Общественное движение в России 1700~1895*, Ann Arbor, 1963(재간행본)을 볼 것. 러시아 법률의 발전과 합리화의 진전은 (특히 18세기 부분이 훌륭한) И. Дитятин, *Статьи по истории русского права*, П., 1895; В. Сергеевич, *Лекции и исследования по древней истории русского права*, П., 1910; A. Филиппов, *Учебник истории русского права*, Тарту, 1912, 4-е исправ. изд.; L. Schultz, *Rußische Rechtsgeschichte von den Anfängen bis zur Gegenwart*, Lahr, 1951; (법치국가 전통을 강조하는) V. Leontovich, *Geschichte des Liberalismus in Rußland*, Frankfurt/M., 1957에서 논의된다. H.

Dorosh, *Russian Constitutionalism*, NY, 1944는 초기의 베체 전통부터 1905년 혁명까지의 유용한 짧은 연구이다. S. Kucherow, *Courts, Lawyers, and Trials under the Last Three Tsars*, NY, 1953과 M. Szeftel, "The Form of Government of the Russian Empire Prior to the Constitutional Reforms of 1905~1906", in Curtiss, ed., *Essays in Russian and Soviet History*, 105~110도 볼 것.

4. 세속적 계몽

유용한 개설 입문서는 Lappo-Danilevsky, "The Development of Science Learning in Russia", in J. Duff, ed., *Russian Realities and Problems*, Cambridge, 1917, 153~229이다. 교육의 역사에 관해서는 W. Johnson, *Russia's Educational Heritage*, Pittsburgh, 1950; N. Hans, *Russian Educational Policy, 1701~1917*, London, 1931; V. Simkhovich, "History of the School in Russia", *Educational Review*, 1907, March; (예카테리나 대제부터 스탈린까지의 교육 이론에 관해서는) L. Forese, *Ideengeschichtliche Triebkräfte der rußischen und sowjetischen Pädagogik*, Heidelberg, 1956을 볼 것. П. Каптерев, *История русской педагогии*, П., 1915, 2-е пересмотр. и доп. изд.도 볼 것. С. Рождественнский, *Очерки по истории систем народного просвещения в России в XVIII-XIX веках*, П., 1912, I은 Рождественнский가 쓰거나 엮은 수많은 러시아 교육사 연구서 가운데 가장 상세하다.

러시아의 거의 모든 주요 고등교육 기구, 협회, 신학교의 유용한 역사서가 있다. 전반적인 사상과 문화에는 다음 연구가 특히 유용하다. П. Пекарский, *История Императорской Академии Наук*, П., 1870~1873, в 2 т.; М. Сухомлинов, *История Российской Академии*, П., 1874~1888, в 8 т.; В. Григорьев, *Императорский С. Петербургский университет в течение первых пятидесяти лет его существования*, П., 1870; С. Шевырев, *История Императорского Московского университета, 1755~1855*, М., 1855; N. Koulabko-Koretzky, *Aperçu historique des travaux de la société impériale libre économique, 1765~1897*, П., 1897; С. Рождественнский, *Исторический обзор деятельности Министерства народного просвещения, 1802~1902*, П., 1902; А. Яхонтов, *Исторический очерк Императорского Александровского Лицея*, Paris, 1936; Н. Загоскин, *История Императорского Казанского университета за первыя сто лет его существования, 1804~1904*, Казань, 1902~1906, в 4 т.; Е. Петухов, *Императорский Юрьевский, бывший Дерптский, университета за сто лет его существования (1802~1902)*, Тарту, 1902; 1917년까지 다루는 K.

Островитянов, *История Академии наук СССР*, М., 1958~1964, в 2 т.
대학교의 더 폭넓은 문화적 역할에 관해서는 В. Иконников, "Русские университеты в связи с ходом общественного образования", *ВЕ*, 1876, сентябрь, 161~206; октябрь, 492~550; ноябрь, 73~132; 그리고 마르크스주의적 관점으로는 М. Тихомиров, ред., *История Московского университета*, М., 1955, в 2 т.을 볼 것.
교육 발전의 덜 연구된 측면을 다루는 유용한 러시아어 저작은 (초등학교와 중등학교에 관해서는) Н. Константинов и В. Струминский, *Очерки по истории начального образования в России*, М., 1953, 2-е изд.; (여성 교육에 관해서는) Е. Лихачева, *Материалы для истории женского образования в России (1086~1856)*, П., 1899; (표트르 대제 이전 시대의 문자 해득과 교육에 관해서는) Ф. Успенский, *Очерки по истории византийской образованности на Руси*, П., 1892; А. Соболевский, *Образованность Московской Руси XV-XVII вв.*, П., 1892; А. Архангельский, *Образование и литература в Московском Государстве конца XV-XVII вв.*, Казань, 1898~1901, в 3 т.이다. 19세기 이전 러시아의 금서에 들어있는 더 세속적인 인간관은 М. Соколов, *Очерки истории психологических воззрений в России в XI-XVIII веках*, М., 1963에서 상세하게 논의된다.
러시아의 과학적 태도의 느린 발달에 관해서는 A. Vucinich, *Science in Russian Culture: A History to 1860*, Stanford, 1962에서 문서가 많이 들어있는 사회학 위주의 역사가 제공된다. Н. Фигуровский и др., ред., *История естествознания в России*, М., 1957~1962, I (3 в 4 т.); 더 기초적인 논구 В. Кузнецов, *Очерки истории русской науки*, М.-Л., 1940; 유용한 기술사 В. Данилевский, *Русская техника*, М., 1948, 2-е исправ. изд.도 쓸모있다. Т. Райнов, *Наука в России XI-XVII веков*, М.-Л., 1940은 초기 시대의 고전적 논고이다. A. Petrunkevich, "Russia's Contribution to Science", *Transactions of the Connecticut Academy of Sciences*, XXIII, 1920, 611~641; A. Zvorikin, "Inventions and Scientific Ideas in Russia: Eighteenth-Nineteenth Centuries", in G. Métraux & F. Crouzet, eds., *The Nineteenth Century World*, NY, 1963(엮가보급판), 254~279도 볼 것.
소비에트 러시아 이전 시기 세속 사상의 다른 양상에 관해서는 J. Hecker, *Russian Sociology*, NY, 1915; J. Normano, *The Spirit of Russian Economics*, NY, 1944; 주로 중농학파와 고전학파의 영향을 다루는 В. Святловский, *История экономических идей в России*, П., 1923, I(제1권 외의 다른 권은 간행되지 않았다); *История русской экономической мысли*, М. (А. Пашков, ред., т. I в 2 части, 1955~1958은 1861년까지를, А. Пашков и Н. Цаголов, ред., т. II в 2 части, 1959~1960은 1890년대까지를 다룬다)을 볼 것. J. Letiche, ed., *A History of Russian*

Economic Thought, Berkeley-Los Angeles, 1964(9세기부터 18세기까지를 다루는 Пашков의 저작 제1권 제1부에는 부적절한 번역이 잦다). 다음 자료를 연이어 읽으면 오랫동안의 언론과 기타 대중 계몽 매체를 개관할 수도 있다. A. Poppé, "Dans la Russie médiévale, Xᵉ-XIIIᵉ siècles: Écriture et culture", *AESC*, 1961, janvier-février, 12~35; A. Карпов, *Азбуковники или алфавиты иностранных речей по спискам соловецкой библиотеки*, Казань, 1877; Н. Лисовский, *Периодическая печать в России, 1703~1903*, П., 1903; E. Kluge, *Die rußische revolutionäre Presse*, Zürich, 1948; B. Розенберг, *Из истории русской печати*, Praha, 1924; Н. Энгельгардт, *Очерк истории русской цензуры в связи с развитием печати (1703~1903)*, П., 1904; В. Евгеньев-Максимов를 주편집자로 삼아 펴낸 공저이며 18세기와 19세기 초엽을 다루는 제1권만 나온 В. Евгеньев-Максимов и др., *Очерки по истории русской журналистики и критики*, Л., 1950. 더 기초적인 저작 А. Западов, ред., *История русской журналистики XVIII-XIX веков*, М., 1963도 볼 것.

역사서술에 관해서는 Д. Лихачев, *Русские летописи и их культурно-историческое значение*, М.-Л., 1947; Л. Черепнин, *Русская историография до XIX века курс лекции*, М., 1957; (러시아 역사가들의 여러 미간행 논문을 활용하는) С. Пештич, *Русская историография XVIII века*, Л., 1961~1965, в 2 т.; (19세기 말엽과 20세기 초엽을 다루는 제2권이 특히 유용한) B. Астахов, *Курс лекции по русской историографии*, Харьков, 1959~1962, в 2 т.; П. Милюков, *Главныя течения русской исторической мысли*, П., 1913, 3-е изд.; 성 페테르부르그 신학원 교수의 저작 М. Коялович, *История русского самосознания по историческим памятникам и научным сочинениям*, П., 1901, 3-е изд.; 19세기의 관점에 관한 연구 Н. Кареев, *Философия истории в истории литературы*, П., 1912를 볼 것.

다음 자료도 볼 것. 방대한 편찬물 B. Иконников, *Опыт русской историографии*, Киев, 1891~1908, 2 т. в 4-х; (성기 스탈린 시대에 혹독하게 비판받은) 포괄적 논고 Н. Рубинштейн, *Русская историография*, М., 1941; (덜 알려진 18세기 인물들과 19세기의 비非대러시아인 역사가들에 관한 유용한 논의인) A. Mazour, *Modern Russian Historiography*, Princeton, 1958, 2d corr. ed.; I. Gapanovich, *Russian Historiography Outside of Russia*, Peiping, 1935; 1917년 혁명까지만 다루는 М. Тихомиров, ред., *Очерки истории исторической науки в СССР*, М., 1955~1963, в 3 т. М. Тихомиров가 편집한 제1권이 М. Нечкина가 편집한 제2권과 제3권보다 더 좋다. C. Black, ed., *Rewriting Russian History*, NY, 1962(염가보급판)에는 소련 역사가들을 비판하는 이 논문집의 초판에 대한 소련측

비판의 번역이 들어있다. 유용하고 놀랄 만큼 가독성이 좋은 러시아아사 사료 편람이 (M. Тихомиров가 편집한 제1권은 18세기 말까지를, С. С. Никитин이 편집한 제2권은 1890년대까지를 다루는) *Источиковедение истории СССР*, М., 1940, в 2 т.이다.

5. 문예 문화

N. Gudzy, *History of Early Russian Literature*, NY, 1949, 또는 D. Chizevsky, *History of Russian Literature, from the Eleventh Century to the End of the Baroque*, 's Gravenhage, 1960, 또는 R. Picchio, *Storia della letteratura russa antica*, Milano, 1959; (1881년까지는) D. Mirsky, *A History of Russian Literature*, NY, 1958 (염가보급판)과 D. Mirsky, *Contemporary Russian Literature, 1881~1925*, NY, 1926; 그리고 V. Alexandrova, *A History of Soviet Literature, 1917~1962, or from Gorky to Evtushenko*, NY, 1963(염가보급판)을 연이어 읽으면 러시아 문학을 잘 개관할 수 있다. 또한 소비에트 시기에 관해서는 S. Struve, *Soviet Russian Literature, 1917~1950*, Norman, Oklahoma, 1951과 L. Labedz & M. Hayward, eds., *Literature and Revolution in Soviet Russia, 1917~1962*, Oxford, 1963을 볼 것. N. Nilsson, *Sovjetrysk litteratur 1917~1947*, Stockholm, 1948도 볼 것. 포괄적 해석이 A. Stender-Petersen, *Den russiske litteraturs historie*, Copenhagen, 1952, 3 v.(독일어판 München, 1957, 2 Bd.도 있다); E. Lo Gatto, *Storia della letteratura russa*, Firenze, 1950, 4a ed.; E. Lo Gatto, *L'estetica e la poetica in Russia*, Firenze, 1947에서 제시된다. 비록 인용은 없을지라도 중요한 인물과 논제를 간결하게 다룬 논고를 W. Harkins, *Dictionary of Russian Literature*, Paterson, NJ., 1959(염가보급판)에서 찾아볼 수도 있다.

근대 시기의 다양한 양상은 Л. Майков, *Очерки из истории русской литературы XVII и XVIII вв.*, П., 1896; Д. Благой, *История русской литературы XVIII века*, М., 1945(수정되어 1960년에 나온 4판도 있다)에서 더할나위 없이 잘 다루어진다. (Ann Arbor에서 1948년에 재간행된) Д. Овсянико-Куликовский, *История русской литературы XIX века*, М., 1908~1911, в 5 т.은 풍부한 논집이다. А. Скабичевский, *История новейшей русской литературы 1848~1892*, П., 1897, 3-е исправ. изд.는 인민주의자 비평가가 러시아 소설 황금시대의 문학에 관해 쓴 상상력 넘치는 역사서이다; P. Kropotkin, *Ideals and Realities in Russian Literature*, NY, 1916; П. Берков, *Введение в изучение истории литературы XVIII века*, Л., 1964는 문학사 서술의 둘도 없이 유용한

사례이며 1960년대 초엽까지 비평적 평가가 변하는 모양을 매혹적으로 생생하게 보여준다.

Г. Струве, *Русская литература в изгнании: Опыт исторического обзора зарубежной литературы*, NY, 1956은 망명 문학을 다룬다. N. Brian-Chaninov, *La Tragédie des lettres russes*, 1938; 최근에 소련에서 나온 *История русской литературы*, М.-Л., 1941~1956, 10 томов в 13도 볼 것. В. Городецкий, ред., *История русской критики*, Л., 1958, в 2 т.는 더 먼저 나온 저작인 В. Полянский и А. Луначарский, ред., *Очерки по истории русской критики*, М., 1929~1931, в 3 т.이나 И. Иванов, *История русской критики*, П., 1898~1900, 4 части в 2 т.보다 덜 흥미롭다.

부정기로 나오는 문집과 선집에 관한 자료로는 도판이 풍부하게 들어간 연구서 Н. Смирнов-Сокольский, *Русские литературные альманахи и сборники XVIII-XIX вв.*, М., 1964를 볼 것. 또한 출판의 역사에 관한 자료와 문헌목록의 대다수가 도화집 *400 лет русского книгопечатания*, М., 1964, в 2 т.에 들어있다. 제1권은 소비에트 러시아 이전 시대를, 제2권은 소비에트 러시아 시대를 다룬다.

정평 있는 편람과 백과사전 외에, 알파벳 앞 부분에 있는 글자 항목들만 좋은 Венгеров, *Критико-библиографический словарь русских писателей и ученых*, П., 1889~1904, в 6 т.(П., 1915~1916, 2-е изд. в 2 т.)에서 근대 문학인들의 매우 유용한 서지학 자료를 찾을 수 있다. Н. Рубакин, *Среди книг*, М., 1911~1915, в 3 т.는 주제별로 배열된 논의와 인용 면에서 뛰어나다. 정기간행물 정보는 А. Мезьер, *Словарный указатель по книговедению*, М.-Л., 1931~1933, в 2 т.에 있다. Н. Здобнов, *История русской библиографии до начала XX века*, М., 1955, 3-е изд.도 볼 것.

러시아어의 역사를 다루는 많은 책 가운데 특히 폭넓은 참고문헌 목록이 있는 Л. Черепнин, *Русская палеография*, М., 1956; 두루두루 살펴보는 В. Виноградов, *Очерки по истории русского литературного языка XVII-XIX вв.*, Leiden, 1949; Н. Дурново, *Очерки истории русского языка*, 's Gravenhage, 1959(모스크바에서 내온 1924년 판의 재간행본); Г. Винокур, *Избранные работы по русскому языку*, М., 1959를 볼 것.

구술 전통과 민간전승에 관해서는 Yu. Sokolov, *Russian Folklore*, NY, 1950; А. Афанасьев, *Народныя русския сказки и легенды*, Berlin, 1922, в 2 т.; W. Ralston, *Russian Folk-Tales*, London, 1873; L. Magnus, *Russian Folk-Tales*, London, 1915; (R. Jakobson이 주석을 단) *Russian Fairy Tales*, NY, 1945; В. Даль, *Пословицы русского народа*, М., 1957; И. Иллюстров, *Жизнь русского народа в его пословицах и поговорках*, М., 1915, 3-е изд. (특히 참고문헌 10~39); Б.

Путилов, ред., *Пословицы поговорки загадки в рукописных сборниках XVIII-XX веков*, М.-Л., 1961; *Русские народные пословицы, поговорки, загадки и детский фольклор*, М., 1957을 엮어내기도 했던 В. Аникин이 쓴 머리말이 달린 Д. Садовников, *Загадки русского народа*, М., 1959(원래는 П., 1876)을 볼 것. 분석이 있는 영어 선집으로는 A. Guershoon, *Russian Proverbs*, London, 1941을 볼 것. 또한, 유용한 참고문헌 목록이 달린 М. Сперанский, *Русская устная словесность*, М., 1917도 볼 것. М. Сперанский, *История древней русской литературы*, М., 1914, 2-е пересмотр. изд.; А. Пыпин, *История русской этнографии*, П., 1890~1892; А. Пыпин, *История русской литературы*, П., 1898~1889, в 4 т.; 그리고 민간전승이 18세기와 19세기의 러시아 문화에 준 전반적 영향에 관해서는 증거 문서를 빠짐없이 제시하는 М. Азадовский, *История русской фольклористики*, М., 1958을 볼 것. В. Адрианова-Перетц 등의 편집진 아래 공동 작업으로 만들어지고 10세기부터 20세기 초엽까지를 다루는 저작 *Русское народное поэтическое творчество*, М., 1953~1956, 2 тома в трех도 볼 것. D. Zelenin, *Rußische (Ostslavische) Volkskunde*, Berlin-Leipzig, 1927; Д. Зеленин, *Библиографический указатель русской этнографической литературы о внешнем быте народов России 1700~1910 гг.*, П., 1913도 볼 것. М. Полторацкая, *Русский фольклор*, NY, 1964도 볼 것.

6. 예술

조형예술에 관해서는 G. Hamilton, *The Art and Architecture of Russia*, London, 1954가 도판과 주해가 잘 되어 있는 혁명 이전기 연구서이다. T. Rice, *A Concise History of Russian Art*, NY, 1963(염가보급판)도 볼 것. 중요한 러시아 미술사 도해 도서가 세 권 있는데, 셋 다 제목이 『러시아 미술사』이다. И. Граварь, ред., *История русского искусства*, М., 1910~1915, в 6 т.는 오래되었지만 아직도 유용한 저서이며, 더 대중적인 두 권짜리 저작 Н. Машковцев, ред., *История русского искусства*, М., 1957~1960에는 뛰어난 참고문헌 목록이 있으며, 더 상세한 공저이고 И. Граварь와 В. Кеменов와 В. Лазарев로 이루어진 편집위원회의 저작이며 아홉 권이 나와 있는 *История русского искусства*, М., 1953~1963의 1~8권은 19세기의 첫 3분의 1까지를, 11~12권은 1917~1941년을 다룬다. 다른 유용한 연구서 두 권이 E. Lo Gatto, *Gli artisti in Russia*, Roma, 1934~1943, 3 v.와 유용한 용어 설명이 달린 L. Réau, *L'Art russe*, 1921~1922, 2 v.이다.

회화에 관해서는 기본서가 Н. Кондаков, *Русская икона*, Praha, 1928~1933, в 4 т.; 이 책의 축약판인 *The Russian Icon*, Oxford, 1927; 다른 데에서는 구할 수 없을 도판이 많이 들어있는 유용하고 거의 경건할 때가 많은 한 동독 학자의 역사서 인 K. Onasch, *Ikonen*, Gütersloh, 1961; 이콘의 역사적·예술적 분류에 관한 도판 도서이며 참고문헌이 철저한 B. Антонова и Н. Мнева, *Каталог древнерусской живописи*, М., 1963, в 2 т.이며, 모두 다 도해 도서이다. Е. Овчинникова, *Портрет в русской искусстве XVII века*, М., 1955와 Е. Голлербах, *Портретная живопись в России XVIII века*, М.-П., 1923에서 러시아의 근대 초상화의 기원이 추적된다. A. Benois, *The Russian School of Painting*, NY, 1916은 비록 인상기 수준일지라도 기지가 번뜩이는 논구이다. 사실주의 전통을 강조하는 G. Lukomsky, *History of Modern Russian Painting (1840~1940)*, London, 1945; V. Fiala, *Die rußische realistische Malerei des 19. Jahrhunderts*, Praha, 1953도 있다. 민중 식각판화에 관해서는 기념비적 저서 Д. Ровинский, *Русския народныя картинки*, П., 1881, в 5 т. (2-е изд., П., 1900)을 볼 것. 건축에 관해서는 A. Voyce, *Russian Architecture: Trends in Nationalism and Modernism*, NY, 1948; Н. Бурнов и др., *История русской архитектуры*, М., 1956, 2-е исправ. и доп. изд.를 볼 것. 장식 공예와 농민 공예에 관해서는 각각 G. Lukomsky, *L'Art decoratif russe*, 1928과 A. Некрасов, *Русское народное искусство*, М., 1924를 볼 것. Е. Голлербах, *История грабюры и литографии в России*, М.-П., 1923; А. Сидоров, *Древнерусская книжная грабюра*, М., 1951; А. Некрасов, *Древнерусское изобразительное искусство*, М., 1937; 초기의 목판화부터 볼셰비키 혁명 직전 까지를 다루는 Г. Стернин, *Очерки русской сатирческой графики*, М., 1964를 볼 것. 최근의 고고학에 관해서는 (1961년에 NY에서 축약된 염가보급판으로도 나온) M. Mongait, *Archeology in the USSR*, М., 1959를 볼 것. 문장과 상징의 역사에 관해서는 Е. Каменцева и Н. Устюгов, *Русская сфрагистика и геральдика*, М., 1963을 볼 것. 또한, 미술의 전반적인 문화적 영향에 관해서는 M. Alpatov, *Russian Impact on Art*, NY, 1950와 O. Wuff, *Die neurußische Kunst im Rahmen der Kulturentwicklung Rußlands von Peter dem Großen bis zur Revolution*, Augsburg, 1932를 볼 것.

러시아 음악에 관해서는 R. Leonard, *A History of Russian Music*, NY, 1957이 입문을 제공하고, 근대 이전 시기의 음악에서는 Н. Финдейзон, *Очерки по истории музыки в России с древнейших времен до конца XVIII века*, М.-Л., 1928~1929, в 2 т.로, 근대의 음악에서는 R. Mooser, *Annales de la musique et des musiciens en Russie au XVIIIe siècle*, Geneva, 1948~1951, 3 t.; G. Abraham & M. Calvocoressi, *Masters of Russian Music*, NY, 1944; G. Abraham, *On Russian Music: Critical and Historical Studies*, NY, 1939; B. Asaf'ev, *Russian Music from the*

Beginnng of the Nineteenth Century, Ann Arbor, 1953으로 보완되어야 한다. 모스크바 예술원이 간행했고 풍부한 참고문헌 목록이 달린 러시아 혁명 이전 음악에 관한 역사서 *История русской музыки*, M., 1957~1960, в 3 т.와 유용한 개설연구서 Т. Ливанов, М. Пекелис и Т. Попова, ред., *История русской музыки*, М.-Л., 1940, в 2 т.도 볼 것.

음악 공연에 관해서는 В. Чешихин, *История русской оперы*, Ann Arbor, 1953(П., 1905, 2-е пересмотр. изд.의 재간행본)과 А. Гозенпуд, *Музыкальный театр в России: От истоков до Глинки*, Л., 1959; R. Hofmann, *Un siècle d'opéra russe (de Glinka à Stravinsky)*, 1946을 볼 것. 발레에 관해서는 (아쉽게도 증거 문서를 제시하지 않는) S. Lifar, *A History of Russian Ballet from Its Origins to the Present Day*, London, 1954; А. Плещеев, *Наш балет, 1673~1896*, П., 1896; (*HK*, 1964, № 9, 44에 공지된) Ю. Бахрушин, *История русского балета*, M., 1964를 볼 것.

연극에 관해서는 R. Fülöp-Miller & J. Gregor, *The Russian Theatre: Its Character and History*, Philadelphia, 1930; B. Varneke, *History of the Russian Theatre, Seventeenth through Nineteenth Century*, NY, 1951; M. Slonim, *Russian Theater from the Empire to the Soviets*, Riverside, NJ., 1961을 볼 것. 가장 좋은 단일 연구는 십중팔구 — 도판과 참고문헌이 풍부한 — E. Lo Gatto, *Storia del teatro russo*, Firenze, 1952, 2 v.일 것이다. N. Evreinov, *Histoire de la théâtre russe*, 1947은 20세기의 러시아인 극작가가 쓴 유용하고 짧은 연구서이다. В. Всеволодский, *История русского театра*, М.-Л., 1929, в 2 т.와 공저인 Г. Бердников и др., ред., *Русские драматурги XVIII-XIX вв.*, М.-Л., 1959~1962, в 3 т.도 볼 것. П. Берков, *Русская народная драма, XVII-XX веков*, M., 1953은 민중 연극에 관한 극히 소중한 문건과 주석을 제공한다. Н. Смирнова, *Советский театр кукол, 1918~1932*, M., 1963, 41 ff.와 특히 주 68은 소비에트 시기뿐만 아니라 초기 인형극의 역사와 참고문헌을 제공한다. В. Перетц, *Кукольный театр на руси*, П., 1895는 더 흥미롭다.

7. 유럽과의 연계

관심사가 폭넓고 이 낯익은 주제를 흔한 인상기 수준보다 더 깊이 파고드는 저술로는 G. Alexinsky, *La Russie et l'Europe*, 1917; 훌륭한 참고문헌 목록이 달린 D. Groh, *Rußland und das Selbstverständnis Europas*, Neuweid, 1961; Groh와 D. Chizevsky가 편집한 문선 *Europa und Rußland*, Darmstadt, 1959; A. von Schelting,

Rußland und Europa im rußischen Geschichtsdenken, Bern, 1948; (러시아어 문서와 프랑스어 문서가 함께 들어있는) R. Pletnev, *Entretiens sur la littérature russe des XVIIIe et XIXe siècles*, Montreal, 1964; V. Zenkovsky, *Russian Thinkers and Europe*, Ann Arbor, 1953; H. Roberts, "Russia and the West: A Comparison and Contrast", *ASR*, 1964, March, 1~13과 M. Raeff와 M. Szeftel의 비평 논문들; E. Шмурло, "Восток и запад в русской истории", *УЗЮУ*, 1985, № 3, 1~37; E. H. Carr, "'Russia and Europe' as a Theme of Russian History", in R. Pares & A. Taylor, eds., *Essays Presented to Sir Lewis Namier*, NY, 1956이 있다. Keller, *East Minus West = Zero*, NY, 1962에는 서방이 러시아에서 행사한 영향에 관한 꽤 많은 양의 정보와 흥미로운 약간의 문화지도(66, 181, 219)가 있지만, 늘 정확하지는 않으며 러시아 나름의 고유한 성취를 극소화하려는 열망이 지나치고 증거 문서의 제시가 엄정하지 않다는 흠이 있다. Л. Карсавин, *Восток, Запад и русская идея*, П., 1922는 러시아 문화의 반(反)유럽적 성격을 강조하는 상반된 "유라시아적" 입장의 훌륭한 표명이다. 신선한 자료가 S. Pushkarev, "Russia and the West: Ideological and Personal Contacts before 1917", *RR*, 1965, April, 138~164에 있다. В. Бартольд, "Восток и русская наука", *PM*, VIII, 1915도 있다.

표트르 대제 이전 시대의 서방인 여행자들이 모은 풍부한 러시아 관련 문헌에 대한 비판적 편람이 F. Adelung, *Kritisch-literärische Übersicht der Reisenden in Rußland bis 1700*, П., 1846, 2 Bd.; В. Ключевский, *Сказания иностранцев о Московском Государстве*, П., 1918; В. Кордт, *Чужеземни подорожни по схидний Европи до 1700 року*, Київ, 1926; T. Arne, *Europa upptäcker Ryssland*, Stockholm, 1944; I. Lubimenko, "Le Rôle comparatif des différents peuples dans la découverte et la description de la Russie", *RSH*, 1929, décembre, 37~56; Л. Рущинский, *Религиозный быт русских по сведениям иностранных писателей XVI и XVII веков*, Чт, 1871, кн. 111, ч. 1, 1~338 (그리고 М., 1871)이다. 표트르 대제 이후에 나온 여행자들의 설명 수천 건 가운데 특히 유용한 것이 P. Putnam이 편찬한 인상기 모음인 *Seven Britons in Imperial Russia (1698~1812)*, Princeton, 1952이다.

개별 국가가 러시아의 발전에 준 영향을 폭넓게 다루는 좋은 연구단행본으로 는 다음의 자료들이 있다. 18세기 말엽과 19세기 초엽의 주로 군인과 궁정인의 접촉을 다룬 L. Pingaud, *Les Français en Russie et les Russes en France*, 1896; 특히 1631년까지의 러시아-네덜란드 관계에 관한 입문서 В. Кордт, *Донесения посланников республики соединенных Нидерландов при русском дворе*, П., 1902; J. Scheltema, *Rusland en de Nederlanden, beschouwd in derzelver wederkeerige betrekkingen*, Amsterdam, 1817~1819; 풍부한 참고문헌 목록이 달린 A. Флоровский,

Чехи и восточные славяне: Очерки по истории чешско-русских отношений (X-XVIII вв.), Praha, 1935~1947, в 2 т.; 16세기 말부터 19세기 초까지는 A. Steuart, *Scottish Influences in Russian History*, Glasgow, 1913; M. Anderson, *Britain's Discovery of Russia, 1553~1815*, NY, 1958; 로모노소프부터 멜델레예프까지는 M. Радовский, *Из истории англо-русских научных связей*, M., 1961; M. Laserson, *The American Impact on Russia: Diplomatic and Ideological, 1784~1917*, NY, 1950; D. Hecht, *Russian Radicals Look to America, 1825~1894*, Cambridge, Mass., 1947; 유용한 참고문헌 목록이 있는 A. Babey, *Americans in Russia, 1776~1917*, NY, 1938; A. Cronia, "The Italian Contribution to Slav Cultural Life", *ER*, 1948, October-November, 3~21; Cronia, *La consoscenza del mondo slavo in Italia: Bilancio storico-bibliografico di un millennio*, Padova, 1958; (다른 데에서 인용되지 않은 짧은 연구가 많이 들어있는 참고문헌 목록이 있는) M. J. Fucilla & J. Carrière, *Italian Criticism of Russian Literature*, Columbus, Ohio, 1938; M. Тихомиров, "Исторические связи русского народа с южными славянами с древнейших времен до половины XVII века", в кн.: *Славянский сборник*, M., 1947, 125~201; K. Григорьян, "Из истории русско-армянских культурных связей X-XVII веков", *ТОДЛ*, IX, 1953, 323~336; A. Шепелева, "К истории связей Грузии с Россией в X-XVII веках", IX, 1953, 297~322; 그 뒤 시대를 보완할 3. Авалов, *Присоединение Грузии к России*, П., 1902; K. Forstreuter, *Preußen und Rußland von den Anfängen des Deutschen Ordens bis zu Peter dem Großen*, Göttingen-Berlin-Frankfurt/M., 1955. J. Badalić, ed., *Hrvatska Svjedočanstva o Rusiji*, Zagreb, 1945.

문학의 영향력을 전체 문화 발전과 연계하는 주목할 만한 연구는 다음과 같다. Г. Потанин, *Восточные мотивы в средневековом европейском эпосе*, M., 1899; 내용이 풍부하고 기지가 번뜩이는 A. Веселовский, *Западное влияние в новой русской литературе*, M., 1916, 5-е доп. изд.; 문학에서 폴란드, 프랑스, 영국, 독일과 맺은 연계를 다루고 좋은 참고문헌 목록을 제공하는 A. Rogalski, *Rosja-Europa*, Warszawa, 1960; E. Haumant, *La Culture française en Russie 1700~1900*, 1910 (2d corr. ed., 1913); E. Simmons, *English Literature and Culture in Russia (1553~1840)*, Cambridge, Mass., 1935; V. Kiparsky, *Norden i den ryska skönlitteraturen*, Helsinki, 1947; D. Chizevsky, *Aus zwei Welten: Beiträge zur Geschichte der slavischwestlichen literärischen Beziehungen*, 's Gravenhage, 1956; M. Алексеев, *Очерки из истории англо-русских литературных отношений (XI-XVII вв.)*, Л., 1937; M. Алексеев, *Очерки истории испано-русских литературных отношений XVI-XIX вв.*, Л. 1963. 외국이 러시아 회화에 미친

폭넓은 영향은 비록 조금은 주마간산 격일지라도 A. Грищенко, *О связях русской живописи с Византией и Западом XIII-XX вв.*, М., 1913에서 연구되었다. 서방이 러시아 시에 준 영향에 관해서는 И. Созонович, *К вопросу о западном влиянии на славянскую и русскую поэзию*, Warszawa, 1878을 볼 것. B. Королюк, ред., *Славяно-германские отношения*, М., 1964는 풍부한 참고문헌 목록이 달린 논문집이다. 이것은 Королюк이 러시아가 서방에 인접한 슬라브계 국가와 게르만계 국가와 맺은 연계에 관해 쓰거나 엮은 일련의 최근 연구서 가운데 하나이다.

표트르 대제 이전 시기 서방의 영향에 관한 중요한 개설적 연구서는 다음과 같다. C. Платонов, *Москва и запад в XVI и XVII веках*, Berlin, 1926; (B. Ключевский, *Очерки и речи*, П., 1918, 373~453에도 있는) Ключевский, "Западное влияние и церковный раскол в России XVII в.: Историко-психологический очерк", *ВФПс*, январь-февраль; A. Brückner, *Die Europäisierung Rußlands*, Gotha, 1888; A. Зимин и B. Пашуто, ред., *Международные связи России до XVII в.: Сборник статей*, М., 1961; P. Berkov, "Ostslavische Studenten and deutschen Hochschulen in der vorpetrinischen Zeit", *ZSPh*, XXX, 2, 1962, 351~374; G. Stökl, "Rußland und Europa vor Peter dem Großen", *HZ*, 1957, Dezember, 531~554.

8. 일반 역사서와 명문집

개설적 역사서 가운데 (1780년을 종결점으로 삼고) 세부사항에서 아직도 가장 풍부한 저작이 1851년에 제1권이 나온 세르게이 솔로비요프의 29권짜리 *История России с древнейших времен*이다. 첫 전집판은 1893~1895년에 나왔다. 이 저작은 지금 Л. Черепнин을 주편집자 삼아 주석을 보태서 15권으로 재간행되고 있으며, 첫 24개 절이 모스크바에서 1956~1964년에 (12권으로) 나왔다. B. Ключевский, "Курс русской истории", в кн.: *Сочинения*, М., 1956~1958, I~V(이 전집에는 유용한 주가 있으며, 제5권은 더 앞서 나온 러시아어 판의 제5권보다 더 좋다)는 사회분석에서 솔로비요프보다 더 깊이 파고들며, 알렉산드르 2세 통치기까지 이어진다. 영어 번역본 *A History of Russia*, NY, 1911~1931, 5 v.는 믿을 만하지 않다. S. Platonov, *Histoire de la Russie des origins à 1918*, 1929는 비록 조금은 전통적인 이야기식 구성을 따를지라도 십중팔구 가장 좋은 한 권짜리 역사서일 것이다. (영어로 된 Platonov, *History of Russia*, NY, 1929는 더 초보적인 다른 논고이다.) 영어로 된 여러 단권 종합역사서 가운데에서 N. Riasanovsky, *A History of Russia*, Oxford, 1963이 문화 문제에는 아마도 가장 충실할 것이다. B. Sumner, *Survey of Russian*

History, London, 1947, 2d rev. ed.에 정보가 가장 많이, 그리고 문서가 가장 풍부하게 들어있다. M. Florinsky, *Russia: A History and an Interpretation*, NY, 1953, 2 v.; 기지가 번뜩이는 D. Mirsky, *Russia: A Social History*, London, 1931; J. Mavor, *An Economic History of Russia*, NY, 1925, 2 v., 2d ed.도 볼 것. 증거 문서를 빠짐없이 제시하는 J. Blum, *Lord and Peasant in Russia from the Ninth to the Nineteenth Century*, Princeton, 1961 (NY, 1964, 염가보급판)은 사회사에 무척 소중하다. R. Kerner, *The Urge to the Sea: The Course of Russian History*, Berkeley-Los Angeles, 1942에서는 하천 운송로가 매우 중시된다. M. Pokrovsky, *History of Russia from the Earliest Times to the Rise of Commercial Capitalism*, NY, 1931과 E. Stählin, *La Russie des origines à la naissance de Pierre le Grand*, 1946은 동일한 주제를 각각 극단적인 마르크스주의적 관점과 통상적인 보수적 관점에서 보는 대조적인 한 권짜리 연구를 제공한다. (둘 다 원래는 각각 러시아어와 독일어로 된 더 긴 저작의 축약판이다.) 더 뒷 시기에 관해서는 상반된 관점이 Stählin, *Geschichte Rußlands von den Anfängen bis zur Gegenwart*, Belin, 1923~1939, 특히 총4권 가운데 제2권, 제3권, 제4권, 그리고 Pokrovsky, *Brief History of Russia*, NY, 1933, 2 v.에서 다시 대조될 수도 있다. (비록 아쉽게도 증거 문서를 제시하지 않을지라도) 간결하고 비판적인 것이 P. Kovalevsky, *Manuel d'historie russe*, 1948이다.

다음 저술도 유용하다. 초기 시대는 지금까지 1~4권이 나온 G. Vernardsky & M. Karpovich, *A History of Russia*에서 다루어졌는데, 이 네 권(I. *Ancient Russia*, 1943; II. *Kievan Russia*, 1948; III. *The Mongols and Russia*, 1953; IV. *Russia at the Dawn of the Modern Age*, 1959) 모두 다 Vernardsky가 증거 문서를 빠짐없이 제시하며 썼고 New Haven에서 간행되었다. 제정기의 국내 발전에 관해서는 망명객들이 공동으로 펴낸 역사서인 P. Miliukov, C. Seignobos & L. Eisenmann, eds., *Histoire de la Russie*, 1932~1933, 3 t.; A. Leroy-Beaulieu, *The Empire of the Tsars and the Russians*, NY, 1989, 3 v.; A. Kornilov, *Modern Russian History*, 1916~1917, 2 v.을 볼 것. 찾아보기와 보충지도와 함께 유용한 정보가 지금까지 소련의 역사 시리즈 Оч에서 나온 책에 있는 고르지 않고 대체로 상상력이 떨어지는 원문과 뒤섞여있다.

문화와 이념의 발달이라는 주제에 관해서는 E. Шмурло, *История России*, München, 1922가 유용하다. E. Шмурло, *Kurs русской истории*, Praha, 1931~1935, в 3 т.; W. Walsh, *Russia and the Soviet Union*, Ann Arbor, 1958도 유용하다. 근대 시기에 관해서는 (풍부한 참고문헌 목록이 달린) S. Pushkarev, *The Emergence of Modern Russia 1801~1917*, NY, 1963이 유용하다.

유용한 역사지도는 (중등학교용으로 제작된) *Атлас истории СССР*, M., 1955, в 2 частях에서 구할 수 있다. 소중하기 이를 데 없는 일련의 도판이 (H.

Полонская의 해설이 달린) М. Довнар-Запольский, ред., *Историко-культурный атлас по русской истории*, Киев, 1913~1914, 2-е изд., в 3 т.에 있다. 도판이 있는 *Atlas historique et culturel de la Russie et du Monde Slave*, Bruxelles, 1961(독일어판, München, 1964)도 볼 것. М. Florinsky, *Encyclopedia of Russia and the Soviet Union*, NY, 1961은 영어로 된 가장 포괄적인 최신 참고서이다.

연관된 여러 주요 분야의 기본 역사서는 다음과 같다. 훌륭한 참고문헌 목록이 달린 A. Vasiliev, *History of the Byzantine Empire*, Madison, Wis., 1958, 2 v.(염가보급판); G. Ostrogorsky, *History of the Byzantine State*, New Brunswick, NJ., 1957; W. Reddaway et al., eds., *Cambridge History of Poland*, Cambridge, 1941, 2 v.; М. Любавский, *История Литвы*, М., 1911; W. Allen, *The Ukraine: A History*, Cambridge, 1941; 더 민족주의적인 관점에서 본 M. Hrushevsky, *A History of the Ukraine*, New Haven, 1941(1911년 판의 번역본)이다. S. Dubnov, *History of the Jews in Russia and Poland, from the Earliest Times until the Present Day*, Philadelphia, 1916~1920, 3 v.은 문화 문제에서 Ю. Гессен, *История еврейского народа в России*, Л., 1925~1927, 2-е изд., в 2 т.로 유용하게 보완될 수 있다. (Гессен의 제1권은 좋은 참고문헌 목록이 있고 더 앞 시대를 더 충실하게 다룬 초판, П., 1914를 참조하면서 보아야 한다.)

다음과 같은 여러 영어 문선에서 러시아의 사상과 문예에 포괄적으로 직접 접할 수 있다. 좋은 머리말이 있고 유용한 S. Zenkovsky, *Medieval Russia's Epics, Chronicles and Tales*, NY, 1963(염가보급판); L. Wiener, *Anthology of Russian Literature from the Earliest Period to the Present Time*, NY-London, 1902~1903, 2 v.; H. Kohn, *The Mind of Modern Russia*, NY, 1962(염가보급판); B. Guerney, *The Portable Russian Reader*, NY, 1961(염가보급판); J. Cournos, *A Treasury of Russian Humor*, NY, 1943; G. Noyes, ed., *Masterpieces of the Russian Drama*, NY, 1933; A. Yarmolinsky, *A Treasury of Great Russian Short Stories, Pushkin to Gorky*, NY, 1944; 또한 Yarmolinsky, *A Treasury of Russian Verse*, NY, 1949; (좋은 머리말이 달린 제1권은 1790년부터 1890년까지, 제2권은 현재까지 다루는) F. Reeve, ed., *An Anthology of Russian Plays*, NY, 1961, 2 v.(염가보급판). T. Anderson, *Masters of Russian Marxism*, NY, 1963(염가보급판)은 인정받는 인물과 비난받는 인물을 모두 내놓는다. N. von Bubnoff, *Rußische Religionsphilosophen: Dokumente*, Heidelberg, 1956에는 사변적 신학 사상 논집인 A. Schmemann, *Ultimate Questions: An Anthology of Modern Russian Religious Thought*, NY, 1965가 그러하듯 흥미롭고 접하기가 자주 어려운 19세기와 20세기의 철학 저술이 들어있다. 18세기 말엽 이후의 러시아 철학사상의 종합적 문선이 J. Edie와 J. Scanlan과 M. Zeldin이 G. Kline과 협력해서 공동 편집한 세 권짜리 저작 *Russian Philosophy*, Chicago, 1965이다. 주로 러시아

서부에서 비롯된 더 앞 시대의 철학에 관해서는 16세기부터 19세기 초엽까지를 다루고 참고문헌 목록과 주석이 달린 유용한 문선 B. Сербент, ред., *Из истории философской и общественно-политической мысли Белоруссии*, Минск, 1962를 볼 것.

1차 사료와 2차 사료가 섞여있는 자료집 가운데 I. Spector & M. Spector, *Readings in Russian History and Culture*, Boston, 1965; M. Blinoff, *Life and Thought in Old Russia*, University Park, Pa., 1961; S. Harcave, *Readings in Russian History*, NY, 1962, 2 v.(염가보급판); W. Walsh, *Readings in Russian History*, Syracuse, NY, 1950; 모든 자료집 가운데 가장 포괄적인 T. Riha, *Readings in Russian Civilization*, Chicago, 1964, 3 v.(염가보급판); 그 "저주받은 문제"들에 관해서는 C. Жаба, *Русские мыслители о России и человечестве*, Paris, 1954를 볼 것.

이 연구서에서 특별히 활용된 러시아어 문선은 다음의 다섯 권이다. H. Гудзий, *Хрестоматия по древней русской литературе XI~XVIII веков*, М., 1955; A. Алферов и A. Грузинский, *Русская литература XVIII века: Хрестоматия*, М., 1908, 2-е исправ. и доп. изд.; 러시아어 일상숙어의 유래에 관한 짧은 논문들이 실려있는 유용한 일상숙어 선집 H. Ашукин и M. Ашукина, *Крылатые слова*, 1960, 2-е доп. изд.; A. Stender-Petersen, *Anthology of Old Russian Literature*, NY, 1954; 노래집 И. Розанов, *Русские песни*, М., 1952.

지은이 주

머리말

[1] *Webster's Second New International Dictionary*, unabridged (Springfield, Mass., 1959), 643. 이 문화 정의는 제3판에 나오는 정의보다 조금 더 간결하지만, 제3판의, 또는 Malinovsky의 용례(*ESS*, IV, 621~646)나 Ушаков의 정의(*ТСРЯ*, I, 1546)와, 그리고 "인류 사회가 생산·사회·정신 활동에서 이룩한 것들의 복합체"라는 소련의 현행 사전의 해설(*ССРЛЯ*, V, 1827)과 어긋나지 않는다.

[2] 이 세 용법은 각각 Oswald Spengler, *Decline of the West*, 서방과 소련 두 지역에서 널리 퍼진 흔한 용례, Pitrim Sorokin, *Social Philosophies in an Age of Crisis*, Boston, 1950, 187 ff.에서 찾을 수 있다.

[3] *Webster's Third New International Dictionary*, unabridged (Springfield, Mass., 1961), 552. 이것은 "문화사"의 정의가 처음으로 들어가는 판이다.

[4] В. Белинский, *Избранные философские сочинения*, М., 1941, 163.

[5] N. Berdiaev, *The Russian Idea*, 2.

[6] Berdiaev, *The Russian Idea*, 196~197 ff.

[7] 바실리 로자노프. Weildé, *Russia*, 149에서 재인용.

I. 배경

01. 키예프

[1] В. Адрианова-Перетц, ред., *Повесть временных лет*, М., 1950, ч. I, 20; Н. Воронин, *Древнерусские города*, М., 1945, 15. 아울러 M. Tikhomirov, *The Towns of Ancient Rus*, М., 1959도 볼 것.

키예프 시대만 다루는 주요 저작은 다음과 같다. G. Fedotov, *The Russian Religious Mind*, NY, 1960(염가보급판)(하버드 대학 출판부가 저자 사후작으로 간행할 제2권이 다루는 시기는 모스크바국 초기일 것이다); M. Каргер и Н. Воронин, *История культуры древней Руси: Домонгольский период*, М.-Л., 1948~1951 (제1부는 물질문화, 제2부는 사회문화와 정신문화를 다룬다. 제1부와 제2부는 기획된 러시아 문화사의 첫 부분인데, 이 문화사는 이 지점을 넘어서서 지속하지 못했다.); B. Grekov, *The Culture of Kiev Rus*, М., 1947.

소련의 더 포괄적인 — 모두 다 민족의 연속성을 강조하고 비잔티움과 서유럽의 영향을 평가절하하는 — 접근방식 가운데에서 특히 В. Мавродин, *Образование единого русского государства*, Л., 1951과 Д. Лихачев, *Культура Руси эпохи образования русского национального государства*, Л., 1946을 볼 것. 첫 번째 연구서는 초기 러시아에 존재한 다양한 요소를 비교적 빠짐없이 다루며, 두 번째 연구서는 초점을 문화 문제에 더 분명하게 맞춘다.

[2] Даль, *Пословицы русского народа*, 329.

[3] 비록 그 터에 더 앞선 모종의 정착지들이 있었을지라도, 확실한 연대는 가장 이르게 잡아서 8세기인 듯하다(М. Каргер, "Древний Киев", в кн.: *По следам древних культур: Древняя Русь*, М., 1953, 44~46을 볼 것). 그리고 그 지역에 그리스도교 수용 이전 시기는 물론이고 슬라브인의 정주 이전 시기에 도시 상업 중심지에 토대를 둔 지속적 문명이 있었다는 주장을 할 수 있다. M. Rostovtsev, "The Origin of the Russian State on the Dnieper", *Annual Report of the American Historical Association for the Year 1920*, Washington D.C., 1925, 165~171을 볼 것. 러시아 최초의 왕조와 그 수행원들은 거의 틀림없이 스칸디나비아인이었지만, 그들의 문화적 영향력은 보잘것없었다. 이 어렵디어려운 "노르만" 논쟁에 관해서는 N. Riasanovsky, *A History of Russia*, 25~30을 볼 것.

[4] N. von Baumgarten, "Généalogies et mariages occidentaux des Rurikides russes du Xᵉ au XIIIᵉ siècle", *OC*, IX, 1927, mai, 1~96에 전거가 제시된다. 서유럽과 맺은 관계 가운데 가장 오래된 것은 Th. Ediger, *Rußlands älteste Beziehungen zu Deutschland, Frankreich und der römischen Kurie*, Halle, 1911에서 검토되고 분석된다. 동방 그리스도교가 정식으로 받아들여지기 직전인 10세기에 서방 교회가 키예프에 보낸 사절은 M. Daras, "Les Deux Premiers Évêques de Russie", *Irénikon*, III, 1927, 274~277에서 논의된다. 그리스도교 수용 이전, 슬라브인 도래 이전의 정주지를 강조하는 새로운 키예프 기원 관련 연구는 M. Брайчевский, *Когда и как возник Киев*, Киев, 1964에 나온다. F. Dvornik, "The Kiev State and Its Relations with Western Europe", *TRHS*, XXIX, 1947, 27~46과 B. Lieb, *Rome, Kiev et Byzance à la fin du XIᵉ siècle*, 1924도 볼 것. В. Потин, *Древняя Русь и европейские государства X-XII вв.* Л., 1964는 동전이 무더기로 묻혀 있는 유적을 비롯한 최근의 고고학 발견을 토대로 교역 경로를 보여준다. S. Cross, "Medieval Russian Contacts with the West", *Spectrum*, 1935, April, 특히 143~144는 노브고로드 최초의 성당이 지어질 때부터 노브고로드에 서유럽의 영향력이 있었고 로마네스크 건축의 영향이 러시아 안쪽으로 깊이 뻗쳐 들어갔다고 본다.

초기 슬라브인의 "물질문화"에 관해서는 탁월하지만 민족주의적인 Б. Рыбаков, *Ремесло древней Руси*, M., 1948과 서슬라브인 사이에, 그리고 중유럽에 존재한 대체로 비슷한 조건의 특성을 잡아낸 H. Priedel, *Slawische Altertumskunde des östlichen Mitteleuropas im 9. und 10. Jahrhundert*, München, 1961, 제1부. 참고문헌이 풍부하게 달린 동유럽 내 시기 구분 및 지리 구분에 관한 역사서술상의 논의로는 J. Macûrek, *Dějepisectví evropského východu*, Praha, 1946. 러시아의 공통적 발전 유형과 서방과의 연관을 강조하는 포괄적인 슬라브인 초기 역사로는 F. Dvornik, *The Slavs: Their Early History and Civilization*, Boston, 1956을 볼 것. 사실상 13세기부터 18세기 초엽까지의 이야 기를 이어나가는 그의 후속작이며 참고문헌이 충실한 *The Slavs in European History and Civilization*, New Brunswick, NJ., 1962도 볼 것. B. Королюк, *Запа-дные сляване и Киевская Русь*, M., 1964도 볼 것.

[5] *La Chanson de Roland*, v. 3225 (J. Geddes Jr. ed., London, 1914, 222); *Das Nibelungenlied*, v. 1339~1340 (K. Bartsch und H. De Boor hrsg., Wiesbaden, 1956, 216).

이 초기의 무훈시(武勳詩, chanson de geste)[3]에 나오는 — 러시아인에 대체로 호의적인 — 언급은 예순 번이 넘는 데 비해, 폴란드 언급은 딱 네 번이었다. G. Lozinsky가 E. Langlois의 연구를 활용하는 것을 G. Lozinsky, "La Russie dans la littérature française du moyen âge", *RES*, IX, 1929, 71, 주 2에서 볼 것. 추가 사례와 전거는 71~88, 253~269에서 논의된다.

[6] Л. Черепнин(*Русская палеография*, 83~111)은 짧은 시기에 두 가지 알파벳이 갑자기 나타났다는 사실로 촉발되어 아직 결론이 나지 않은 논쟁을 요약하고 글라골 알파벳이 십중팔구 더 먼저 나타났다는 결론을 내린다. 이 결론이 F. Dvornik, "The Missions of Cyril and Methodius", *ASR*, 1964, June, 197, 주 9에서 전문가들의 "거의 일치된" 견해로 제시된다. I. Shevchenko는 최근에 제기된 생각, 즉 이 갑작스러운 문예의 개화는 키릴로스와 메토디오스가 오기 이전에 글라골 알파벳으로 문예 활동이 이루어지는 시기가 있었다는 생각을 회의적 시각에서 논의한다. Shevchenko, "Three Paradoxes of the Cyrillo-Methodian Mission", *ASR*, June, 235~236과 주. 키릴로스와 메토디오스의 파견에 관해 이 절 전체에서 이루어지는 (그리고 H. Lunt, "The Beginning of Written Slavic"와 F. Dvornik의 짧은 최종 선언도 들어있는) 논의(195~236)는 그 파견을 다룬 최근의 학술 연구에 관한 유용한 주석과 풍부한 문헌자료를 내놓는다. Dvornik(위의 논문 210~211과 "Les Bénédictins et la christianisation de la Russie", *L'Église et les églises*,

---

[3] 기사도가 발달한 중세 유럽에서 유행한 서사시. 『롤랑의 노래』가 대표적이다.

Chevetogne, 1954, 323~349)는 로마에서 중앙집권화 경향이 우세해지기 이전에, 특히 11세기 말엽 그레고리우스 7세의 교황 재임기에 보헤미아의 가톨릭 지역에서 슬라브어 전례문이 라틴어 전례문과 나란히 존재했다는 점과 베네딕토회 수사들이 슬라브어 문건을 베껴 써서 부본을 많이 만들었으며 그런 다음 이 부본들이 번역되어 러시아어 필사본으로 유일하게 보존되었다는 점을 지적했다.

[7] Воронин, *Древнерусские города*, 16~17. 비잔티움이 러시아에 끼친 영향에 관한 선구적 연구인 В. Иконников, *Опыт исследования о культурном значении Византии в русской истории*, Киев, 1869는 러시아가 동로마 제국이 무너지기 전까지 실질적으로 그 제국의 일부였다고 간주하며 그 실상을 부풀렸다. 그 뒤의 많은 러시아 역사학자는 (그리고 소련 시대에는 거의 모든 역사학자가) 다른 쪽으로 너무 쏠린 나머지 비잔티움의 영향을 최소화했다. 성기 스탈린 시대에 그들은 키예프에 있는 성 소피야 대성당의 모양은 그리스도교 수용 이전 시기의 고분을 본떴으며 성 소피야 대성당의 두꺼운 기둥, 붙임기둥[4], 앱스(apse)[5]는 건물의 "물질성"과 "물질적 특성"에 대한 러시아 민중의 감각을 표현한다는 주장까지 했다. Н. Брунов, "Киевская София – древнейший памятник русской каменной архитектуры", *BB*, III, 1950, 특히 184, 186.

비잔티움의 영향에 대한 공평무사한 평가는 슬라브 혈통의 비잔티움 연구자들의 저작에서 찾아낼 수 있다. A. Vasiliev가 "Was Old Russia a Vassal State of Byzantium?", *Spectrum*, 1932, July, 350~360에서 제기한 문제는 G. Ostrogorsky, "Die Byzantinische Staatenhierarchie", *SKP*, VII, 1936, 41~60에서 꽤 더 충실하게 다루어진다. 더 전반적인 영향에 관해서는 다음을 볼 것. D. Obolensky, "Russia's Byzantine Heritage", *OSP*, I, 1950, 37~63; D. Obolensky, "Byzantium, Kiev and Moscow: A Study in Ecclesiastical Relations", *DOP*, XI, 1957, 23~78; F. Dvornik, "Byzantium and the North" and "Byzantine Influence in Russia" in M. Huxley, ed., *The Roots of Europe*, London, 1952, 85~106; F. Dvornik, "Byzantine Political Ideas in Kievan Russia", *DOP*, IX~X, 1956, 73~121. 비교할 목적이라면 G. Ostrogorsky, "Byzantium and the South Slavs", *SEER*, 1963, December, 1~14를 볼 것. 슬라브인과 비잔티움의 관계를 게르만족과 서로마 제국의 관계에 비유하면서 풍부한 문헌을 단 개괄적 연구를 보려면 불가리아 학자 I. Duichev가 쓴 더 큰 저작의 탁월한 서론(Vorspiel), 즉 *Les Slaves et Byzance*, Sofia, 1960을 볼 것.

---

[4] 벽면의 일부를 튀어나오게 한 장식용 기둥.
[5] 성당 동쪽 끝의 쑥 내민 반원형 부분.

비잔티움의 영향을 대하는 소련 학자의 태도에 대한 비판적 분석으로는 I. Shevchenko, "Byzantine Cultural Influence" in Black, ed., *Rewriting Russian History*, 143~197; 또한 A. Флоровский, "К изучению истории русско-визант-ийских отношений", *БС*, XIII, 2, 1952~1953, 301~311을 볼 것. 조금 더 균형 잡힌 시각은 M. Тихомиров가 머리말을 쓴 M. Левченко, *Очерки по истории русско-византийских отношений*, M., 1956과 저자가 더 앞서 간행한 저서들과 대비되는 Д. Лихачев, *Культура русского народа X-XVII вв.*, М.-Л., 1961 같은 스탈린 이후 시기의 저서에 들어 있다.

[8] Chizevsky, *History of Russian Literature*, 33.

[9] G. Florovsky, "The Problem of Old Russian Culture", *ASR*, 1962, March, 14.

[10] S. Zenkovsky, *Medieval Russia's Epics*, 67~68. 러시아 북부에 깊은 인상을 주고 복음을 전하는 데에서 정교 예배의 아름다움에 안드레이 보골륩스키가 부여한 중요성에 관해서는 Fedotov, *The Russian Religious Mind*, 373을 볼 것.

[11] A. Grabar, "Cathédrales multiples et groupements d'églises en Russie", *RES*, XX, 1942, 91~120; Знаменский, *Руководство к русской церковной истории*, 78~79; И. Лихницкий, *Освященный собор в Москве в XVI~XVII веках*, П., 1906.

[12] Воронин, *Древнерусские города*, 15. 메르제부르크(Merseburg) 주교 티트마르 (Thietmar)의 다른 언급들은 *MGH*, IX, 1935, 488, 528~532에 있는 그의 연대기에서 볼 것. 그는 1018년에 "400개가 넘는 교회"가 키예프에 있었다는 언급(530)을 함으로써 러시아의 위업을 부풀리는 통계 자료를 만들어낼 일련의 서방인 보고자의 선두 격이 되었다. 그리고 그 언급은 하지 않았더라면 신빙성이 있었을 H. Paszkiewicz의 주장, 즉 러시아의 그리스도교화가 다양한 근원으로부터 일어나고 있었고 블라디미르가 개종하기 전에 사실은 그리스도교 교회가 키예프에 이미 세워졌다는 주장(*The Making of the Russian Nation*, London, 1963, 94)을 보강해주지 않는다. 서방 그리스도교의 영향이 보잘것없었다는 구체적 증거는 블라디미르가 십일조 부과를 (서방과 완전히 같지는 않지만, 비잔티움에서는 전혀 알려지지 않은 방식으로) 제도화한 데에서 찾아낼 수 있을지 모른다. A. Пресняков, *Лекции по русской истории* I: *Киевская Русь*, М., 1938, 114~115 와 다른 전거가 달린 사료 주 1을 볼 것.

[13] Гудзий, *Хрестоматия по древней русской литературе*, 60.

[14] Fedotov, *The Russian Religious Mind*, 263.

[15] Н. Волков, "Статистическия сведения о сохранившихся древнерусских книгах XI-XIV веков и их указатель", *ПДП*, CXXIII, 1897, 24. 이 수치가 Черепнин, *Русская палеография*, 130에서는 부정확하게 인용되고 출전이 제대로 밝혀져

[16] Щапов, *Сочинения*, II, 586~587에 있는 인용문과 논의를 볼 것.

[17] Gudzy, *History of Early Russian Literature*, 96~113, 225에 있는 논의와 전거를 볼 것. 저술에 관해서는 S. Zenkovsky, *Medieval Russia's Epics*, 87~102를 볼 것. Fedotov, *The Russian Religious Mind*, 94~157에 있는 페오도시와 보리스와 글레브에 관한 유용한 논의는 이들을 러시아 특유의 형태의 "케노시스적" 영성 (靈性)을 띠고 있으며 시간이 지날수록 중요성이 커질 인물로 간주하면서, 더 전통적인 형태의 동방식 금욕수행과 대비하여 핍박과 고난을 충분히 예기하고 그리스도를 본받아 자기를 비우는 사랑과 섬김의 삶을 강조한다.

과거의 인물로 소급해 들어가서 소비에트 체제의 장점을 읽어내려는 노력은 이따금 거의 우스꽝스러운 지경에 이르게 되었다. 보리스와 글레브는 "정부에게 닥쳐오는 위험을 이념적 수단으로 막아내"는 애국자이자 평화의 전사가 된다. (Будовниц, *Общественно-политическая мысль древней Руси*, 20, 162~163). 러시아의 성 게오르기 이콘들은 오만함과 호전성이 덜하고 다른 나라에서 그려진 그림에 나오는 "아주 거리낌 없는 담대함[과] …… 도발적인 열정이 없는" 그림이라는 말이 있다. М. Алпатов, "Образ Георгия-воина в искусстве Византии и древней Руси", *ТОДЛ*, XII, 1956, 310. (여기에는 **약간의** 진실이 있다.)

[18] Щапов, *Сочинения*, II, 584~585에 있는 현자 예피파니.

[19] N. Trubetrskoy, "Introduction to the History of Old Russian Literature", *HSS*, II, 1954, 93. 이것은 옛 러시아 문화에 관한 최고의 짧은 입문 가운데 하나(91~103)이다.

[20] V. Zenkovsky, *A History of Russian Philosophy*, I, 37.

[21] Fedotov, *The Russian Religious Mind*, 382.

[22] 연대기 안에 숨어 있는 프로파간다와 논쟁을 가장 체계적이고 성공적으로 규명하는 연구는 М. Приселков, *История русского летописание XI~XV вв.*, Л., 1940이다. Тихомиров, ред., *Очерки истории исторических наук*, 49 ff.와 곧 간행될 J. Fennell의 연대기 연구도 볼 것.

슐뢰처와 18세기 말엽에 그가 러시아 연대기에 매료된 것에 관해서는 E. Winter, *August Ludwig von Schlözer und Rußland*, 1961, 특히 45 ff.을 볼 것. *BE*, LXXVIII, 698~701도 볼 것. 그리고 슐뢰처 판본의 네스토르 연대기를 근대 역사학 발전의 결정적 이정표로 간주하는 H. Butterfield, *Man on His Past*, Cambridge, 1955, 32~61, 특히 56~59를 볼 것. 러시아의 연대기를 서유럽 연대기와 호의적으로 비교한 것은 S. Volkonsky, *Pictures of Russian History and Russian Literature*, 4~44를 볼 것.

[23] 다니일 수도원장이 12세기 초엽에 자기의 성지 순례에 관해 써서 인기를 끈 이

글에 관한 분석과 참고문헌으로는 Ю. Глушакова, "О путешествии игумена Даниила в Плестину", в кн.: *Проблемы общественно-политической истории России и сляванских стран: Ссборник статей к 70-летию академика М. Н. Тихомирова*, М., 1963, 79~87, 특히 85~86을 볼 것. Gudzy, *History of Early Russian Literature*, 114~117도 볼 것.

논란거리인 계단통[6] 프레스코화에 관해서는 A. Grabar, "Les Fresques des escaliers à Sainte-Sophie de Kiev et l'iconographie impériale byzantine", *SKP*, VII, 1935, 103~117을 볼 것.

[24] 종교 저술에 들어있는 세속 문학에 관해서는 Tikhomirov, *The Towns of Ancient Rus*, 291~230을 볼 것. 그리고『이고르 원정기』에 들어있는 세속 문학에 관해서는 В. Ржига, "Слово о полку Игореве и Русское язычество", *Славия*, XIII, 1933~1934, 422~433을 볼 것.

일군의 학자는 최근에 한 세기가 넘는 동안 주기적으로 제기되어온 입장, 즉『이고르 원정기』가 사실은 18세기의 위작이라는 입장으로 되돌아갔다. 몇 해 전에 대다수 학자가『이고르 원정기』가 위작이 아니라는 소련 학자들(이를테면, 이 논란에 관한 Gudzy의 호전적 요약인 *History of Early Russian Literature*, 149~158을 볼 것)과 G. Vernadsky, R. Jakobson, M. Szefte & H. Grégoire, *La Geste du Prince Igor*, *AIOS*, VIII, 1945~1947, 217~360의 주장에 별말 없이 동의한 반면에, 불가리아의 망명 슬라브학자의 저작인 V. Nikolaev & H. Paszkiewicz, *The Origins of Russia*, London, 1954, 336~353과 H. Taszycki, *RES*, XXXVI, 1959, 23~28이 최근에 의심의 목소리를 냈다.『이고르 원정기』가 18세기에 쓰인 위작이라는 설을 지지하는 가장 지속적이고 새로운 주장은 소련의 걸출한 중세 학자 A. Зимин이 제기했는데, 그는 1964년 6월 23~24일에 열린 활기찬 학술원 회의에서 자기 입장을 방어했다. 인쇄된 의사록(*ВИ*, 1964, № 9, 119~140)은 Зимин의 논거를 호의적으로 서술하지 않는다. 그의 주요 반대자 Д. Лихачев는 "Когда было написано 'Слово о полку Игореве'?", *ВЛ*, 1964, № 8, 132~160 에서 Зимин의 논제를 추가로 맹비난했다.

Зимин과 다른 이들의 증거와 추론이 모두 다 공개되고 공평무사한 검토를 받을 때까지 역사학자는 민족적 자의식이 생기고 단 하나뿐인 필사본에 대한 골동품 애호열이 솟구치던 시대에 발견되었다가 1812년 모스크바 대화재 때 잃어버린 한 중세 서사시의 진위 여부에 가시지 않는 의심을 품어야 한다. 그러나 Д. Лихачев는 이 작품의 특성과 문체로 보아 13세기보다는 18세기의 훨씬 더

---

[6] 계단을 포함한 수직 공간.

독특하고 예외적인 위업이라는 주장으로 탄탄한 기반 위에 서 있다고 보인다. 그 유래야 어떻든 간에 비교적 짧고 읽기 쉬운 이 서사시는 지금은 20세기 영어판으로 구해 볼 수 있다. V. Nabokov, *Song of Igor's Campaign*, NY, 1960.

[25] Д. Лихачев, *Русские летописи и их культурно-историческое значение*, 8.

[26] 새로 발견된 설교문(이것의 별개의 초기 필사본 사본이 40편 넘게 보존되어 있다)을 기반으로 해서 H. Розов가 내놓은 탄탄한 주장, 즉 "Синодальный список сочинений Илариона – русского писателя XI в.", *Славия*, XXXII, 1963, 특히 141, 147~148에 따르면.

[27] Гудзий, *Хрестоматия по древней русской литературе*, 32. S. Zenkovsky, *Medieval Russia's Epics*, 78~83.

[28] 아브라암은 4세기의 계시록 작가인 시리아인 에프라임의 영향을 크게 받았다. С. Розанов, ред., "Жития преподобнаго Авраамия Смоленскаго и служба ему", *ПДЛ*, вып. I, 1912, 4를 볼 것. 러시아에서 에프라임은 영향력을 계속 누리게 되며, 그가 세상에서 물러나 동굴로 들어간 예는 러시아에서 이런 형태의 수도원 고행 수도의 여러 모범 가운데 하나가 되었다. 러시아에 있던 극단적 고행 수도의 전통과 거의 마조히즘에 가까운 불결함과 자기고행의 감수는 초기 비잔티움 그리스도교 안에 있는 시리아 전통과 이단의 중심인 경우가 매우 잦았던 초기 그리스도교의 초창기 은둔 수행 전통을 더 많이 떠올리게 한다.

우리가 시리아의 (그리고 러시아의) 고행 수도의 이런 양상에 놀라는 데에는 "조직된 그리스도교가 수도생활의 초창기를 잇는 쪽을 택하고 나중에 그 초창기에 제도화된 교회의 덧칠을 입히는 쪽을 택했다"는 사실이 반영되어 있을 법하다. (A. Vööbus, *History of Asceticism in the Syrian Orient*, Louvain, 1958, 169.) 원래의 마니교가 시리아에 영향을 준 것(에프라임에 관한 Vööbus, 109~169과 152 ff.)만큼 모종의 신(新)마니교적 이원론이 러시아의 고행 수도에 영향을 미쳤는지는 체계적으로 연구된 적이 없는 문제로 남아있다.

중세 서방의 이원론적이고 예언적인 여러 이단의 원조인 마케도니아와 불가리아의 보고밀(Bogomil)파[7]의 영향력이 초기 러시아에서 여태껏 논증되었던 것보다 더 크지 않았다는 것은 꽤 놀랍다. 왜냐하면, 다른 많은 점에서 동슬라브인이 그 지역에 진 빚이 컸기 때문이다. 그러나 Fedotov는 아브라암을 괴짜로 보면서(*The Russian Religious Mind*, 158~175), 보고밀파가 영향을 끼쳤을 가능성을

---

[7] 불가리아 정교회를 개혁하려던 슬라브 민족운동이 신마니교와 섞이며 생겨나 10~15세기에 발칸 반도에서 세력을 얻었던 그리스도교의 이원론적 종파. 물질을 거부하는 철저한 금욕 생활로 유명했다.

최소화한다(*The Russian Religious Mind*, 353~357). E. Anichkov는 신마니교의 거의 모든 영향력이 서쪽으로 흘러갔다고 본다("Les Survivances manichéennes en pays slavs et en occident", *RES*, VIII, 1928, 203~225). 초기 슬라브 민간전승을 연구하는 우크라이나인 학자 М. Драгоманов도 보고밀파가 러시아의 이원론적 사고에 미친 영향을 최소로 보면서 동방에서 나온 더 오래된 마니교 위경에 바탕을 둔 유사한 사고가 여러 지역에서 독자적으로 발전했을 가능성을 강조한다. Dragomanov, *Notes on the Slavic Religio-Ethical Legends: The Dualistic Creation of the World*, Bloomington, Indiana, 1963, 1~20, 그리고 특히 94~140. 풍부한 주가 달린 이 연구서는 1895년 이전 어느 때인가 쓰인 불가리아어 원본 수고(手稿)를 E. Count가 번역해 놓은 것이다.

[29] Paszkiewicz, *The Making of the Russian Nation*, 281 ff. 설명이 어설프고 대러시아 역사서술에 선험적 반감이 상당한 데도, Paszkiewicz는 초기 폴란드와 체코슬로바키아보다 키예프 러시아에서 국가 통합이 훨씬 더 약했다는 주장, 정교 신앙이 유일하게 실질적인 응집력을 제공했다는 주장, 다른 세 러시아 민족, 즉 "대"러시아와 "백"러시아와 "소"러시아가 "한 데 모인 것"이라는 러시아-소련식 사고에는 역사적 사실보다는 17세기 말엽 러시아 제국의 프로파간다가 반영되어 있다는 주장을 설득력 있게 한다. 307, 311~322, 그리고 아울러 풍부한 참고문헌을 볼 것.

[30] (프랑스어 요약문이 달린) 유용한 도해판 연구서인 B. Лазарев, *Фрески старой Ладоги*, M., 1960을 볼 것.

[31] 원문은 S. Zenkovsky, *Medieval Russia's Epics*, 122~129를 볼 것. Gudzy, *History of Early Russian Literature*, 46~50도 볼 것. 이 전설에 관한 특별한 연구로는 Н. Бокадоров, *Изборник Киевский*, Киев, 1904, 39~94를 볼 것. 성모 마리아가 지옥에 내려가는 모습을 그림으로 보여주는 대중적 판화는 Д. Ровинский, *Русския народныя картинки*, П., 1881, IV, 546~549를 볼 것.

[32] F. Dvornik, *The Idea of Apostolicity in Byzantium and the Legend of the Apostle Andrew*, Cambridge, Mass., 1958; A. Погодин, "Повесть о Хождении Апостола Андрея в Руси", *BS*, VII, 1937~1938, 128~148; L. Goetz, *Das Kiever Höhlenkloster als Kulturzentrum des vormongolischen Rußlands*, Passau, 1904; R. Stupperich, "Kiev— das zweite Jerusalem", *ZSPh*, XII, 1935, Dezember, 332~354; A. Sipiagin, "Aux Sources de la piété russe", *Irénikon*, II, 1927, 1~30. 물론 안드레아 전설은 심지어는 비잔티움에서도 오래된 전설이 아니어서 비잔티움에서는 십중팔구 11세기에, 러시아에서는 12세기 말엽에 처음으로 나타났다. A. Погодин이 한 논의는 캅카즈에 그리스도교도가 있었다는 전설이 이런 생각이 러시아에 발생하는 데 핵심 역할을 했을지 모른다는 점을 시사한다.

[33] 몽골의 영향에 관한 보충 설명으로는 Vernadsky, *Mongols*, 333~390을 M. Cherniavsky, "Khan or Basileus", *JHI*, 1959, October-December, 459~476과 N. Веселовский, *Татарское влияние на посольский церемониал в московский период русской истории*, П., 1911과 함께 볼 것. A. Sakharov, "Les Mongols et la civillization russe", *Contributions à l'histoire russe (Cahiers d'histoire mondiale)*, Neuchâtel, 1958, 77~97도 볼 것. 물론 부복(俯伏)은 비잔티움의 의례에서도 쓰였다.

[34] Karl Wittfogel은 부복을 동방 전제주의의 "완전 복종의 중대한 상징"으로 본다. (*Oriental Despotism: A Comparative Study of Total Power*, New Haven, 1957, 152~154). 그러나 이 유형의 다른 특징들(치수(治水) 등)은 사실상 러시아에 적용할 수 있다고 보이지 않으며, (러시아뿐 아니라 비잔티움을 포함하는) 전체 개념은 조금은 낭만적인 "유라시아" 학파가 주장했던 것만큼 몽골의 영향이 러시아에 두루두루 스며들어 있다는 결론을 내리는 데에서는 말할 것도 없고 러시아의 특수성을 설명하는 데 큰 도움이 되기에 충분할 만큼 엄밀하다고 보이지 않는다. Wittfogel이 주도한 "러시아와 동방"(Russia and the East)에 관한 좌담회 자료가 *ASR*, 1963, December, 627~662에 있다. 특히 반박 논문인 N. Riazanovsky, "'Oriental Despotism' and Russia"와 B. Spuler, "Russia and Islam"을 볼 것. (7세기 중엽부터 10세기 말엽까지) 더 앞 시기에 이슬람과 맺은 연계에 관해서는 A. Гарькавый, *Сказания мусульманских писателей о славянах и русских*, П., 1870와 *Дополнения*, П., 1871을 볼 것.

[35] O. Spengler, *Decline of the West*, NY, 1928, II, 435(저자가 조금 고쳐서).

[36] *Ibid.*

[37] Zenkovsky, *A History of Russian Philosophy*, I, 23.

02. 숲

[1] G. Florovsky in *ASR*, 1962, March, 35. 이 논문과 D. Likhachev의 논문("Further Remarks on the Problem of Old Russian Culture", *ASR*, 1963, March, 특히 115~117)은 ("Images of Muscovy", *ASR*, 1962, March, 특히 24~27에 나오는 불연속성에 대한 나의 강조와는 대조적으로) 키예프 시대와 모스크바 공국 시대 사이의 연속성을 강조한다. 비록 변화가 (E. Panofsky, *Renaissance and Renascences in Western Art*, Stockholm, 1960, I, 162에서 묘사된 서방의 상황과는 대조적으로) 단절적이기보다는 뚜렷하게 점진적일지라도, 대러시아 역사가들이 (고대 키예프가 실제로는 자기 나라의 민족 전통에 속한다는 폴란드와 우크라

이나의 민족주의 계열 학자들의 주장에 얼마간은 과민 반응해서) 아주 단편적인 역사 기록에 근거를 둔 완전한 연속성이라는 비교적 경직된 틀을 고쳐야 할 실질적 필요성이 있다. 변화하는 사회와 비교적 변화하지 않는 문화라는 게오르기 플로롭스키 교수의 구분은 그 두 문화가 내가 맞다고 생각하는 것보다 더 확연하게 구분될 수 있음을 함축한다. 건축은 — 즉, 증거가 풍부하고 키예프-블라디미르에서 모스크바로의 변화가 두드러지는 매개물은 — 분명히 "문화"와 "사회" 둘 다에 속한다. 역사적 연속성이 고난의 시기에 뒷세대들이 "제 나라의 과거로 돌아섰다"는 사실로 입증된다는 Д. Лихачев 교수의 논점은 실제로는 그의 주장을 약화시킨다. 과거와의 연관을 강조하고 (인위적으로 만들어내려는) 향수 어린 노력이 생생한 역사적 연속성이 깨졌다는 가장 좋은 표시일 때가 잦다(이를테면, E. Panofsky, "Renaissances and Renascences", *KR*, 1944, Spring, 특히 227~229를 볼 것). 지속적인 역사 인식이 역사적 연속성과 꼭 같지는 않다.

[2] Lozinsky, "La Russie", 269.

[3] В. Мавродин, *Происхождение названий "Русь", "Русский", "Россия"*, Л., 1958, 17~19. "루스를 이 낱말의 더 넓은 의미로" 쓰는 일이 주로 서사 문학에서 일어나고 연대기에서는 두드러지지 않는다는 점에 주목할 것. 루스라는 말의 더 폭넓은 이 용법은 정치적 정체성보다는 종교적 정체성을 표현했다. Paszkiewicz, *The Making of the Russian Nation*, 313~314, 특히 주 322를 볼 것.

[4] Тихомиров, ред., *Очерки исторических наук*, 59, 65.

[5] 최근의 논의로는 N. Andreev, "Pagan and Christian Elements in Old Russia", *ASR*, 1962, March, 16~23, 그리고 *ibid.*, 18 주 8에 인용된 저작들; L. Sadnik, "Ancient Slav Religion in the Light of Recent Research", *ER*, 1948, April, 36~43을 볼 것. 또한 (엄밀하게는 토착신앙의 영향에 관한 이론을 뒷받침하려는 시도라기보다는 자료집이라는 주된 이유에서) 큰 가치를 지닌 것이 Д. Зеленин, "Табу слов у народов Восточной Европы и Северной Азии", *СМАЭ*, VIII, 1929, ч. I; IX, 1930, ч. II라는 역작이다. 아울러 D. Zelenin, *Le Culte des idoles en Siberie*, 1952와 Знаменский, *Руководство к русской церковной истории*, 11~13도 볼 것.

[6] 티혼 자돈스키. N. Gorodetzky, *Saint Tikhon Zadonsky: Inspirer of Dostoevsky*, London, 1952, 163에서 재인용. 또한, 부활절의 중요성에 관해서는 Trubetskoy, "Introduction", 95~96을 볼 것.

[7] Родина, народ-род; отечество나 отчизна, отчина나 вотчина-отец. "Старец"(장로)의 다양한 용례에 관해서는 Brian-Chaninov, *The Russian Church*, 102, 주 1을 볼 것. 동사 "고생하다"(стараться)가 이 어근에서 왔을 수 있다(*REW*, III, 4). 또한 아버지 이름을 딴 이름은 대개는 러시아에 최근에 출현한 많은 성(姓)

의 바탕을 이루는 역할을 했다. B. Unbegaun, "Family Names of the Russian Clergy", *RES*, XXX, 1942, 41~62과 Unbegaun, *A Bibliographical Guide to the Russian Language*, Oxford, 1953, 68~72에 언급된 자료, 아울러 B. Чичанов, *Из истории русских имен отчеств и фамилий*, М. 1959, 특히 109~125를 볼 것.

[8] А. Гезен(Heesen), *История славянского перевода символы веры*, П., 1884, 90~102. 또한, Brian-Chaninov, 147~148을 볼 것.

슬라브주의자 호먀코프가 가톨릭으로 개종한 러시아인들과 논쟁적 토론을 벌이는 과정에서 처음으로 그 구분이 중요하다고 역설했다. Хомяков, *ПСС*, М., 1900~1907, II, 3-е доп. изд., 307~314에 있는 1860년의 "Письмо к редактору 'l'Union chrétienne' о значении слов 'кафолический' и 'соборный'"을 볼 것. 베르댜예프(*Russian Idea*, 156~156) 같은 작가들은 공동체성(соборность)에서 가족의 정신적 합의가 모든 유의 형식적 법만능론을 대체하는 러시아식 삶의 기저 원리를 보았다. 이 두 사람의 사상에서 그 낱말이 모호하고 낭만적으로 쓰였음에도 불구하고, 위에 나오는 소보르(собор)라는 말의 다중적이고 특이한 초기의 용례와 결합한 신조 상의 변화는 그 개념이 초기에 꽤 중요했음을 시사한다.

세르게이 악사코프의 『가족 연대기』(Семейная хроника)와 레프 톨스토이의 『안나 카레니나』와 『가정의 행복』(Семейное счастье) 같은 작품의 영향을 받은 W. Weidlé(*Russia*, 130~134)는 가족의 정을 러시아의 기본 특징으로 치켜세웠다. B. Варшавский(*Незамеченное поколение*, NY, 1956, 384)는 Weidlé의 견해는 러시아보다 중국에 훨씬 더 잘 들어맞는다고 주장하면서 그가 과장했다고 비난한다. 가족의 중요성은 H. Арсеньев, *Из русской культурной и творческой традиции*, 15~65에서 더 설득력 있게 옹호된다.

[9] 로맨스가 중심에 있는 딱 한 사례, 즉 러시아의 서사시 「표트르와 페브로니야 이야기」(Zenkovsky, *Medieval Russia's Epics*, 236~247)에서는 아내의 절개가 상처를 아물게 하고 정화하는 데 강조점이 있다.

[10] И. Забелин, *Домашний быт русских цариц в XVI и XVII столетиях*, М., 1869, 299~300; П. Смирнов의 중요한 연구 "Значение женщины в истории возникновения раскола", *MC*, 1891, ноябрь-декабрь, 330~365; Claire Claus, *Die Stellung der rußischen Frau von der Einführung des Christentums bei den Rußen bis zu den Reformen Peter des Großen*, München, 1959를 볼 것.

[11] 이를테면, V. Dunham, "The Strong Woman Motif", in C. Black, ed., *The Transformation of Russian Society*, 특히 467~475와 보리스 슬루츠키(Борис Слуцкий)의 강렬한 전쟁 시, "모든 사람은 더 약해져 갔다. 하지만 여자는 약해지지 않았다. ……", "Щастье", *HM*, 1956, № 10, 160을 볼 것.

[12] Fedotov, *The Russian Religious Mind*, 13 v. "차르"와 "러시아"를 가리키는 대중의 용어에 관해서는 Cherniavsky, *Tsar and People*, 93~94, 101 ff.을 볼 것. (도스토옙스키의 『악령』에 나오는 마리야 레뱌드킨이라는 인물에서 재생되는) 촉촉한 어머니-대지(Мать-сыра) 숭배에 관해서는 Fedotov, 11~15 외에 B. Комарович, "Культ рода и земли в княжеской среде XI-XIII вв.", *ТОДЛ*, XVI, 1960, 특히 97~104, 그리고 그 안에서 언급된 저술을 볼 것. 그리스도교 수용 이후 러시아의 최고(最古)의 종교 부적과 성패에서 성모 마리아가 지니는 각별한 중요성에도 주목할 것. E. de Savitsch, "Religious Amulets of Early Russian Christendom", *GBA*, 1943, February, 111~116.

다른 시원적 문명의 비슷한 숭배에 관해서는 A. Dieterich, *Mutter Erde: Ein Versuch über Volksreligion*, Leipzig-Berlin, 1925, 3-te ergänzte Ausgabe를 볼 것. Dieterich의 비교 방법을 철저히 추종해서 M. Алексеев는 러시아의 촉촉한 어머니-대지 숭배가 토착종교 신화가 아니라 인도와 그리스의 이중적 우주론에서 유래했다고 주장했다. Алексеев의 "'Прение земли и моря' в древнерусской письменности", в кн.: *Проблемы общественно-политической истории России и славанских стран*, 특히 32 ff.을 볼 것.

러시아의 마리아 숭배에 "보편적 모성"이 있고 더 오래된 다산성 의례가 동정녀 마리아 숭배에 들어와 섞였다는 생각에 관해서는 D. Strotmann, "Quelques aperçus historiques sur le culte marial en Russie", *Irénikon*, XXXII, 1959, 특히 184~187을 볼 것. S. Chetverikov, "*Piété orthodoxe*: De l'ésprit religieux russe et de la dévotion du peuple russe pour la Mère de Dieu", *Irénikon*, III, 1927, 385~390, 459~467도 볼 것.

[13] (영국인 리처드 제임스(Richard James)가 1619년에 필사한) 그 민요에 관해서는 K. Кузнецов, "Из музыкального прошлого Москвы", *CM*, 1947, № 5, 39를 볼 것. "Волга, Волга, Мать родная, Волга Русская река"는 19세기 식으로 화음을 넣은 더 이른 시기의 민요 맨 마지막 연 시작 부분이다.

[14] M. Tikhomirov, *The Towns of Ancient Rus*, 415, 주 1과 ff. 러시아 문화 형성에 숲이 지니는 중요성은 Sumner, *Survey of Russian History*, Chapter I에서, 그리고 (얼마간은 버클의 『영국문명사』에서 차용된 환경결정론을 꽤 더 강하게 생각나게 하면서) 세르게이 솔로비요프의 대작 『고대 이후의 러시아사』(История России с древнейших времен)에서 강조되었다. 이 권위자 두 사람은 모두 러시아의 정치·군사적 갈등의 기나긴 역사를 숲과 스텝의 지리적 구분과 연계한다. 최근에 W. Benesch, "The Use of Wood as a Building Material in Pre-Modern Russia: Its Extent and Potential Cultural Implications", *Cahiers d'histoire mondiale*, 1964, Part 1, 160~167(흥미롭지만 해석이 없는 증언집)과 M. Devèze, "Contributions

à l'histoire de la forêt russe", *CMR*, 1964, juillet-septembre, octobre-décembre가 새로운 관심사를 보여주었다.

[15] C. Максимов, *CC*, П., 1909, XII, 39와 ff. 제12권과 제13권인 Максимов의 "Лесная глушь: Картины народнаго быта", *CC*, П., 1909도 볼 것. 심지어는 오늘날에 러시아어에는 다른 언어들이 짐승에 그러는 것과 똑같이, 즉 сосновый бор(소나무)와 березовая роща(자작나무) 등처럼 나무 군(群)을 가리키는 특수한 낱말이 있다.

[16] M. Tikhomirov, *The Towns of Ancient Rus*, 272, 러시아에서 좋지 않은 인상을 받게 될 도회적인 프랑스인 방문자 가운데 맨 처음 방문자 축에 드는 로카텔리(F. Locatelli)는 러시아는, 심리학적으로 말해서, ─ 러시아 사람들이 불을 지나치게 많이 때서 못 견디게 뜨거운 집과 오두막에 틀어박힌 채로 한 해의 4분의 3을 보내기 때문에 ─ 추위의 나라이기보다는 불의 나라이기도 하다고 지적했다(*Lettres moscovites*, Königsberg, 1736, 287).

[17] 『원초연대기』는 성 안드레아가 노브고로드에 있는 사우나식 욕탕에 눈길을 주고 올레그가 그리스인과 협상을 하는 동안 "될 수 있는 대로 큰" 욕탕을 준비해 달라고 고집하는 모습을 그린다. S. Cross & O. Sherbowitz-Wetzor, *The Russian Primary Chronicle*, Cambridge, Mass., 1953, 54, 65를 볼 것. 79~80도 볼 것. Dragomanov(*Notes on the Slavic Religio-Ethical Legends*, 96)는 신이 목욕하고 나서 수건 한 장으로 사람을 만들었다는 슬라브인의 옛 전설을 이야기한다. 핀란드의 민간전승은 흔히 그리스도의 탄생이 사우나에서 일어났다고 그린다.

[18] Д. Зеленин, "Табу слов у народов Восточной Европы и Северной Азии", I, 99~103; В. Даль, *ПСС*, М-П, 1898, X, 402 ff. 문서가 풍부하게 들어있는 Н. Воронин, "Культ медведя в Верхнем Поволжье в XI веке", *КЗЯ*, IV, 1960, 25~93과 70쪽에 그림으로 나오는 인장(印章)도 볼 것. Каменцева и Устюгов, *Русская сфрагистика*, 129~130에도 있다. 초기의 목각과 그 조각에 그려진 짐승의 형상에 관해서는 В. Василенко, *Русская народная резьба и роспись по дереву XVIII-XIX вв.*, М., 1960, 24~33, 47~51을 볼 것.

[19] H. Zinsser가 이의 속성으로 여긴(*Rats, Lice and History*, Boston, 1935, 227), 그리고 비밀리에 찬양된 "집요한 끈기와 잘 참는 근면의 자질"은, 매우 흥미롭게도, 수도원의 작가들이 가장 칭송한 오래 견디는 인내의 자질에 매우 가까웠다. 러시아 수사들은 이들이 이 미물을 없애기를 주저하는 것에 비추어 이를 찬양하는 마음을 몰래 숨기고 있다는 ─ 단지 일부만 농담이었던 ─ 비난을 외국인에게 가끔 들었다. 인상에 치우쳤을지라도 유용한 "이의 자연사"로는 *ibid.*, 166~188을 볼 것. 그러나 티푸스가 15세기까지 유럽에 나타나지 않았다는 Zinsser의 결론 (218)은 러시아의 여러 연대기에 서술 내용이 티푸스와 비슷한 전염병의 언급이

있다는 점에 비추어 보아 십중팔구 수정될 필요가 있다.

[20] 티푸스의 사례에서처럼, 연대기에서 단편적이지만 되풀이되는 흑사병에 관한 언급을 이용해서 러시아의 초기 전염병을 추적하려는 진지한 시도가 없었다. 그러나 17세기에 일어난 역병과 기근의 통계학적 · 심리학적 효과에 관한 신중한 연구는 이 현상의 놀라운 충격에 관한 느낌을 전달해 준다. (17세기 초의 "대동란 시대"에 관해서는) H. Фирсов, *Исторические характеристики и эскизы*, Казань, 1922, I, 5~17를, (1650년대의 흑사병에 관해서는) A. Brückner, *Beiträge zur Kulturgeschichte Rußlands im XVII Jahrhundert*, Leipzig, 1887, 33~57을 볼 것.

[21] H. Никитина, "К вопросу о русских колдунах", *СМАЭ*, VII, 1928, 321.

[22] 칼라일(Carlisle) 백작은 이 경고를 받으니 "우리 가운데 몇 사람에게서 모스크바에서는 쥐가 과연 그렇게 큰지 알고 싶은 마음이 불끈 솟았다"고 말한다. Charles Howard, First Earl of Carlisle, *A Relation of Three Embassies from His Sacred Majestie Charles II to the Great Duke of Muscovie, the King of Sweden, and the King of Denmark, Performed by the⋯Earle of Carlisle in the Years 1663 and 1664*, London, 1669, 140.

[23] V. Kravchinsky(Stepniak), *The Russian Peasantry*, NY, 1888, 128.

[24] R. Matlaw, "Recurrent Imagery in Dostoevsky", *HSS*, III, 201~225를 볼 것. Matlaw는 Chizhevsky의 뒤를 이어 곤충에 대한 이런 관심을 더 오래된 러시아 민속전통보다는 쉴러의 영향 탓으로 돌린다.

[25] 특히 *Com*, 1930(영어 번역본은 *Soviet River*, NY, 1933)과 (G. Reavey & M. Slonim, *Soviet Literature: An Anthology*, NY, 1934, 195~203에 발췌 번역된) *Скутаревский*, 1932, 그리고 R. Hingley, "Leonid Leonov", *Su*, 1958, July-September, 69~74를 볼 것.

[26] Зеленин, "Табу слов у народов Восточной Европы и Северной Азии", II, 62; Голубинский, *История русской церкви*, I, 619. 아울러 Садовников, *Загадки русского народа*, 41~50에 있는 불과 화덕에 관한 많은 분량의 절도 볼 것. 10세기의 한 아랍인 여행가(Spector, *Readings in Russian History and Culture*, 16~19)가 보고한 그리스도교 수용 이전 볼가 강 지역 러시아인의 성대하고 퍽 무시무시한 희생 제례에, 그리고 아랍인은 사람의 "유해를 죽은 사람이 즉시 천국으로 들어가도록 눈 깜짝할 사이에 불태우기보다는 곤충과 벌레들이 파먹도록 내버려둔다"는 러시아인의 질책(ibid., 19)에 주목할 것.

[27] *The Celestial Hierarchy*, book XV. Payne, *The Holy Fire*, 241에서 재인용. 프랑스어 번역문이 곁들어진 그리스어 원문과 신성한 불에 관한 이미지의 유래와 역사에 관한 충실한 분석으로는 Denys l'Aréopagite, *La Hiérarchie Céleste*, 1958,

166~171, M. de Gandillac의 주를 볼 것.

[28] 신약성경 「누가복음」 12장 49절, 「사도행전」 2장 3절.

[29] S. Collins, *The Present State of Russia*, London, 1671, 25, 또한 8~9.

[30] Пожар. Н. Гудзий, ред., *Житие протопопа Аввакума им самим написанное и другие его сочинения*, М., 1959, 313, 448, 464. 그 지칭은 17세기에 접어들어 서도 한참 동안 사용되었다.

[31] 모스크바 수좌대주교구의 공식 간행물 *The Russian Orthodox Church*, 47을 볼 것.

[32] 새로운 신학자 시메온(Symeon). L. Uspensky & V. Lossky, *The Meaning of Icons*, Boston, 1952, 36에서 재인용. 그 은유는 오리게네스(Origenes)에게서 비롯된다(G. Prestige, *Fathers and Heretics*, London, 1940, 221~222를 볼 것).

[33] Payne, *The Holy Fire*, 241~244에서 재인용.

[34] *Soviet River*, 347.

[35] "Slavonic Cities IV, Moscow", *SEER*, 1947, April, 336~355; Воронин, *Древнерусские города*, 8.

[36] Carlisle, *A Relation of Three Embassies*, 301. 더 앞 시기의 서유럽인 방문자들의 비슷한 증언으로는 Hamilton, *The Art and Architecture of Russia*, 106~107을 볼 것.

[37] 화덕 장면 재현극(пещное действо)에 관해서는 M. Velimirovich, "Liturgical Drama in Byzantium and Russia", *DOP, XVI*, 1962, 351~385를 볼 것. 특히 비잔티움 판과 러시아 판의 차이에 관해서는 *ibid.*, 365를 볼 것. 거기에서 인용된 광범위한 자료 외에, А. Фаминцын, *Скоморохи на Руси*, П., 1889, 100~105와 화덕에서 구조된 그 세 사람이 돌아다니는 것이 성탄절 열이틀 내내 이어지는 총 연회로 바뀌는 방식에 관한 언급을 볼 것. 러시아인이 한자동맹의 통제를 받는 발트 해 도시에 교회를 지어도 좋다는 허가를 받았을 때 그 교회 안에 화덕을 마련하겠다는 러시아인의 고집에도 주목할 것. Н. Казакова, "Ганзейская политика русского правительства в последние годы XV в.", в кн.: *Проблемы общественно-политической истории России и слявянских стран*, 153.

[38] 신약성경 「누가복음」 3장 16절. P. Pascal, *Avvakum et les débuts du raskol: La crise religieuse au XVIᵉ siècle en Russie*, 1938, 9~12.

[39] А. Покровский, "К биографии Антония Подольского", *Чт*, 1912, 11, ч. 3, 33~38.

[40] "자기희생" 관행은 Д. Сапожников, *Самосожение в русском расколе*, М., 1891의 충실한 문헌 조사로 분석되고 논의되었고, И. Сырцов, *Саможительство сибирских старообрядцев в XVII и XVIII столетии*, Тобольск, 1888에서는

훨씬 더 했다. 그러나 자기파괴에 반대하는 구교도도 많았다. 엡프로신(Евпросин)이라는 사람이 1691년에 쓴 소책자이며 X. Лопарев의 유용한 머리말과 참고문헌이 달려 ПДП, CVIII, 1895에 수록된 *Отражительное писание о новоизобретенном пути самоубийственных смертей*를 볼 것.

[41] E. H. Carr, *Michael Bakunin*, NY, 1961(염가보급판), 187~188; R. Wagner, *My Life*, NY, 1911, I, 465~499, 527~532. 바그녀를 연구하는 대다수 학자가 이상하게 간과하는 바그녀와 바쿠닌 사이의 접촉에 관해서는 Carr, 195~203을 볼 것.

[42] 미하일 게르셴존(Михаил Гершензон)에게 보낸 편지에서 뱌체슬라프 이바노프. "A Correspondence between Two Corners", *PR*, 1948, September, 955. "기쁜 마음으로 불타 죽"을 필요에 관한 그의 언급(1045)도 있다.

[43] Н. Гумилев, *Огненный столп*, П., 1921. 그에 관해서는 저자 사후에 간행된 매우 소중한 S. Makovsky, "Nicolas Gumilev (1886~1921): Un Témoignage sur l'homme et sur le poète", *CMR*, 1962, avril-juin, 176~224를 볼 것. 이 글은 그 책 제목의 기원을 그가 더 먼저 쓴 시의 "이제부터 나는 지옥에서 나와 천국까지 닿는 불꽃으로 활활 탄다"는 행에 둔다(209).

[44] Б. Рыбаков, *Ремесло древней Руси*, М., 1948, 183에서 재인용. 엄밀히 말하면, 일할 때 쓰는 도끼(секира)와 무기로 쓰는 도끼(топор)의 구분이 있었지만, 뒤엣것을 가리키는 용어가 모든 도끼를 지칭하는 용어로 널리 쓰이게 되었다. 이 용어는 대중의 말에서 제례용 도끼(프로타잔протазан)를 가리키는 용어로 대체되지 않았다. 제례용 도끼는 형태를 폴란드의 파르티자나(partyzana)에서 따왔고, 가짜 드미트리의 조신들이 들여왔으며, 도끼 한 자루를 들고 있는 곰이 그려져 있는 유명한 야로슬라블의 인장 위에 놓였다. *БЕ*, L, 505; Каменцева и Устюгов, *Русская сфрагистика*, 128~129.

[45] "С топором весь свет пройдешь", *Русские народные пословицы и поговорки*, М., 198, 236. "Топор всему делу голова", в кн.: В. Василенко, *Русская народная резьба и роспись по дереву XVIII-XX вв.*, М., 1960, 25. Садовников의 그 유명한 러시아 수수께끼집도 도끼에 관련된 절로 시작한다. *Загадки русского народа*, 31과 263주.

[46] Щапов, II, 508. 솔로베츠크 수도원 문서고 자료를 독특하게 독해한 Щапов의 견해에서 도출된, 도끼의 심리적 중요성을 보여주는 추가 증거로 486도 볼 것.

[47] 톱은 "외국"이나 "독일"의 연장으로 여겨져서 17세기 말엽이 되어서야 받아들여져 널리 쓰였다. Н. Воронин, *Очерки по истории русского зодчества XVI-XVII вв.*, М.-Л., 1934, 101~103을 볼 것. 심지어 18세기 말엽에도 여전히 러시아 대부분의 지역에서 나무를 가지고 하는 일에는 거의 도끼만 쓰였다. Putnam, *Seven Britons in Imperial Russia*, 256~257, 페룬의 도끼머리에 관해서는

БЕ, LXVI, 532~534를 볼 것.

[48] Машковцев, ред., *История русского искусства*, I, 56과 도표 28g.

[49] 이런 주목할 만한 관례에 (그리고 그밖에 표트르 대제 이전 사회에 관한 많은 것에) 관한 상세한 연구로는 А. Яковлев, *Засечная черта Московского Государства в XVII веки*, М., 1916을 볼 것.

[50] "Чай пить — не дрова рубить"; "Что написано пером, то не вырубишь топором", *Русские··· пословицы*, 259, 158.

[51] 보리스 치체린이 1858년에 게르첸에게 보낸 편지, Герцен (Лемке, ред.), *ПСС и писем*, IX, 418~420.

[52] F. Venturi, *Roots of Revolution*, NY, 1960, 295~296, 또한 169; 그리고 Carr, *Michael Bakunin*, 398과 390~409.

[53] *CDSP*, June 9, 1965, 13에 수록된 Л. Ллеонов, "О большой щепе", *ЛГ*, 30 марта 1965. (레오노프를 곧장 겨눈) 흐루쇼프의 언급은 *CDSP*, May 24, 1961, 6에서 재인용. 이 연설은 1960년 7월 17일에 처음 행해졌고 『공산주의자』(Коммунист)에 수록되었다. 레오노프의 『러시아의 숲』에 관한 더 부정적인 평가로는 A. Gerschenkron, "Reflections on Soviet Novels", *WP*, 1960, January, 특히 165~176을 볼 것. 숲을 러시아의 옛 가치의 상징으로 사용하려는 더 앞 시기의 중요한 문학적 시도로는 알렉산드르 오스트롭스키의 희곡 「숲」(*Лес*, П., 1871)과 최근에 소련에서 재간행되고 무대상연용으로 각색된 파벨 멜니코프-페체르스키의 장편소설 『숲에서』(*В лесах*, М., 1868~1874)를 볼 것. 대중 민간전승에 있는 숲 숭배에 관한 세부사항과 유럽의 다른 지역과의 유사점과 차이점에 관해서는 Д. Зеленин, *Тотемы-Деревья в сказаниях и обрядах европейских народов*, М.-Л., 1937을 볼 것. Зеленин, "Тотемический культ деревьев у русских и у белоруссов", *ИАН(О)*, 1933, № 6, 591~629도 볼 것.

[54] E. Kitzinger, "The Cult of Images in the Age before Iconoclasm", *DOP*, VIII, 1954, 83~150의 기본 설명은 이 초기의 이콘 상당수가 시나이 산에 있는 성 카트리나 수도원에서 최근에 발견되면서 보강될 수 있다. K. Weitzmann, "Mount Sinai's Holy Treasures", *NG*, 1964, January, 104~127가 내놓은 잠정적 설명은 다양한 시대에서 추려낸 2,000여 점의 전례 없는 이콘 모음 가운데 첫 번째 연구 결과에 근거를 두고 있다. 이 이콘들은 프린스턴 대학 출판사가 간행할 여섯 권짜리 이콘 회화사에 자료를 제공할 것이다. 아직 간행되지 않았지만 시나이에서 나온 그림의 가장 충실한 화집은 G. Soteriou, *Eikones tēs Monēs Sina*, Athens, 1956~1958, 2 v.이다.

[55] J. Tixeront, *Les Origines de L'église d'Edesse et la légende d'Abgar*, 1888; P. Perdrizet, "De la Véronique et de Sainte Véronique"과 E. Мысливец(J.

Myslivec), "Сказание о переписке Христа с Авгаром на русской иконе XVII века", *СКП*, V, 1932, 185~190; 그리고 Hamilton, *The Art and Architecture of Russia*, 273, 주 7에서 언급된 다른 자료.

[56] Uspensky & Lossky, *The Meaning of Icons*, 46. 반은 신앙과도 같은 이 탁월한 분석 외에, E. Трубецкой, *Умозрение в красках*, M., 1916; B. Meshchersky, *Russian Icons*, NY, 1941; P. Muratov, *Les Icones russes*, 1929, *Trente-cinq primitifs russes*, 1937; *L'ancienne peinture russe*, Roma, 1925; H. Gerhard(H. Skrobucha의 가명), *Welt der Ikonen*, Recklinghausen, 1957; J. Myslivec, *Ikona*, Praha, 1947; 그리고 새로운 도해가 많이 들어있고 영문 번역판이 나오기로 예정된 K. Onasch, *Ikonen*, Gutersloh, 1961을 볼 것. 이미 인용된 (아직도 탁월한 권위서인) Кондаков의 개설서 외에 그의 *Иконография Иисуса Христа*, П., 1905와 (러시아 혁명 직전에 러시아 이콘의 대대적인 청소와 복원 작업이 이루어져 풍부한 색채와 기법이 새로이 드러나면서 득을 본 마지막 저작인) *Очерки и заметки по истории средневекового искусства и культуры*, Praha, 1929를 볼 것.

[57] В. Лазарев, *Андрей Рублев*, M., 1960, 19. 소련의 다른 최근 연구서 가운데 M. Алпатов, *Андрей Рублев*, M., 1959를 볼 것. 그리고 루블료프의 「구약의 삼위일체」에 대한 신학적 해석으로는 Evdokimov, *L'Orthodoxie*, 233~238을 볼 것. 루블료프의 업적을 생생하게 보여주려면 그의 유명한 「구약의 삼위일체」를 D. Wild, *Les Icones*, Lausanne, nd, 도판 XVIII에 있으며 같은 주제를 다룬 16세기 루마니아의 이콘과 대비할 것.

의견을 달리하는 학파들과 이 학파들의 역사적 상호관계의 특징은 P. Schweinfurth, *Geschichte der rußischen Malerei im Mittelalter*, Den Haag, 1930, 198~353에서 아마 가장 잘 서술되었을 것이다. T. Rice, *Icons*, London, 1961; Hamilton, *The Art and Architecture of Russia*, chapters 10~13; Uspensky & Lossky, *The Meaning of Icons*, 47, 주 3; V. Lazarev, *Russian Icons*, NY, 1962(염가보급판)도 볼 것.

[58] 이것은 A. Ромм, *Русские монументальные рельефы*, M., 1953, 16~22에 제시된 증거를 보면 (비록 논의에서는 조금 모호하기는 해도) 명백하며, 권력이 블라디미르-수즈달에서 모스크바로 옮아가서 빚어진 중요한 결과 가운데 하나였다고 보인다. 블라디미르-수즈달에 있는 조각 부조의 상상력 풍부하고 서사적인 주제에 관해서는, Г. Вагнер, *Скульптура Владимиро-Суздальской Руси*, M., 1964과 (더 전반적으로, 그리고 프랑스어 원문이 곁들여진) Вагнер, *Декоративное искусство в архитектуре Руси X-XIII веков*, M.; 1964를 볼 것.

[59] 아직 제대로 연구되지 않은 이콘 파괴 운동(Vasiliev, *History of the Byzantine*

Empire, I, 251~265에 있는 참고문헌과 논의 외에 A. Schmemann, "Byzantine Iconoclasm and the Monks", *SVQ*, 1959, Fall, 8~34를 볼 것)을 연구하는 러시아 학자들이 이 두 현상의 상호관계를 특히 강조하며, 이 상호관계에는 비록 비잔티움에 적용되는 것일지라도 그런 상호관계가 사실은 러시아에도 존재하게 되었다는 인식이 반영되어 있을지 모른다. 이 주제에 관해 사후 간행된 К. Успенский의 고별 연구("Очерки по в византийской империи в VII-IX в.: Феофан и его хронография", *BB*, III, 1950, 393~348과 IV, 1951, 211~262)에는 최근의 이콘 파괴론 연구에 관한 인용문헌(주 393~394)과 보통 그 논쟁과는 연관되지 않은 폭넓은 현상을 탐구하라는 부탁(261~262)이 들어있다. A. Grabar, *L'Iconoclasme Byzantin-dossier archéologique*, 1957는 다방면에 걸친 주제를 도해로 설명하는 연구서이며 단순한 고고학 보고서를 훌쩍 넘어선다.

[60] 이 마지막 구절은 G. Every, *The Byzantine Patriarchate 451~1204*, London, 1947, 111을 바꿔쓴 것이다. 동방의 이콘이 그리스도의 이중적 본성에 관한 칼케돈 공의회의 정식을 강조하기를 고집했다는 것은 K. Weitzmann의 강의 "Icons from Mt. Sinai", April 15, 1964, Princeton, NJ.의 주요 주제였다.

[61] 탁월하고 간결한 도해서 A. Anisimov, *Our Lady of Vladimir*, Praha, 1928을 볼 것. 도해가 들어간 В. Антонова, "К вопросу о первоначальной композиции: Иконы владимирской богоматери", *BB*, XVIII, 1961, 198~205도 볼 것. *Сказание о чудотворной иконе богоматери именуемой владимирскою*, М., 1849의 종교적 접근방식을 전설에 대한 В. Ключевский, *Сказание о чудесах владимирской иконы божией матери*, П., 1879의 사회학-역사학적 접근방식과 대비해 볼 것. 성모 마리아 이콘에 관한 개설적 연구로는 Н. Кондаков, *Иконография богоматери*, П., 1914~1915, в 2 т.을 볼 것.

[62] Uspensky & Lossky, *The Meaning of Icons*, 94, 주 3; Platonov, *Histoire de la Russie des origins à 1918*, 163; Д. Успенский, "Видения смутного времени", *BE*, 1914, май, 134~171.

[63] 트레티야코프 미술관의 러시아 고미술 분과(1965년 1월)에 따르면. N. Scheffer ("Historic Battles on Russian Icons", *GBA*, XXIX, 1946, 194)는 200가지 이상으로 헤아린다. 물론, 이 같은 계산이 아주 엄밀하다고는 할 수 없다. 무엇이 별개의 유형이고 무엇이 단지 이형인지 불분명하기 일쑤이기 때문이다.

[64] J. Stefănescu, *L'Illustration des liturgies dans l'art de Byzance et de l'Orient*, Bruxelles, 1936, 22 ff.

[65] В. Геогригиевский, *Фрески Ферапонтова монастыря*, П., 1911, 98 ff.

[66] *Ibid.*; 이 주제는 아토스 산에게서 넘겨받았음이 틀림없다. Stefănescu, 177~179를 볼 것. Myslivec, "Iconografia: Akatistu panny Marie", *SKP*, V, 1932, 97~130;

N. Scheffer, "Akathistos of the Holy Virgin in Russian Art", *GBA*, XXIX, 1946, 5~16도 볼 것. 그리고 러시아에서 찬송가가 이콘으로 형식이 전반적으로 바뀌는 현상에 관해서는 Scheffer, "Religious Chants and the Russian Icon", *GBA*, XXVII, 1945, 129~142를 볼 것.

원래 아카티스토스 찬송가는 사순절의 다섯 번째 토요일에 부르려고 만들어졌지만, 다른 명절에도 — 언제나 선 채로(아카티스토스란 "앉지 않는"이라는 뜻이다) — 부르게 되었다.

[67] Scheffer, "Historic Battles on Russian Icons"을 볼 것. 러시아 이콘의 이 측면은, 비록 세밀화에서 신학과 관련이 없는 역사 사료를 추출하려는 시도가 A. Арцих-овский, *Древнерусские миниатюры как исторический источник*, М., 1944 에서 이루어지기는 했어도, 체계적으로 연구된 적이 없다.

[68] 판에 끼워져 들보에 붙은 이콘의 초기 실례로는 Soteriou, *Eikones tēs Monēs Sina*, 그림 95, 107, 111을 볼 것. 비잔티움의 관행에서 인접한 들보 하나에 흔히 그러는 것보다 판이 훨씬 더 많이 들어간 13세기 러시아의 조각된 들보에 관해서는 Ромм, *Русские монументальные рельефы*, 그림 21을 볼 것. 롬은 이 탸블로(тябло)[8] 형태가 더 앞 시기의 저부조 기법 전통과 연관이 전혀 없다고 역설한다(18).

[69] Машковцев, ред., *История русского искусства*, I, 83~91; Uspensky & Lossky, *The Meaning of Icons*, 59, 68. 소련 학계에서 이코노스타시스의 발달은 대개 무시되고 그 중요성은 과소평가되었다. Г. Филимонов(*Вопрос о первоначальной форме иконостасов в русскихцерквах*, М., 1889)는 러시아의 독창성을 깎아내리고 연속(сплошной) 이코노스타시스가 나타난 시기를 17세기로 잡은 E. Голубинский의 선구적 연구("История иконостаса", *PO*, 1872, ноябрь)를 반박한다. Филимонов의 연구 결과는 Д. Тренев, "Краткая история иконостаса с древнейших времен", в кн.: Тренев, *Иконостас Смоленскаго собора*, М., 1902, 1~50의 일반사에서 전반적으로 지지를 받고 제대로 보강된다. 이코노스타시스가 러시아 미술의 이후 발전에 지니는 중요성은 Muratov, *Peinture*, 77~107 에서 논의된다. 그 주제 전체에 관해 단연코 가장 뛰어난 연구는 H. Сперовский, "Старинные русские иконостасы", *X Чт*, 1891, ноябрь-декабрь, 347~348인데, 이 연구는 최초의 이코노스타시스가 13세기 말엽이나 14세기 초엽에 나타났다고 주장한다. *X Чт*, 1892, январь-февраль, 1~23; март-апрель, 162~176; май-июнь, 321~334; июль-август, 3~17; ноябрь-декабрь, 522~537에 있는 이 논문

---

[8] 정교회에서 이콘들을 고정하는 데 쓰는 제단 벽의 직사각형 나무 틀.

의 후속편도 볼 것.

[70] Uspensky & Lossky, *The Meaning of Icons*, 59.

[71] *Ibid.*, 39

[72] 찬탄이 나오는 R. Korper의 러시아 교회 연구서의 제목이 촛불의 나라이다. Korper, *The Candlelight Kingdom: A Meeting with the Russian Church*, NY, 1955.

[73] 신약성경 「마가복음」 9장 2~8절, 「마태복음」 17장 1~9절, 「사도행전」 2장 1~4절.

[74] 신약성경 「마태복음」 11장 28절. Сперовский, "Старинные русские иконостасы", 1892, июль-август, 17; ноябрь-декабрь, 537.

[75] 성경과 교부의 권위, 그리고 (오로지 하느님에게만 쓰이는 말인 숭배와 신중하게 구분되는) 정교의 이콘 숭상을 옹호하는 신학, 그리고 서방과의 대비에 관해서는 Evdokimov, *L'Orthodoxie*, 216~233을 볼 것. 그러나 실제로는 대중이 우상을 숭배하는 태도를 워낙 자주 보여서 17세기의 지적인 외국인 방문자조차 "수사들이 기도해도 좋다는 허락을 받은 장소는 이콘 앞을 빼놓고는 없다"고 쓸 수 있었다. A. Mayerberg, *Relation d'un voyage en Moscovie*, Amsterdam, 1707, 89.

[76] Fedotov, *The Russian Religious Mind*, 208.

[77] 친의 개념에 관해서는 James Billington, "Images of Muscovy", *SR*, 1962, March, 31~32, 특히 주 22에 있는 자료와 참고문헌 외에도 *SEER*, 1924, June, 63~64에 있는 알렉세이 미하일로비치의 매들을 위한 친의 (아주 부정확한 주석이 달린) 불완전한 영어 번역문을 볼 것.

[78] 벨린스키가 1847년에 고골에게 보낸 편지, Belinsky, *Slected Philosophical Works*, Moscow, 1948, 507.

[79] 각각 『백치』와 『미성년』에서 논의된 그림. 이 「시스티나의 성모」 판화는 모스크바의 도스토옙스키 박물관에 있는 그의 책상 위쪽에 아직도 걸려 있다. 도스토옙스키가 홀바인의 그림을 보는 시각은 Z. Malenko & J. Gebhard, "The Artistic Use of Portraits in Dostoevsky's *Idiot*", *SEEJ*, 1961, Fall, 243~254에서 길게 논의되어 있다. 클로드 로랭의 그림도 도스토옙스키의 『악령』에서 빠진 장인 "스타브로긴의 고해"에서 같은 의미로 논의되어 있다.

[80] 블라디미르 본치-브루예비치. 탁월한 논문인 M. Gorlin, "The Interrelation of Painting and Literature in Russia", *SEER*, 1945, November, 140에서 재인용. *ТОДЛ*, XXII, 1966도 볼 것.

[81] Цветаев, *Протестантство и протестанты в России*, 596~597. 모스크바국 시대에 이콘 화가의 수가 군사용 지도 제작자로서 배가하기 시작한 방식에도 주목할 것.

[82] V. Riabushinsky, "Russian Icons and Spirituality", *TH*, V, 1951, 48.

[83] 보리스 고두노프 시대에 러시아를 방문한 한 네덜란드인에 따르면. H. Ословяни-шков, *История колоколов и колоколитейное искусство*, M., 1912, 40~41에서 재인용. 종을 울리는 초기의 여러 가지 방법을 알려면 러시아의 종에 관한 풍부한 기록이 담겨있는 이 소중한 연구서에서 특히 41~55를 볼 것.

알레포(Aleppo)의 바울은 축일 전날에 거행되는 종 울리기가 "온 도시를 깨우"고 "평범한 교회들에서 한밤부터 아침까지" 지속하는 모습을 이야기한다. *The Travels of Macarius*, London, 1836, II, 31.

[84] Ословянишков, *История колоколов*, 40. H. Фальковский, *Москва в истории техники*, M., 1950, 243~253.

[85] R. Fry, "Russian Icon Painting from the Western-European Point of View", in M. Farbman, ed., *Masterpieces of Russian Painting*, London, [1930], 58, 38.

[86] H. Компанейский, "О связи русскаго церковнаго песнопения с византийским", *РМГ*, 1903, 825. 또한, 러시아에서 11세기부터 14세기까지 유행한 비잔티움의 단송가(短頌歌, кондакарное пение)와 14세기 이후에 우세를 차지한 기호 표기 찬가(знаменное пение) 사이에 커다란 불연속성이 존재한다는 주장에 관해서 661~663, 733~741을 볼 것.

최근에 초기 러시아 교회음악은 비잔티움의 교회음악만큼 집중적으로 연구되지 않았으며, 양자의 관계는 대체로 연구되지 않은 문제로 남아있다. 러시아의 "기호 표기 찬가"에 관한 B. Металлов의 여전히 기본적인 연구들 가운데에서 *Осмогласие знаменного распева*, M., 1900을 볼 것. 소련의 주요 권위자 M. Бражников가 엮은 유용한 논문집 *Пути развития и задачи расшифровки знаменного распева XII-XVIII веков*, M.-Л., 1949도 볼 것. 영어로 된 입문서로는 A. Swan, "The Znamenny Chant of the Russian Church", *MQ*, XXVI, 1940, 232~243, 365~380, 529~545를 볼 것. 또한, 세속음악에 관해서 Swan, "The Nature of the Russian Folk-Song", *MQ*, XXIX, 1943, 498~516을 볼 것.

[87] 기호 표기 찬가의 도해와 여기에서 사용된 크류키(крюки), 즉 "갈고리" 음표의 도해와 함께 기호 표기 찬가를 영어로 가르쳐주는 유익한 교습 과정이 펜실베이니아 주 이리(Erie)에 있는 구교도 공동체의 지도자 블라디미르 스몰라코프(Владимир Смолаков) 신부의 등사판 연구서에서 제공된다.

[88] Леонид(대수도원장), *Письма святогорца к друзьям своим о Святой Горе Афонской*, П., 1850, II, 78~80. 이콘 행렬(образное хождение) 의식에 관해서는 Ярушевич, *Церковный суд в России*, 450을 볼 것. Ословянишков, *История колоколов*, 17~18도 볼 것.

[89] J. Smits van Waesberghe, *Cymbala (Bells in the Middle Ages)*, Roma, 1951, 17~20. 또한, 이미 7세기에 주조되고 있었던 서방의 쇠붙이 종의 역사에 관해서

는 13~17, 그리고 그 뒤에 종이 개량되고 서방에서, 주로 네덜란드에서 정돈된 카리용 체계에 편입된 것에 관해서는 A. Bigelow, *Carillon*, Princeton, 1948, 25~57을 볼 것. 이 뛰어난 저작들도 같은 시기에 동유럽에서 이루어진 발전에는 다른 분야의 많은 저작과 마찬가지로 관심을 기울이지 않지만, B. Unbegaun은 말리노브이 즈본(малиновый звон, "낭랑한 종 울림")이라는 용어가 벨기에의 "말린"(Malines)[9]에서 유래했으며, 따라서 서방에서 그대로 차용했을 가능성이 크다는 점을 알려준다고 주장했다.

[90] Воронин, *Древнерусские города*, 84~85. 보리스의 출신지였다고 보이는 서방 지향의 트베르의 앞선 주조 기술에 관해서는 Рыбаков, *Ремесло древней Руси*, 603을 볼 것.

[91] Ословянишков, *История колоколов*, 38, 41; 103~104, 164~167; A. Voyce, *Moscow and the Roots of Russian Culture*, Norman, Oklahoma, 1964, 106~108. 돌 던지기에 관한 당대 스웨덴인의 서술은 유용한 미간행 박사학위논문 H. Ellersieck, *Russia under Aleksei Mikhailovich and Fedor Alekseevich, 1645~1682: The Scandinavian Source*, UCLA, 1955, 355, 주 17에 있다.

[92] Сырцов, *Самосожигательство сибирских старообрядцев*, 6~15.

[93] 블라디미르 오도옙스키. A. Koyré, *La Philosophie et le problème national en Russie au debut du XIXe siècle*, 1929, 31에서 재인용.

[94] "Звучал как колокол на башне вечевой/ Во дни торжеств и бед народных." Лермонтов, "Поэт"(1839), в кн.: *ПСС*, М., 1947, I. 34. 이 문구는 소련에서도 널리 사용된다. *Крылатые слова*, 228을 볼 것.

[95] *Колокол*, 1 июль 1857, 1.

[96] 『나바트』는 1875년에 처음 나왔으며, 『콜로콜』과 마찬가지로 외국에서 발간되었다. 그 종 자체의 의미와 발전에 관해서는 Д. Успенский, "Набатный колокол", *PC*, 1907, CXXIX, 614~620을 볼 것.

[97] M. Creighton, "The Imperial Coronation at Moscow", in *Historical Essays and Reviews*, London, 1902, 321. 오슬로뱌니슈코프는 표도르의 대관식이 그 독특한 종 울리기가 행사에 편입된 최초의 대관식이었다고 보고한다(*История колоколов*, 51~52). 진짜 대포를 써야 한다는 차이콥스키의 고집에 맞먹는 것이 모스크바 예술극장에서 상연되는 알렉세이 톨스토이의 「차르 표도르」(Царь Федор)의 무대에서 진짜 성당 종을 써야 한다는 스타니슬랍스키의 고집이었다.

[98] Сталин, "Грозное оружие Красной армии", *КЗ*, 19 ноября 1944, 2. 스탈린은

---

[9] 벨기에 남서쪽 끝에 있는 도시 메헬렌(Mechelen)의 프랑스어 표기.

대포를 "전쟁의 신"으로도 일컬었다. И. Прочко 소장(小將)의 "Артиллерия – Бог войны", *Большевик*, 1943, № 18, 19~32를 볼 것.

또한 R. Garthoff, *Soviet Military Doctrine*, Glencoe, Ill., 1953, 특히 301~307; L. Hart, *The Red Army*, NY, 1956, 344~366을 볼 것. 그리고 러시아 대포의 초기 역사에 관해서는 А. Чернов, *Вооруженные силы русского государства в XV-XVII вв.*, M., 1954, 13, 35~46; B. Данилевский, *Русская техника*, 123~125; *БСЕ (2)*, III, 132~146을 볼 것. Vernadsky는 소화기는 동방에서 전래된 반면에 대포는 아마도 체코인을 거쳐 서방에서 전래되었으리라고 지적한다(*Mongols*, 365~366).

[99] Маргаритов, *История русских мистических и рационалистических сект*, 142~146과 특히 *MO*, 1906, № 10, 11에 있는 인용문헌은 "시온의 전령", "야훼의 사람들", "오른손의 형제" 등으로 다양하게 불린 일련의 종파를 논의한다. B. Бонч-Бруевич, *Из мира сектантов*, M. 1922, 192~203도 볼 것.

[100] Федоров의 사후출판작 *Философия общего дела*, I, *Верный* (Алма-Ата), 1906, 656~676; II, M., 1913, 248~253; Флоровский, *Пути русского богославия*, 322~331; *SSt*, 1958, October, 129~131을 볼 것.

II. 대립

01. 모스크바국 이념

[1] 원뿔꼴 지붕의 북방 기원설은 (아쉽게도 대러시아를 고려하지 않은 한 문건에서 축조 방식이 다른 데도 외형의 유사성을 주장하는) J. Strzygowski, *Early Church Art in Northern Europe*, NY-London, 1928에서, 그리고 핀-카렐리야 목조건축에 관한 L. Pettersson, *Die kirchliche Holzbaukunst auf der Halbinsel Zaonež'e in Rußisch-Karelien*, Helsinki, 1950의 분석에서 시사된 듯하다. 캅카즈와 몽골에서 유래했을 가능성은 각각 Hamilton, *The Art and Architecture of Russia*, 277, 주 21과 주 22에서 인용된 자료에서 제시된다. "원뿔꼴 지붕"을 가리키는 러시아어 낱말 샤툐르(шатер)가 타타르에서 유래한 듯하다는 사실로 뒷받침되고 있으니 몽골 기원설이 조금 더 그럴듯하다.

W. Born은 Strzygowski(*Die altslawische Kunst*, Augsburg, 1929)가 제시한 양파 모양 돔의 이란(Iran) 기원설과 널리 받아들여지는 몽골 기원설을 모두 의심하면서, 그 형태는 가장 뒤늦게 잡아도 13세기까지는 러시아에서 독자적으로 나타났다고 주장한다. W. Born, "The Origin and the Distribution of the Bulbous Dome", *JAH*, 1943, № 4, 특히 39~45, 그리고 32 맞은편에 있는 도해를 볼 것.

Born, "The Introduction of the Bulbous Dome into Gothic Architecture and Its Subsequent Development", *Speculum*, 1944, April, 208~221도 볼 것.

모스크바국 건축 발달의 독특성에 관해서는 И. Евдокимов, *Север в истории русского искусства*, Вологда, 1921, 특히 30~35를 볼 것. А. Voyce, "National Elements in Russian Architecture", *JAH*, 1957, May, 특히 11 ff.; *Moscow and the Roots of Russian Culture*, Norman, Oklahoma, 1964, 95~121; М. Красовский, *Очерки истории московскаго периода древнецерковнаго зодчества*, М., 1911; 그림이 들어있는 탁월한 목조 건축 연구서 С. Забелло и др., *Русское деревянное зодчества*, М., 1942도 볼 것.

[2] Е. Трубецкой, *Умозрение в красках*. Евдокимов, *Север*, 31에서 재인용.

[3] М. Тихомиров, *Россия в XVI столетии*, М., 1962, 66의 인구 추산. 17세기 중엽에 알레포의 바울은 모스크바에서는 "4,000개가 넘는 교회와 10,000개가 넘는 예배당에서 미사가 이루어졌다"고 추산했다. *Travels*, 11, 31.

[4] П. Струве, "Название 'крестьянин'", *СРИП*, 1929, I; 또한 Vernadsky, *Mongols*, 375. 1647년에 나온 러시아 최초의 군사교범에서 흐리스티아닌이라는 말이 농민을 가리키는 말로 쓰인다는 사실은 (몇몇 권위자는 의문시하지만) 두 용어를 계속 맞바꿔 쓸 수 있었다는 증거이다. *SUN*, 1952, 86에 있는 C. Stang의 분석을 볼 것.

[5] Д. Лихачев, *Культура русского народа X-XVII вв.*, 24.

[6] 한 아토스 산 수사의 매우 소중한 헤시키아주의 연구로 Basil Krivoshein, "The Ascetic and Theological Teaching of Gregory Palamas", *ECQ*, III, 1938~1939, 26~33, 71~84, 138~156, 193~214를 볼 것. 또한, J. Meyendorff, *St. Grégoire Palamas et la mystique orthodoxe*, 1959와 역사에 더 주안점을 둔 서술인 I. Smolitsch, *Leben und Lehre der Starzen*, Köln-Olten, 1952, 23~63을 234~239에 있는 결정적 참고문헌 목록과 Smolitsch, *Rußische Mönchtum*, 107~108에서 인용된 추가 자료와 함께 볼 것. 결정적인 문서자료가 곁들여진 다른 중요한 연구는 다음과 같다. A. Ammann, *Die Gottesschau im palamitischen Hesychasmus*, Würzburg, 1938; I. Hausherr, *La Méthode de l'oraison hésychaste*, OC, XXXVI, 1927; Г. Острогорский, "Афонские исихасты и их противники", *ЗРНИБ*, V, 1931; Ф. Успенский, "Философское и богословское движение в XIV веке", *ЖМНП*, 1892, февраль.

[7] "Там ведь есь-то, скажут, стоит церьква соборная,/ Там соборная церьква все Приображеньская", в кн.: С. Шамбинаго, *Песни-памфлеты XVI века*, М., 1913, 262.

[8] Chizevsky, *History of Russian Literature*, 190 맞은편에 있는 도판을 볼 것. Воронин,

"Культ медведя", 46, 주 5에서 논의된 자료도 볼 것.

[9] Sumner는 이 숫자의 수도원이 1340년과 1440년 사이에 세워졌다고 본다(*Survey of Russian History*, 182). J. Řezáč는 14세기에만 세워진 수도원을 180개로 본다 ("De monachismo secundum recentiorem legislationem Russicam", *OC*, CXXXVIII, 1952, 6). Journel은 14세기 초부터 15세기 중엽까지 180개 수도원이 새로 지어졌고 15세기와 16세기를 통틀어 300개 수도원이 추가되었다고 추산한다(*Monachisme et monastères russes*, 39, 43). 바실리 클류쳅스키를 따라서 Smolitsch는 14세기, 15세기, 16세기에 각각 거의 같은 숫자의 수도원이 지어졌고 14세기와 15세기 사이에 소형 수도원의 상대적인 숫자가 많이 늘어나는 변화가 주로 일어났으며 14세기부터 16세기까지 모두 합쳐 큰 수도원 104개와 작은 수도원(пустынь) 150개가 지어졌다면서 더 작은 수치를 내놓는다. (*Rußische Mönchtum*, 81~82 주 2).

[10] 스테판에 관해서는 다음 자료를 볼 것. L. Leger, *La Russie intellectuelle*, 1914, 36~50; M. Dane, "Epiphanius' Image of St. Stefan", *CSP*, V, 1961, 77~86; 그리고 Zenkovsky, *Medieval Russia's Epics*, 206~208에 있는 텍스트.

[11] Е. Голубинский, *Преподобный Сергий Радонежский и созданная им Троицкая Лавра*, Сергиев-Посад, 1892; А. Горский, *Историческое описание Свято-Троицкой Сергиевой Лавры*, М., 1890, в 2 т.; (세르기를 초기 러시아의 종교 발전의 전반적 맥락 속에서 자리매김하는) P. Kovalevsky, *Saint Serge et la spiritualité russe*, 1958; N. Zernov, *St. Sergius − Builder of Russia*, London, 1938; 그리고 Zenkovsky, *Medieval Russia's Epics*, 208~236에 있는 텍스트.

[12] Волков, "Статистическия сведения", 24~25.

[13] 말짜기에 관해서는 Zenkovsky, *Medieval Russia's Epics*, 205를 볼 것. (말짜기와 마찬가지로 대개는 남슬라브인의 모델에서 유래했다고 보이는) 14세기의 장식에서 그다지 논의되지 않은 띠짜기에 관해서는 A. Некрасов, "Очерки из истории славянскаго орнамента", *ПДП*, CLXXXIII, 1913, 10을 볼 것.

[14] Kondakov, *The Russian Icon*, Oxford, 1927, 92. 대다수 러시아문학사가 사이에 있는 통념보다 키예프 러시아 문학과 대러시아 문학 사이의 불연속성을 더 강조하는 러시아 문학 발달 해석으로는 И. Некрасов, *Зарождение национальной литературы в северной Руси*, Одесса, 1870을 볼 것.

[15] Д. Лихачев는 이렇게 반(反)가톨릭주의가 키릴을 통해 들어왔음을 Лихачев, "Галицкая литературная традиция в житии Александра Невского", *ТОДЛ*, V, 1947, 49~53에서 밝혀냈다. 로마가톨릭교도가 콘스탄티노플을 노략질한 이야기는 초기 러시아 문학에도 들어갔다. Н. Мещерский, "Древнерусская повесть о взятии Царьграда фрягами в 1204 году", *ТОДЛ*, X, 1954, 120~135를 볼

것. 다른 초기 반(反)로마 소책자에 관해서는 A. Попов, *Историко-литератур-ный обзор древнерусских полемических сочинении против латинян (XI-XV вв.)*, М., 1875를 볼 것.

[16] Машковцев, ред., *История русского искусства*, I, 84~85, 도표 39; Chizevsky, *History of Russian Literature*, 191~201; Gudzy, *History of Early Russian Literature*, 244~257.

[17] 만약 『돈 강 너머 이야기』와 유사점이 많은 『이고르 공 원정기』를 위작이 아닌 키예프 시대의 진작(眞作)으로 본다면, 이 대조는 특히 두드러지게 된다. 『돈 강 너머 이야기』를 『이고르 공 원정기』와 긴밀하게 연계하는 신판인 R. Jakobson & D. Worth, *Sofonija's Tale of the Russian-Tatar Battle on the Kulikovo Field*, 's Granvenhage, 1963을 볼 것. Тихомиров는 『돈 강 너머 이야기』가 자주 주장되는 바와는 달리 랴잔이 아니라 모스크바의 작품이라고 주장한다. *Москва в XIV-XV веках*, М., 1957, 256~260.

[18] Тихомиров, ред., *Очерки истории исторических наук*, 63 ff., 그리고 특히 68~69. 역사 가요와 계보-정치적 구비 민간전승을 연구하는 최근의 훌륭한 소련 학자 한 사람은 연대기와 나란히 (그리고 연대기의 확장으로) 서사시가 들어온 시기를 예전에 Соколов나 다른 이들이 주장했듯이 16세기보다는 14세기와 15세기로 잡아야 한다고 주장한다. М. Скрипил, "Вопросы научной периодизации русского народного поэтического творчества (XXVII веков)", I, 1956, 33~34 를 볼 것. 역사 가요를 빌리나와 구별하는 분석으로는 S. Stief, *Studies in the Russian Historical Song*, Copenhagen, 1953을 볼 것.

[19] D. Stremooukhoff, "Moscow the Third Rome: Sources of the Doctrine", *Speculum*, 1953, January, 85, 84~86에 있는 인용문헌을 볼 것. 또한 Вальденберг, *Древне-русские учения о пределах царской власти*, 287; 그리고 콘스탄티노플에 관해 서는 W. Hammer, "The Concept of the New or Second Rome in the Middle Ages", *Speculum*, 1944, January, 특히 52~55를 볼 것. 이 생각은 서방 도시들, 특히 트레브(Trèves, 트리어(Trier))에도 적용되었다. *Ibid.*, 57 ff.

[20] T. Mommsen는 아우구스티누스와 동방의 "그리스도교 진보주의자"를 대비한다 ("St. Augustine and the Christian Idea of Progress", *JHI*, 1951, June, 346~374). 오리게네스의 예언적이고 우의적인 역사철학에 관해서는 R. Milburn, *Early Christian Interpretations of History*, London, 1954, 38~53을 볼 것.

초기 러시아인의 천국 이해에 관한 A. Седельников의 논고는 천국을 결국 에는 지상에서 이룩할 수 있다는 믿음이 중세 서방에서보다 더 컸다고 시사한다. "Мотив о рае в русском средневековом прении", *BS*, VII, 1936, 164~173.

[21] 키프리안이나 다른 핵심 고위 성직자에 관해서는 Голубинский, *История русской*

церкви, II, ч. 1, 297~356; 키프리안이 쓴 초대 모스크바 수좌대주교 표트르 전기
인 『표트르 일대기』(Житие Петра)는 *ПСРЛ*, XII.

발칸의 공국들에 관해서는 Vasiliev, *History of the Byzantine Empire*, II,
301~319; 그리고 Smolitsch, *Rußische Mönchtum*, 86, 주 1에 있는 추가 자료;
Stremooukhoff, "Moscow the Third Rome", 85, 주 8을 볼 것. 세르비아에 관해서
는 G. Soulis, "Tsar Stephen Dushan and Mount Athos", *HSS*, II, 125~139를 볼
것. 러시아의 운명 의식이 비잔티움-불가르에서 비롯되었다는 것에 관해서는 H.
Schaeder, *Moskau das Dritte Rom*, Darmstadt, 1957, 2-te Ausgabe, 1~12; 그리고
R. Wolff, "The Three Romes: The Migration of an Ideology and the Making of
an Autocrat", *Daedalus*, 1959, Spring, 291~311을 볼 것. 대체로 무시된 К. Радче-
нко, *Религиозное и литературное движение в Болгарии в эпоху перед туре*
цким завоеванием, Киев, 1898도 볼 것.

러시아로의 "제2차 남슬라브인 유입"에 관한 기본 저작은 여전히 А. Собол-
евский, *Южно-славянское влияние на русскую письменность в XIV-XV*
веках, П., 1894와 *Переводная литература московской Руси XIV-XVII веков*,
П., 1903, 1~14이다. 더 최근의 연구는 М. Тихомиров, "Исторические связи
русского народа с южными славянами с древнейших времен до половины
XVII века", в кн.: *Славянский сборник*과 В. Мошин, "О периодизации русско
-славянских литературных связей X-XV вв.", *ТОДЛ*, XIX, 1963, 28~106이다.

언어상의 영향에 관해서는 Г. Винокур, *Избранные работы по русскому*
языку, М., 1959, 59~62, 종교상의 영향에 관해서는 С. Смирнов, "Сербские
святые в русских рукописях", в кн.: *Юбилейский сборник русского археол-*
огического общества в Югославии, Београд, 1936, 252~264, 예술상의 영향
에 관해서는 В. Лазарев, *Феофан Грек и его школа*, М., 1961을 볼 것.

물론, 이른바 팔라이올로고스 르네상스로부터 다른 슬라브 민족의 매개를
거치지 않고 전달된 비잔티움의 영향도 있었다. D. Likhachev, *Die Kultur*
Rußlands während der Osteuropäischen Frührenaissance, Dresden, 1962, 31~41;
И. Дуйчев, "Центры византийско-славянского общения и сотрудничества",
ТОДЛ, XIX, 1963, 107~129. Тихомиров는 모스크바에 그리스 수도원 한 개가
있었고 성 세르기 대수도원과 러시아 내부 다른 곳에 그리스 지식의 다른 중심이
있었다고 주장한다. "Россия и Византия в XIV-XV столетиях", *ЗРВИ*, VII,
1961, 36.

[22] Stender-Petersen, *Anthology of Old Russian Literature*, 252~258에 있는 이 전설
에 관한 파코미우스 로고테테스(Pachomius Logothetes)의 텍스트와 주; 그리고
xiv-xv도 볼 것.

[23] Голубинский, *История русской церкви*, II, ч. 1, 414~491; 또한 G. Alef, "Muscovy and the Council of Florence", *ASR*, 1961, October, 389~401과 거기에 언급된 저작들, 특히 M. Cherniavsky, "The Reception of the Council of Florence in Moscow", *CH*, XXIV, 1955, 347~359.

[24] Тихомиров, "Россия и Византия", 33~34. 저자는 비잔티움 몰락기 동안의 러시아-비잔티움 관계가 제대로 연구된 적이 없다는 점을 올바르게 지적한다(38). 러시아 교회가 14세기에 모스크바국 군주를 치켜세우고 비잔티움 황제를 깎아내리는 경향을 보이고 있었다는 증거가 Wolff, "The Three Romes: The Migration of an Ideology and the Making of an Autocrat", 297~298과 인용문헌에서 제시된다.

[25] *ПСРЛ*, VI, 232. Тихомиров, "Россия и Византия", 38에는 그 글을 쓴 이가 세르비아인이라고 되어있다.

[26] В. Малинин, *Старец Елеазарова монастыря Филофей и его послания*, Киев, 1901, приложение, 50, 54~55.

[27] G. Vernadsky, *Russia at the Dawn*, 166~167과 참고문헌을 볼 것. 이반 3세가 차르 칭호를 점점 더 많이 썼다는 점이 제시하는 것은 그가 스스로를 일종의 비잔티움 황제 계승자로 보았다는 하나의 시사점이지 그런 확증이 아니다. (Miliukov, *Outlines of Russian Culture*, I, 18~19 주 4에 요약됨) "차르"라는 용어의 초기 용법은 복합적이었고 — 1547년에 이반4세가 화려한 대관식 행사에서 사용하기까지는 — 황제라는 의미를 반드시 띠지는 않았다. 비잔티움의 선행 형태와 러시아의 실행 형태 사이의 복잡한 연계에 관한 최고의 논의로는 В. Савва, *Московские цари и византийские василевсы: К вопросу о влиянии Византии на образование идеи царской власти московских государей*, Харьков, 1901을 볼 것.

G. Alef는 (미간행 원고 "The Adoptation of the Muscovite Two-Headed Eagle: A Discordant View"에서) 이반 3세가 (역시 이 비잔티움의 상징을 사용하던) 합스부르크 가문 출신 황제들과 관계를 수립한 결과로 1490년대에 그 문장을 채택했을지도 모르며 그저 단순히 자기가 마지막 비잔티움 황제의 조카딸과 한 혼인의 자동적 결과로 채택하지는 않았다고 시사한다.

[28] 볼로콜람스크의 요시프 사닌의 말. J. Fennell, "The Attitude of the Josephians and the Trans-Volga Elders to the Heresy of the Judaizers", *SEER*, 1951, June, 492와 주 26에서 재인용. 천년왕국이 도래한다는 기대를 부추긴 교회 연력 말미의 예언문에 관해서는 Smolitsch, *Rußische Mönchtum*, 131~132와 В. Жмакин, "Митрополит Даниил", *Чт*, 1881, II, 361~367을 볼 것. I, 1~226도 볼 것.

[29] 겐나디 노브고로드 대주교가 요아사프(Иоасаф) 로스토프 · 야로슬라블 대주교

에게 보낸 1489년 2월 자 편지, *Чт*, 1847, № 8, 끝에 별도로 매긴 쪽 번호 3.

[30] Chizevsky, *History of Russian Literature*, 161; Stremooukhoff, "Moscow the Third Rome", 96. Chizevsky는 더 후세의 "종말론적 정신이상"을 거슬러 올라가 15세기에 옮겨놓지 말라 경고하지만(229), 교회 연력 끝에 있는 예언의 말은 이 정신이상이 이미 많이 진행되었음을 보여준다. В. Жмакин, "Митрополит Даниил" 외에, В. Сахаров, *Эсхатологические сочинения сказания в древне-русской письменности и влияние их на народные духовные стихи*, Тула, 1879를 볼 것.

"제3의 로마"라는 착상이 옛 러시아의 사고에서 (적어도 구교도의 용례 이전에) 행사된 실질적인 힘이기보다는 19세기의 낭만적 민족주의의 소급적 투영이었다는 Н. Ульянов의 주장("Комплекс Филофея", *НЖ*, XLV, 1956, 249~273)은 그 용어가 기본적인 『교회법령집』에서 쓰였다는 점으로 보아 조금은 고쳐져야 한다.

[31] Будовниц, *Русская публицистика*, 172; 그리고 *ПСРЛ*, IV, 282에서 인용되고 Vernadsky, *Russia at the Dawn*, 146에서 해석된 신약성경 「요한계시록」 17장 10~11절

[32] И. Ковалевский, *Юродство о Христе и Христа ради юродивые восточной и русской церкви*, М., 1900, 136, 주, 그리고 132~150. А. Кузнецов, *Юродство и столпничество*, П., 1913도 볼 것.

Г. Федотов, *Святые древней Руси*, Paris, 1931, 205는 비잔티움 교회의 역사를 통틀어 바보성자가 여섯 명 있었다고 셈하고, 레프(Лев) 수도사제("Une Forme d'ascèse russe: La folie pour le Christ", *Irénikon*, III, 1927, 15)는 2세기부터 10세기까지 비잔티움에 바보성자가 "네댓 명" 있었다고 셈한다.

[33] G. Fedotov("The Holy Fools", *SVQ*, 1959, Fall, 2~4)는 러시아에서 바보성자가 14세기에는 네 명, 15세기에는 열한 명, 16세기에는 열네 명, (이런 형태의 성자를 시성하는 것을 막는 금지령이 도입된) 17세기에는 일곱 명 있었다고 셈한다. 이 유용한 연구는 러시아의 "바보성자"와 비잔티움의 "바보성자"의 양적 차이뿐 아니라 질적 차이를 강조한다. 바보성자를 뒷받침한다고 인용된 문헌은 모두 다 사도 바울의 서한이다. 신약성경 「고린도 전서」 1장 18~27절, 4장 9~13절, 그리고 「골로새서」 2장 8절.

[34] 18세기 초에 러시아에 나타나기 시작한 수많은 프랑스어판 및 러시아판과 요람이 Я. Щапов, "'Похвала Глупости' Эразма роттердамского в русских переводах", *ЗОР*, XX, 1958, 102~117에 전거로 들어있다. 초기 교부들의 "우신 예찬" 전통과 테르툴리아누스에 대한 언급으로는 "The Primacy of Faith", in E. Gilson, *Reason and Revelation in the Middle Ages*, NY, nd, 3~33을 볼 것.

[35] 죽기 바로 전인 1880년에 푸시킨에 관해 한 연설에서 도스토옙스키, (F. Dostoevsky, *The Diary of a Writer*, NY, 1954, 967~980); 「보리스 고두노프」에서 무소륵스키; *The Russian Idea*, 196~200, 225에서 베르댜예프. 낭만화되었지만 유용한 (그리고 영향력 있는) 연구인 С. Максимов, "Бродячая Русь – Христа ради"도 볼 것. 이것은 Максимов, *CC*의 5권과 6권으로 나온다.

[36] 닐 소르스키에 관해서는 Smolitsch, *Rußische Mönchtum*, 101~118과 *Leben und Lehre der Starzen*, 64~80; Chizevsky, *History of Russian Literature*, 216~222, 그리고 Fedotov, *A Treasury of Russian Spirituality*에 있는 발췌문을 볼 것. 또한 Ф. Архангельский, *Нил Сорский и Вассиан Патрикеев, их литературные труды и идеи в древней Руси*, П., 1882; 그리고 그의 수도원 생활 규칙에 관해서는 М. Боровкова-Майкова가 쓴 서두 논문이 달린 *Нила Сорскаго предание и устав*, *ПДПИ*, CLXXIX, 1912가 있다. 그와 헤시키아주의의 연계에 관해서는 А. Орлов, "Иисусова молитва на Руси в XVI веке", *ПДПИ*, CLXXV, 1914, 29~92를 볼 것. F. von Lilienfeld, *Nil Sorskij und seine Schriften*, 1961도 볼 것.

[37] 디오니시오스와 "구세주 돌" 수도원에 관해서는 Smolitsch, *Rußische Mönchtum*, 97~99와 표 534가 있다. Smolitsch, *Leben und Lehre der Starzen*, 57~63; Б. Гречев, "Заволжские старцы", *БВ*, 1907, июль-август도 볼 것.

[38] G. Florovsky, "Empire and Desert: Antinomies of Christian History", *The Greek Catholic Theological Review*, 1957, Winter; Г. Острогорский, "Отношения церкви и государства в Византии", *SKP*, IV, 1931, 121~132. T. Parker는 "동방의 교회-국가 관계를 이야기하는 것은 실은 역력한 시대착오"라고 말한다. *Christianity and the State in the Light of History*, NY, 1954, 78, section 54~80.

[39] 명령이 아니라 설치된 기구를 뜻하는 프리카즈의 첫 용례는 1512년에 바실리 3세 치세에 확연히 나타난다. (*Русская повесть XVII века*, М., 1954, 450에 있는 문서를 볼 것.) 기구를 가리키는 이 용어의 일반 용례는 보통은 이반 4세 치세로 거슬러 올라간다. (*Гр*, XXXIII, 460~462를 볼 것.) 그러나 В. Савва의 연구(*О посольском приказе в XVI в.*, Харьков, 1917)는 비록 그가 일반화하기를 주저하고(iii-iv와 주 iv, 주 1) 그의 연구에 완성되지 않은 구석이 있는데도 이 프리카즈가 적어도 15세기 말엽부터는 상설 법정이었음을 밝혀낸다. 재무부 (Казенный двор)도 상설 기구로 작동하고 있었음이 틀림없다.

[40] Fedotov, *The Russian Religious Mind*, 208. 차르 체제를 "이콘 숭상 교리가 사회로 확장된 것"으로 인식하는 정교의 개념이 황제를 구약의 왕으로, 심지어는 그리스도로 신성하게 묘사하는 비잔티움의 이콘 제작규범에서 이미 두드러지게 나타난 경향에 딱 들어맞는다는 Fedotov의 주장. A. Grabar, *L'Empereur dans l'art byzantin*, 1936, 93~122를 볼 것. Myslivec, *Ikona*, 47은 동방에서 "플라톤의

이데아론이 거둔 승리에 바쳐진 …… 영원한 기념물"을 이콘에서 찾아낸다.

[41] 파먀트에 관한 충실한 논의와 그 용법에 관해서는 Щапов, *Сочинения*, II, 593~594. 초기 러시아 문학에서 로맨스보다 서사시가 강조된 것도 혁신보다 전통이 선호되었음을 슬며시 알려준다. Max Remppis가 말했던 대로, 다른 맥락에서, "서사시는 옛것을 추구하고 로맨스는 새것을 동경한다." *Die Vorstellungen von Deutschland in altfranzösischen Heldenepos und Roman und ihre Quellen*, Halle, 1911, 146, 또한 168.

[42] Chizhevsky, *History*, 161~162.

[43] 참된 제국 문장이 바빌로니아에서 비잔티움으로 이전되었다는 전설은 훌륭한 혈통의 위광을 제왕 계보에 보태주었다. Gudzy, *History of Early Russian Literature*, 257~269를 볼 것. 그리고 269의 주 14에 인용된 자료 외에도, 콘스탄티노플의 함락에 관한 러시아의 저술에 관해서는 *ТОДЛ*, X, 1954, 136~184에 있는 М. Сперанский와 М. Скрипил의 논문을 볼 것. (특히 이 주제에 관한 남슬라브의 저술, 심지어는 루마니아의 저술에서 러시아가 차용한 것에 관해서는) I. Duichev, "La conquête turque et la prise de Constantinople dans la littérature slave contemporaine", *BS*, XIV, 1953, 14~54; XVI, 1955, 318~329; XVII, 1956, 276~340, 특히 316 ff.을 볼 것.

[44] V. Zenkovsky, *A History of Russian Philosophy*, I, 37.

[45] 부를 포기해야 한다는 강박관념을 재산과 특권을 폐기해야 한다는 1870년대의 강박관념에 비유하는 게오르기 플로롭스키(*Пути русского богославия*, 18)는 요시프의 가르침이 지닌 종교적이고 신학적인 성격을 강조한다. 로마가톨릭의 동조적 평가로는 Th. Špidlik, "Joseph de Volokolamsk: Un chapitre de la spiritualité russe", *OC*, CXLVI, 1956을 볼 것. 닐 소르스키와 벌인 논쟁의 간결한 요약으로는 J. Meyendorff, "Partisans et ennemis des biens ecclésiastiques au sein du monachisme russe aux XVe et XVIe siècles", *Irénkon*, XXIX, 1956, 28~46, 151~164를 볼 것. 요시프의 주요 논쟁저작은 *Просветитель, или Обличение ереси жидовствующих*, Казань, 1904이다. 또한 А. Зимин и Я. Лурье, *Послания Иосифа Волоцкого*, М.-Л., 1959, 특히 Лурье의 논문 "Иосиф Волоцкий как публицист и общественный деятель"을 볼 것. 그의 정치적 견해의 특징은 M. Shakhmatov, *Politická ideologie Josefa Volokolamského, sborník věd právních a státních*, Praha, 1928; В. Жмакин, "Митрополит Даниил"에 서술되어 있다.

제국 이념을 개발하는 일에서 성직자가 한 전반적 역할은 В. Соколовский, *Участие русского духовенства и монашества в развитии единодержавия и самодержавия в Московском Государстве в конце XV и первой половине XVI вв.*, Киев, 1902에서 논의된다.

[46] Н. Андреев는 교회 토지 몰수의 공포가 차르에게 그토록 절절하게 필로페이가 호소한 행위의 배후에 있는 주요 동기라고 주장한다. 이 주장은 사실일 수 있다. 설령 필로페이가 더 앞서 이반 3세와 주고받은 편지에서 맨 처음으로 그 이론을 주창했을지 모른다는 그의 보완용 주장("Filofey and His Epistle to Ivan Vasilyevich", *SEER*, 1959, December, 1~31)이 실제로는 이 편지가 이반 4세와 주고받은 것이라고 믿어야 한다는 Н. Масленникова의 신중한 주장에 (그리고 사실상 자기의 견해에 관한 필로페이의 가장 충실한 해명에) 비춰볼 때 근거가 없어 보일지라도 말이다. Я. Лурье, *Идеологическая борьба в русской публицистике конца XV начала XVI века*, М.-Л., 1960, 346~357, 482~497에 있는 인용문헌과 주장의 부연을 볼 것.

[47] Малинин, *Старец Елеазарова монастыря Филофей и его послания*, приложение, 50.

[48] 6세기 비잔티움의 저작 『아가페토스』(Agapetus)에서 따온 이 문구를 요시프파가 이용한 것을 논의하면서 И. Шевченко는 "비록 전제정은 국산이었을지라도 그 전제정이 걸친 옷은 외제였다"고 말한다. I. Shevchenko, "A Neglected Byzantine Source of Muscovite Political Ideology", *HSS*, II, 1954, 172. "폐하에 관한 구설"의 전통 아래서 일러바쳐야 할 의무에 관해서 *БЕ*, LIX, 413~414는 그 의무가 18세기에 발달했다고 논한다. Н. Еврейнов, *История телесных наказаний в России* [М., 1913?], 23은 그의 의무의 기원을 16세기까지 거슬러 올라가서 찾는다. Лурье는 요시프 스스로는 생애 말년까지 전제정의 중앙집권화를 옹호한다는 의미의 "요시프파"가 아니었다는 주장을 설득력 있게 내놓았다.

Лурье, *Идеологическая борьба*를 볼 것. *JGO*, 1965, April, 19~29에 있는 Szeftel의 논의도 볼 것.

[49] 비역질에 관한 필로페이와 실베스트르의 언급에 관해서는 Будовниц, *Русская публицистика*, 199~201; 1551년 교회 의결에 있는 이 주제에 관련된 훈령에 관해서는 L. Duchesne, ed., *Le Stoglav ou les cent chapitres*, 1920, 92~93을 볼 것. 외국인의 전형적 관찰로는 M. Anderson, *Britain's Discovery of Russia*, 26~27.

[50] 더 상세한 사항에 관해서는 Н. Красносельцев, *К истории православного богослужения*, Казань, 1889; Н. Одинцов, *Порядок общественнаго и частнаго богослужения в древней России до XVI века*, П., 1881; Smolitsch, *Rußische Mönchtum*, 특히 266 ff.을 볼 것.

[51] G. Fedotov가 러시아의 전형적 특성이라고 말한 전통. Fedotov, *The Russian Religious Mind*, 94~131; Fedotov, *A Treasury of Russian Spirituality*의 머리말 (그리고 발췌문); N. Gorodetzky, *The Humiliated Christ*를 볼 것.

바실리 로자노프("Возле 'Русской идеи'", в кн.: В. Розанов, *Избранное*, NY, 1956, 144~150)는 러시아가 서유럽의 고집 센 남성성과 대립하는, 순수하지만 언제나 모욕당하고 늘 빼앗기는 여성성에 대한 사랑을 간직했다고 주장한다. 그는 러시아인이 『리어 왕』의 코딜리아(Cordelia)에게, 그리고 ("거의 러시아 작가"인) 찰스 디킨스(Charles Dickens)의 소설에서 모욕을 당해 영국 사람의 전형적인 영국적 이상에서 벗어나는 등장인물에게 느낀 동질감을 인용한다. 로자노프는 프랑스 문학에서는 러시아인이 "장 라신, 피에르 코르네유(Pierre Corneille), 빅토르 위고(Victor Hugo), 알렉상드르 뒤마(Alexandre Dumas)의 군주와 장관"보다 외젠 쉬(Eugène Sue)의 소설에 나오는 암흑세계의 고난받는 등장인물을 훨씬 더 좋아한다고 주장한다.

[52] 현대의 "고행자"(аскет)라는 낱말은 러시아어의 포드비즈닉(подвижник)에 해당하고 운동선수를 가리키는 고대 그리스어 낱말(askētēs)에서 유래했다. 포드비그(подвиг), 즉 올곧은 거룩한 위업을 S. Graham, *The Way of Martha and the Way of Mary*, NY, 1916, iii ff.는 러시아 영성의 주춧돌로, 군주를 이상화된 권력의 투사(подвижник власти, 자기의 "Опыт истории государственных идеалов в России" 제1부 표제)로 보는 M. Шахматов는 초기 러시아의 정치 생활의 주춧돌로 표현한다. Sipiagin, "Aux Sources de la piété russe", 18; Behr-Sigel, *Prière et sainteté dans l'Église russe*, 30; Арсеньев, *Из русской культурной и творческой традиции*, 81도 볼 것.

[53] 이반 4세에 대한 해석은 주요 문서 대다수와 그가 손수 쓴 거의 모든 것이 그의 생애 말년과 그를 계승한 불안한 통치자들의 치세에 화재가 일어나고 싸움이 벌어지는 와중에 분실되었다는 사실로 복잡해진다. 이반 4세의 통치에 관한 엄청난 분량의 문헌의 비판적 입문으로는 G. Bolsover의 논문(*TRHS*, series 5, VII, 1957, 71~89)과 (C. Black, ed., *Rewriting Russian History*, 224~241에 실려있는 오프리치니나에 관한) L. Yaresh의 논문을 볼 것.

Будовниц가 스탈린 시대에 내놓은 역사서술 지침("Иван Грозный в русской исторической литературе", *ИЗ*, XXI, 1947, 271~330)은 А. Зимин, *Реформы Ивана Грозного*, М., 1960, 7~62의 유용한 제1장으로 대체되었다. С. Веселовский, *Исследования по истории опричнины*, М., 1963, 11~37에 있는 적절한 요약도 볼 것.

[54] 페레스베토프에 관해서는 W. Philipp, *Ivan Peresvetov und seine Schriften zur Erneuerung des Moskauer Reiches*, 1935; А. Зимин, *И. С. Пересветов и его современники*, М., 1958; 그리고 *ИАН(Л)*, XVIII, № 5, 1959, 450~453에 있는 Я. Лурье의 서평을 볼 것.

튀르크의 영향이라는 더 전반적인 문제에 관해서는 G. Vernadsky, "On Some

Parallel Trends in Russian and Turkish History", XXXVI, 1945, 25~36을 볼 것.

[55] Gudzy, *History of Early Russian Literature*, 269~275.

[56] 1565년 무렵에 모스크바를 방문해서 찬양하는 베네치아인의 비간행 보고서 "Relatione del Gran Regno di Moscovia", *MS*, 963, Venicia, Biblioteca Nationale, Madrid에서. 나는 빈의 함(Hamm) 교수 덕분에 이 참고자료를 구했다.

[57] П. Садиков, *Очерки по истории опричнины*, М.-Л., 1950, 23에서 재인용한 맹세. 이것은 "정부"라는 용어가 러시아의 공식 문서에서 비교적 초기에 사용된 예이다.

[58] Ключевский, *Сказания иностранцев*, 85~86. 또한 Веселовский, *Исследования по истории опричнины*, 38~53을 볼 것.

[59] Ковалевский, *Юродство*, 143과 주 2, 144. 또한 바보성자 니콜라이 살로스 (Николай Салос)에 관해서는 137~142. 민중은 살로스가 이반 4세를 예언으로 꾸짖은 덕분에 프스코프가 이반 4세가 1470년에 노브고로드에 가한 것과 같은 파괴를 모면했다고 여겼다. 비록 이 "바보성자" 이야기들이 민간전승에서 외경에 나오는 세부 설명으로 미화되고 카람진이 그 이야기들을 월터 스콧식으로 낭만화하기는 했어도, 이 바보성자들의 활동은 가일스 플레처(Giles Fletcher) 같은 냉철한 외국 방문객의 주목을 받기도 했으며, 그들이 16세기 말엽에 역사적으로 중요했다는 데에는 의심할 여지가 없다. M. Тихомиров는 *Россия в XVI столетии*, М., 1962, 78에서 바실리의 "거룩한 행패"를 이야기한다.

[60] Е. Максимович는 1550년 법전(Судебник)을 인준한 1550년 소보르가 사실은 예전의 교회공의회의 직접적 부산물이었으며 본질적으로 교회의 성격을 유지했다고 주장한다("Церковный земский собор 1549 года", *ЗРНИБ*, 1933, IX).

[61] 이 편람에 관한 세부사항과 참고문헌은 Будовниц, *Русская публицистика*, 188~207에 있다. 이반 4세의 치세에 모스크바의 속령에서 나온 문헌을 관의 지원을 받아 수집한 것에 관해서는 P. Pascal, "Le Métropolite Macaire et ses grandes entreprises littéraires", *Russie et Chrétienté*, 1949, № 1~2, 7~16을 볼 것.

[62] Я. Лурье, "О путях развития светской литературы в России и у западных славян в XV-XVI вв.", *ТОДЛ*, XIX, 1963, 282~283. 논의와 문서 고증(262~288)은 더 앞 시기와 더 뒷 시기가 얼마나 이어져 있는지를 생생히 보여준다.

[63] Я. Лурье и Н. Казакова, *Анти-феодальные еретические движения на Руси XIV – начала XVI века*, М.-Л., 1954, 109~110; 또한 Fennell, "The Attitude of the Josephians", 498; Будовниц, *Русская публицистика*, 52.

[64] *ААЭ*, I, 1836, 479. E. Denisoff, "Aux origines de l'église russe autocéphale", *RES*, XXIII, 1947, 81에서 재인용. 그리고 논의 전체(66~88)를 볼 것. 답신과 그것에 관한 논쟁의 러시아어 번역으로는 A. Седельников, "Рассказ 1490 об инквиции",

Труды Комиссии по древнерусской литературе Академии наук, I, 1932, 33~57을 볼 것. 초기 러시아와 에스파냐의 접촉은 그랬으리라고 보이는 것보다 더 광범위했다. 예를 들어, A. López de Meneses, "Las primeras ambajadas rusas en España", *Cuadernos de historia de España*, Buenos Aires, V, 1946, 111~128에 증거 문서가 있는 1520년대의 외교 접촉의 폭증을 볼 것. 러시아-에스파냐 접촉의 전모에 관한 단연 최고의 논의는 Алексеев, *Очерки истории испано-русских литературных отношений*에 있다.

[65] 모스크바국을 방문한 독일인들은 "정화하다"(purgieren, purgiren)라는 용어도 썼다. K. Schreinert, *Hans Moritz Ayrmanns Reisen durch Livland und Rußland in den Jahren 1666~1670*, Tartu, 1937, 56을 볼 것.

[66] Denisoff, "Aux origines de l'église russe autocéphale", 88.

[67] Д. Давыдов, *Опыт теории партизанского действия*, М., 1822, 2-е изд., 22~38; 또한 Ламанский, "О славянах в Малой Азии, в Африке и в Испании", *УЗИАН*, V, 1859, 365~368, 그리고 거기에 있는 인용문헌. 에스파냐의 저항 운동에 관해 러시아에서 간행된 자료에 관해서는 *Очерки по истории русской журналистики и критики*, I, 200을 볼 것.

데니스 다비도프(Денис Давыдов)는 (카작을 본떠 아시아적 원시성을 유럽식 지휘 체계와 결합한다는 기본 사고를 지닌) 중요한데 경시된 파르티잔전 이론가일 뿐만 아니라 시인이기도 했다. В. Жерве, *Партизан-поэт Д. В. Давыдов*, П., 1913을 볼 것.

실제로 알렉산드르 1세는 군대를 보내서 에스파냐 게릴라 부대와 맞서는 나폴레옹과 싸웠고, 나중에는 프리깃함을 파견해서 에스파냐령 아메리카의 민주주의 혁명을 억눌렀다. 나폴레옹은 심지어 자기가 러시아에서 패하기 전에도 에스파냐와 러시아의 유사점을 눈치챘다. 그가 1812년 7월에 모스크바로 가는 도중에 모스크바에 교회가 지나치게 많은 것은 "아무도 그리스도교 신자가 아닌 시대에는!" 후진성의 표시라며 러시아 장군 한 사람을 나무라자, 그 장군은 나폴레옹에게 "러시아인과 에스파냐인은 아직도 그리스도교인"이라고 말했다. 나폴레옹은 자기의 이번 적국을 자기의 골치를 아프게 한 지난번 적국과 슬쩍 비교한 것이 "건방지다"고 생각하고서 일기에 "…… 그자는 맞지 않다. 러시아인은 그리스도교인이 절대 되지 못할 것이다. 에스파냐인은 그리스도교인이었던 적이 결코 없다"고 적었다. J. Lo Duca, ed., *Journal secret de Napoléon Bonaparte*, 1962, 125.

[68] П. Щеголев, "Катехизис Сергея Муравьева-Апостола", *МГ*, 1908, № 11, 63~67; С. Волк, *Исторические взгляды декабристов*, М.-Л., 1958, 270~272; М. Нечкина, "Революция наподобие испанской", *К и С*, 1931, № 10, 3~40;

M. Алексеев, *Очерки истории испано-русских литературных отношений*, 116 ff. 19세기 초엽에 나데즈딘은 영적으로 깨어나는 유럽에서 러시아가 바야흐로 수행할 역할을 에스파냐가 유럽을 중세에서 끌어내는 데에서 했던 역할과 비교했다. H. Козьмин, *Николай Иванович Надеждин*, П., 1912, 184~185를 볼 것. B. Боткин, *Письма об Испании*, П., 1847도 볼 것.

[69] J. Ortega y Gasset, *Invertebrate Spain*, NY, 1937, 71(저자가 조금 고쳐서); 또한 155를 볼 것. 어떤 이는 F. Araujo, "Nitchevo", *La España moderna*, 1904, diciembre, 177~180의 비평에서처럼 "게으르고 멍청할 정도로 운명론적인" 러시아에 대한 비평에서 유사성에서 배태된 일정한 공감대를 찾아내기도 한다.

십중팔구는 원래부터 에스파냐는 가톨릭을 믿는 폴란드와 맺고 있던 밀착 관계에 자극을 받았기에 러시아에 매료되었고, 그 때문에 17세기 초엽에 러시아에 관한 책과 소책자가 봇물 터지듯 쏟아져 나왔다(Ламанский, "О славянах в Малой Азии, в Африке и в Испании", 특히 352를 볼 것). 러시아인으로 설정된 등장인물이 17세기 말엽의 에스파냐 문학에 나타난다(예를 들어, 칼데론의 『삶은 꿈이야』에 나오는 모스크바 공작); 그리고 또 다른 위대한 에스파냐 작가 로페 데 베가(Lope de Vega)는 서방에서 가짜 드미트리 이야기를 극화한 수많은 고심작 가운데 첫 작품인 『모스크바 대공과 가짜 황제』(El Gran Duque de Moscovia y Emperador Perseguido)를 1607년에 드미트리가 죽은 지 단 두어 달 뒤에 썼다. 비록 1612년에 가서야 간행되었고 (예술상의 합당한 이유로) 인기작이 되었던 적은 없지만 말이다.

에스파냐는 19세기 말엽에 러시아 문학에 다시 흥미를 느꼈다. G. Portnoff, *La literature rusa en España*, NY, 1932를 볼 것.

[70] Ф. Достоевский, *ПСС*, П., 1895, X, 114; 또한 "인간의 천재성이 만들어낸 책 가운데 가장 위대하고 가장 구슬픈 책"이라고 했다(XI, 306). 그 작품이 19세기 러시아 문학과 비평에 준 엄청난 충격에 관해서는 L. Turkevich, *Cervantes in Russia*, Princeton, 1950을 볼 것. 그리고 "돈키호테성"에 바치는 20세기 초엽의 무아경의 찬가로는 N. Evreinov, *The Theater in Life*, NY, 1927, 83~97을 볼 것. G. Schanzer, "Lazarillo de Tormes in Eighteenth-Century Russia", *Symposium*, 1962, Spring, 55~62도 볼 것.

[71] "La literatura Española en Russia", *La España moderna*, 1900, octubre, 186을 볼 것. 정교로 개종한 에스파냐 출신 한 사람은 에스파냐 그리스도교계가 동시에 로마에 반감을 품었음을 강조했다. Archimandrite P. de Ballester, "The Subconscoius Orthodoxy of the Spanish Race", *ROJ*, 1960, December, 4~7. 적그리스도의 쌍둥이 첩자가 튀르크의 술탄과 로마의 교황이라는 모스크바국의 견해는 에스파냐에도 널리 퍼져 있었(고 종교개혁 이전 시기에는 두 나라에 모두 존

재했)다. P. Alphandery, "Antichrsit dans le moyen âge latin", in *Mélanges Hartwig Derenbourg*, 1909, 274~277을 볼 것.

[72] E. Lehrman, ed., *Turgenev's Letters*, NY, 1961, 21~22.

[73] "La causa es, que de mi pecho/ tan grandee es el corazon,/ que teme, no sin razon,/ que el mundo el viene estrecho." G. Brenan, *The Literature of the Spanish People*, Cambridge, 1953, 277에서 재인용. 훌륭한 전반적 논의인 「칼데론과 후기 연극」(275~314) 가운데에서.

[74] Ламанский, "Историческия замечания к сочинению 'О славянах…'", *УЗИА* H, V, 1859, 쪽 번호가 새로 매겨진 두 번째 부분, 100~111.

[75] *Opera seria*: Francesco Araja, *La forza dell'amore e del odio*. Н. Финдейзен, *Очерки по истории музыки в России*, М., 1928, II, 12~13; M. Cooper, *Russian Opera*, London, 1951, 10 ff.을 볼 것. 음악이 에스파냐 관련 주제에 매료되는 현상의 일부는 18세기에 최초의 전문 악단과 함께 들어온 많은 음악가와 작곡가가 에스파냐인이었다는 사실에서 비롯되었을지 모른다.

시의 세계에서는 레르몬토프가 청년기에 멜로드라마 「에스파냐인」(Испанцы)을 썼고 자기의 걸작 「악마」의 배경을 에스파냐로 설정했다. D. Chizhevsky는 "Majakowskij und Calderon", *Aus zwei Welten*, 308~318에서 칼데론의 절대 자유의 꿈과 볼셰비즘의 음유시인 마야콥스키의 유토피아적 기대 사이의 유사성을 찾아낸다.

프란시스코 고야의 기괴한 미술에 러시아가 느끼는 동질감은 소비에트 러시아 시기에 특히 강해졌는데, 이 동질감은 고야에 관한 Константин Бальмонт의 논문("Поэзия ужаса", *Мир искусства*, 1899, № 1~12, 175~185)에서 이미 예견되었다. 이 논문에서 에스파냐인은 "물리치기 힘든 공포의 시가 구체(球體)의 신성한 조화의 자리에" 들어서는 완전히 새로운 세계의 예언자로 불렸다(176).

[76] Черепнин, *Русская палеография*, 107; P. Blake가 "New Voices in Russian Writing", *Encounter*, 1963, April, 32~35에 쓴 서두 해설.

[77] Малинин, *Старец Елеазарова монастыря Филофей и его послания*, приложение, 63.

[78] 주목받지 못한 연구인 Н. Ефимов, *"Русь – Новый Израиль": Теократическая идеология своеземного православия в до-петровской письменности*, Казань, 1912를 볼 것. И. Забелин, *Русское искусство: Черты самобытности в древнерусском зодчестве*, М., 1900, 16~17도 볼 것.

[79] 예를 들면, "Сказание о мамаевом побоище", в кн.: *Русские повести XV-XVI веков*, М.-Л., 1958, 17을 볼 것.

[80] 새해가 시작되는 시기를 9월로 잡은 것은 더 뒤의, 즉 16세기의 혁신이었다. 이

혁신은 9월 1일에 하는 "여름과 헤어지기"(летопроводство) 행사(이것에 관해서는 B. Unbegaun, "Remarques sur l'ancien calendrier russe", in *Mélanges Georges Smets*, Bruxelles, 1952, 641~647을 볼 것)의 중요성 증대와 연관된 듯하다. 유대에 기원이 있다는 증거는 없다. 그러나 9월 1일(성 시메온 축일)은 그 자체 성격으로 보나 교회와의 관계로 보나 새해맞이 행사를 하기에 좋은 때가 아니라고 보였을 것이다. 자동으로 기원이 비잔티움에 있다고 가정해서도 안 된다. B. Мошин은 새해가 시작되는 날짜를 3월 25일(성모희보 축일)로 잡는 예전의 러시아 방식은 비잔티움이 아니라 서유럽에서 들어왔다는 결론을 내렸다(*ТОДЛ*, XIX, 1963, 46). 이 새 방식은 비잔티움이 무너지고 수사들이 처음에 모스크바국으로 도피해 들어온 지 오래 뒤에 채택되었다. 설을 유일하게 9월 1일에 쇠는 분명한 사례가 그리스도교 전래 이전의 그리스에 있었다. A. Giry, *Manuel de diplomatique*, 1925, 108을 볼 것. 옛 러시아에서 설날을 9월 1일로 선언한 것은 그리스도가 유대 회당에 들어가서 이사야의 문구를 읽으면서 "주 은혜의 해"를 선포한 성경 구절(신약성경 「누가복음」 4장 18절)과 연계되었고 그리스도의 유대 회당 입장을 상징적으로 재현하면서 성당 안으로 들어가는 성대한 행렬이 수반되었다.

[81] S. Zenkovsky, *Medieval Russia's Epics*, 81.

[82] A. Poppé, "Dans la Russie médiévale", 29~30; E. Bickermann, "Sur la Version vieux russe de Flavius Josèphe", *AIOS*, VI, 1936, 53~84; Н. Мещерский, "История Юдейской войны", в кн.: *"История Юдейской войны" Иосифа Флавия в древнерусском переводе*, М.-Л., 1958.

[83] A. Harkavy, *Hadashim gam Yechanim*, П., 1885. N. Slouschz, "Les Origines du Judaïsme dans l'Europe Orientale", in *Mélanges Hartwig Derenbourg*, 1909, 79에서 재인용.

[84] 하자르인의 몰락과 유산이라는 알쏭달쏭한 문제에 관해서는 D. Dunlop, *A History of the Jewish Khazars*, Princeton, 1954, 222~263을 볼 것. S. Szyszman의 저술("Les Khazars: Problèmes et controverses", *RHR*, CLII, 1957, 174~221)도 볼 것. Szyszman은 하자르의 유산에 관심을 기울이지 않았다고 꾸짖는다 (220~221). *BNYL*, 1938, September, 696~710에 있는 참고문헌 목록도 볼 것.

러시아 문명의 발달에서 하자르인이 한 역할의 평가에서 오늘날 나타나는 견해차에는 모스크바의 국수주의와 레닌그라드의 세계주의 사이에 벌어진 일종의 역사서술상의 힘겨루기가 반영되어 있다고 보인다. 모스크바의 국수주의를 위해 Б. Рыбаков는 하자리야(Хазария)가 "기생적"이고 문화적 의의가 결여되었다고 평한다(*CA*, XVIII, 1953, 147). 레닌그라드의 세계주의를 위해 B. Мавродин은, 심지어는 스탈린 시대에도, 더 긍정적인 평가를 하면서 하자르인이 그 뒤의 지명에 영향을 주었음을 보여주었다(*Образование*, 184~185). М. Артамонов는 자기의 중요한 연구 *История хазар*, Л., 1962에서 이 주제에 관해 Рыбаков와 스탈린주의 학파 대다수에게 거세게 이의를 제기한 바 있지만, 하자르인이 러시아 문화에 끼친 영향은 대체로 일시적이고 피상적이었다고 생각한다(365~495, 특히 458~459). 또한, 러시아가 9세기 전반기에 하자르인의 칭호를 쓴 것에 관해서 366, 주 5를 볼 것. Spector, *Readings in Russian History and Culture*, 3~13에 번역된 Артамонов의 글 발췌문을 볼 것.

키예프 시대에 유대인이 문학에 미친 영향에 관해서 Gudzy, *History of Early Russian Literature*, 183과 Chizevsky, *History of Russian Literature*, 161~162에 있는 소략한 논의는 Г. Баратц, *Собрание трудов по вопросу о еврейском элементе в памятниках древне-русской письменности*, Berlin-Paris, 1924~1927, в 2 т.의 3개 절에서 이루어진 조금 산만하고 결론을 내리지 않을지라도 긴 키예프 문헌 연구로 보완되어야 한다. 주목을 받지 못한 연구 И. Малышевский, "Еврей в южной Руси и Киеве в XXII вв.", *ТКДА*, 1879, сентябрь도 볼 것. 역으로 초기에 러시아가 유대 문학에 준 영향은 А. Гарькавый, *Об языке Евреев живущих в древнее время на Руси и о славянских словах встречаемых и еврейских писателей*, П., 1865에서 시사된다. Н. Мещерский는 "Византийско-славянские литературные связи", *BB*, XVII, 1960, 특히 67~68에서 하자르의 영향에 관한 탄탄한 증거를 확인한다.

[85] 노브고로드의 한 교회법 사본에 덧붙여진 1282년의 이 174개 단어 사전에 관해서는 А. Карпов, *Азбуковники или алфавиты иностранных речей по спискам Соловецкой библиотеки*, Казань, 1877, 12, 또한 43~44를 볼 것.

[86] V. Beliaev, "Kastalsky and His Russian Folk Polyphony", *ML*, 1929, October, 387~390.

유대 민속음악과 러시아 민속음악 사이의 유사점들 가운데에는 확대된 저음부에 반복해서 의존하는 것과 장조보다는 단조로 즐겁고 익살맞은 노래를 만든다는 것이 있다. 그러나 두 음악 전통 사이의 상호관계는 단 한 번도 체계적으로 연구되지 않았다.

[87] Н. Компанейский는 14세기에 그리스 단송가의 권위가 떨어진 것은 러시아에 유대의 찬가에서 유래한 비잔티움 이전의 음악 문화가 있었다는 사실과 관련이 있을지 모른다고, 그리고 그리스의 기보법은 이 전통 위에 결코 철저하게 중첩될 수는 없었다고 주장한다. ("О связи русскаго церковнаго песнопения с византийским", 733~738, 820~827).

유대인의 영창과 동슬라브인의 영창 사이의 몇몇 연계는 17세기에 라비 S. Margolis, *Chibbure Likkutim*, Venecia, 1715로 분명히 시사된다. 다른 몇몇 유사점은 E. Werner가 E. Wellesz, ed., *Ancient and Oriental Music*, Oxford, 1957, 특히 317, 329~332에서, A. Idelsohn이 in *Acta Musicologica*, IV, 1932, 17~23에서, 그리고 *MQ*, 1932, October, 634~645에서 지적한다. 그 문제가 슬라브 측에서 진지하게 연구된 적은 결코 없는 듯하다.

[88] 그들의 영향력에 관해서는 Vernadsky, *Russia at the Dawn*, 216~219와 인용문헌을 볼 것.

[89] Dubnov, *History of the Jews in Russia and Poland*, I, 93. 아렌다레(arrendare)라는 라틴어 낱말과 카발라(kabala)라는 튀르크어 낱말이 어원이었을 수도 있다. 비록 카발라에 히브리어로 "은밀한 가르침"뿐만 아니라 "비밀 계약"이라는 뜻도 있기는 하지만 말이다. И. Срезневский, *Материалы для словаря древнерусского языка*, П., 1893, I, 1169~1170에서 "봉사 계약"이라는 뜻의 초기 용법을 볼 것. *REW*, I, 494도 볼 것.

　　서방으로부터의 유입과 폴란드에서 러시아 서부로 들어온 이디시어 문화에 관해서는 Y. Hertz, *Die Yiden in Ookruyne*, NY, 1949; Slouschz, "Les Origines du Judaïsme dans l'Europe Orientale", 70~81; Л. Винер(L. Wiener), "Еврейско-немецкие слова в русских наречиях", *ЖС*, V, 1895, 57~70을 볼 것.

[90] 동유럽의 소도시 이디시 문화에 관한 (비록 비역사적이기는 해도) 탁월한 묘사가 M. Zborowski & E. Herzog, *Life Is with People: The Culture of the Shtetl*, NY, 1962(염가보급판)에 제시되어 있다. 근대 시기에서 따온 잘 알려지지 않은 많은 예증에 관해서는 J. Raisin, "The Jewish Contribution to the Progress of Russia", *The Jewish Forum*, 1919, February, 129~138; April, 870~880; May, 939~951을 볼 것. 적대적이지만 때때로 중요한 사실을 드러내 주는 정교의 연구가 H. Гладовский, *Отношения к евреям в древней и современной Руси*, П., 1891이다.

[91] *ПСРЛ*, XX, 354~355에 있는 사건 서술을 W. Leonhard, *The Kremlin since Stalin*, NY, 1962, 45~49에 있는 사건 서술과 비교할 것.

[92] Маргаритов, *История русских мистических и рационалистических сект*, 특히 128~133.

[93] A. Castro, *The Structure of Spanish History*, Princeton, 1954, 529; 그리고 유대인이 에스파냐에 미친 영향의 특성에 관한 고전적 서술로는 *ibid.*, 524~544.

[94] L. Shapiro, "The Role of the Jews in the Russian Revolutionary Movement", *SEER*, 1962, June, 148~167을 볼 것.

[95] H. von Eckhardt, *Ivan the Terrible*, NY, 1949, 49.

[96] J. Fennell, ed., *The Correspondence between Prince A. M. Kurbsky and Tsar Ivan IV of Russia, 1564~1579*, Cambridge, 1955, 46.

[97] *Ibid.*, 35; 또한 33, 47~49를 볼 것.

[98] *Ibid.*, 21~23.

[99] *Ibid.*, 2~3

[100] 구약성경 「사무엘상」 27장을 참조하면서, *ibid.*, 207~209.

[101] Shevchenko, "A Neglected Byzantine Source", 172~173.

[102] Г. Можеева, *"Валаамская беседа", памятник русской публицистики сере-
дины XVI века*, М.-Л., 1958, 89~93, 98~105에 제시된 새로운 해석을 볼 것.
수수께끼 같은 이 문서에 관한 또 다른 논의로는 Вальденберг, *Древнерусские
учения о пределах царской власти*, 299~307을 볼 것.

[103] Shevchenko, "A Neglected Byzantine Source", 173.

[104] *Чт*, 1908, I, отд. II, "Сказание о царе Константине", 70~71; "Сказание о
Магнете-салтане", 72에 있는 Ржига판 페레스베토프 저술에서 인용.

02. 서방의 도래

[1] 이 영향에 주목해서 A. Некрасов는 블라디미르-수즈달 예술의 주요 특성이 동방
의 영향에서, 또는 북부 지대의 핀인 토착민과 슬라브 토착민의 시원적이고 반
(半)정령신앙적인 편애에서 비롯되었다고 설명할 수 있다고 주장한다(*Древнер-
усское изобразительное искусство*, 113 ff.). М. Алпатов, "К вопросу о зап-
адном слиянии в древнерусском искусстве", *Славия*, III, 1924~1925, 96~97.
이것은 소중하기 이를 데 없는 탐구이다.

[2] Некрасов, *Древнерусское изобразительное искусство*, 222 ff.; Likhachev,
Die Kultur Rußlands während der Osteuropäischen Frührenaissance, 31 ff.; 또한
시간이 지날수록 중요해질 새로운 연구인 И. Голенищев-Кутузов, *Итальянское
Возрождение и славянская литература XV-XVI веков*, М., 1963은 서유럽이
동유럽을 몰라서 서방 학계의 르네상스 시대 이해가 어떻게 제약되었는지를 지
적한다.

[3] Даль, *Пословицы русского народа*, 329.

[4] 노브고로드가 모스크바국에 통합된 것에 관한 간결한 논의로는 Kovalevsky,
Manuel d'historie russe, 90~91과 ff. 노브고로드에 11세기 초엽까지는 독일-스칸
디나비아 상인 거류지 한 곳이, 12세기까지는 서방 교회가 적어도 하나는 있었다.
A. Stender-Petersen, *Varangica*, Aarhus, 1953, 255~258을 볼 것.

[5] Н. Порфиридов, *Древний Новгород: Очерки из истории русской культуры
XI-XV вв.*, М.-Л., 1947, 14, 226~227.

[6] *БЕ*, XLI, 248. (*Оч (5)*, 88, 주 1에서 인용된) М. Лесников의 연구는 한자동맹과

의 연계가 — 실제로는 — 식민지로 종속된 불평등한 것이었다는 많은 대러시아인 역사가의 가정에 의문을 제기한다. (*Ibid.*, 88, 주 2와 주 3에서 인용된) H. Казаков의 연구는 그 연계를 깨려고 이반 3세와 바실리 3세가 취한 일련의 조치를 추적한다. 그 연계에 관한 더 오래된 연구인 M. Бережков, *О торговле Руси с Ганзой до конца XV века*, П., 1879와 L. Goetz, *Deutsch-rußische Handelsgeschichte des Mittelalters*, Lübeck, 1922를 볼 것.

그 연계를 생생하게 보여주는 흥미로운 예증 하나가 힐데스하임(Hildesheim)이라는 북독일 도시의 행렬용 십자가 하나에 새겨진 슬라브어 문구이다. 이 슬라브어 문구로 12세기에 노브고로드 대주교가 그 십자가를 힐데스하임 시에 선사한 것이 틀림없음이 드러난다. *BLDP*, I, 1914, 36~40을 볼 것. M. Алпатов, "К вопросу о западном слиянии в древнерусском искусстве", 97 ff.에 예증이 더 많이 있다. 초기에 독일 문학이 준 영향에 관해서는 E. Петухов, "Следы непосредственного влияние немецкой литературы на древнерусскую", *ЖМНП*, 1897, № 7, 145~158을 볼 것. 노브고로드가 동방과 맺은 연계도 노브고로드의 민간전승과 건축에 흔적을 남겼다. 예를 들어, A. Никицкий, "Следы востока в Новгороде", *Труды 5-го Археологическаго Съезда в Тифлисе 1881*, М., 1887, 262~263을 볼 것.

[7] Poppé, "Dans la Russie médiévale", 22~27에 있는 설명을 Likhachev, *Die Kultur Rußlands während der Osteuropäischen Frührenaissance*, 24에서 따와 여기서 인용한 추산과 비교해볼 것. 이 추산은 러시아 북부에 전반적으로 유효한 것이지만, 거의 전적으로 최근에 노브고로드에서 이루어진 광범위한 발굴에서 나온 증거만 끌어썼으므로 거기에만 한정해서 적용해야 더 마땅할 듯하다.

[8] Арциховский는 (자기가 지휘한) 노브고로드의 광범위한 발굴로 14세기 이전에는 혼성 통치체제가, 그리고 15세기 말까지는 순수한 공화정이 존재했음이 확인된다고 본다. XI Congrès International des Sciences Historiques, *Résumés des communications*, Uppsala, 1960, 93~94. D. Obolensky는 같은 시기에 교회 기구가 엄청나게 컸음을 강조한다(*ibid.*, 92).

[9] *ПСРЛ*, III, 83. 또한 A. Никицкий, "Очерк внутренней истории церкви в Великом Новгороде", *ЖМНП*, 1879, июль, 39~41을 볼 것. Никицкий의 논구(34~86)는 그 시기의 복잡한 정치적 · 이념적 긴장에 관한 탄탄하고 섬세한 해독으로 남아 있다. Жмакин, "Митрополит Даниил", 38 ff.도 유용하다. 신앙과 자기 생각을 옹호한 그 대주교에 관해서는 A. Sedel'nikov, "Vasily Kalika: L'histoire et la légende", *RES*, VII, 1927, 224~240을 볼 것.

모스크바가 공세적 당파였으므로 (대러시아인 역사가들이 흔히 그러는 것과는 달리) 러시아 당파와 리투아니아의 당파보다는 "모스크바의 제5열"을 말해야 더 공정해 보인다. 리투아니아와 연대를 확대하는 것은 노브고로드의 전통적 행동유형이었고, 노브고로드에서 변화를 재촉하는 진정한 압력은 모스크바 당파와 그들의 동맹자에게서 왔다.

[10] Будовниц, *Русская публицистика*, 75~77과 인용문헌. D. Stremooukhoff, "La Tiare de Saint Sylvestre et le klobuk blanc", *RES*, XXXIV, 1957, 123~128과 Gudzy, *History of Early Russian Literature*, 278~295도 볼 것.

[11] 논의와 인용문헌을 보려면 Никицкий, "Очерк внутренней истории церкви", 41 ff.

[12] *Чт*, 1847, № 8, 1~6 (끝 부분에서 별도로 매긴 쪽 번호), 특히 "노브고로드는 정교에서 모스크바와 하나가 아니다"라는 겐나디의 단언을 볼 것. 그가 모스크바 수좌대주교에게 모스크바의 공후를 "그의 영원한 구원"과 "우리의 사제직을 위해"(*ААЭ*, I, 482) 구약의 왕들에 손색없는 사람(480)으로 만들라고 한 요청도 볼 것. *АИ*, I, 104, 147에 겐나디가 더 뒤에 모스크바의 시몬 수좌대주교에게 써보낸 편지도 있다.

G. Vernadsky는 이단이 교회의 재산에 똑같이 반대했기 때문에 이반 3세가 이단에 크게 공감했다는 점을 강조한다("The Heresy of the Judaizers and Ivan III", *Speculum*, 1933, October, 436~454).

[13] Fedotov, "The Holy Fools", 9~10.

[14] 그러나 트베르는 노브고로드와 프스코프처럼 "제3의 로마" 교리의 매개 노릇도 했다. Stremooukhoff, "Moscow the Third Rome", 88, 주 25; Gudzy, *History of Early Russian Literature*, 302~305, 특히 주 4.

[15] Жмакин, "Митрополит Даниил", 1~2 주 2, 23.

[16] Никицкий, "Очерк внутренней истории церкви", 60에서 재인용.

[17] B. Parain, "La Logique dite des Judaïsants", *RES*, XIX, 1939, 315~329; A. Соболевский, *Логика жидовствующих и "тайна тайных"*, *ПДПИ*, CXXXIII, 1897.

유대 추종자들에 관한 포괄적 분석은 아직 없으며, (훨씬 더 수가 많았던 서방의 알비(Albi) 파[10]의 역사와 마찬가지로) 유대 추종자들의 역사는 그들이 쓴 글이 많이 보존되지 않았으므로 결코 제대로 쓰이지 않을지 모른다. 새로운 자료를 제시하지만 기원 문제를 대체로 경시함해서 서방의 영향을 최소화하는

---

[10] 12~13세기에 프랑스 남부에서 활동했던 카타리(Cathari) 파의 분파. 로마가톨릭교회와 대립하고 성직자의 부패를 비판해서 인기를 끌었다. 13세기 초엽에 대대적인 탄압을 받고, 14세기에 소멸했다.

경향을 보이는 최근의 연구로는 Лурье и Казакова, *Анти-феодальные еретиче ские движения на Руси*, 특히 87, 109~224를 볼 것. 소련의 최신 연구에 관한 전반적 개관으로는 A. Klibanov, "Les Mouvements Hérétiques en Russie de XIIIe au XVIe siècles", *CMR*, 1962, octobre-décembre, 673~684를 볼 것. 더 먼저 나온 저작의 목록과 기본 사료에 관한 아직도 가치가 있는 논고로는 Л. Бедрожицкий, "Литературная деятельность жидовствующих", *ЖМНП*, 1912, март, 106~122 를 볼 것.

[18] Н. Чечулин은 노브고로드 인구가 16세기 중엽에 20,000명을 조금 웃돌았다고 추산했다(*Города Московскаго Государства в XVI веке*, П., 1889, 50~52). 이 수치는 (Н. Костомаров를 따라서) В. Жмакин이 노브고로드에서 모스크바로 강제 이전되었다고 말한 총 72,000명("Митрополит Даниил", 48 주 1)보다 꽤 적다. 비록 72,000명이라는 수치는 부풀려진 것이 거의 틀림없을지라도, 먼저 강제 이주당한 인구가 뒤에 남은 인구수를 넘었을 가능성이 매우 커 보인다.

[19] (한데 묶어 수로자네(сурожане)로 알려진, 즉 양대 크림-이탈리아 항구 가운데 하나인 수로즈(Сурож), 또는 수닥(Судак)^11 출신의) 이탈리아인들과 그들의 대 행인들에 관한 논의와 참고문헌으로는 М. Тихомиров, *Средневековая Москва в XIV-XV веках*, М., 1957, 특히 125~131, 147~153을 볼 것. Тихомиров가 그 시기의 도시 문화를 설명한 절(238~271)에는 이 외국인 공동체가 미쳤을 법한 문화적 영향에 관한 고찰이나 탐구가 없다. 있었더라면 그 장은 유용했을 것이다. 이탈리아 (그리고 그 뒤로는 다른 외국) 비침무늬가 있는 종이의 사용에 관해서 는 Н. Лихачев, *Бумаги и древнейшия бумажния мельницы в Московском Государстве*, П., 1891, 특히 93; 그리고 수정된 그의 결론을 *Дипломатика: Из лекций по сфрагистике*, П., 1901, 특히 174~175, 181~183, 191에서 볼 것.

제노바와 모스크바국의 연계에 관한 추가 세부사항에 관해서는 G. Brătianu, *Recherches sur le commerce de Gênes dans la second moitié du XVIIe siècle*, 1929; Левченко, *Очерки по истории русско-византийских отношений*, 522 ff.; Kovalevsky, *Manuel d'historie russe*, 97~102와 인용문헌을 볼 것. 14세기에 제노바가 만든 러시아 해도에 관해서는 Lubimenko, "Le Rôle comparatif", 41을 볼 것. Е. Скржинская는 제노바가 사실상 슬라브 세계로 다가가는 동방의 해상 접근로인 흑해의 지배권을 얻음으로써 베네치아의 아드리아(Adria) 해 지배권에 대항하려고 시도하고 있었음을 지적한다("Петрарка о генуэзцах на Леванте",

---

11 3세기 초엽에 크림 반도 동남부에 건설된 항구 도시. 13세기 초에 베네치아인의 수중에 들어갔고 1365년에 베네치아에 넘겨졌다.

BB, II, 1949, 특히 246~247). M. Тихомиров는 제노바가 몽골과 맺은 동맹이 발전한 탓에 러시아가 이 분쟁에서 점점 더 베네치아 편에 서게 되었다는 점을 지적한다("Россия и Византия", 32~33).

[20] 노브고로드 정남향에 있는 볼로토보(Волотово)에 1352년에 지어졌고 제2차 세계대전 직전에 복원되고 연구되었으며 전쟁 동안 부서진 듯한 이 잘 알려지지 않은 교회에 관한 논고로는 H. Порфиридов, "Живопись Волотова", *НИС*, VII, 1940, 55~65를 볼 것. 그 교회의 겉모양은 키예프 시대의 통상적인 작은 교회의 겉모양이었던 듯하다(*ibid.*, 48~54).

[21] Веселовский, *Западное влияние*, 14; Veselovsky, "Italienische Mysterium in einem rußischen Reisebericht des XV Jahrhunderts", *Rußische Revue*, X, 1877, 425~441; A. Попов, 100~106. 그리고 러시아의 피렌체 공의회 참가에 관해서는 (앞서 인용된 저작 외에) G. Hofmann, "S. I. Kardinal Isidor von Kiev", *OC*, XXVII, 1926; 바티칸 문서고 자료를 처음으로 이용했던 O. Halecki, *From Florence to Brest 1439~1596*, Roma, 1958; (정교의 관점에서 본) Карташев, *Очерки по истории русской церкви*, I, 349~362, 517~529를 볼 것. 라틴어의 첫 러시아 번역은 피렌체 공의회와 연관되어 이루어진 듯하다. A. Соболевский, *Переводная литература московской Руси*, 39, 주 1을 볼 것.

[22] B. Снегирев, *Аристотель Фиораванти и перестроика московского кремля*, М., 1935. 1460년대에, 즉 소피아가 오기 전에 모스크바에 십중팔구는 이탈리아 작품에서 자극을 받은 러시아 토산 조각품 몇 점이 있었다고 믿는 사람도 있다. "Из истории русской скульптуры", *ИЛ*, 1914, № 7, 874~875를 볼 것. Тихомиров, *Средневековая Москва*, 211~214도 볼 것. 성기 르네상스 동안에 이루어진 러시아와 이탈리아의 접촉에 관한 새로운 자료가 M. Гуковский, "Сообщание о России московского посла в Милан (1486 г.)", в кн.: С. Валк, ред., *Вопросы историографии и источниковедения истории СССР*, М.-Л., 1963, 648~655에서 검토되고 인용된다.

이 초기에 이탈리아와 로마가톨릭이 러시아에 미친 영향을 알려면 이 주제에 관해 Pierling이 더 앞서 쓴 저작에 바탕을 둔 상세한 비평논문 Ф. Успенский, "Сношения Рима с Москвой", *ЖМНП*, 1884, август, 368~411, октябрь, 316~339에 비추어서 기본 저작인 P. Pierling, *La Russie et le Saint-Siège*, I, II을 읽어야 한다. 학술원을 위해 모은 문서고 자료와 발췌문과 인용문헌을 E. Шмурло가 편집한 *Россия и Италия*, П., 1907~1915, в 3 т.(각 권이 2개 부로 구성)을 볼 것. (16세기 말엽에 에스파냐가 러시아와 맺은 관계를 다루는) 제3권 제2부를 빼면 이 자료는 거의 모두 다 17세기 이전의 러시아-이탈리아 관계에 관한 것이며, 그 자료 가운데에는 Pierling이 이용하지 않은 도서관에서 나온 것이 많다.

프스코프에서 로마가톨릭 및 이탈리아와 이루어진 접촉과 그 영향과의 투쟁에 관해서는 Ключевский, *Отзывы и изследования*, М.(б/г), 71~87을 볼 것.

[23] Vernadsky, *Russia at the Dawn*, 18~26, 122~133에 있는 소피야의 영향에 관한 논의를 볼 것. 앞의 책에서 언급된 В. Савва와 К. Базилевич의 저작들도 볼 것.

[24] (1517~1519년에 프라하에서, 그리고 1525년에 빌뉴스에서 간행된) 프란츠크 스카르나(Францыск Скарына)의 성경 번역은 모든 이의 일상어 용도가 아니었고 대러시아에서는 어렵사리 읽을 수밖에 없는 일종의 미화체 백러시아어로 이루어졌다. 그 뒤에 성경의 일부를 일상어로 번역한 것이 많이 나왔다. 그러나 가장 충실하고 가장 좋은 번역은 겐나디의 번역에 바탕을 둔 1580년의 오스트로그 성경이었다. *БЕ*, VI, 690~696에 있는 기본 논의와 인용문헌을 볼 것. И. Евсеев, *Геннадиевская библия* 1499, М., 1914도 볼 것.

로마가톨릭이 노브고로드에 미친 영향의 중요성은 Denisoff, "Aux origines de l'église russe autocéphale", 77~88; 그리고 (거기서 인용된 저작 외에도) А. Седельников, "Очерки католического влияния в Новгороде в конце XV – начале XVI в.", *ДАН*, Л., 1929, 16~19에서 강조된다. 크로아티아인 도미니크회 수사 베니아민(Вениамин)에 관해서는 Будовниц, *Русская публицистика*, 102, 특히 주 1을 볼 것. 여기서 그는 교회의 토지 소유를 옹호하는 영향력 있는 『짧은 말』(Слово кратко)의 저자라고 주장된다(원문은 *Чт*, 1902, кн. 2, отд. II, 1~60에 있다).

[25] 「콘스탄티누스 기증장」이 로렌초 발라(Lorenzo Valla)의 폭로로 서방에서 평판을 잃어버린 지 한 세기 뒤에 러시아에서 널리 쓰이게 되었다는 사실은 동슬라브인이 동시대 서방의 지성 활동과 얼마나 동떨어져 있었는지를 알려주는 좋은 예증이다. 「콘스탄티누스 기증장」이 16세기 러시아에서 폭넓게 이용된 것에 관해서는 Вальденберг, *Древнерусские учения о пределах царской власти*, 212, 주 4, 270, 284~289를 볼 것. 1551년 교회공의회는 「콘스탄티누스 기증장」을 정식으로 『100항목 결의집』에 넣었다. Duchesne, ed., *Le Stoglav ou les cent chapitres*, 171~173을 볼 것.

[26] 모스크바의 조시마 수좌대주교에게 보낸 1490년 10월 자 편지, *ААЭ*, I, 480.

[27] I. Bloch, *Der Ursprung der Syphilis*, Jena, 1901, 280~281; В. Иконников, "Ближ-ний боярин А. Л. Ордин-Нащокин — один из предшественников петровской реформы", *РС*, 1883, ноябрь, 289, 주 1. 매독이 러시아에 들어오기 직전에 크라쿠프에 도착했다는 점이 М. Кузнецов, *Проституция и сифилис в России*, П., 1871, 68에서 지적된다.

[28] 사용된 용어는 '라티야닌'이 아니라 '프랴즈'(Фряз)였다. 그러나 모스크바국에서 프랴즈는 엄밀히 어원인 "프랑크의"보다는 "가톨릭 신자의"에 더 가까운 의미로

쓰였다. 프랴즈는 대체로 모스크바의 재속 가톨릭 신자를 가리키는 말로 쓰였고 라티야닌은 더 특수하게 서방 성직자를 지칭하는 말로 쓰였다. 볼페는 모스크바 국에서 이름이 프랴진(Фрязин)으로 바뀌었고, 겐나디는 프랴조베(Фрязове)가 어떻게 이단에 맞서 자기들의 믿음을 굳건히 지켰는지를 찬탄하며 이야기했다 (*ААЭ*, I, 482).

[29] Г. Успенский(*Опыт повествования о древностях русских*, Харьков, 1818, 2-е испр. изд., 77~78)에 따르면, 보드카 증류법은 마요르카(Mallorca) 섬에서 완성되었고 연금술사이자 철학자이며 도니미크회 합리주의의 원수인 라몬 유이 가 이것을 제노바인에게 전했다.

알코올음료의 초기 역사는 제대로 쓰인 적이 없다. 아쿠아 비타이에 쓰인 것과 아주 흡사해 보이는 증류 과정이 1303년에 Bernard de Gordon, *Tractatus de gradibus*에 설명되어 있으며, 훨씬 더 앞서서 빌라 노바의 아르날두스 (Arnaldus de Villa Nova)에게 알려져 있었음이 거의 틀림없다. 서방에서는 아쿠 아 비타이에 관한 지식이 라몬 유이보다 더 앞 시기에 있었음이 틀림없을지라도, 그 지식은 14세기 말엽이나 15세기 초엽보다 더 뒤에나 러시아에 전해졌을 법하 다. 그 시대의 사료에 아쿠아 비타이에 관한 언급이 없으므로 특히 그러하다. 그렇지만 이탈리아가 초기에 모스크바와 맺은 탄탄한 연계, 라몬 유이에 관한 러시아의 관심, 우스펜스키가 하르코프에서 저명한 역사 · 지리 교수로서 누린 지위(И. Зильберман, *Книга Г. Ф. Успенского "Опыт повествования о древностях русских" 1818 г. и ея читатели*, Харьков, 1916의 평가를 볼 것)는 그에게서 유래했다는 설에 권위를 부여한다. 그는 한(汗)들이 14세기 말엽에 이 슬람으로 개종한 뒤에 도입한 금주 규정을 언급한다(83). 이것이 그 시대의 문서 에 알코올음료에 관한 정보가 상대적으로 부족한 까닭의 하나일 수 있다. 보드카 나 다른 음료에 관한 언급은 16세기 말엽에나 많아지기 시작한다. 그러나 "보드 카"라는 용어가 사전에 처음으로 확실하게 기재된 것은 표도르 폴리카르포프 (Федор Поликарпов)의 1704년 『용어사전』(Лексикон)에서였다(*ССРЯ*, II, 507). 실제로 연금술이라는 통로를 거쳐 도입되었는지에 상관없이, 보드카는 필 명이 테르츠인 소련 작가가 최근에 만취를 "우리의 강박관념"으로 설정하면서 확언했듯이 러시아의 민족 심성을 위한 일종의 마술적 아우라를 얻었다. 테르츠 는 이렇게 쓴다. "러시아 사람은 술을 힘들어서, 슬퍼서 마시지 않고 기적 같은 일과 색다른 일을 바라는 오랜 세월에 걸친 요구 때문에 마신다. 신비롭게, 즉 영혼을 지상의 중력 너머로 옮겨 거룩한 비(非)육체적 상태로 돌려놓으려고 애쓰 면서 마시고 싶으면 마시는 것이다. 보드카는 러시아 사나이의 백마술이며, 러시 아 사나이는 단연코 흑마술, 즉 여자보다 보드카를 더 좋아한다." "Thought Unaware", *NL*, 1965, 19 July, 19.

러시아의 초기 음주에 관해서는 E. Бартенев и др., *Технология ликеро-водочного производства*, M., 1955, 3; Цветаев, *Протестантство и протестанты в России*, 717; И. Прыжов, *История кабаков в России*, Казань, 1914, 2-е изд., 5~24를 볼 것. (국내 생산이 맨 처음으로 이루어진 시기를 17세기 중엽으로 잡는) 포도주는 러시아에 늦게 왔으며, 근대까지 외국 음료로 여겨졌다. 라몬 유이의 영향에 관해서는 Б. Райков, *Очерки по истории гелиоцентрического мировозрения в России*, M.-Л., 1947, 2-е изд., 53~65를 볼 것.

[30] M. Алексеев, "Западноевропейские словарные материалы в древнерусских азбуковниках XVI-XVII веков", в кн.: *Академику Виноградову*, 41. Danckaert, *Beschrijvinge van Moscovien ofte Rusland*, Amsterdam, 1615, 63; J. Locher, *Gezicht op Moskou*, Leiden, 1959, 22에서 재인용.

[31] Д. Цветаев, *Медики в московской России и первый русский доктор*, Warszawa, 1896, 11~12; 또한 충실한 참고문헌, 3~6에서 언급된 저작들, 특히 Richter와 Новомбергский의 저작을 볼 것.

[32] Райнов, *Наука в России*, 264~265; Райков, *Очерки по истории гелиоцентрического мировозрения в России*, 78.

[33] Веселовский, *Западное влияние*, 91, 주 2; Ключевский, "Западное влияние", 144, 151~152.

[34] Райков, *Очерки по истории гелиоцентрического мировозрения в России*, 55~57. 표트르 대제 이전 시기의 과학에 주의를 덜 기울이는 Vucinich의 유용한 연구(*Science*, 3)에는 "러시아는 (연금술을) 하는 사람이 없기로 유명했다"고 잘못 서술되어 있다.

[35] Никицкий, "Очерки внутренней истории церкви", 72, 주 3.

[36] 충실한 참고자료 목록과 짧은 전기로는 Будовниц, *Русская публицистика*, 139~140, 주 1을 볼 것. 59, 172, 183도 볼 것

[37] *Ibid.*, 183.

[38] 케임브리지 대학 출신 수학자 존 디는 1580년대의 대부분을 폴란드와 보헤미아에서 보내서 동유럽 전역에 심령술사로 잘 알려져 있었다. 러시아계 독일인인 은비학 연구자 카를 키제베터(Carl Kiesewetter)의 존 디 연구가 Веселовский, *Западное влияние*, 20에 제대로 인용되어 있지 않아서, 나는 책의 형태로 된 그 연구를 미국이나 서유럽이나 소련의 어떤 주요 도서관에서도 찾아낼 수 없었다.

[39] 이 풍습의 대다수가 비잔티움과 동방에서 유래했고, 그 다수가 『100항목 결의집』으로, 그리고 다시 『1649년 법전』(ч. 21, гл. 15)으로 금지되었다. Райков, *Очерки по истории гелиоцентрического мировозрения в России*, 72~74, 그리고 그리스-비잔티움 기원뿐 아니라 유대 기원을 강조하는 В. Перетц, "Матер-

иалы к истории апокрифа и легенды. 1. К истории громника", *ЗПУ*, ч. LIX, вып. 1, 1899를 볼 것.

[40] 초기 러시아에서 과학을 준(準)종교시하는 이런 태도는 Billington, "Science in Russian Culture", *American Scientist*, 1964, June, 274~280에서 논의된다.

[41] В. Жмакин, "Митрополит Даниил", ч. II, 376에서 재인용; 그리고 Вальденберг, *Древнерусские учения о пределах царской власти*, 302, 주 1. 시작되는 시기를 적어도 15세기 초엽으로 잡는 교회의 기나긴 점성술 반대 운동에 관한 Жмакин의 논의(366~377)도 볼 것. Вальденберг는 다니일이 요시프보다 비잔티움의 역사에 덜 정통했다고 주장하고(228, 주 1), 영향력이 있는 이 수좌대주교가 로마가톨릭 교리의 영향을 훨씬 더 많이 받았을지 모른다고 시사한다.

[42] Вальденберг, 302.

[43] Vucinich, *Science in Russian Culture*, 7. 임마누엘 벤-야콥(Immanuel ben-Jacob)의 히브리어 문서에서 곧바로 번역했다고 보이는 『여섯 날개』의 과학적 분석을, 그리고 그 집단이 노브고로드의 모임뿐만 아니라 크림의 유대인과도 연계를 했다는 표시를 Д. Свяцкий, "Астрономическая книга 'Шестокрыль' на Руси XV века", *Мироведение*, 1927, май, 63~78; Райнов, *Наука в России*, 265 ff.; Райков, *Очерки по истории гелиоцентрического мировозрения в России*, 65, 88에서 볼 것.

15세기와 17세기 사이에 고전고대와 아랍의, 그리고 심지어 페르시아의 과학 지식을 러시아에 매개해주는 유대인의 역할이 지대했다는 견해가 И. Гурлянд, "Краткое описание математических, астрономических, и астрологических еврейских рукописей из коллекции Фирковичей", *ТВО*, XIV, 1869, 163~222에서 제시된다.

[44] 체계적 측정에 반대하면서도 수학을 기꺼이 실용적으로 폭넓게 활용하려는 교회의 태도에 관해서는 *ПРПИ*, XLIII, 1879, 특히 11~13에 있는 16세기의 수학 원고 「계산 요령」(Счетная мудрость) 머리말을 볼 것. А. Кольман, "Зачатки математического мышления и выражения в допетровской Руси", *Славия*, XVIII, 1947~1948, 306~315도 볼 것. Кольман은 러시아가 심지어는 초기에도 비잔티움보다는 서방에게서 수학 지식을 얻었다고 지적한다(308).

[45] Веселовский도 필로페이와 편지를 주고받은 프스코프의 서기 미하일 미슈르-무네힌(Михаил Мисюрь-Мунехин)을 자유사상가로 분류한다(*Западное влияние*, 16). 비스코바틔이의 이력을 재검토한 N. Andreev("Interpolation in the 16th Century Muscovite Chronicles", *SEER*, 1956, December, 95~115, 특히 102 ff.)는 비스코바틔이가 요시프파 정교 신자였다고 주장하지만 1553~1554년에 그에게 강제 고해성사가 부과된 까닭이나 이반 4세가 1570년에 갑자기 그를 처형한 까

닭을 다루지 않는다. 이 두 사건이 일어난 시기는 이반 4세가 서방을 지향하고 다른 이념을 가진 자를 자기 영토에서 체계적으로 내쫓던 때였으므로, 이반 4세가 비스코바틔이를 그 관점과 얼마간은 최소한 동일시했다고 가정해야 (물론 절대 확실하지는 않더라도) 타당할 듯하다.

가장 좋은 러시아 인문주의 연구서는 아마도 И. Голенищев-Кутузов, *Гуманизм и восточных словян*, М.-Л., 1963일 것이다. 그러나 그 서술의 내실은 우크라이나와 백러시아의 문화 활동을 포함한 것에 크게 좌우된다. 저자는 그 문화 활동이 17세기 말엽과 18세기까지는 대러시아 문화와 별로 연관되지 않았다는 데 동의한다.

[46] В. Адрианова-Перетц, *Хождение за три моря Афанасия Никитина*, М.-Л., 1948; А. Клибанов, *Реформационные движения в России в XIV – первой половине XVI вв.*, М., 1960, 367~383에 있는 논의.

[47] Клибанов, *Реформационные движения в России*, 291~294.

[48] А. Клибанов, "Источники русской гуманистической мысли", *ВИМК*, 1958, март-апрель, 60에서 재인용; 또한 15세기와 16세기의 러시아 이단 사상의 요약으로는 45~61을 볼 것. Р. Лапшин, "Феодосий Косой – идеолог крестьянства XVI в.", *ТОДЛ*, IX, 1953, 235~250도 볼 것.

[49] Fennell, ed., *The Correspondence between Prince A. M. Kurbsky and Tsar Ivan IV of Russia*, 218~227에 있는 *Paradoxa* 4와 6. 또한 И. Ясинский, "Сочинения Курбскаго, как исторический источник", *КУИ*, 1888, № 10~11; *Сказания Курбскаго*, П., 1868, 3-е изд., 93~94; Веселовский, *Западное влияние*, 16~17; Vernadsky, *Russia at the Dawn*, 282~283, 주 36에 있는 인용문헌을 볼 것.

[50] "호메로스의 언어"라는 표현이 모스크바국에서 칭찬하는 말로 쓰이는 용법에 관해서는 Будовниц, *Русская публицистика*, 183과 주.

[51] Chizevsky, *History of Russian Literature*, 271~275; Будовниц, *Русская публицистика*, 182~186; В. Ржига, "Боярин-западник XVI века (Федор Иванович Карпов)", *УЗ РАНИОН*, IV, 1929.

[52] Будовниц, 185에 전거 없이 인용되어 있다. 원문은 *ЛЗАК*, XXI, 106~113을 볼 것. Мучительство는 그리스어 *tyrannis*의 표준적인 러시아어 번역이었지만, 오늘날의 의미인 학대라는 뜻도 얼마간 지녔다.

[53] Будовниц, 221~229. 예르몰라이-예라즘의 『좋은 황제가 되도록 황제를 조종하는 황비와 측량술』의 원문은 *ЛЗАК*, XXXIII에 있는 В. Ржига, "Литературная деятельность Ермолая-Еразма"의 부록, 특히 184~197에서 볼 것. 예르몰라이-예라즘은 농민을 가리키는 말로 라타예베(ратаеве)라는 용어를 썼다. Будовниц의 연구를 뛰어넘는 더 상세한 연구로는 Т. Колесников, "Общественно-полит-

이체시에 взгляды Ермолая-Еразма", *ТОДЛ*, IX, 1953, 251~265를 볼 것. 유토피아적 지상낙원이라는 주제는 14세기 노브고로드의 이단인 스트리골니키(탁발파)가 러시아 땅에서 맨 처음으로 선전했다고 보인다. Лурье и Казакова, *Анти-феодальные еретические движения на Руси*, 30 ff.에 있는 「지상낙원에 관한 표도르 주교의 교서」(Послание Эпископа Федора о земном рае)에 관한 논의를 볼 것.

[54] *Чт*, 1880, кн. IV, 63~67; Клибанов, *Реформационные движения в России*, 288~289에 있는 논의.

[55] 러시아에서 막심이 한 활동에 관해서는 В. Иконников, *Максим Грек и его время*, Киев, 1915, 2-е изд을 볼 것. 서방에서 한 활동에 관해서는 Н. Гудзий, "Максим Грек и его отношение к эпохе итальянского возрождения", *КУИ*, 1911, № 7; К. Висковатый, "К вопросу о литературном влиянии Савонаролы на Максима Грека", *Славия*, XVII, 1939~1940, 128~133; E. Denisoff, *Maxime le Grec et l'Occident*, 1943을 볼 것. 막심이 러시아에서 한 논쟁 활동을 문서 증거를 제시하면서 논의한 것으로는 Д. Цветаев, *Литературная борьба с протестантством в Московском Государстве*, М., 1887, 8~21; В. Ржига, "Опыт по истории публицистики XVI века: Максим Грек как публицист", *ТОДЛ*, I, 1934, 5~120; Будовниц, *Русская публицистика*, 136~166을 볼 것.

막심이 저술에 쓴 기본 언어는 (당대의 일상 그리스어보다 인문주의자의 세련된 언어에 훨씬 더 가까운 형태의) 그리스어였기 때문에 그가 자기 저술의 러시아어판을 얼마만큼 직접 썼는지는 (또는 검토했는지는) 여전히 불분명하다. *BLDP*, 1917, III, 50~70에 있는 Х. Лопарев의 분석을 볼 것. 막심에 관한 소련과 그리스의 최근 저술에 관한 개괄적 논의로는 R. Klostermann, "Legende und Wirklichkeit im Lebenswerk von Maxim Grek", *OCP*, 1958, № 3~4, 353~370을 볼 것.

[56] 그러나 아메리카 발견에 관한 최초의 상세한 정보는 마르친 비엘스키(Marcin Bielski)가 원낙에 폴란드어로 쓴 『폴란드 연대기』(Kronika Polska)가 처음 번역될 때까지 러시아에 이르지 못했다. Н. Чариков가 편집한 *Космография 1670*, П., 1878~1881의 머리말(69)을 볼 것.

[57] Райков, *Очерки по истории гелиоцентрического мировоззрения в России*, 88~96

[58] *Сочинения преподобнаго Максима Грека в русском переводе*, Сергиев-Посад, 1910, ч. 1, 100.

[59] Будовниц, 137, 주 1; М. Сперанский, *История древней русской литературы*, М., 1914, 2-е изд., 474~477과 주. Denisoff는 막심이 이탈리아에 머무는 동안

사실상 도미니크회 수사였다고 주장한다(*Maxime le Grec et l'Occident*, 245 ff.).

[60] *Сочинения Максима*, ч. I, 114.

[61] *Ibid.*, ч. III, 51.

[62] *Ibid.*, ч. I, 110.

[63] *Чт*, 1847, № 7, 10. 막심과 다니일 사이의 갈등에 관해서는 Жмакин, "Митропо-лит Даниил", ч. I, 151 ff.

[64] *Сочинения Максима*, ч. 1, 72.

[65] *Ibid.*, 101.

[66] *Ibid.*, 117.

[67] *Ibid.*, 224.

[68] Б. Дунаев(*Пр. Максим Грек и греческая идея на Руси в XVI в.*, М., 1916)는 막심이 그리스 교회를 튀르크의 속박에서 구해내는 일에 계속 몰두했다고 주장하고 막심이 러시아에서 겪은 어려움을 이념보다는 러시아의 대(對)튀르크 정책상의 변화와 연계한다(나에게는, 그리고 *BLDP*, 1917, III, 13~15에 있는 비판적 서평의 저자에게는 설득력이 없다.)

[69] *Сочинения Максима*, ч. 1, 108.

[70] *Ibid.*, 213; 원문 203~214; 사보나롤라에게서 차용한 것은 К. Висковатый, "К вопросу о литературном влиянии Савонаролы на Максима Грека"에서 논의된다.

[71] A. Solov'ev, *Holy Russia: The History of a Religious-Social Idea*, Den Haag, 1959.

[72] M. Cherniavsky, "'Holy Russia': A Study in the History of an Idea", *AHR*, 1958, April; 그리고 *AHR*, 1961, July, 1121~1122에 있는 솔로비요프에 관한 그의 서평.

[73] *Сочинения Максима*, 214.

[74] E. Denisoff, "Une Biographie de Maxime le Grec par Kourbski", *OCP*, XX, 1954, 44~84; "Maxime et ses vicissitudes au sein de l'église russe", *RES*, XXXI, 1954.

[75] Веселовский, *Западное влияние*, 13.

[76] Т. Ливанова, *Очерки и материалы по истории русской музыкальной куль-туры*, М., 1938, 55~57; A. Swan, "The Znamenny Chant of the Russian Church", *MQ*, XXVI, 1940, 539~542. 다른 무엇보다도, 이반 샤이두로프(Иван Шайдуров)의 기보법은 검은색 음표 위에 음조의 지표로서 음을 구분하는 붉은색 표시, 이른바 샤이두로프 기호(Шайдуровский пометка)를 달았다.

[77] 표도로프의 역사적 역할을 모스크바국에서 처음으로 인쇄된 책(그의 『사도행전』)을 경축하는 최근의 400주년 행사와 관련해서 소련에서 간행된 저작에 있는 다른 해석과 다르게 해석한 것으로는 *Журнал Московской патриархии*, 1964,

№ 4, 69~75; № 5, 75~78; № 6, 68~77에서 종교 지식의 발전이라는 관점에서 본 Н. Иванов의 고찰을 볼 것. R. Jakobson, *Ivan Fedorov's Primer*, Cambridge, Mass., 1955도 볼 것.

[78] Denisoff, *Maxime le Grec et l'Occident*, 244~245에서 재인용.

[79] Жмакин, "Митрополит Даниил", ч. 1, 254 주 5.

[80] B. Unbegaun, *La Langue russe au XVIe siècle (1500~1550)*, 1935, 20~28. 신성로 마제국 대사의 라틴화된 독일어는 "가이사의 말"(кесарский язык)이라고 불렸 다.

[81] М. Тихомиров, *Средневековая Москва*, 212에서 그럴 공산이 크다고 여겨진다.

[82] П. Берков, "Одна из старейших записей 'Царя Максимильяна' и 'Шайки разбойников' (1885)", *РФ*, IV, 1959, 331~374에 있는 논의와 원문. 정식 외교 협정의 상대가 된 첫 황제는 막시밀리안(Maximilian)의 아버지인 프리드리히 3 세였지만, 러시아인의 상상에서는 막시밀리안이 서방 황제의 상징이 되었다.

연극은 17세기나 18세기 초엽에 생겼다고 흔히 생각되지만(Lo Gatto, *Storia del teatro russo*, I, 120~121), 훨씬 더 오래되었을지 모른다. 연극은 표트르 대제 와 연계되기도 하고 알렉세이 미하일로비치와 연계되기도 하고 이반 4세와 연계 되기도 했고(Evreinov, *Histoire de la théâtre russe*, 133~135), 「헤로데 대왕」 (Царь Ирод)이라는 제목 아래 다양한 형태로 상연되기도 했다. 그림이 들어간 연구인 И. Еремин, "Драма-игра 'Царь Ирод'", *ТОДЛ*, IV, 1940, 223~240을 볼 것.

[83] Цветаев, *Протестантство и протестанты в России*, 569~572. 많은 러시아 교회 역사서 가운데에서도 L. Boissard, *L'Église de Russie*는 러시아 교회의 역사 를 서유럽 종교 전쟁의 역사와 연계한다는 점에서 유달리 예리하다(특히 II, 56~129를 볼 것). 그러지 않았더라면 시대에 뒤떨어진 진부한 연구가 되었을 것 이다. Н. Чаев가 비슷한 접근방식을 훨씬 더 높은 학술적 차원에서 기획했지만, 그가 레닌그라드 봉쇄 기간에 죽은 탓에 결실을 보지 못했다. 그러나 그의 접근 방식을 엿보려면 저자가 죽은 뒤에 간행된 Чаев, "Москва— Третий Рим в политической практике московскаго провительства XVI века", *ИЗ*, 1946, 특 히 3, 17~18을 볼 것.

[84] 12세기 초엽의 용례에 관해서는 Гарькавый, *Об языке Евреев живуших*, 119~120; Попов, *Историко-литературный обзор*, 111. 독일인 거류지에 관해 서는 Цветаев, *Протестантство и протестанты в России*, 30~31을 볼 것. 또한, 16세기에 발트 해 연안 지역에서 프로테스탄티즘과 빚은 대립에 관해서는 W. Kahle, *Die Begegnung des baltischen Protestantismus mit der rußisch- orthodoxen Kirche*, Leiden-Köln, 1959; L. Arbusow, *Die Einführung der*

Reformation in Liv-, Est-, und Kurland, Leipzig, 1921; 그리고 H. Dalton, *Beiträge zur Geschichte der evangelischen Kirche in Rußland*, Gotha, 1887~1905, 4 Bd.에 있는 — 심지어는 Цветаев도 대부분 이용하지 않은 — 광범위한 자료도 볼 것.

[85] Цветаев, *Протестантство и протестанты в России*, 122, 584, 또한 6, 25~31, 41~48, 115~123; Dalton, *Beiträge zur Geschichte der evangelischen Kirche in Rußland*, I, 16, 주. 러시아인은 넴취 앞에 '영국의', '네덜란드의', '함부르크의' 등의 형용사를 붙여서 상이한 "게르만인"을 구분했다. (예를 들어 1646년의 "게르만인 거류지" 폐쇄 탄원서, *ААЭ*, IV, 14~23을 볼 것). 넴취라는 용어의 어원은 대개 "벙어리"나 "러시아어를 못하는"이라는 뜻의 네모이(немой)이다. "삭스"(сакс)라는 용어는 유럽 북동부에서 "독일인"을 가리키는 공통의 별칭이었다. 삭사(saksa)는 심지어 오늘날에도 독일인을 뜻하는 핀란드어 낱말이다.

[86] Цветаев, *Протестантство и протестанты в России*, 212~213; Ю. Толстой, "Первые сношения Англии с Россиею", *РВ*, 1873, № 6; 그리고 *Библиография по истории народов СССР*, М.-Л., 1932, ч. II, 35에 인용된 И. Гамель과 И. Любименко의 저술들.

[87] S. Polčin, "La Mission religieuse de P. Antoine Possevin S. J. en Moscovie (1581~1582)", *OC*, CL, 1957. 마지막에 가서 결국은 이념상의 폴란드 동맹자가 된 포세비노는 그 시대의 변화무쌍한 기회를 주시하면서 스칸디나비아를 가톨릭 신앙으로 되돌리려는 교회 지도자들의 외교 노력에서 예전부터 중요한 역할을 했다. (1583년까지는) O. Garstein, *Rome and the Counter-Reformation in Scandinavia*, Bergen, 1963, I을 볼 것.

리보니아 전쟁에 이념적 기조가 들어가는 것에 관해서는 В. Васильевский, "Польская и немецкая печать о войне Батория с Иоанном грозным", *ЖМНП*, 1889, январь, 127~167; февраль, 350~390을 볼 것. P. Pierling, *Bathory et Possevino*, 1887에서 문서를, *Le Saint-Siège, la Pologne et Moscou, 1582~1587*, 1888에서 신중한 분석을 볼 것. 무수한 이반 4세 연구 가운데에서 라트비아인 학자의 저작 R. Vipper, *Ivan Grozny*, M., 1947(영어로 번역된 3판)에는 특히 리보니아 전쟁에 관한 정보가 가득 차 있다. Флоровский, *Чехи и восточные славяне*, 367~398도 볼 것.

[88] 얀 로키타(Jan Rokyta). Лурье, "О путях развития светской литературы", 279~280에서 재인용.

[89] S. Авалиани, *Земские соборы*, Одесса, 1910, ч. II, 38~42, 127에서 이 소보르의 치늬(чины)와 서방의 에타(états), 슈텐데(Stände), 오르디네스(ordines)[12] 사이의 유사점이 제시된다. 그의 신중한 연구는 대표의 5분의 1이 돈 많은 상인이었다는

점(11)과 대표의 최소한 7분의 1이 (그리고 십중팔구 그 이상이) 전통적으로 리투아니아에 복속된 도시가 포함된 지방 도시들에서 왔다는 점(38)을 보여준다.

문서 증거가 빈약한 젬스키 소보르의 역사를 둘러싼 논쟁의 역사서술 입문으로는 *УЗКУ*, 1906, март, 1~32에 있는 А. А. Стратионов의 연구, 그리고 Авалиани, 1~134를 볼 것. 1550년의 "조정 회의"(Совет примирения)가 최초의 젬스키 소보르였다고 오랫동안 믿어져 왔다(Е. Максимович, *ЗРИБ*, 1933, вып. 9, 특히 14~15를 볼 것). 그리고 최근에 С. Шмидт가 하층 신분에 속하는 무인(武人)이 그 대표단에 포함되었다는 점을 보여주었다(*ПРП*, IV, 1956, 261~263). 그러나 이 회의체의 성격을 후대의 날조자들이 정치적 목적을 위해 변조했다(*ЖМНП*, 1903, апрель, 386~400에 있는 П. Васенко와 С. Платонов의 분석을 볼 것). 그 회의체의 성격은 정신면에서 옛 교회공의회(이것에 관해서는 И. Лихницкий, *Освященнный собор*를 볼 것)에 더 가까웠다고 보인다. 교회공의회는 (В. Латкин, *Земские соборы древней Руси*, П., 1885, 23, 주 1에 따르면) 1105년과 1550년 사이에 스물여덟 차례쯤 있었다.

젬스키 소보르라는 용어는 사실상 이때에는 쓰이지 않았지만, 교회의 더 오래된 신성 소보르(освященнный собор)가 법률이나 조세 할당에 관한 중요한 결정을 인준하기 위해 갖가지 대표 원칙 가운데 어느 하나에 의거해 모인 "만방의"(всея земля) 회의체 안으로 뒤섞여 들어갔다는 점을 유용하게 시사한다. 적절한 분량의 유일한 서방의 소보르 연구는 저자 사후에 간행되었으며 이제는 시대에 뒤진 F. de Rocca, *Les Zemskie Sobors*, 1899이다. 17세기의 젬스키 소보르에 관한 (그리고 서방의 의회 기구와 비교한) 연구인 J. Keep, "Decilne of the Zemsky Sobors", *SEER*, 1957, December, 100~122도 볼 것.

[90] Авалиани, *Земские соборы*, 65~87. 바실리 클류쳅스키는 드미트리가 1605년에 2개 공의회를 소집했다고 주장하며(*Опыты и изследования: Первый сборник статей В. Ключевского*, М., 1902, 549~551), de Rocca는 표도르의 1584년에 제위 계승을 확정하는 공의회가 더 넓은 범위의 재정 문제도 결정했다고 주장한다(*Les Zemskie Sobors*, 25, 57~58). 이 두 견해 모두 다 널리 받아들여지지 않는다. 그러나 클류쳅스키는 대표성이 지역과 사회계급 양자의 관점에서 1566년보다는 1598년에 더 폭넓었음을 증명한다(*Опыты*, 476~500).

[91] 새 폴란드 공화정의 입헌적 배경, 그리고 리투아니아의 협의체가 폴란드 공화정

---

12 유럽 중세 사회는 신분으로 구분되어 있었고, 신분별 대표들이 의회를 구성했다. 이 신분을 뜻하는 낱말의 복수 형태가 프랑스에서는 에타, 독일어권 지역에서는 슈텐데, 이탈리아에서는 오르디네스였다.

에 한 이바지를 알려면 Vernadsky, *Russia at the Dawn*, 171~189, 220~249에 있는 일반적인 설명이 М. Любавский, *Литовско-русский сейм*, М., 1901, 509~850으로 보완되어야 한다.

의식적으로 서방에서 차용한 요소와 독자적인 임시방편적 М., 1901 요소 사이의 대차대조는 체계적으로 따져본 적이 없으며, 구할 수 있는 문서가 단편적이라는 점을 고려하면 산정되지 못할지 모른다. 예전의 러시아 정치 전통과 어떤 연계가 있다는 유일한 단서가 새 소보르의 대의원은 "제 돈으로 비용을 마련"(постоятельный)해야 한다는 1616년 흠정칙서의 규정에 있다. 이 규정은 예전에 노브고로드 베체 참여에 첨부된 규정이었다. А. Кабанов, "Организация выборов на земских соборах XVII в.", *ЖМНП*, 1910, № 9, 107~108. 그러나 아발리아니는 공의회 개념이 16세기 러시아에 흔히 가정되는 것보다 더 널리 퍼져있었을지 모른다고 주장한다. *Земские соборы*, 3~17.

[92] 이 금액은 16세기에 비교 가능한 그 어떤 것도 훨씬 넘어서는 액수였다. 바실리 3세는 자기 아버지를 추모하면서 겨우 60루블을 내놓았다. 이반 4세는 자기 아들 바실리를 위해 1563년에 100루블을, 자기 아내 아나스타샤를 위해서는 1,000루블을 내놓았다. 이반 4세의 계승자 표도르는 강박관념이 될 만큼 종교에 매달리고 통화가치가 떨어졌는데도 자기 아버지를 위해 모두 합쳐 2,833루블만 내놓았다. С. Веселовский, *Исследования по истории опричнины*, 330, 주 11. 또한, 이반 4세는 시나이와 아토스 산과 예루살렘에 거액을 내놓았다. *Ibid.*, 339.

[93] 차레비치가 죽고 그 뒤에 이반 4세가 기부를 했다는 사실에 관해서는 Веселовский, 337~340을, 민간전승에 남은 그 사건의 반향에 관해서는 Б. Путилов, "Песня о гневе Ивана грозного на сына", *РФ*, IV, 1959, 5~32를 볼 것.

[94] "У всенародных человек", в кн.: Н. Устрялов, ред., *Сказания князя Курбскаго*, П., 1842, 39; "всенароднаго множества", Ю. Готье, *Акты относящиеся к истории земских соборов*, М., 1909, 13에 있는 1598년 소보르 공식 결정문(определение)의 원문.

[95] 파란만장할지라도 서글픈 이 대탈주에 관한 최고의 연구로 Н. Голицын, "Научно-образовательныя сношения России с Западом в начале XVII в.", *Чт*, 1898, IV, ч. III, 1~34와 부록 1, 2를 볼 것. Соколов, *Отношение протестантизма к России*, 제10장도 볼 것. 그리고 독일의 보리스 고두노프 찬양에 관해서는 I. Lubimenko, "Un Précurseur de Pierre le Gland: Boris Godounov", *La Revue du mois*, 1909, February, 특히 210~212를 볼 것.

[96] 특히 Arnold Toynbee가 그렇게 했다. D. Somervell의 요약판인 *A Study of History*, NY-London, 1947, 12와 도표 561을 볼 것.

[97] M. Roberts, *The Military Revolution, 1560~1660*, Belfast, nd, 32. Roberts는, 대체

로 보완적인 성격의 G. Clark의 저작(*War and Society in the 17th Century*, Cambridge, 1958)과 J. Nef의 저작(*War and Human Progress*, Cambridge, Mass., 1950, 특히 3~370)처럼, 동유럽을 거의 완전히 배제한다. Roberts의 주장은 A. Гришинский и В. Никольский(*История русской армии и флота*, М., 1911, I, 44~79)와 W. Hupert(*Historja wojenna porozbiorowa*, Lwów, 1921, I, 150~246)와 A. Чернов(*ТИАИ*, 1948, № 4, 115~157) 같은 기본적 설명과 더불어 Бобровский, *Переход России к регулярной армии*, П., 1885에서 제시되는 러시아의 군사적 변화에 관한 설명에 바탕을 두고 동쪽으로 확장될 수 있다.

[98] 최근에 발견된 이 문서에 관해서는 V. Tumins의 래드클리프(Radcliffe) 대학 미간행 박사학위논문 *Polemics of Tsar Ivan IV against the Czech Brother Jan Rokyta*를 볼 것. 이반 뇌제가 로키타에게 보낸 회답의 원문은 "Древнерусская сочинения против протестантов", *Чт*, 1878, II, 특히 2~20에서 볼 것. A. Yarmolinsky, "Ivan the Terrible contra Martin Luther", *BNYL*, 1940, June, 455~460에 있는 논의와 인용문헌도 볼 것.

[99] 대항종교개혁 시기의 에스파냐와 폴란드 사이에 늘어나는 서신 교환과 동질감에 관해서는 Don Guillén de San Clemente, *Correspondencia inédita sobre la intervención de España en los sucesos de Polonia y Hungria 1581~1608*, Zaragoza, 1892, 특히 머리말에서 xix ff.; *Чт*, 1848, IV, ч. III, 1~14; 1915, IV, ч. I에 있는 편지들과 다른 자료들; 더불어 F. Barwinski, *Przewodnik naukowy i literacki*, XXIII, 1895, 984~1003에 있는 주석이 붙은 폴란드-합스부르크 1613년 조약 원문을 볼 것. 발트 해 연안 지역에서 일어난 프로테스탄트와 가톨릭의 충돌을 보여주는 기본 문서로는 Г. Форстен, *Балтийский вопрос в XVI и XVII столетиях*, П., 1894, в 2 т.와 Форстен, *Акты и письма к истории балтийскаго вопроса*, П., 1889, в 2 т.(1620년대에 에스파냐와 폴란드의 왕실 사이에 오간 편지로는 특히 I, 245~256, 275~283)을 볼 것.

[100] 1597년 설교의 프랑스어 번역문과 그 설교에 대한 냉철한 주석으로는 A. Berga, *Les Sermons politiques du P. Skarga, S. J.*, 1916을 볼 것. 다른 두 저자의 연재논문 "Политическая деятельность Петра Скарги", *КУИ*, 1902, №. 9; 1903, №. 2~3; 1905, *NoNo.* 7, 10; 1906, *NoNo.* 5, 11, 12; 1907, №. 3~4도 볼 것.

[101] Pierling, *La Russie et le Saint-Siège*, III, 36~310; 그리고 "Barezzo Barezzi ou Possevino?", *PC*, 1900, October, 193~200을 볼 것. 또한 A. Florovsky, *Čeští Jesuité na Rusi*, Praha, 1941, 특히 97, 주 5 (더불어 예수회 활동에 관한 아주 전반적인 자료 3~103)와 A. Флоровский, *Чехи и восточные славяне*, 402~403, 주를 볼 것.

[102] S. Grochowski, *Rzym nowy szczęśliwszy nad stary*, Kraków, 1610. 유용한 논문

Ambroise Jobert, "Les Polonais et le rayonnement intellectuel de Rome au temps de la Renaissance et de la Contre-Réforme", *RES*, XXVII, 1951, 183에서 재인용; 168~183도 볼 것.

[103] *Чт*, 1915, IV, ч. I, 121~122에 수록된 1612년 1월 자 편지. 공위기간의 나중 단계에서 패권을 확립하려는 폴란드의 야심 찬 음모적 계획에 관해서는 지그문트 3세가 휘하의 군사 지도자인 헤트만 스타니수아프 조우키엡스키(Stanisław Żółkiewski)에게 보낸 기밀 급보의 원문을 *ИМ*, 1936, 92~96에서 А. Романовский 의 주석과 함께 볼 것.

[104] 이 과정은 자료가 잘 정리된 L. Lewitter의 세 논문 "Poland, the Ukraine, and the 17th Century", *SEER*, 1948, December, 157~171; 1949, May, 414~429; "Peter the Great, Poland and the Westernization of Russia", *JHI*, 1958, October, 493~506 에 시대순으로 서술되어 있다.

[105] (때때로 중세 말엽 길드의 더 전반적인 영향력으로 소급되기도 했던) 복잡한 기원 문제에 관해서는 Е. Медынский, *Братские школы Украины и Белоруссии в XVI-XVII вв. и их роль в воссоединении Украины с Россией*, М., 1954, 26 ~29를 볼 것. 이 책은 К. Харлампович의 뛰어난 연구 *Западно-русские правосл авные школы в XVI и начале XVII века*, Казань, 1898과 *Западно-русские церковные братства и их просветительная деятельность в конце XVI и в начале XVII вв.*, П., 1899에서 밝혀지는 대로, 이 형제단 학교를, 지역의 권리 와 전통에 관심을 두는 편인 종교 운동보다는 "폴란드에 반대"하는 "민족" 운동 으로 규정해서 중세의 제도를 근대의 개념을 써서 서술하는 낯익은 잘못을 저지 른다. 이 형제단에 관한 다른 유용한 자료로는 Веселовский, *Западное влияние*, 17~18에서 인용된 논문들과 *Библиография по истории*, ч. II, 161~163을 볼 것. 이 형제단의 역사를 대러시아의 역사와 완전히 단절하려고 시도하는 해석으 로는 Hrushevsky, *A History of the Ukraine*, 188~276을 볼 것. 러시아에서 가톨릭 과 정교 사이에 벌어진 전면적인 싸움에 관해서는 А. Архангельский, *Очерки из истории западно-русской литературы*, М., 1888, в 2 т을 볼 것.

[106] М. Коялович, "О сношениях западно-русских православных к литовско-польским протестантам во время унии", *X Чт*, 1860, сентябрь, 특히 225~238 을 볼 것. 묵직한 연구인 П. Жукович, *Сеймовая борьба православнаго западно -русскаго дворянства с церковной унией*, П. (1609년까지는 3 т., 1901; 1609 년부터 1632년까지는 6 т., 1903~1912)도 볼 것. Жукович는 지그문트 3세의 통 치에서 1611년이 정말이지 전환점이었다는 점과 동방에서 프로테스탄트 세력과 정교 세력을 합동으로 박해한다는 그의 프로그램이 대체로 폴란드 가톨릭이 서 방에서 당한 손실과 박해를 보상받으려는 시도였다는 점을 지적하면서 대다수

러시아인 역사가보다는 지그문트 3세를 덜 사악하게 묘사한다. (제2집, I, 54~115와 특히 78~89를 볼 것). 공동 행동과 상호 지원을 하려는 프로테스탄트-정교의 시도에 관한 더 최근의 분석으로는 Б. Лельявский, "Попытка унии евангеликов с православными в Польше", *Воскресное чтение*, Warszawa (Год 11, № 32); D. Oljančyn, "Zur Frage der Generalkonföderation zwischen Protestanten und Orthodoxen in Wilna 1599", *Kyrios*, 1936, № 1, 29~46; Oljančyn의 주해가 달려 있고 *Kyrios*, 1936, № 2, 198~205에 있는 이 회의에 관한 중요한 문서를 볼 것. 프로테스탄트 교회의 지도와 개종자 및 서방 대학교 재학생의 명단이 딸린 S. Kot, "La Réforme dans le Grand-Duché de Lithuanie: Facteur d'occidentalisation culturelle", *AIOS*, XII, 1952, 201~261도 볼 것.

[107] Медынский, *Братские школы Украины и Белоруссии*, 22~24.

[108] B. Unbegaun, "Russian Grammars before Lomonosov", *OSP*, VIII, 1958, 98; Медынский, *Братские школы Украины и Белоруссии*, 52.

[109] 노브고로드에서 더 앞 시기에 겐나디가 쓴 저작에 기반을 두고, А. Архангельский, *Очерки из истории западно-русской литературы*, I, 345.

[110] 적그리스도의 상징이 교황과 가톨릭에 반대하는 용도로 쓰이는 현상의 기원과 확산에 관해서는 H. Preuss, *Die Vorstellungen vom Antichrist im späteren Mittelalter, bei Luther und in der konfessionellen Polemik*, Leipzig, 1906을 볼 것. 지자니의 *Кириллова книга*의 본문은 *Pamiatki polemichnogo pis'menstva kintsia XVI i poch XVII v.*, Lwów, 1906, I, 31~20에서 볼 것. 논의를 보려면 A. Balanovsky, *Stefan Zizany*, Pochaev, 1887; Цветаев, *Протестантство и протестанты в России*, 611~646; *Литературная борьба*, 104~109.
    두 번째 슬라브어 문법 입문서의 저자 멜레티 스모트리츠키(Мелетий Смотрицкий)는 반대 방향으로 움직여서, 1610년에 그의 유명한 『프리노스, 또는 동방 교회의 울음』(Фринос, или плач Восточной церкви)을 쓴 뒤에 동맹을 받아들였다. 그는 폴로츠크의 주교가 되고 키릴로스 로우카리우스의 적이 되었다. Е. Шмурло, "Мелетий Смотрицкий в его сношениях с Римом", в кн.: *Труды 5-го съезда русских академических организаций за границей*, София, 1932, 501~528.

[111] 그의 경력에 관한 Germanos Strenopoulos(서유럽과 중유럽의 정교 총주교), *Kyrillos Loukarius 1572~1638*, London, 1951, 21의 균형 잡힌 평가에 따르면. 로카리우스가 영국과 맺은 연계에 관해서는 *Journal of Religion*, XVI, 1936, 10~29; 그가 러시아와 맺은 연계에 관해서는 О. Вайнштейн, *Россия и Тридцатилетняя война*, Л., 1947, 110 ff.; 그가 주고받은 편지나 다른 기본 자료는 E. Legrand, *Bibliographie hellénique du XVIIe siècle*, 1896, IV, 161~521을 볼 것.

[112] E. von Hurmazaki, *Fragmente zur Geschichte der Rumänen*, Bucureşti, 1884, III, 106에 수록된 루돌프 슈미트(Rudolf Schmid)의 편지.

[113] Флоровский, *Чехи и восточные славяне*, 408~410.

[114] Медынский, *Братские школы Украины и Белоруссии*, 76~86.

[115] 1894년에 처음 나온 뒤에 핀란드의 민족적 자의식에 상당한 충격을 주었던 산테리 이발로(Santeri Ivalo)의 유명한 핀란드 소설 『유호 베사이넨』(Juho Vesainen)에서 기려진 사건(*Valitut Teokset*, Porvoo, 1953).

[116] Г. Форстен, "Политика Швеции в смутном времени", *ЖМНП*, 1889, февраль, 333에 있는 스웨덴 문서.

[117] 레온하르트 프론슈페르거(Leonhard Fronsperger)의 『전쟁 교범』(Kriegsbuch). П. Бобровский, *Переход России к регулярной армии*, П., 1885, 131~137; *Оч (6)*, М., 1955, 572~573. 요한 야콥 폰 발하우젠(Johann Jacob von Wallhausen)이 더 공들여 쓴 논설문은 몇 해 뒤에 독일에서 나올 때까지 거의 곧바로 러시아어로 번역되었다.

[118] Форстен, "Политика Швеции в смутном времени", 339~341에 있는 1608년 6월 15일 자, 9월 24일 자, 1609년 6월 3일 자 호소문.

[119] 저자가 죽은 뒤에 간행된 중요한 연구인 Г. Бибиков, "Опыт военной реформы 1609~1610 гг.", *ИЗ*, XIX, 1946, 3~16을 볼 것. 스코핀-슈이스키는 가장 근거가 확실한 당대의 민간 담시와 군사 영웅담의 주인공이었으며(Gudzy, *History of Early Russian Literature*, 369~372; И. Еремин, ред., *Русская повесть XVII века*, Л., 1954, 28~38에서 그가 죽는 이야기의 원문을, 344~349에서 논평을 볼 것), 19세기에 미닌과 포자르스키, 그리고 1612~1613년 전역(戰役)이 갈채를 받으며 떠오르기 전에는 대중의 인기에서 대체될 수 없는 인물이었음이 틀림없다.

[120] Г. Замятин, *К вопросу об избрании Карла Филиппа на московский престол*, Тарту, 1913을 볼 것. 이 책의 1~7에서는 역사서술이 논의된다. *Шведо-русские отношения в смутное время и осада Пскова 1615 г.*, Псков, 1916도 볼 것. 스웨덴 측에서 나온 유용한 추가 설명으로는 H. Almquist, *Sverige och Ryssland, 1595~1611*, Uppsala, 1907; "Die Zarenwahl des Jahres 1613", *ZOG*, 1913, III, 161~202를 볼 것. 러시아 측에서 나온 설명으로는 П. Любомиров, *Очерк истории нижегородского ополчения 1611~1613 гг.*, М., 1939를 볼 것.

[121] I. Lubimenko, "A Project for the Acquisition of Russia by James I", *EHR*, XXIX, 1914, 246~256.

[122] (Courante에서 비롯되었고 러시아어로 "종소리"를 뜻하는) 『쿠란틔』에 관해서는 Флоровский, *Чехи и восточные славяне*, 355~356을 볼 것. А. Шлосберг, "Начало периодической печати в России", *ЖМНП*, 1911, сентябрь, 75~76은

『쿠란틔』가 훨씬 더 앞 시기에 배포되었다고 시사한다. 수록된 원문과 분석을 Шлосберг, 78~118과 *Чт*, 1880, II, 37~46에서 볼 것. 영국과 네덜란드의 경쟁에 관해서는 I. Lubimenko, "The Struggle of the Dutch with the English for the Russian Market in the Seventeenth Century", *TRHS*, VII, 1924, 특히 38~50; 그리고 *RH*, 1922, septembre-octobre, 1~22; *RES*, IV, 1924에 있는 Lubimenko의 다른 논문들; 또한 *ЖМНП*, 1885, сентябрь에 있는 Лаппо-Данилевский의 논문과 *ИС*, 1936, № 5에 있는 С. Архангельский의 논문을 볼 것. 영국의 투자는 17세기 초엽에 네덜란드의 투자 수준의 3분의 1에도 결코 도달하지 못했고, 영국의 관여는 영국 내전 시기에 급전직하했다. 1631년까지 바티칸조차도 모스크바에서 나오는 정보를 얻으려고 한 네덜란드인, 즉 니콜라스 얀센(Nicholas Jansen)이라는 가톨릭 신자에 기대고 있었다. E. Šmurlo, *Kurie a Pravoslavný východ в letech 1609~1654*, Praha, 1928, 316~317, část 2, 78~83을 볼 것.

[123] 이루어지지 못한 서방과의 이런저런 혼사에 관해서는 Д. Цветаев, "Из истории брачных дел в царской семье московского периода", *РВ*, 1884, № 7, 8을 볼 것.

[124] 리보니아의 루터교회 교육 프로그램에 관해서는 Dalton, *Beiträge zur Geschichte der evangelischen Kirche in Rußland*, I, 50~132를 볼 것. 쉬테에 관해서는, 그리고 특정해서 말해 스웨덴이 리보니아에서 한 역할에 관해서는 R. Liljedahl, *Svensk förvaltning i Livland 1617~1634*, Uppsala, 1933, 특히 273~280; 487~540을 볼 것.

잉게르만란트(Ingermanland)[13]의 자료로 1630년대와 1640년대에 빚어진 스웨덴과 러시아의 종교 분쟁이 (나중에 성 페테르부르그가 세워지는 지역인) C. Öhlander, *Om den Svenska Kyrkoreformationen uti Ingermanland (1617~1704)*, Uppsala, 1900, 특히 9~15, 29~121; 그리고 A. Soom, "Ivangorod als selbständige Stadt 1617~1649", *Õpetatud Eesti seltsi Aastaraamat*, Tartu, 1937, 특히 242~264에서 분석된 적이 있다.

이 지대에서 본질적으로 방어적인 성격을 띠고 이루어졌던 정교회 활동에 관해서는 다음 자료들을 볼 것. И. Чистович, *История православной церкви в Финляндии и Эстляндии*, П., 1856; 또한 J. Salenius, *Kreikanusko Suomessa*, Porvoo, 1873; E. Bäckman, "Den Kalvinska kyrkans trosbekännelse och katekis",

---

[13] 네바 강 하류 지대, 즉 핀란드 만과 나르바 강과 라도가 호수로 둘러싸인 지역의 역사적 명칭. 러시아어로는 이조라 지대(Ижорская земля), 잉그리야(Ингрия), 잉게르만란디야(Ингерманландия)로 불렸다.

Suomen Kirkkohistorialisen Seuran Vuosikirja, 1938, 30~32; 그리고 N. Berg, *Exercitatio historico-theologica de statu ecclesiae et religionis Moscoviticae*, Stockholm, 1704 (Lübeck, 1709)의 역사 부분(1~178). 웁살라에 있는 신학원의 원장이 쓴 이 저작은 러시아 교회에 관해 모든 곳에서 쓰인 것을 통틀어 최초의 치밀한 연구이며, 아직도 소중하기 이를 데 없는 사료이다. Рущинский, *Религиозный быт русских*, 33~34를 볼 것.

[125] 이 교회는 모두 다 폴란드인이 점령하고 있는 시기에 프로테스탄트라고 의심을 받은 예배 장소가 파괴된 뒤에 지어진 듯하다. Цветаев, *Протестантство и протестанты в России*, 49~66. 아담 올레아리우스(Adam Olearius)는 1630년 대의 모스크바에서 루터교회 2개, 네덜란드 개혁교회[14] 2개, 영국 교회 1개를 찾아내고 모스크바의 프로테스탄트 인구가 1,000세대를 넘었다고 추산한다 (*Voyages Très Curieux et Très Renommez Faits en Moscovie, Tartarie, et Perse*, Amsterdam, 1727, 382~383). A. Fechner, *Chronik der Evangelischen Gemeinden in Moskau*, M., 1876, I, 20~369, 그리고 vii 맞은편에 있는 지도도 볼 것.

[126] B. Silfversvan은 프랑스 위그노 출신으로 1630년대 초엽의 반가톨릭 연합에 러시아를 끌어들이는 일에서 주역을 맡은 모사꾼 모험가였던 자콥 루셀(Jacob Roussell)이라는 모험적 외교관이 차르의 수행원들을 위해 그 교리문답서를 마련했다고 믿는다("Eräs poliittinen haaveilija 1600-luvulla", *Historiallinin Aikakauskirja*, Helsinki, 1934, 161~183). 이 결론에 E. Bäckman이 의문을 제기한다("Den Kalvinska kyrkans trosbekännelse och katekis"). 그는 그 교리문답서를 17세기 말엽의 저작으로 보지만 연구를 해서 정교 국가인 러시아의 영토에서 프로테스탄트가 개종 활동을 했다는 다른 흥미로운 증거를 드러낸다. (특히 30~32에 인용된 자료를 볼 것.) 루셀이 그 책의 저자라는 추가 논거가 I. Mikkola, "Un Zélateur du Calvinisme auprés du Tsar Mikhail Fedorovich", *Mélanges Jules Legras*, 1939, 215~219에서 전거 없이 제시된다. (헬싱키의 핀란드 국립도서관에 있는) 그 교리문답서는 17세기 말엽의 네덜란드에 관련된 여러 자료와 함께 제본되어 있으며 마트베예프 가문의 서재에서 나온 듯하지만, 이렇다고 해서 서체와 문체를 보면 이 책이 ― 십중팔구 모스크바국에서 근무하던 많은 네덜란드인 가운데 한 명을 번역가로 해서 ― 17세기 초엽에 맨 처음 조판되었다고 가정할 근거를 배제해야 할 까닭은 없다. 칼뱅 연구소의 1577년 판 한 권이 제1차 세계대전 이전에 발라암 수도원 도서관에 있었다("Редкости валаамской монастырской библиотеки", *ИЛ*, 1914, № 2, 242~243; 1961년 2월에 열람할 때에는 그 도서관에 더는

---

[14] 칼뱅파 교회.

있지 않았고 이제는 핀란드의 쿠오피오Kuopio에 있다).

[127] А. С. Милюкин, *Приезд иностранцев в Московское Государство: Из истории русского права XVI и XVII веков*, П., 1909, 111~115; Цветаев, *Протестантство и протестанты в России*, 4, 173~178.

[128] 대동란 시대 뒤에 러시아 서부와 우크라이나에서 가톨릭의 영향력을 확대하려는 시도에 관해서는 E. Šmurlo, *Kurie a Pravoslavný východ в letech 1609~1654*; 또한 И. Чистович, *Очерк истории западно-русской церкви*, 98 ff.에 있는 자료와 분석을 볼 것. 정교를 믿는 몰도바에서 같은 시기에 행해진 시도에 관해서는 R. Ortiz, *Per la Storia della cultura Italiana in Rumania*, Bucureşti, 1916, 67 ff.을 볼 것. 1632년에 러시아를 사실상 동방의 동맹국으로서 30년전쟁에 끌어들이는 일을 거들려고 용병을 모집하고 군자금을 내놓은 스웨덴의 복잡한 외교에 관해서는 이제 D. Norrman, *Gustav Adolfs politik mot Ryssland och Polen under tyska kriget (1630~1932)*, Uppsala, 1943이 기본 저서이다. 이 책을 Вайнштейн, *Россия и Тридцатилетняя война*, 특히 102~162가 러시아 자료와 헝가리 자료로 보완한다. 또한, 이 주제에 관한 Б. Поршнев의 논문 여러 편에 있는 자료, 특히 *ИАН(I)*, 1945, № 5, 319~340; *ИЖ*, 1945, № 3; *СкС*, 1956, I을 볼 것. 모든 당사자의 주요 관심은 러시아를 괴롭히는 것이었다는 (*УЗАОН*, 1948, 110에서 명백하게 나타난) Поршнев의 꽤 근시안적인 견해는 부분적으로는 *СкС*, 1956, I, 특히 77~93에 있는 А. Арзыматов의 논문으로, 그리고 은근하게는 Вайнштейн의 훨씬 더 정교한 분석으로 반박된다. 소련의 모든 연구에 공통으로 나타나는 전반적인 종교적 요인의 무시는 스웨덴이 폴란드 프로테스탄트와 지닌 연계를 다루는 А. Szełagowski의 논문(*KH*, 1899, IV, 685~700)과 프로테스탄트-정교 갈등을 다루는 G. von Rauch의 논문(*AR*, 1952, II, 187~198)을 참조하면 교정될 수 있다.

인력에 관한 Мулюкин의 상세한 연구, 그리고 무척 소중한 Платонов, *Москва и Запад*는 17세기 초엽에 북유럽 프로테스탄트 신자들이 러시아에 얼마나 유입되었는지를 아주 분명하게 밝혀준다. (자기가 받은 인상에 관한 책을 쓸 공산이 더 컸던 네덜란드인, 영국인, 덴마크인, 홀슈타인인의 경제적 접촉과 영향력보다는 늘 인정을 덜 받은) 스웨덴인의 경제적 접촉과 영향력을 강조하는 추가 자료는 다음과 같다. К. Якубов, "Россия и Швеция в первой половине XVII века", *Чт*, 1897, III; A. Soom, *Die Politik Schwedens bezüglich des rußischen Transithandels über die estnischen Städte in den Jahren 1636~1656*, Tartu, 1940; 그리고 *Русско-шведские экономические отношения в XVII веке*, М.-Л., 1960에 실린 노브고로드 지방과 프스코프 지방의 중요한 문서. 스코틀랜드의 영향에 관한 더 많은 문서 자료로는 A. Francis Steuart, *Scottish Influences in*

Russian History; 그리고 *Papers Relating to the Scots in Poland*, Edinburgh, 1915
를 볼 것. 모스크바의 외국인 거류지의 구조에 관해서는 *ИЖ*, 1944, № 2~3에
있는 E. Звягинцев의 분석을 볼 것.

[129] Olearius, *Voyages Très Curieux*, 352~354.

[130] A. Чернов의 논문(*ИЗ*, XXXVIII, 1951, 281~290)과 A. Зимин(*ИЗ*, LV, 1956,
344~359)의 논문을 볼 것. H. Шпаковский은 스트렐치에는 처음부터 러시아인
뿐만 아니라 외국인도 있었음을 지적한다(*ЖМНП*, 1898, сентябрь, 146).

[131] *Оч (6)*, 441에 있는 수치로 내가 추산한 것.

[132] Бибиков, "Опыт военной реформы", 7~15; Райнов, *Наука в России*,
380~384. 동유럽에서 군사 지도 제작은 스테판 바토리(Ştefan Báthory) 치하에서
시작된 듯하다.

[133] 평시의 군대에서 전시의 군대로 전환하면서 이루어진 전반적 증가를 설명하려
고 클류쳅스키(*Сказания иностранцев*, 96)가 제시한 이 수치는 이 시대에 적용
가능해 보인다. 30만 명이라는 수치의 토대가 되는 추산이 폴란드와 벌인
1654~1667년 전쟁이 벌어진 시기를 대상으로 삼기 때문이다. 이 수치는 E. Ста-
шевский(*Смета военных сил Московского Государства в 1663 году*, Киев,
1910, 13~16)과 R. Boussingault(*BRP*, V, 1859, 3~4, 28)가 최대 전시병력으로
제시한 총수치보다 사실상 더 낮다. П. Милюков는 1681년의 군대 병력을 26만
명으로 잡는다(*Государственное хозяйство России в первой четверти
XVIII столетия и реформа Петра Великаго*, П., 1905, 52~53).

Бобровский는 1676년 무렵에 그 규모가 255,000명이었다고 추산한다(*Пер-
еход России к регулярной армии*, 75~76). *Оч (6)* (450)에서는 1667년에 좌안
(左岸) 우크라이나(Левобережная Украина)[15]를 흡수한 뒤로 "20만 명 이상"이
었다고 추산된다. 설령 초기의 군병력을 과장하는 경향에 유의하고(Nef, *War and
Human Progress*, 91~92를 볼 것) Сташевский가 1663년의 한 문서로 입증하는
(그러나 전형이라고 보기에는 작다고 여기는) 215,000명이라는 핵심 수치(*Смета
военных сил Московского Государства*, 13)를 고집하더라도, 이 일자와 1719
년 사이에 군대의 **규모**에서 이루어진 실질적 증가는 없다. B. Кабузан("Материа-
алы ревизии как источник по истории населения России XVIII – первой
половины XIX в.", *ИСР*, 1959, № 5, 136과 도표)은 1719년에 군 병력이
219,000명이라고 확실하게 추산한다. 이렇듯, 본질적으로 표트르 대제의 개혁은

---

[15] 드네프르 강 왼쪽 지대를 일컫는 역사적 명칭. 1654년에 페레야슬라프 조약에
따라 러시아 영토가 되었다.

알렉세이 미하일로비치의 치세에 일어난 것처럼 인구가 대규모로 변화하고 사회가 재편성되는 개혁이기보다는 행정이 재구성되는 개혁으로 나타난다. 물론, 표트르 대제의 개혁으로 향후 팽창을 위한 더 군건한 기반이 마련되었고, 그렇게 팽창한 덕분에 군대 규모가 예카테리나 대제가 즉위할 때까지 두 배로 커졌다 (Кабузан, "Материалы ревизии", 13).

[134] Сташевский는 1663년에 215,000명이었던 육군 가운데, 카작을 빼면, 60,000명으로 헤아린다(Смета военных сил Московского Государства, 12~14). 오스트리아 사절 아우구스투스 마이어베르크(Augustus Mayerberg)는 1662년에 — 외국인을 체계적으로 계산하지 않은 채로 — 장군은 4명이었고 대령은 100명을 넘었고 그 밑의 장교는 헤아릴 수 없이 많았다고 계산했다(Ключевский, Сказания иностранцев, 96). В. 피체타는 용병의 비율이 비교적 낮았던 1632년의 육군의 6퍼센트에서 훨씬 더 커진 1663년의 육군의 27퍼센트로 올랐다고 추산한다(История Московскаго Государства, М., 1917, 71). Е. 트리필례프는 외국인 정원수가 1681년에 9만 명이었다고 추산한다(Новыя культурныя течения в Московском Государстве в XVII веке, Одесса, 1913, 10).

[135] М. Яблочков, История дворянскаго сословия в России, П., 1876, 216~217; 그리고 РБС, XXII, 214~215에 있는 (그가 모스크바국의 최고 갑부였다고 추정하는) В. Бенешевич의 서적해제 논문과 그의 아버지에 관한 195~196을 볼 것. 그가 (그리고 비슷하고 똑같이 엄청난 입신출세를 한 바실리 셰레메테프(Василий Шереметев)가) 받은 선물 일부의 품목별 기재 목록에 관해서는 Савва(트베르 대주교), Sacristie patriarcale dite synodale de Moscou, М., 1865 (도판이 있는 제2판), 24~30; 또한 Оч (6), 157을 볼 것.

[136] ("실권자", 즉 실늬예сильные로 알려진 이들이 지도하는) 이 "수사업무청"의 기능과 체르카스키의 "수사업무청" 관장에 관해서는 И. Гурлянд, Приказ сыскных дел, Киев, 1903, 특히 8~9, 15~19; 또한 더 최근의 연구에 바탕을 두고 체르카스키가 또 다른 프리카즈를 관장했다는 주장의 증거에 관해서는 А. Чернов, "К истории поместного приказа", ТИАИ, IX, 1957, 227을 볼 것.

[137] 구스타부스 아돌푸스가 죽었을 때 리보니아 총독에게 보낸 조문 편지에서, Н. Голицын, "К истории русско-шведских отношений", Чт, 1903, IV, 6~7. 또한 Вайнштейн, Россия и Тридцатилетняя война, 134~135도 볼 것.

[138] 그는 필라레트 총대주교가 "우리 정부 업무와 기밀 외교 업무를 위해" 만든 비밀 문자로 차르와 직접 연락했다. А. Попов, Русское Посольство в Польше в 1673~1677 годах, П., 1854, 268, 271.

[139] 『보병 부대의 교련과 숙련』에 관해서는 А. Сидоров, Древнерусская книзная грабюра, М., 1951, 252~255를 볼 것. Оч (6), 455에 이 교범의 삽화가 있다.

이 교범이 미친 영향의 평가로는 *УЗМГУ*, CLXVII, 1954, 77~98에 있는 П. Епи-фанов의 연구를 볼 것. *SUN*, 1952, 1~86에 있는 C. Stang의 언어 (그리고 네덜란드 군사 용어 차용의 예증) 분석을 볼 것. 원문은 A. Мышлаевский의 편집으로 1904년에 성 페테르부르그에서 재간행되었다. 그것은 발하우젠 저서의 번역이다.

[140] A. Яковлев, *Засечная черта Московского Государства в XVII веки*, 5~14와 이 책의 뒤에 있는 상세한 지도를 *Оч (6)*, 467~477과 함께 볼 것. 17세기 초엽에도 지속하는 타타르인과 노가이인, 그리고 스텝의 다른 침략자들의 위협에 관해서는 A. Новосельский, *Борьба Московского Государства с татарами в первой половине XVII в.*, М.-Л., 1948, 222~227을 볼 것.

[141] 러시아가 표트르 대제 이전 시기에 해군에 품었던, 대체로 잊혀진 관심에 관한 충실한 논의로는 유용한 연구인 E. Квашнин-Самарин, *Морская идея в русской земле, история допетровской Руси с военно-морской точки зрения*, П., 1912를 볼 것. 그 관심에서 네덜란드가 (그리고 네덜란드보다는 못해도 영국과 덴마크가) 했던 역할에 관해서는 특히 147에 있는 요약을 볼 것. 미하일 로마노프 치세에 이루어진 그 노력의 추가 세부사항에 관해서는 *ЖМНП*, 1917, февраль, 특히 234~239에 있는 B. Дружнин의 논문을 볼 것. 알렉세이 미하일로비치 치세의 세부사항에 관해서는 *Русская Беседа*, 1858, IV, 2~5에 있는 H. Попов의 논문을 볼 것.

[142] Наука, наук, Stang, *SUN*, 1952, 84를 볼 것.

러시아(루스) 군주 계보 ▌류릭 조

1. 숫자는 재위기간을 나타낸다.
2. 류릭 조의 유리 들고루키는 키에프 대공이 아니라 블라디미르 대공위를, 다니일(모스크바) 부터는 모스크바 대공의 재위기간을 나타낸다.

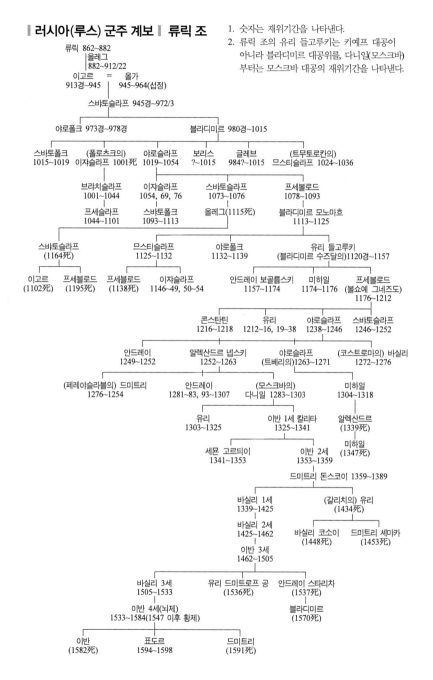

류릭 862~882
올레그
882~912/22
이고르 = 올가
913경~945 │ 945~964(섭정)

스뱌토슬라프 945경~972/3

야로폴크 973경~978경   블라디미르 980경~1015

스뱌토폴크   (폴로츠크의)   야로슬라프   보리스   글레브   (트무토로칸의)
1015~1019   이쟈슬라프 1001死   1019~1054   ?~1015   984?~1015   므스티슬라프 1024~1036

브랴치슬라프   이쟈슬라프   스뱌토슬라프   프세볼로드
1001~1044   1054, 69, 76   1073~1076   1078~1093

프세슬라프   스뱌토폴크   올레그(1115死)   블라디미르 모노마흐
1044~1101   1093~1113   1113~1125

스뱌토슬라프   므스티슬라프   야로폴크   유리 들고루키
(1164死)   1125~1132   1132~1139   (블라디미르 수즈달의)1120경~1157

이고르   프세블로드   프세블로드   이쟈슬라프   안드레이 보골륩스키   미하일   프세볼로드
(1102死)   (1195死)   (1138死)   1146~49, 50~54   1157~1174   1174~1176   (볼쇼예 그네즈도)
1176~1212

콘스탄틴   유리   야로슬라프   스뱌토슬라프
1216~1218   1212~16, 19~38   1238~1246   1246~1252

안드레이   알렉산드르 넵스키   야로슬라프   (코스트로마의) 바실리
1249~1252   1252~1263   (트베리의)1263~1271   1272~1276

(페레야슬라블의) 드미트리   안드레이   (모스크바의)   미하일
1276~1254   1281~83, 93~1307   다니일 1283~1303   1304~1318

유리   이반 1세 칼리타   알렉산드르
1303~1325   1325~1341   (1339死)

세묜 고르듸이   이반 2세   미하일
1341~1353   1353~1359   (1347死)

드미트리 돈스코이 1359~1389

바실리 1세   (갈리치의) 유리
1339~1425   (1434死)

바실리 2세   바실리 코소이   드미트리 셰먀카
1425~1462   (1448死)   (1453死)

이반 3세
1462~1505

바실리 3세   유리 드미트로프 공   안드레이 스타리차
1505~1533   (1536死)   (1537死)

이반 4세(뇌제)   블라디미르
1533~1584(1547 이후 황제)   (1570死)

이반   표도르   드미트리
(1582死)   1594~1598   (1591死)

‖ 러시아 황조 계보 ‖ 로마노프 조

1. 숫자는 재위기간을 나타낸다.

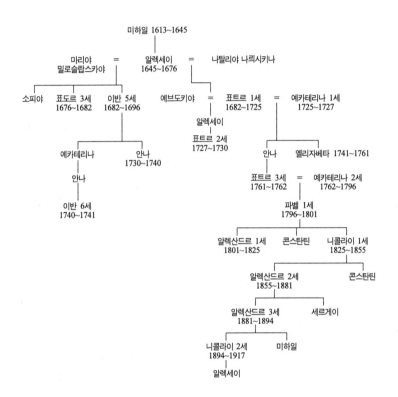

인물 설명

■ 가르디, 야콥 드 라 (Jacob de la Gardie). 스웨덴의 정치가, 군인(1583~1652년). 20대에 마우리츠 밑에서 네덜란드의 선진 군사학을 배운 다음 귀국해서 스웨덴군 지휘관이 되었고, 스웨덴 군대를 이끌고 러시아에서 폴란드군과 싸웠다. 국내 정치에서도 유력자로 활약했다.

■ 갈레노스 (Galenos). 고대 그리스의 의사(129~216년?). 코스 섬에서 태어났고 그리스에서 실험생리학을 확립한 가장 이름난 의사였다. 중세는 물론 르네상스 시대까지 서양 의학계에서 절대적 권위를 누렸다.

■ 게라시모프, 드미트리 (Дмитрий Герасимов). 러시아의 학자(1465?~1536년). 라틴어 이름은 데메트리우스 에라스미우스(Demetrius Erasmius). 노브고로드에서 활동했으며, 라틴어와 독일어를 배웠다. 서방 문헌을 러시아어로 옮겨서 번역가 드미트리(Дмитрий Толмач), 스콜라학자 드미트리(Дмитрий Схоластик)라고도 불렸고, 서방에서 외교관으로 활동해서 사절 드미트리(посол Дмитрий)라는 별칭도 얻었다.

■ 게르센존, 미하일 (Михаил Гершензон). 러시아의 문필가(1869~1925년). 모스크바 대학에서 공부했고 연구에 힘썼지만, 유대인이어서 학계에서 지위를 얻지 못했다. 대신 문필 활동에 전념했고, 논란을 불러일으킨 『베히』의 필진이자 편집인이었다. 볼셰비키 정권에서 교육 업무에 종사했고, 작가동맹에서도 활동했다.

■ 게르첸, 알렉산드르 (Александр Герцен). 러시아의 사상가(1812~1870년). 13세에 데카브리스트 처형에 충격을 받고 전제정과 투쟁하겠다고 결심했다. 모스크바 대학을 마친 뒤 여러 차례 유형에 처했고, 풀려난 뒤 문필 활동에 전념하다 1847년에 파리로, 1852년에 런던으로 갔다. 러시아의 사회사상과 혁명 사상의 발전에 크게 이바지했다.

■ 겐나디 (Геннадий Новгородский и Псковский). 러시아의 성직자(?~1505년). 모스크바의 명문가 출신이었고, 1470년대에 기적 수도원 원장을 지냈다. 모스크바가 새로 얻은 노브고로드의 대주교에 임명되어 모스크바의 우위를 확보하는 데 힘썼다. 이단을 억누르고 겐나디 성경으로 알려진 슬라브어 성경을 편찬했다. 러시아 정교의 성자가 되었다.

▨ 고골, 니콜라이 (Николай Гоголь). 러시아의 작가(1809~1852년). 우크라이나에서 태어나 성 페테르부르크에서 관리 생활을 했다. 20대 중반부터 관료제와 세태를 비판하는 단편소설을 내놓아 큰 인기를 끌었다. 기존 체제를 옹호하는 보수적 태도를 취했다.

▨ 고두노프, 보리스 (Борис Годунов). 러시아의 군주(1551~1605년). 미미한 귀족 가문에서 태어났지만, 누이동생이 이반 4세의 며느리가 되면서 권력을 얻었다. 사위였던 표도르 1세가 죽은 1598년에 제위에 올랐다. 흉작과 기근이 찾아오고 국정이 혼란해져 대동란 시대가 시작되는 가운데 죽었다.

▨ 고야, 프란시스코 (Francisco Goya). 에스파냐의 화가(1746~1828년). 마드리드에서 본격적으로 미술을 배워 1798년에 궁정 수석화가가 되었다. 1790년대 중엽까지는 사치와 환락의 덧없음을 화폭에 담았고, 중병을 앓고 나폴레옹의 침공에서 비롯된 참상을 겪은 뒤에는 냉엄한 현실을 그렸다.

▨ 구스타부스 2세 아돌푸스 (Gustavus Adolphus). 스웨덴의 국왕(1594~1632년). 구스타프 2세 아돌프라고도 한다. 1611년에 즉위해서 스웨덴을 강국으로 키웠다. 새로운 전술을 실전에 응용하는 뛰어난 군인이기도 했고, 30년전쟁에서 전사했다.

▨ 그레고리우스 7세. 가톨릭의 157대 교황(1020?~1085년). 북이탈리아에서 태어났고, 클뤼니 수도원에서 교육을 받았다. 1073년에 교황이 된 뒤 개혁에 앞장섰지만, 신성로마제국 황제와 대립하다가 패한 뒤 숨졌다.

▨ 글레브 (Глеб). 11세기 러시아의 연대기에 따르면, 키예프 러시아 블라디미르 대공의 아들이었으며 아버지가 죽은 뒤 1010년대 후반에 권력을 쥔 스뱌토폴크 (Святополк, 980?~1019년)가 보낸 자객에게 죽임을 당하면서도 저항하지 않았다. 성직자가 아니었는데도 그리스도교를 받아들인 러시아의 첫 성자가 되었다.

▨ 글린카, 미하일 (Михаил Глинка). 러시아의 음악가(1804~1857년). 관리였지만, 요양차 유럽 여행을 하다 베를린에서 음악을 배우기 시작했다. 귀국해서는 문학가들과 사귀며 오페라를 작곡했다. 유럽을 자주 돌아다녔고, 에스파냐에서 소재를 수집했다. 러시아 국민 음악파에 큰 영향을 주었다.

▨ 나데즈딘, 니콜라이 (Николай Надеждин). 러시아의 학자(1804~1856년). 신학교에서 강의를 하다가 1826년에 서방의 고전에 관심을 보였다는 이유로 쫓겨나 모스크바로 갔다. 모스크바 대학 교수를 지내다가 필화 사건에 연루되어 유배형을 받았다. 유형을 마친 뒤에 역사, 지리, 민족지학을 연구했다.

■ 나릐시키나, 나탈리야 (Наталья Нарышкина, 1651~1694년). 귀족 키릴 나릐시킨 (1623~1691년)의 딸이고, 1671년 2월에 차르 알렉세이 미하일로비치와 결혼했다. 표트르 대제의 어머니였다.

■ 나폴레옹 보나파르트(Napoléon Bonaparte). 프랑스의 통치자(1769~1821년). 코르시카에서 태어났고, 파리의 사관학교에 들어갔다. 프랑스 혁명으로 출세할 기회를 얻었고, 젊은 나이에 장군이 되었다. 1799년에 쿠데타로 통령이 되었고, 1804년에 황제가 되었다. 유럽을 석권했지만, 1812년에 러시아 원정에서 패한 뒤 몰락했다.

■ 네차예프, 세르게이 (Сергей Нечаев). 러시아의 혁명가(1847~1882년). 농노의 아들로 태어나 혁명가가 되었다. 혁명 운동을 주도하다 스위스로 망명했다. 1869년에 모스크바로 돌아와 비밀 테러단체를 조직했다. 단원 가운데 한 사람을 잔혹하게 살해했는데, 이 사건은 도스토옙스키의 작품 『악령』의 소재가 되었다.

■ 넵스키, 알렉산드르 (Александр Невский). 러시아의 영웅(1221~1263년). 블라디미르 공후국에서 대공의 아들로 태어났고, 1252년에 블라디미르 대공이 되었다. 1240년에 네바 강에서 스웨덴군을 격파했고, 1242년에 페이푸스 호수에서 튜튼 기사단 군대를 물리쳤다. 훗날 러시아의 민족 영웅으로 추앙되었고, 러시아 정교회에서 성자로 시성되었다.

■ 느부갓네살. 신(新)바빌로니아 제국의 군주(기원전 630?~562년?). 기원전 604년에 이집트군을 격파하고 이듬해에 제위에 올랐으며 중근동의 패권자가 되었다. 597년에 예루살렘을 공격해서 587년에는 유대 왕국을 파괴하고 백성을 바빌로니아로 끌고 갔다.

■ 니콘 (Никон). 러시아의 성직자(1605~1681년). 속명은 니키타 미닌(Никита Минин). 1648년에 노브고로드 주교가 되었고, 차르 알렉세이 미하일로비치의 눈에 띄어 1652년에 총대주교가 되었다. 정교회 전례 개혁을 시도했지만, 거센 반발을 불러일으켜 교회분열이 일어났다. 결국, 1667년에 면직되었다.

■ 니콜라이, 뤼벡의 (Николай). 독일 출신의 점성술사(?~1548년). 바실리 3세의 어의(御醫)로 일했다. 불레프(Булев), 뷸로프(Бюлов), 넴친(Немчин)이라고도 하며, 출신지가 뤼벡이어서 별명이 륩차닌(Любчанин)이었다.

■ 니키틴, 아파나시 (Афанасий Никитин). 러시아의 상인(?~1472년). 장사할 목적으로 인도를 향해 1466년에 고향 트베르를 떠났다. 서남아시아와 아프리카 동북부를 거쳐 1469년에 인도에 도착해 세 해를 지낸 뒤 러시아로 되돌아왔다. 여정에 있는 여러 나라의 사회와 문화를 서술한 여행기를 남겼다.

■ 닐 소르스키 (Нил Сорский). 러시아의 수사(1433?~1508년). 속명은 니콜라이 마이코프(Николай Майков). 키릴-벨로제르스크 수도원에서 수사가 되었고, 콘스탄티노플과 아토스 산에서 헤시키아주의를 배웠다. 러시아로 돌아온 뒤 소라 강 지역에서 금욕 생활을 했다. 수도원의 토지 소유에 반대해서 요시프파와 대립했다.

■ 다니일 (Даниил Московский). 러시아의 성직자(?~1547년). 볼로콜람스크 수도원의 수사였고, 요시프 사닌의 제자였다. 1522년에 모스크바 수좌대주교가 되어 바실리 3세의 권력을 뒷받침하고 요시프파 반대 세력을 제압했다. 바실리 3세가 숨진 뒤 정쟁에 휘말려 1539년에 수좌대주교 자리에서 쫓겨났다.

■ 다븨도프, 데니스 (Денис Давыдов). 러시아의 군인(1784~1839년). 심비르스크의 명문가에 태어났고, 1801년에 군문에 들어섰다. 나폴레옹 전쟁에서 기병대원으로 활약했고, 에스파냐의 게릴라 전술에 착안해서 파르티잔 전투 이론을 제시했다. 전쟁 뒤에는 기병대의 모험을 소재로 시를 써서 인기를 끌었다.

■ 댜길레프, 세르게이 (Сергей Дягилев). 러시아의 작곡가(1872~1929년). 성 페테르부르그에서 법을 공부하다 음악가가 되었다. 1908년에 파리에서 오페라 「보리스 고두노프」를 공연한 뒤 발레단을 조직해서 세계 각지에서 공연했다.

■ 도브롤류보프, 니콜라이 (Николай Добролюбов). 러시아의 문필가(1836~1861년). 사제의 아들로 태어나 유명한 비평가가 되었다. 체르늬솁스키와 피사레프와 함께 『당대인』에서 활동하며 제정을 비판하고 급진주의적 관점에서 문예 비평을 했다.

■ 도스토옙스키, 표도르 (Федор Достоевский). 러시아의 소설가(1821~1881년). 모스크바에서 태어났고, 성 페테르부르그에서 학교를 다녔다. 20대 후반부터 소설을 써서 문단의 주목을 받았다. 1849년에 페트라솁스키 사건에 연루되어 유배형을 받았고, 풀려난 뒤 대작을 잇달아 발표해서 러시아의 문호가 되었다.

■ 돈스코이, 드미트리 (Дмитрий Донской). 러시아의 위정자(1350~1389년). 본명은 드미트리 이바노비치(Дмитрий Иванович). 아홉 살에 모스크바 공국의 군주가 되었고, 영토를 넓히고 세력을 모아 몽골에 맞섰다. 1380년에 돈 강 부근 쿨리코보 벌판에서 몽골 군대를 물리쳐서 돈스코이라는 칭호를 얻었다.

■ 두샨, 스테판 (Stefan Dušan). 세르비아의 군주(1308~1335년). 1331년에 부왕을 내쫓고 왕권을 차지했다. 힘을 키워 발칸 반도를 제패한 뒤 법전을 정비하고 1346년에 황제 칭호를 썼다. 비잔티움 황제 자리까지 노리고 콘스탄티노플로 진군하다 숨졌다.

■ 뒤마, 알렉상드르 (Alexandre Dumas). 프랑스의 작가(1802~1870년). 나폴레옹의 부하 장군이었던 아버지가 죽은 뒤 파리로 가서 희곡 작가로 출세했다. 『삼총사』와 『몽테크리스토 백작』 등 모험 소설로도 엄청난 인기를 얻었다.

■ 드미트리 (Дмитрий). 러시아의 황자(1582~1591년). 이반 4세의 막내아들이었고, 형 표도르 1세의 처남 고두노프의 결정으로 1584년부터 우글리치(Углич)에서 지냈다. 공식조사 결과에 따르면 1591년 5월 15일에 칼을 가지고 놀다가 간질 발작을 일으켜 죽었지만, 고두노프가 보낸 자객에게 피살되었다는 소문이 끊이지 않았다.

■ 드미트리 (Лжедмитрий). 폴란드인 가짜 드미트리. 러시아의 군주 참칭자(1581~1606년). 본명은 그리고리 오트레피예프(Григорий Отрепьев). 참칭자 드미트리라고도 한다. 차르 고두노프가 죽은 뒤 혼란을 틈타 자기가 이반 4세의 아들 드미트리라고 주장하며 폴란드의 지원을 받아 1605년에 제위에 올랐지만, 민심을 잃은 뒤 군중에게 죽임을 당했다.

■ 디, 존 (John Dee). 영국의 학자(1527~1608년). 웨일즈 출신이었고, 케임브리지 대학에서 공부했다. 그리스어에 능했고 마술과 과학의 경계선상에서 연구를 했다. 군주의 고문관 역할을 했고, 신비주의자이면서도 북극 항로 개척이나 도서관 체계 구축 등 다방면에서 활약했다.

■ 디오니시오스 (Dionysius). 5~6세기의 신학자(?~?). 시리아의 수사로 추측되는 신학자이자 철학자이며, 신플라톤주의 성향을 띤 신비주의 저술을 많이 남겼다. 디오니시오스라는 가명으로 글을 써서 후대에 1세기 그리스의 그리스도교 성자 디오니시오스와 혼동된 위(僞)디오니시오스라고도 한다.

■ 라신, 장 (Jean Racine). 프랑스의 작가(1639~1699년). 샹파뉴 지방에서 태어났고, 1658년에 파리로 진출해서 시를 썼다. 성직자가 되려다가 실패한 뒤 극작가로 성공했다. 3대 고전주의 극작가의 한 사람으로 꼽힌다.

■ 라파엘로 (Raffaello). 이탈리아의 미술가(1483~1520년). 우르비노에서 화가의 아들로 태어났고, 페루지노에게 미술을 배웠다. 피렌체, 로마, 바티칸에서 활동하며 명성을 쌓았다. 르네상스를 대표하는 미술가로 추앙된다.

■ 랴부신스키, 블라디미르 (Владимир Рябушинский, 1594~1632년). 러시아의 유명한 기업가 집안 랴부신스키 가문을 대표하는 구교도 실업가이면서 이콘 연구가였다. 러시아 혁명 뒤 프랑스로 망명했고 이콘 협회를 주도했다.

■ 레닌, 블라디미르 일리치 (Владимир Ильич Ленин). 러시아의 혁명가(1870~1924년). 심비르스크에서 태어났고, 성 페테르부르크 대학에서 법을 배웠다. 마르

크스주의자가 되어 활동하다 체포되었고, 유배 중에 망명했다. 1917년 혁명이 일어나자 귀국해서 볼셰비키를 이끌고 권력을 장악했고, 내전기에는 반혁명 세력에 맞서 혁명 정부를 지켜냈다.

▨ 레오노프, 레오니드 (Леонид Леонов). 소련의 소설가(1899~1994년). 모스크바에서 태어났고, 숲의 괴물을 주인공으로 삼는 기괴한 소설로 등단해서 1924년에 『오소리』로 지위를 굳혔다. 1927년에 나온 『도둑』은 반체제 성향이 있다고 해서 금서 취급을 받았다. 도스토옙스키의 후계자라는 평을 들었다.

▨ 레핀, 일리야 (Илья Репин). 러시아의 화가(1844~1930년). 성 페테르부르그 예술원에서 공부했고, 프랑스와 이탈리아에서 유학한 다음 귀국해서 이동전람파의 일원으로 활동했다. 제정 러시아의 사회 모순을 화폭에 담았고, 19세기 러시아 미술의 대표자로 평가된다.

▨ 로고테테스, 파코미우스 (Pachomius Logothetes). 세르비아의 성자전 작가(?~1484년 이후). 러시아어로는 Пахомий Логофет. 수사가 된 뒤 아토스 산에서 배우면서 수사학을 터득했다. 성 세르기 대수도원에서 지내면서 러시아 성자들의 일대기를 썼다.

▨ 로랭, 클로드 (Claude Lorrain). 프랑스 태생의 화가(1600~1682년). 젊어서 이탈리아에서 그림을 배웠다. 로마에서 화가로 이름을 얻어 교황과 추기경, 군주들의 애호를 받았다. 로마의 유적이 담긴 풍경화를 많이 그렸다.

▨ 로마노프, 미하일 (Михаил Романов). 러시아의 통치자(1596~1645년). 이반 4세의 처남인 니기타 로마노프의 손자였고, 코스트로마 근처의 수도원에서 어머니와 함께 살다가 1613년에 젬스키 소보르의 추대로 16세에 제위에 올랐다. 1619년부터 폴란드에서 귀국한 아버지와 함께 통치했고, 1633년부터는 외가의 인물을 많이 등용했다.

▨ 로욜라, 이냐시오 데 (Ignacio de Loyola). 에스파냐의 종교인(1491~1556년). 귀족 출신이었고, 군인이 되어 프랑스군과 싸우다 크게 다쳤다. 병상에서 신심이 생겨 고행과 순례에 열중했다. 파리 대학에서 사귄 친우들과 예수회를 세우고 1540년에 총재가 되어 엄한 규율을 갖추고 가톨릭 포교에 전념했다. 1622년에 시성되었다.

▨ 로우카리스, 키릴로스 (Kyrillos Loukaris). 정교 성직자(1572~1638년). 러시아어로는 키릴 루카리스(Кирилл Лукарис). 크레타에서 태어나 이탈리아에서 교육을 받았다. 칼뱅주의의 영향을 받아 가톨릭에 반감을 지녔고, 정교의 신학자이자 총대주교로서 정교회를 칼뱅주의 노선에 따라 개혁하려고 애썼다.

■ 로자노프, 바실리 (Василий Розанов). 러시아의 작가(1856~1919년). 모스크바 대학에서 역사학을 배웠다. 아폴리나리야 수슬로바와 결혼했고 도스토옙스키를 연구했으며, 그리스도교의 금욕주의를 비판했다. 반유대주의 성향을 보이고 보수 저널에 글을 쓰면서도 1905년 혁명을 지지했다. 말년에는 정교회를 받아들였다.

■ 로키타, 얀 (Jan Rokyta). 체코의 신학자(?~1591년). 체코에서 태어났고, 폴란드로 이주해서 체코 형제단을 이끌었다. 1570년에 폴란드가 러시아에 파견한 사절단을 따라 모스크바로 가서 이반 4세와 신앙 논쟁을 벌였다.

■ 루블료프, 안드레이 (Андрей Рублев). 러시아의 이콘 화가(1370~1430년). 성 세르기 대수도원의 수사였으며, 이콘과 프레스코화를 많이 그렸다. 특히 「구약의 삼위일체」는 러시아의 최고 걸작으로 꼽히는 러시아 고유의 이콘이다.

■ 류릭 (Рюрик). 러시아의 통치자(830?~879년). 862년에 라도가 호수 지역을 차지하고 노브고로드에 진출한 노르만인이었다. 연대기에 따르면 슬라브인의 요청에 따라 러시아의 군주가 되었다. 후계자 올레그가 키예프로 근거지를 옮겨 키예프 러시아 시대를 열었다.

■ 마르크스, 카를 (Karl Marx). 독일의 사상가(1818~1883년). 그리스도교로 개종한 유대인 가정에 태어났고, 철학을 공부했다. 프로이센 정부를 비판하는 신문을 발행하다 탄압을 받고 망명해서 프랑스와 영국에서 공산주의 이론가로 활동했다. 인터내셔널을 이끌며 바쿠닌의 아나키즘과 경쟁했고, 필생의 저작 『자본』을 남겼다.

■ 마야콥스키, 블라디미르 (Владимир Маяковский). 러시아의 시인(1893~1930년). 그루지야에서 태어났고, 모스크바로 이주했다. 볼셰비키 당원으로 활동하다가 여러 차례 체포되었다. 시인 겸 화가로 예술계에 등장해 미래주의를 이끌었다. 러시아 혁명을 찬양했지만, 소외를 못이기고 권총으로 자살했다.

■ 마이모니데스, 모세스 (Moses Maimonides). 에스파냐의 학자(1135~1204년). 코르도바의 명문가에서 태어나 중세 최고의 토라 학자가 되었다. 철학과 법률과 의학에 정통한 랍비였으며, 중세 유대주의를 대표하는 지식인으로 이름을 날렸다.

■ 마이어베르크, 아우구스투스 (Augustus Mayerberg). 오스트리아의 외교관(1622~1688년). 슐레지엔(Schlesien)에서 태어났고, 러시아와 폴란드의 전쟁을 중재하는 오스트리아 사절단의 일원으로 1661년에 모스크바를 방문했다. 1623년에 귀국한 뒤 러시아에 관한 풍부한 정보가 담긴 보고서와 인상기를 썼다.

■ 마키아벨리, 니콜로 (Niccolò Machiavelli). 이탈리아의 학자(1469~1527년). 피렌체의 법률가 가정에 태어났고, 1495년에 피렌체 공화국 관리가 되었다. 공화국이

몰락한 뒤 직위에서 쫓겨났고, 1514년에 『군주론』을 써서 윤리와 상관없이 정치 고유의 논리에 따라서 통치자가 견지해야 할 미덕을 규정했다.

▨ 막시밀리안 (Maximilian). 신성로마제국의 황제(1459~1519년). 1493년에 아버지 프리드리히 3세의 뒤를 이어 신성로마제국 황제가 되었다. 능란한 외교와 혼인 정책으로 제국의 영토를 크게 넓혔고 합스부르크 가문이 번영할 기반을 마련했다. 기사도에 투철해서 독일 최후의 기사라는 별명을 얻었다.

▨ 막심, '그리스 사람' (Максим Грек). 정교 성직자(1480?~1556년). 속명은 미하일 트리볼리스. 그리스의 아르타에서 태어났고, 파리와 이탈리아에서 인문주의자들 과 교류했다. 모스크바에서 종교 문헌을 러시아어로 번역하는 작업을 지휘했다. 정쟁에 휘말려 수도원에 스무 해 동안 갇혀 지내면서도 저술을 멈추지 않았다.

▨ 메토디오스 (Methodius). 동로마 제국의 관리(820~885년). 군정관과 수도원장을 지낸 뒤 863년에 황제의 명을 받아 아우 키릴로스와 함께 슬라브인에게 그리스도 교를 전했다. 아우가 죽은 뒤에는 모라비아와 파노니아의 대주교가 되었다.

▨ 멜니코프-페체르스키, 파벨 (Павел Мельников-Печерский). 러시아의 작가 (1818~1883년). 니즈니 노브고로드의 귀족 가문에 태어났고 카잔 대학을 다녔다. 작가로 1839년에 데뷔했고, 내무부 관리로서 구교도를 탄압하다가 교회분열사를 연구한 뒤에는 관용을 주장했다. 1866년에 은퇴해서 모스크바와 고향에서 안드레 이 페체르스키라는 필명으로 저술에 열중했다.

▨ 몸젠, 테오도르 (Theodor Mommsen). 독일의 학자(1817~1903년). 킬(Kiel) 대학에 서 법학을 전공했고, 라이프치히 대학 교수가 되었다. 1849년에 작센에서 일어난 봉기에 참여했다가 해직되었다. 1854년부터 로마사 연구에 정진해서 대작을 썼다. 1902년에 노벨상을 받았다.

▨ 무소릅스키, 모데스트 (Модест Мусоргский). 러시아의 음악가(1839~1881년). 군인의 길을 걷다 음악가가 되어 러시아의 역사와 설화를 소재로 곡을 썼다. 「보리 스 고두노프」가 대표작이다. 가난에 시달리다 알코올 중독으로 숨졌다.

▨ 므니셰흐, 마리나 (Maryna Mniszech). 폴란드의 귀족 여인(1588~1614년). 러시아 어로는 마리나 므니셱(Марина Мнишек). 폴란드의 유력한 귀족의 딸이었고, 가 짜 드미트리와 만났고 1606년에 모스크바에서 결혼했다. 가짜 드미트리가 죽은 뒤 두 번째 드미트리와도 결혼했고, 그도 죽자 군대를 이끌고 모스크바를 공격했 다. 감옥에 갇혀 죽었다.

▨ 미닌, 쿠즈마 (Кузьма Минин). 러시아의 상인(?~1616년). 니즈니 노브고로드의 고기를 거래하는 상인이었다. 대동란 시대에 고향에서 의병을 일으켜 1612년에

포자르스키 공과 함께 모스크바에서 폴란드 군대를 물리쳤다. 이듬해에 공훈을 인정받아 귀족이 되었다.

■ 미슈르-무네힌, 미하일 (Михаил Мисюрь-Мунехин). 러시아의 위정자(?~1528년). 학식이 높아서 서유럽의 문화와 점성술에 조예가 깊었다. 1510년에 모스크바가 프스코프를 병합한 뒤 프스코프 지사의 서기가 되었고, 프스코프의 실권자가 되었다.

■ 밀로슬랍스카야, 마리야 (Мария Милославская, 1625~1669년). 궁정 귀족인 일리야 밀로슬랍스키(Илья Милославский, 1594~1668년)의 딸이었고, 1648년 1월에 차르 알렉세이 미하일로비치와 결혼했다. 표도르 3세, 이반 5세, 섭정 소피야의 어머니였다.

■ 바그너, 리하르트 (Richard Wagner). 독일의 음악가(1813~1883년). 어려서 피아노를 배웠고 라이프치히 대학에서 음악과 철학을 공부했다. 오페라 작곡으로 이름을 떨쳤다. 난해한 작품으로 여겨진 베토벤의 「9번 교향곡」을 지휘해서 그 곡의 진가를 널리 알렸다. 혁명 운동에 관여해서 탄압을 받기도 했다.

■ 바실리 3세 (Василий III). 러시아의 통치자(1479~1533년). 이반 3세와 소피야 팔레올로그의 맏아들이었고, 1505년에 모스크바 대공이 되었다. 교회와 제휴해서 전통 귀족을 제어했고, 모스크바의 국력을 키웠다. 세르비아의 공주와 결혼해서 후계자 이반 4세를 얻었다.

■ 바실리 복자 (Василий Блаженный). 러시아 정교의 성자(1469~1552년). 모스크바 부근 마을 농노의 아들로 태어났고, 신발을 만들며 살아가는 바보성자가 되었다. 인색한 부자와 불손한 이반 4세를 꾸짖었다고 하며, 죽었을 때 큰 애도를 받았다.

■ 바울. 알레포(Aleppo)의 바울. 시리아의 성직자(1627~1669년). 알레포에서 태어났고, 고위 성직자인 아버지를 따라 동유럽과 러시아를 여행하고 여행기와 연대기를 많이 썼다.

■ 바쿠닌, 미하일 (Михаил Бакунин). 러시아 출신의 혁명가(1814~1876년). 귀족 가문에 태어나 포병학교를 졸업한 뒤 군인이 되었고, 스무 살에 모스크바로 가서 급진주의자들과 사귀었다. 1840년에 서유럽으로 가서 아나키스트가 되어 유럽에서 혁명 운동을 지도했고 마르크스와 대립했다.

■ 바토리, 스테판 (Ştefan Báthory). 폴란드의 군주(1533~1586년). 합스부르크 가문령 트란실바니아의 총독의 아들이었고, 헝가리인의 지원을 얻어 1571년에 트란실

바니아 대공이 되었다. 폴란드 귀족의 지지로 1575년에 폴란드 국왕이 되었고, 러시아의 동진을 막았다.

- 바투 한 (?~1255년?). 몽골의 통치자. 칭기즈 한의 손자이며, 1236년부터 원정군을 이끌고 러시아는 물론 서유럽까지 위협했다. 12세기 중반에 볼가 강 하류 지역에 머무르며 킵차크한국을 세웠다. 이때부터 몽골의 러시아 지배가 시작되었다.
- 발라, 로렌초 (Lorenzo Valla). 이탈리아의 인문학자(1407~1457년). 로마 출신이었고, 1437년에 나폴리에서 관리로 일하다 1448년에 고향으로 돌아와 교황청 관리가 되었다. 언어문헌학 방법론을 확립했고, 「콘스탄티누스 기증장」이 위조문서임을 밝혀내어 이목을 끌었다.
- 발하우젠, 요한 야콥 폰 (Johann Jacob von Wallhausen). 독일의 군사학자(1580~1627년). 본명은 요한 야코비였고, 독일 서부의 발하우젠에서 태어났다. 네덜란드와 단치히에서 군인 생활을 했고, 1617년에 지겐(Siegen)에 유럽 최초의 군사학교를 세웠다. 군사학 저서를 많이 남겼다.
- 베가, 로페 데 (Lope de Vega). 에스파냐의 작가(1562~1635년). 마드리드의 평민 가정에 태어났고, 함대에 들어가 바다를 돌아다니고 여인들과 끊임없이 염문을 뿌린 풍운아였다. 극작가로 이름을 얻고 2,000편에 이르는 작품을 남겼다고 하며, 현재는 500여 편이 남아있다. 에스파냐 황금기를 대표하는 극작가였다.
- 베르댜예프, 니콜라이 (Николай Бердяев). 러시아의 사상가(1874~1948년). 키예프의 귀족 가문에서 태어났고, 키예프 대학에 들어가서 혁명 활동을 하다 유형에 처했다. 1920년에 모스크바 대학 철학교수가 되었지만, 볼셰비키의 탄압을 받아 1922년에 망명했고 프랑스에 정착했다. 러시아의 사상과 혁명에 관한 연구서를 많이 썼다.
- 베르디, 주세페 (Giuseppe Verdi). 이탈리아의 음악가(1813~1901년). 밀라노에서 음악을 공부했고, 1830년대 후반부터 오페라 작곡을 시작했다. 이탈리아인의 애국심을 자극하는 오페라로 이름을 알렸고, 유럽 전역에서 인기를 끌었다.
- 벤-야콥, 임마누엘 (Immanuel ben-Jacob). 프랑스의 학자(1300~1377년). 프랑스 남부의 유대인이었고, 수학과 천문학에 능통했다. 1365년에 쓴 펴낸 천문학 도표 『여섯 날개』 등을 비롯한 저서가 여러 언어로 번역되었다.
- 벨린스키, 비사리온 (Виссарион Белинский). 러시아의 평론가(1811~1848년). 모스크바 대학에서 퇴학당한 뒤 비평가가 되었다. 문학은 이론이 아닌 현실에 바탕을 두어야 한다고 주장했으며, 푸시킨이나 도스토옙스키를 호평해서 입지를 굳

혀주었다. 평론가로 큰 영향력을 행사했고, 급진주의 인텔리겐치야의 선두 주자가
되었다.

▓ 보골륩스키, 안드레이 (Андрей Боголюбский). 키예프 러시아의 통치자(?~1174
년). 1157년에 블라디미르-수즈달의 지배자가 되었고, 1169년에 키예프를 장악한
뒤 블라디미르를 새 수도로 삼고 아름답게 꾸몄다. 군주권을 확대하다 귀족과 갈
등을 빚다가 살해되었다.

▓ 본치-브루예비치, 블라디미르 (Владимир Бонч-Бруевич). 소련의 정치가(1873~
1955년). 모스크바의 폴란드계 토지측량사 가정에 태어났다. 학생 때부터 혁명
활동에 나섰고 1896년에 스위스로 망명했다. 10월혁명 직후 여러 해 동안 레닌의
비서로 일했고, 혁명과 종교의 역사를 연구했다. 만년에는 레닌그라드의 종교사
박물관 관장을 지냈다.

▓ 볼페, 장-바티스타 델라 (Gian-Battista della Volpe). 16세기 이탈리아의 모험가
(?~?). 러시아 이름은 이반 프랴진(Иван Фрязин). 비첸차(Vicenza) 출신의 귀족이
었으며, 모스크바로 이주해서 이반 3세를 섬기면서 대내외 임무를 수행했다.

▓ 뵈메, 야콥 (Jakob Böhme). 독일의 신비주의자(1575~1624년). 종교개혁이 일어난
뒤 각종 교파가 논쟁하는 괴를리츠(Görlitz)로 가서 신학을 공부했고, 17세기 초에
구둣방을 운영하다 신비한 종교 체험을 했다. 신비주의 철학에 관한 글을 많이
썼고, 후세의 사조에 영향을 미쳤다.

▓ 블라드 3세 (Vald III, 1431~1477년). 1456년부터 1462년까지 군사령관 겸 군주로
서 왈라키아를 다스리며 튀르크 제국에 맞서 싸웠다. 반대자와 적군 포로를 뾰족
한 말뚝에 꿰어 죽이는 형벌을 즐겼다고 전해지며, 그 뒤에 독일과 러시아에서
유행한 드라큘라 이야기의 주인공으로 각색되었다.

▓ 블라디미르 (Владимир) 대공. 키예프 러시아의 통치자(?~1015년). 978년에 제위
에 올랐고 비잔티움과 우호 관계를 유지했다. 비잔티움에서 그리스도교 정교를
받아들여 러시아의 첫 그리스도교인 통치자가 되었다.

▓ 블라디미르 모노마코스 (Vladimir Monomachos). 키예프 러시아의 군주(1053~
1125년). 블라디미르 모노마흐의 그리스어 표기. 키예프에서 하층민의 봉기가 일
어난 1113년에 키예프 대공의 자리에 올라 봉기를 진압했다. 공후들을 제압해서
키예프 국가의 통일을 되찾았고, 폴로베츠인을 제압해서 키예프의 힘을 키웠다.

▓ 비스코바틔이, 이반 (Иван Висковатый). 러시아의 외교관(?~1570년). 비스코바
토프(Висковатов)라고도 한다. 이반 4세를 섬기며 외교 업무를 맡았다. 1554년에

교회공의회에서 이단자로 몰려 세 해 동안 보속을 해야 했다. 1560년대에 공직에 복귀했지만, 반역 혐의로 처형되었다.

▨ 비엘스키, 마르친 (Marcin Bielski). 폴란드의 작가(1495~1575년). 귀족 가문에 태어났고, 크라쿠프 대학에서 공부했다. 군인으로 전쟁에 참전하기도 했다. 폴란드어로 연대기와 역사서, 또는 풍자시를 썼다.

▨ 비제, 조르주 (Georges Bizet). 프랑스의 작곡가(17~18년). 파리의 음악가 가정에서 태어났고, 파리 음악원에서 교육을 받았다. 유학을 마치고 귀국한 뒤 오페라 작곡에 전념했다. 외국에서도 인기가 높았으며, 「카르멘」이 대표곡이다.

▨ 사바 (Савва). 러시아의 수사(?~1435년). 사바티(Савватий)라고도 한다. 키릴-벨로제르스크 수도원의 수사였다. 더 외딴곳을 찾아다니며 수도생활을 했고, 백해의 솔로베츠크 군도에 은수사 마을을 세웠다. 이 마을이 나중에 솔로베츠크 수도원으로 발전했다. 16세기에 정교회 성자로 추존되었다.

▨ 사바타이 체비 (Sabbatai Zevi). 튀르크의 종교인(1626~1676년). 에스파냐에서 이주한 유대인으로 튀르크에서 태어났다. 신비주의에 기울었고, 동지중해 지방에서 가르침을 펴고 1665년에 자기가 메시아라고 선언했다. 튀르크 당국에 체포된 뒤에 무슬림으로 개종했고, 나중에는 알바니아로 추방되었다.

▨ 사보나롤라, 지롤라모 (Girolamo Savonarola). 이탈리아의 수사(1452~1498년). 도미니크회 수사였고, 1491년에 성 마르코 수도원 원장이 되었다. 교회 혁신에 힘써 피렌체 시민의 신임을 얻었다. 그러나 사치품과 이교 서적을 불태우는 등 지나친 개혁을 시도하다 민심을 잃었고 반대파에게 밀려나 화형을 당했다.

▨ 살로스, 니콜라이 (Николай Салос). 러시아의 종교인(?~1576년). 프스코프의 바보성자였으며, 오프리치니나를 비판했다. 이에 화가 난 이반 뇌제가 1570년에 프스코프를 침략하자 성문 앞에서 그를 꾸짖어 파괴를 막았다는 전설이 있다. 동방정교회의 성자로 여겨진다.

▨ 샤이두로프, 이반 (Иван Шайдуров). 17세기 러시아의 음악가(?~?). 노브고로드에서 태어났고, 가수로 훈련을 받았다. 교회 성가의 대가라는 평을 얻었고, 당시의 악보 표기법을 개선했다.

▨ 세르기 (Сергий Радонежский). 라도네즈의 세르기. 러시아의 수사(?~1392년). 로스토프의 귀족 가문에서 태어났고, 세르기예프-포사드 부근 숲에 수도원을 세우고 기도와 노동을 하며 일생을 보냈다. 1380년에 쿨리코보 전투를 앞두고 수도원을 찾아온 드미트리 모스크바 대공에게 축성을 해주고 승리를 기원했다.

■ 셰익스피어, 윌리엄 (William Shakespeare). 영국의 작가(1564~1616년). 집안이 기운 뒤 런던에 진출해서 극작가가 되었다. 1590년과 1613년 사이에 연극 37편을 썼고 큰 인기를 끌었다. 영국을 대표하는 위대한 문호로 추앙된다.

■ 셸링, 프리드리히 (Friedrich Schelling). 독일의 철학자(1775~1854년). 신학자의 아들이었고, 튀빙엔에서 신학을 배우다 철학으로 전공을 바꿨다. 예나 대학교수가 된 뒤 피히테의 철학을 비판했고, 헤겔이 숨진 뒤 베를린 대학으로 초빙되었다. 뵈메의 영향을 많이 받았고, 독일 관념론 철학의 완성자로 불린다.

■ 소피아 팔라이올로기나 (Sophia Palaiologina). 러시아의 황후(?~1503년). 러시아 이름은 소피야 팔레올로그(София Палеолог). 마지막 비잔티움 황제 콘스탄티누스 11세의 조카딸이었다. 비잔티움이 멸망한 뒤 로마에서 살다 교황의 권유로 1472년에 이반 3세와 결혼했다. 러시아에 비잔티움 예법을 소개하고 국정에도 관여했다.

■ 솔로비요프, 세르게이 (Сергей Соловьев). 러시아의 역사가(1820~1879년). 성직자의 아들이었고, 모스크바 대학에서 그라놉스키 교수에게 역사를 배워 모교 교수가 되었다. 역사학자로 이름을 날렸고, 『고대 이후의 러시아사』가 대표 저서이다.

■ 쉬, 외젠 (Eugène Sue). 프랑스 작가(1804~1857년). 멋쟁이 부자였지만, 대개 도시의 어두운 면을 다룬 작품을 주로 신문에 연재했다. 사회주의 정치가로 활동하다 망명했다.

■ 쉬테, 요한네스 (Johannes Skytte). 스웨덴의 정치가(1577~1645년). 유학을 마치고 돌아와 왕태자 구스타부스 아돌푸스를 가르쳤다. 1629년에 리보니아와 카렐리아의 총독으로 임명되었으며, 1934년에는 웁살라 대학 총장이 되었다.

■ 슈이스키, 바실리 (Василий Шуйский). 러시아의 통치자(1552~1612년). 슈이스키 가문 출신이었고, 드미트리 황태자의 사인을 조사했다. 대동란 시대에 가짜 드미트리를 지원하다 곧 등을 돌렸다. 귀족의 추대로 1606년에 바실리 4세로 제위에 올랐다. 스웨덴과 동맹을 맺어 폴란드의 개입을 초래했고, 1610년에 폴란드로 붙잡혀 갔다.

■ 슈펭글러, 오스발트 (Oswald Spengler). 독일의 문화철학자(1880~1936년). 고등학교 교사로 있다가 1911년부터 문필 활동을 시작했다. 1918년에 세계사를 형태학이라는 유기체적 방법으로 개관하여 유럽 문화의 몰락을 예견하는 『서양의 몰락』을 펴냈다.

■ 슐뢰처, 아우구스트 (August Schlözer). 독일의 역사학자(1735~1809년). 성직자 가정에 태어났고, 대학에서 신학과 역사를 배웠다. 1761년에 성 페테르부르그로 가

서 러시아사 연구에 전념했다. 1767년에 괴팅엔 대학에 자리를 잡고 서방의 러시아사 연구의 바탕을 마련했다. 유럽사가 아닌 세계사 차원의 연구를 하기도 했다.

■ 스모트리츠키, 멜레티 (Мелетий Смотрицкий). 폴란드-리투아니아 연방의 성직자(1577~1633년). 본명은 막심. 우크라이나 서부에서 태어났고, 빌뉴스 대학에서 공부했다. 1618년에 수사가 되었고 교회 슬라브어를 연구해서 문법서를 펴냈다. 우니아트 교회에 반대하다 1627년에 찬성으로 입장을 바꾸고 수도원장이 되었다.

■ 스베르들로프, 야콥 (Яков Свердлов). 러시아의 혁명가(1885~1919년). 니즈니노브고로드 출신 유대인이었고, 1901년에 사회민주노동당에 가입해서 우랄 지역의 볼셰비키를 지도했다. 10월혁명 뒤에 당 총간사로 활동하다가 병사했다.

■ 스카르가, 표트르 (Piotr Skarga). 폴란드의 성직자(1536~1612년). 폴란드에서 사제로 지내다 로마에서 예수회에 가입했다. 빌뉴스에서 포교 활동을 했다. 지그문트 3세의 궁정 사제가 되어 잘잘못을 따졌고, 저서와 설교집을 많이 썼다.

■ 스카리나, 프란최스크 (Францыск Скарына). 백러시아의 출판업자(1490?~1551년). 백러시아의 상인 가정에 태어났으며, 크라쿠프 대학에서 공부했고 파도바(Padova) 대학에서 박사학위를 받았다. 1517년에 프라하에, 1522년에는 빌뉴스에 인쇄소를 세웠다. 백러시아어 발달의 초석을 마련했다.

■ 스코핀-슈이스키, 미하일 (Михаил Скопин-Шуйский). 러시아의 위정자(1587~1610년). 슈이스키 가문의 일원이었고, 고두노프부터 바실리 4세까지 정계의 실권자였다. 1606년에 볼로트니코프의 봉기를 진압했고, 두 번째 가짜 드미트리가 나타났을 때 바실리 4세의 지시로 스웨덴과 협상해서 군사 지원을 받아냈다. 연회중에 급사했고, 독살되었다는 말이 있다.

■ 스크랴빈, 알렉산드르 (Александр Скря́бин). 러시아의 작곡가(1872~1915년). 모스크바에서 음악을 배운 뒤 1894년에 데뷔해서 유럽 각지에서 연주했다. 신지학에 영향을 받았으며, 70편에 가까운 피아노곡을 썼다.

■ 스타니슬랍스키, 콘스탄틴 (Константин Станиславский). 러시아의 연극인 (1863~1938년). 모스크바의 기업가 가정에 태어났고, 어릴 때부터 연극 연출에 관심을 가졌다. 연극을 혁신하고자 1898년에 모스크바 예술극단을 만들었고, 체호프의 희곡을 연출해서 성공했다. 러시아 혁명 뒤에 비판을 받았지만, 1930년대에 재평가되었다.

■ 스테판 (Стефан Пермский). 페름의 스테판. 러시아의 성직자(1340?~1396년). 볼로그다 지방에서 태어났고, 로스토프에서 수사가 되었다. 1376년부터 코미인에게 정교를 전하는 데 힘썼고, 페름의 초대 주교가 되었다.

- 스트라빈스키, 이고르 (Игорь Стравинский). 러시아 태생의 작곡가(1882~1971년). 성 페테르부르그에서 법을 전공하면서 음악을 배웠다. 댜길레프의 의뢰로 1910년에 「불새」를 써서 인정을 받았다. 러시아 혁명이 일어난 뒤 유럽에서 활동하다가, 제2차 세계대전이 일어나자 미국으로 귀화했다.

- 스파파리, 니콜라이 (Николай Спафарий, 1636~1708년). 니콜라에 밀레스쿠(Nicolae Milescu)라는 이름의 몰도바인이었으며, 1671년에 모스크바에 정착해서 외교사절청 번역관과 외교관으로 활동했다.

- 슬루츠키, 보리스 (Борис Слуцкий). 소련의 시인(1919~1986년). 우크라이나에서 태어났고, 모스크바에서 고등교육을 받았다. 젊은 시인들과 어울리며 "1940년 세대"를 자처했다. 제2차 세계대전 참전 경험을 살려 시를 썼고, 1950년대 말엽부터 주목을 받았다. 스탈린 체제를 비판하고 반유대주의에 반대했다.

- 시메온 (Simeon). 비잔티움의 수사(949~1022년). 다른 신학자들과 구분하기 위해 새로운 신학자라고 불린다. 수도생활의 중요성을 강조하면서 명상과 기도를 통해 신과 접할 때 생기는 직관의 상징적 표현인 '빛의 환상'을 체험할 수 있다는 가르침을 폈다.

- 실러, 프리드리히 (Friedrich Schiller). 독일의 작가(1759~1805년). 법학과 의학을 공부하면서도 시와 희곡을 썼다. 군의관으로 근무하던 중 문단에 등장했다. 병으로 고생하면서도 대작을 잇달아 발표했고, 괴테와 더불어 독일 고전주의 문학의 양대 거인으로 추앙된다.

- 실베스테르 (Sylvester). 가톨릭의 13대 교황(?~335년). 314년에 교황이 되었고, 중요한 종교 건축물을 많이 세웠다. 후대에 콘스탄티누스 대제의 존중을 받는 더 높은 지위에 있었다는 식으로 윤색되어 교황권이 황제권보다 우월하다는 근거로 인용된 전설의 주인공이 되었다.

- 실베스트르 (Сильвестр). 러시아의 성직자(?~1566년경). 모스크바의 성모희보 대성당의 사제로 일했다. 1547년에 어린 이반 4세의 눈에 들어 최측근이 되었다. 1560년에 황비의 죽음에 연관되었다는 소문이 나돈 탓에 모스크바에서 쫓겨났다. 문집을 많이 남겼다. 셀리베르스트(Селиверст)라고도 한다.

- 아르날두스 (Arnaldus de Villa Nova). 중세의 학자(1235?~1311년). 아라곤에서 태어났고, 여러 언어에 능통했다. 두루 여행을 다니면서 지식을 쌓아 화학, 의학, 철학, 그리고 아라비아의 학문에 밝았고, 연금술에 관한 책을 많이 썼다. 순수한 알코올을 발견하는 업적도 쌓았다. 교회에 이단자로 몰려 시칠리아로 도주했다고 한다.

■ 아르테미 (Артемий). 러시아의 성직자(?~1570년대 초). 볼로그다 지방에서 수사가 되었고, 1551년에 모스크바로 불려와 성 세르기 대수도원 원장이 되었다. 그러나 몇 달 뒤에 원장 자리에서 물러났고, 1553~1554년 공의회에서 삼위일체를 부정하는 이단자로 몰렸다. 나중에 리투아니아로 도주했다.

■ 아리스토텔레스 (Aristoteles). 고대 그리스의 철학자(기원전 384~322년). 플라톤의 제자로 다양한 분야의 학문을 연구했고, 마케도니아에서 알렉산드로스 대왕을 가르쳤다. 철학, 시학, 정치학, 자연과학 등 거의 모든 분야에서 위대한 업적을 쌓았고, 이상을 강조한 스승과 달리 현실을 중시했다.

■ 아브라아미, 스몰렌스크의 (Авраамий Смоленский). 러시아의 성직자(?~1222년?). 스몰렌스크에서 태어났고, 작은 수도원의 원장을 지냈다. 병들고 가난한 사람을 돌보아서 속인들에게는 존중을 받았지만, 성직자들과는 사이가 그리 좋지 않았다. 1549년에 시성되었다.

■ 아우구스투스 카이사르 (Augustus Caesar). 고대 로마의 통치자(기원전 63년~기원후 14년). 원래 이름은 옥타비아누스(Octavianus). 율리우스 카이사르의 양자였고, 카이사르가 죽은 뒤 제2차 삼두정치의 한 축이 되었다. 악티움(Actium) 해전에서 안토니우스와 클레오파트라를 물리치고 로마의 초대 황제가 되었다.

■ 아폴리나리우스 (Apollinarius). 초기 그리스도교의 성직자(310?~390년?). 시리아의 라오디케아에서 태어났고, 360년 무렵에 라오디케아 주교가 되었다. 아리우스가 강조하는 예수의 인성을 부정하는 태도를 보여서 이단 판정 받았다.

■ 아흐마트 칸 (Akhmed Khan). 전설적인 칸. 금장한국의 통치자(?~1481년). 1465년에 형제를 물리치고 제위에 올랐다. 이반 3세에 맞서 폴란드와 제휴했고, 1480년에 모스크바를 공격하다 패했다. 이듬해 도네츠 강에서 경쟁자에게 목숨을 잃었다.

■ 악사코프, 세르게이 (Сергей Аксаков). 러시아의 문학가(1791~1859년). 귀족 가문에 태어나 모스크바에서 관리로 일했다. 마흔 살 넘어 자연을 쉬운 문체로 묘사한 작품을 썼다. 회상록과 소설을 뒤섞은 장르를 도입하고 지주 계급의 심리를 세밀히 묘사했다.

■ 안토니우스 (Antonius). 고대 로마의 장군(기원전 82~30년). 뛰어난 군인이자 율리우스 카이사르의 유능한 부관이었으며, 카이사르가 죽은 뒤 제2차 삼두정치의 한 축이 되었다. 클레오파트라와 결속해서 이집트 등 동부의 속주를 기반으로 옥타비아누스와 대결했지만, 악티움 해전에서 패한 뒤 자결했다.

■ 알렉산드로스 대왕 (기원전 356~323년). 고대 마케도니아의 왕. 20세에 왕이 되어 그리스 도시국가들의 반란을 억누른 뒤 페르시아 제국 정복에 나섰다. 정복에 성

공함으로써 헬레니즘 문화의 기반을 닦았다. 인도 서부까지 진출한 뒤 원정을 마쳤으며, 그리스 서쪽 세계를 정복할 계획을 세우다 열병으로 숨졌다.

▨ 알렉산드르 1세 (Александр I). 러시아의 황제(1777~1825년). 예카테리나 대제의 손자였으며, 자유주의 교육을 받았다. 아버지 파벨 1세를 해치는 음모를 묵인하고 1801년에 즉위했다. 자유주의적 개혁을 단행하리라는 기대를 받았지만, 보수성을 보였다. 1812년에 러시아를 침공한 나폴레옹을 물리쳤다.

▨ 알렉세이 미하일로비치 (Алексей Михайлович). 러시아의 통치자(1629~1676년). 로마노프 황가 초대 차르 미하일 로마노프의 아들로 태어나 1645년에 제위에 올랐다. 서른 해에 걸친 통치기는 교회분열이 일어나고 민중 봉기가 일어나는 등 다사다난했다. 표트르 대제의 아버지이기도 하다.

▨ 알렉시 (Алексий). 러시아의 성직자(?~1378년). 뱌콘트 가문에서 태어났고, 1313년에 모스크바의 수도원에서 수사가 되었다. 1352년에 블라디미르의 주교, 1354년에 모스크바와 전 러시아의 수좌대주교에 임명되었다. 드미트리 돈스코이의 스승이었고, 1448년에 러시아 정교회의 성자로 추존되었다.

▨ 야로슬라프 (Ярослав Мудрый). 키예프 러시아의 통치자(978?~1054년). 아버지 블라디미르 1세가 죽은 뒤 1019년에 형을 내쫓고 키예프 대공이 되었다. 세력을 넓혀 러시아 대부분을 지배 아래 두었고 법전을 공포해 체제를 정비했으며, 학문을 북돋아 현자라는 별명을 얻었다.

▨ 에라스뮈스 (Erasmus Roterodamus). 네덜란드의 인문주의자(1466~1536년). 로테르담에서 태어났고 수도원에서 자라나 수사가 되었다. 파리 대학에서 신학을 공부했고, 전 유럽에 알려진 인문주의자가 되었다. 가톨릭 교회를 거세게 비판하면서도, 종교개혁에는 가담하지 않았다.

▨ 에프라임, 시리아인 (Ephrem the Syrian). 그리스도교 교부(306?~373년). 니시비스(Nisibis)에서 태어났고, 338년에 서품을 받았다. 페르시아를 피해 에데사로 옮겼고, 신학 저술에 몰두해서, 동서방 그리스도 교회에 두루 영향을 미쳤다. 기도문, 찬송가, 시도 많이 남겼다.

▨ 예르몰라이-예라즘 (Ермолай-Еразм). 15세기 러시아의 문필가(?~1550년?). 예르몰라이 프레그레시늬이(Ермолай Прегрешный)라고도 한다. 프스코프에서 모스크바로 와서 궁정 성당의 수석사제가 되었다. 농민을 키우고 세습 귀족을 억제해서 국가 개혁의 기틀을 바로 잡는 내용을 담은 책자를 지어 이반 4세에게 바쳤다.

▨ 예카테리나 대제 (Екатерина Великая). 러시아의 통치자(1729~1796년). 안할트-체룹스트(Ahnalt-Zerbst) 공국의 공주였고, 1745년에 표트르 3세와 결혼했다. 1762

년에 표트르 3세 살해에 가담하고 제위에 올랐다. 귀족의 권익을 보장하면서 중앙 권력을 강화하고 러시아의 영토를 크게 넓혔다. 서방화 정책을 지속해서 국력을 크게 키웠다.

- 예피파니 (Епифаний Премудрый). 러시아의 성직자(?~1682년). 농부 가정에 태어났고, 1645년부터 솔로베츠크 수도원에서 수사 생활을 시작했다. 성자전을 많이 썼고, 니콘의 개혁에 반대하다 화형을 당했다.

- 오도옙스키, 블라디미르 (Владимир Одоевский). 러시아의 사상가(1803~1869년). 모스크바의 귀족 가문에서 태어났고, 모스크바 대학 귀족학교를 다녔다. 1820년대 중엽에 '지혜 사랑 모임' 동아리를 주도하며 셸링 등 독일 철학자의 사상을 토론했다. 철학자, 소설가, 음악 평론가로 활동했고, 러시아의 호프만으로 불렸다.

- 오르테가 이 가세트(Ortega y Gasset). 에스파냐의 학자(1883~1955년). 독일에서 공부한 뒤 1910년에 마드리드 대학 철학교수가 되었다. 에스파냐가 안은 문제를 고민하면서 현대를 대중 사회로 규정하고 소수 엘리트의 지배를 옹호했다.

- 오리게네스 (Origenes). 고대의 신학자(185~254년). 알렉산드리아에서 태어났고, 그리스도교 교리를 연구해서 저서를 많이 남겼다. 성서의 비유적 해석을 통해 그리스도교와 그리스 철학의 융합을 시도했다.

- 오스트롭스키, 알렉산드르 (Александр Островский). 러시아의 극작가(1823~1886년). 모스크바 대학에서 법을 배운 뒤 관리로 근무하다가 1847년부터 희곡을 썼다. 47편에 이르는 희곡을 썼으며, 러시아 극작가협회 초대 회장을 지냈다. 그의 작품은 소련에서도 사랑을 받았다.

- 올레아리우스, 아담 (Adam Olearius). 독일의 학자(1599~1671년). 사서와 수학자로 홀슈타인 공작을 섬기다가 1633년부터 사절단의 일원으로 러시아와 페르시아 등지를 여행했다. 러시아와 페르시아를 다녀와서 쓴 여행기가 특히 유명하다.

- 요나 (Иона Московский, 1390~1461년). 모스크바의 요나. 코스트로마 지방에서 태어났고, 1441년에 키예프의 이시도르가 쫓겨난 뒤 공석으로 남아있던 키예프 수좌대주교에 1448년에 임명되었다.

- 요세푸스, 플라비우스 (Flavius Josephus). 로마 제국의 역사가(37~100년?). 예루살렘의 제사장 가문에서 태어난 유대인이었으며, 로마에 맞서 무장 저항을 했으나 패한 뒤 로마에 협조했다. 로마에서 『유대전쟁사』 등 유대의 역사에 관한 책을 많이 썼다.

- 요시프 사닌 (Иосиф Санин). 러시아의 수사(1439~1519년). 속명은 이반 사닌 (Иван Санин). 볼로츠크의 요시프(Иосиф Волоцкий), 볼로콜람스크의 요시프

(Иосиф Волоколамский)라고도 한다. 귀족 출신이었고, 1459년에 수사가 되었다. 수도원의 방종에 실망하고 볼로콜람스크에 수도원을 세우고 엄한 규율을 도입했다. 무소유파를 제압하고 모스크바국 군주권을 옹호했다.

- 요아사프 (Иоасаф). 러시아의 성직자(?~1514년). 속세에서는 이반 오볼렌스키 (Иван Оболенский) 공이었고, 아내와 사별한 뒤 페라폰토프 수도원에 들어가 수사가 되었다. 1481년에 대주교가 되었고, 겐나디 대주교와 편지를 주고받으며 "유대 추종자들" 등의 이단에 대처하는 방법을 논의했다.

- 요한네스 크리소스토무스 (Johanness Chrysostomus). 초기 그리스도교의 교부 (349~407년). 시리아 태생으로, 386년에 사제 서품을 받았고, 398년에 대주교가 되었다. 지배층을 비판하고 교회 쇄신에 힘쓰고 저서를 많이 남겨 그리스도교의 대표적 교부가 되었다. 러시아어로는 요안 즐라토우스트(Иоанн Златоуст)라고 한다.

- 위고, 빅토르 (Victor Hugo). 프랑스의 작가(1802~1885년). 학생 때부터 시와 산문을 썼고, 낭만주의 문학을 주도했다. 공화주의자로 나폴레옹 3세에 반대하다 추방되어 스무 해 가까이 망명 생활을 했다. 국민 시인으로 추앙되었다.

- 유스티니아누스 (Justinianus). 비잔티움 제국의 황제(483~565년). 527년에 숙부인 유스티누스 1세가 죽자 제위에 올라 서로마 제국의 영토를 대부분 되찾고 로마 법전을 집대성했다. 그의 치세에 비잔티움 제국은 유럽의 혼란을 딛고 기반을 다졌다.

- 유이, 라몬 (Ramon Llull). 카탈루냐의 신비주의자(1235~1315년). 마요르카 (Mallorca) 섬에서 태어났고, 아라곤 왕실의 교사가 되었다. 30세에 신비 체험을 한 뒤 궁정에서 나와 북아프리카 등지에서 전도했다. 카탈루냐어로 시를 썼고, 논리적 방법으로 신학 이론을 증명하려고 노력했다.

- 이바노프, 뱌체슬라프 (Вячеслав Иванов). 러시아의 작가(1866~1949년). 모스크바 대학을 마치고 베를린 유학을 한 뒤 1905년에 귀국했다. 니체와 솔로비요프의 영향을 받았고, 후기 상징주의의 대표 시인이 되었으며 희곡도 썼다. 1924년에 이탈리아로 이주했고 가톨릭 신자가 되었다.

- 이반 3세 (Иван III). 모스크바국의 통치자(1440~1505년). 22세에 단독 통치자가 되어 모스크바국의 영토를 크게 넓혔으며, 1480년에는 몽골의 지배를 깨뜨렸다. 군주권 강화 정책을 폈으며, 차르 칭호를 처음 사용했다.

- 이반 뇌제(Иван грозный). 러시아의 통치자(1530~1584년). 정식 호칭은 이반 4세. 1533년에 어린 나이에 즉위했고, 1547년부터 실권을 행사했다. 밖으로는 카잔

과 아스트라한을 정복해서 영토를 넓혔고, 안으로는 중앙 권력을 강화하고 1565년부터 극단적인 공포 정치를 펼쳐 귀족을 탄압했다. 만년에는 정신이상에 시달렸다.

■ 이반 이바노비치 (Иван Иванович). 러시아의 황태자(1554~1581년). 이반 4세의 차남이었고, 엘레나 셰레메테바(Елена Шереметева)와 1581년에 결혼했다. 임신한 아내가 얇은 옷을 입었다는 이유로 아버지에게 맞아 유산한 데다가 정책에서 의견이 달라 아버지와 사이가 틀어졌다. 말다툼하다가 아버지가 쥔 홀에 머리를 맞아 숨졌다.

■ 이반 칼리타 (Иван Калита). 모스크바의 통치자(1304~1340년). 1325년에 모스크바의 통치자가 되었고 1328년에 모스크바 대공의 지위에 올랐다. 모스크바의 국력을 크게 키웠고, 1331년에는 블라디미르 대공까지 겸했다. 타타르의 대리자로 공물을 거둘 권리를 행사하고 재무에 밝아 돈주머니라는 뜻의 별명 칼리타로 불렸다.

■ 이발로, 산테리 (Santeri Ivalo). 핀란드의 작가(1907~1937년). 본명은 헤르만 잉만(Herman Ingman). 인민의 삶을 해학을 섞어 묘사한 소설을 썼다. 1890년에 자유주의적인 핀란드 민족주의 정당 기관지 편집인이 되어 사회 문제에 관한 평론을 쓰면서 사회 활동가로도 활약했다.

■ 이시도르 (Исидор). 정교 성직자(1385~1463년). 그리스에서 태어났고, 1437년에 키예프 수좌대주교에 임명되었다. 무슬림에게서 비잔티움을 지키고자 가톨릭 교회와 러시아 정교회의 화해를 주선할 목적으로 피렌체 공의회에서 양대 교회의 통합에 찬성했다. 러시아에서 공격을 받고 1443년에 로마로 도피했다.

■ 일라리온, 키예프의 (Иларион Киевский). 키예프 러시아의 성직자(?~1055년?). 키예프 근교에서 수사로 일했고, 학식이 높았다. 1049년에 비잔티움 출신이 아닌 성직자로서는 처음으로 키예프 수좌대주교에 임명되었다.

■ 일린, 니콜라이 (Николай Ильин). 러시아의 종교인(1809~1890년). 아스트라한에서 태어났고, 군인이 되었다. 정교회 교리에 회의를 품고 사랑을 최고 가치로 삼는 나름의 가르침을 선전했다. 1859년에 체포되어 솔로베츠키 수도원 등지에서 갇혀지내면서도 계속 추종자를 모았다. 1879년에 풀려났지만, 1887년에 다시 체포되었다.

■ 자돈스키, 티혼 (Тихон Задонский). 러시아의 성직자(1724~1783년). 속명은 티모페이 소콜롭스키(Тимофей Соколовский). 노브고로드 부근에서 태어나 34세에 수사가 되었다. 주교로 활동하다가 자돈스크의 수도원으로 들어가 은둔했다. 금욕하며 책을 썼고 현명하기로 이름났다.

- 제임스, 리처드 (Richard James). 영국의 문필가(1592~1638년). 영국 남부에서 태어났고, 옥스퍼드 대학에서 공부했다. 1619년에 러시아를 여행했고, 이 여행에 관한 기록을 많이 남겼다. 만년에는 정쟁에 휘말려 옥고를 치렀다.
- 조시마 (Зосима). 러시아의 수사(?~1478년). 부모를 여의고 은자가 되어 솔로베츠크 군도에서 수도생활을 했다. 수사들이 모여들자 솔로베츠크 수도원을 지었다. 16세기에 정교회 성자로 추존되었다.
- 조우키엡스키, 헤트만 스타니수아프 (Stanisław Żółkiewski). 폴란드의 군인(1547~1620년). 폴란드 귀족 가문에 태어났고, 폴란드-리투아니아 연방의 정부와 군대에서 요직을 두루 거쳐 1588년에 총사령관이 되었다. 1610년에 러시아-스웨덴 연합군을 물리쳤지만, 튀르크 군대와 싸우다 전사했다.
- 지그문트 3세 (Zygmunt III). 폴란드와 스웨덴의 군주(1566~1632년). 스웨덴어로는 시기스문트 3세(Sigismund III). 스웨덴 왕과 폴란드 공주 사이에서 태어나 가톨릭 신자로 컸다. 1587년에 폴란드 왕이 되었고 1594년에 스웨덴 왕이 되었다. 1599년에 삼촌에게 스웨덴 왕위를 빼앗겼고 대동란 시대에 모스크바를 잠시 점령했다.
- 지노비예프, 그리고리 (Григорий Зиновьев). 러시아의 혁명가(1883~1936년). 우크라이나 출신 유대인이었고, 1901년에 사회민주노동당에 가입했다. 이듬해에 망명했고, 레닌과 함께 볼셰비키를 이끌었다. 러시아 혁명 뒤에는 페트로그라드 당조직을 지도했고, 코민테른 의장이 되었다. 스탈린과 권력 투쟁을 벌여 패한 뒤처형되었다.
- 지자니, 스테판 (Стефан Зизаний). 정교 전도사(1550~1634년). 갈리치야에서 태어났고, 수사 명은 실베스트르(Сильвестр)였다. 르보프 형제단 학교의 교사였고, 학장까지 지냈다. 정교와 가톨릭의 통합을 지지하는 키예프 수좌대주교에 반발하다 1595년에 투옥되었고, 이듬해 공의회에서 누명을 벗었다. 가톨릭을 공격하는 책을 많이 남겼다.
- 차이콥스키, 표트르 (Петр Чайковский). 러시아의 음악가(1840~1893년). 성 페테르부르크 음악원에서 루빈시타인에게 배웠고, 1866년에 모스크바 음악원 교수가 되었다. 교향곡, 오페라, 발레 등 다양한 분야에서 작곡했고, 서유럽 음악 형식으로 러시아 민족의 서정성을 잘 표현해서 큰 인기를 누렸다.
- 체르늬솁스키, 니콜라이 (Николай Чернышевский). 러시아의 문필가(1828~1889년). 사제의 아들로 태어나 급진주의 관점에서 사회를 비판하는 문필가로 활동했다. 과학을 찬미하고 여성해방을 부르짖었다. 정부를 비판하다 유배형을 받았

다. 그가 쓴 소설 『무엇을 할 것인가?』는 당시 젊은이 사이에서 성경처럼 읽히는 작품이 되었다.

▦ 체르카스키, 이반 (Иван Черкасский). 러시아의 위정자(1580~1642년). 보리스 체르카스키의 외아들이자 필라레트 총대주교의 외조카였다. 미하일 로마노프가 차르로 추대된 뒤 귀족이 되었고, 필라레트가 실권을 잡은 뒤 정부 요직을 두루 거치면서 부와 권력을 누렸다.

▦ 체호프, 안톤 (Антон Чехов). 러시아의 문학가(1860~1904년). 모스크바 대학에서 의학을 전공할 때부터 소설을 썼다. 20대 중반부터 뛰어난 단편소설과 희곡을 양산했으며, 사회를 비판하는 시각을 지녔고 급진주의자와 사귀었다. 건강이 나빠져 독일에서 요양하다 숨을 거두었다.

▦ 치마부에 (Cimabue). 이탈리아의 화가(1240?~1302년). 피렌체에서 태어났고, 주로 고향과 아시시에서 작품 활동을 했다. 중세 초에 이탈리아 회화를 지배한 비잔티움 양식의 최후를 장식한 거장이었다.

▦ 치체린, 보리스 (Борис Чичерин). 러시아의 학자(1828~1904년). 탐보프의 명문가에 태어났고, 성 페테르부르크 대학에서 법학을 배웠다. 자유주의자였고 알렉산드르 2세의 개혁을 지지했다. 1868년에 정부의 억압책에 항의해 모교 교수직에서 물러났고 저술에 열중했다. 1882년에 모스크바 시장이 된 뒤로는 보수화했다.

▦ 칭기즈 한(Genghis Khan). 몽골의 통치자(1167?~1227년). 부족장인 아버지가 독살된 뒤 어린 시절을 어렵게 보냈다. 어른이 된 뒤 세력을 모아 몽골의 여러 부족을 통일한 뒤 유라시아 대륙 정복에 나서 인류사상 최대 제국을 건설했다. 각지에서, 특히 유럽에서 잔혹한 정복자로 공포의 대상이 되었다.

▦ 카람진, 니콜라이 (Николай Карамзин). 러시아의 문인(1766~1826년). 젊어서 유럽을 두루 돌아다녔고 감상주의를 문단에 소개했다. 1803년에 궁정 역사가에 임명되어 『러시아 국가의 역사』 등의 대작을 썼고, 러시아 문어 발전에 이바지했다.

▦ 카르포프, 표도르 (Федор Карпов). 러시아의 위정자(1475?~1545년?). 이반 3세의 침전관이었고, 바실리 3세 치하에서 공직을 맡았다. 라틴어와 고전에 능통했다. 외교 정책을 담당했고 군주권 옹호자였으며, '그리스 사람' 막심과 절친했다.

▦ 카를 9세 (Karl IX). 스웨덴의 군주(1550~1611년). 구스타프 1세의 셋째 아들로 태어났다. 가톨릭 신앙을 고수하는 조카 지그문트 3세를 스웨덴에서 내쫓고 1604년에 왕이 되었다. 루터교를 국교로 재확인했으며, 귀족을 억누르고 산업을 장려했다.

▣ 카메네프, 레프 (Лев Каменев). 러시아의 혁명가(1883~1936년). 모스크바의 유대인 가정에 태어났고, 모스크바 대학생 시절에 사회민주당에 가입했다. 1908년부터 외국에서 레닌과 함께 볼셰비키를 이끌었다. 러시아 혁명 뒤에 당의 요직을 두루 거쳤고, 스탈린과 권력 투쟁을 벌여 패한 뒤 처형되었다.

▣ 칼데론, 페드로 (Pedro Calderón). 에스파냐의 작가(1600~1681년). 마드리드에서 태어났고, 신학을 공부하다 희곡을 쓰기 시작했다. 반세기 동안 에스파냐 연극계를 지배했고, 제국기 에스파냐 황금기를 대표하는 4대 극작가의 한 사람이 되었다. 1658년에 성직자가 되어 만년을 여유롭게 지냈다.

▣ 칼라일 (Carlisle). 영국의 위정자(1629~1685년). 영국 내전기에 크롬웰 아래서 여러 요직을 맡았으며, 왕정복고 뒤에도 직위를 유지했다. 외교 임무를 여러 차례 수행했고, 1677년에 자메이카(Jamaica) 총독이 되었다.

▣ 칼뱅, 장 (Jean Calvin). 유럽의 종교개혁가(1509~1564년). 프랑스 피카르디 지방에서 태어났고 대학에서 법을 배웠다. 초기 교회의 순수함으로 돌아가고자 가톨릭과 결별했고, 제네바에서 종교개혁에 성공해서 엄혹한 신정체제를 세우고 예정설을 비롯한 프로테스탄티즘 이론을 설파했다.

▣ 코르네유, 피에르 (Pierre Corneille). 프랑스의 작가(6061~1684년). 고향 루앙(Rouen)에서 법조인으로 일하다가 쓴 희곡이 1629년에 호평을 받자 극작가의 길에 들어섰다. 많은 걸작을 남겨 프랑스 고전 비극의 완성자라는 평가를 받았다.

▣ 코멘스키, 얀 (Jan Komenský). 체코의 종교인(1592~1670년). 라틴어로는 요하네스 코메니우스(Iohannes Comenius). 보헤미아 형제단에 속한 프로테스탄트 가정에 태어나 학문에 재능을 보였다. 독일에서 공부하면서 천년왕국설에 심취했고, 혁신적인 라틴어 학습법을 내놓아 이름을 날렸다.

▣ 코소이, 표도르 (Федор Косой). 16세기 러시아의 종교인(?~1575년 이후). 모스크바의 천민이었고, 볼로그다 지방으로 도주해서 수사가 되었다. 기존 교회의 위계제와 교회의 재산 소유를 비판했다. 모스크바에서 재판을 받게 되자 1554년에 리투아니아로 도주했고, 서방 그리스도교와 접촉했다.

▣ 코시모 데 메디치(Cosimo de Medici). 피렌체의 위정자(1389~1464년). 금융가 가문에서 태어났고, 가문의 은행을 더 키워냈다. 피렌체 정치계에서도 활약하다 1433년에 정적에게 밀려 추방당하는 위기에 몰렸지만, 이듬해 복귀해서 입지를 굳혔다. 학자와 예술가를 후원해서 시민의 존경을 받았다.

▣ 콜럼버스, 크리스토퍼 (Christopher Columbus). 이탈리아의 항해가(1441~1506년). 제노바에서 태어났고, 뛰어난 항해가로 유럽의 바다를 누볐다. 에스파냐의 후원을

받아 인도로 가는 유럽 서쪽 항로를 개척에 나서 1492년에 선단을 이끌고 대서양을 건너 아메리카 대륙에 닿았다. 기대한 수익을 얻지 못한 채 외톨이가 되어 숨졌다.

■ 쿠릅스키, 안드레이 (Андрей Курбский). 러시아의 군인(1528~1583년). 야로슬라블의 귀족 가문에 태어났고, 이반 4세의 자문관이었고 대외 원정군의 지휘관으로 활약했다. 이반 4세의 신임을 잃자 1564년에 폴란드로 도주한 뒤 이반 4세와 편지를 주고받으며 차르의 전제정을 비판했다.

■ 쿠리친 (Курицын). 러시아의 외교관 표도르 쿠리친(Федор В. Курицын, ?~1504년?). 이반 3세를 섬겨 헝가리와 리투아니아에서 외교 임무를 수행했다. 수도원을 비판했고, 종교 지도자들과 충돌했다. 그가 만든 모임이 이단이라는 비난이 일면서 이반 3세의 신임을 잃었다.

■ 크세니야 (Ксения). 러시아의 공주(1582~1622년). 차르 보리스 고두노프의 딸이었고, 똑똑하고 아름다웠다. 1605년에 아버지가 죽고 남동생이 차르가 되었지만, 권력을 찬탈한 가짜 드미트리에게 능욕당했다. 그 뒤 수도원에 보내져 강제로 수녀가 되었다.

■ 클레오파트라 (Cleopatra). 고대 이집트의 여왕(기원전 51~30년). 기원전 51년에 남동생과 함께 이집트의 공동 통치자가 되었고, 이집트에 온 카이사르와 결속해서 남동생을 밀어내고 단독 통치자가 되었다. 카이사르가 죽은 뒤에는 안토니우스의 연인이 되어 옥타비아누스와 대결했지만, 악티움 해전에서 패한 뒤 함께 자결했다.

■ 클류쳅스키, 바실리 (Василий Ключевский). 러시아의 역사가(1841~1911년). 펜자 지방에서 태어났고, 모스크바 대학 사학과에서 공부했다. 1879년에 모교 교수가 되었고, 정치사보다는 사회경제사에 주력했다. 전제정에 반대하는 입헌자유주의자였다.

■ 키루스. 고대 페르시아 제국의 황제(기원전 6세기 말~529년경). 뛰어난 통치자이자 이상적 군주라는 평가를 받았고, 구약성경에는 바빌로니아에 붙잡혀 있던 유대인을 해방한 군주로 나온다. 한국어 성경에는 '고레스'로도 표기되어 있다.

■ 키릴, 투로프의 (Кирилл Туровский). 정교 성직자(1130~1182년). 투로프(Туров)에서 태어나 어려서 수사가 되었고, 1160년대에 투로프 주교가 되었다. 키예프 러시아의 최초이자 가장 뛰어난 신학자이며, 신학 저서를 많이 남겼다.

■ 키릴로스 (Cyrilus). 동로마 제국의 학자(827?~869년). 테살로니키에서 고위 관리의 아들로 태어나 콘스탄티노플에서 공부하고 사제가 되어 형 메토디오스와 함께 주변 민족에게 그리스도교를 전파했다. 특히 슬라브인의 개종에 큰 역할을 했다.

■ 키제베터, 카를 (Carl Kiesewetter). 독일의 은비학자(1854~1895년). 마이닝엔 (Meiningen)에서 살았고, 은비학 저작을 많이 출간해서 이름을 알렸다. 연금술에 도 일가견이 있었다.

■ 키케로 (Cicero). 고대 로마의 정치가(기원전 106~43년). 로마와 아테네에서 공부했고, 수사학과 법률과 철학에 능했다. 카이사르와 대립하다 정계에서 쫓겨난 뒤 저술에 전념했고, 고전 라틴어 산문의 대가가 되었다. 카이사르가 죽은 뒤 안토니우스를 탄핵해서 암살되었다.

■ 키프리안 (Киприан). 불가리아 출신의 정교 성직자(1336?~1406년). 터르노보에 서 태어났고, 아토스 산에서 지내다가 1376년에 콘스탄티노플에서 주교가 되었다. 1381년에 모스크바 수좌대주교가 되었지만 거의 열 해 뒤에야 모스크바인의 인정을 받았다. 학식이 높았고, 서적 간행을 장려했다.

■ 테르툴리아누스 (Tertullianus). 초기 그리스도교의 교부(160년경~220년). 카르타고에서 태어났고 원래는 법률가였다. 그리스도교도의 순교에 감동해서 교인이 되었고, 그리스도교를 변호하는 글을 많이 썼다.

■ 테오도르, 스토우디오스의 (St. Theodore of Stoudios). 비잔티움 제국의 수사(759~826년). 콘스탄티노플에 있었던 스토우디오스 수도원의 원장이었으며, 비잔티움 제국에서 수도원과 고전문학을 되살리는 데 큰 역할을 했다. 이콘 파괴 운동에 반대하다 황제나 총주교와 대립했다.

■ 토르케마다, 토마스 데 (Tomás de Torquemada). 에스파냐의 성직자(1420~1498년). 가톨릭 군주의 고해신부이자 조언자로서 종교 정책에 영향을 미쳤고, 초대 종교재판소장이 되어 이교도 추방에 앞장섰다. 종교재판소의 공포와 광신의 대명사가 되었다.

■ 톨스토이, 레프 (Лев Толстой). 러시아의 소설가(1829~1910년). 귀족 가정에 태어나 청년 시절에는 장교로 복무했다. 자기 영지에서 집필에 몰두해 불후의 명작을 여러 편 남겨 러시아의 문호가 되었다. 폭력과 전쟁에 반대하는 평화주의자의 전도사로 존경을 받았다.

■ 투르게네프, 이반 (Иван Тургенев). 러시아의 작가(1818~1883년). 오룔 지방의 지주 가문에서 태어났고, 어려서부터 농노제를 혐오했다. 성 페테르부르그 대학과 베를린 대학에서 공부했고, 1841년에 귀국해서 관리로 일하며 창작을 하기 시작했다. 사회의 이념 대립을 소재로 한 대작 소설을 잇달아 발표해서 러시아의 문호가 되었다.

■ 튜체프, 표도르 (Федор Тютчев). 러시아의 시인(1803~1873년). 지주의 아들로 태어나 모스크바 대학에서 공부했고, 유럽에서 외교관으로 일하면서 유럽의 지성 인들과 교류했다. 조국애가 넘치는 철학적 시를 많이 썼다. 푸시킨, 레르몬토프와 함께 19세기 러시아 3대 시인의 한 사람으로 꼽힌다.

■ 트로츠키, 레프 (Лев Троцкий). 러시아의 혁명가(1879~1940년). 유대인이었으며 젊어서부터 혁명 운동에 투신해서 1905년 혁명을 주도했다. 러시아 혁명과 내전에 서 볼셰비키당을 승리로 이끌었지만, 레닌이 죽은 뒤 권력 투쟁에서 밀려 추방되 었다. 스탈린 반대 활동을 벌이다 자객의 도끼에 맞아 멕시코에서 숨을 거두었다.

■ 트카초프, 표트르 (Петр Ткачев). 러시아의 혁명가(1844~1886년). 성 페테르부르크 그 대학생 시절부터 정치 활동에 나섰고, 여러 차례 체포되었다. 인텔리겐치야가 주축을 이루는 소수 혁명가들이 권력을 잡고 독재로 사회주의를 실현해야 한다고 주장했다.

■ 티무르 (Timur). 티무르 왕조의 창건자 (1336~1405년). 몽골 혈통의 아버지를 두고 어려서부터 전사가 되어 싸우다 절름발이가 되었다. 14세기 후반기에 세력을 넓혀 중앙아시아, 인도, 페르시아에 걸친 제국을 세웠다.

■ 티트마르 (Thietmar). 독일의 성직자(975~1018년). 귀족 가문에 태어났고, 1002년 에 성당 신부가 되었고 1009년에 메르제부르크 주교가 되었다. 1010년대에 908년 과 1018년 사이 시기에 관한 연대기를 썼다.

■ 파스테르낙, 보리스 (Борис Пастернак). 러시아의 문학가(1890~1960년). 유대인 이었고, 1914년에 시집을 낸 뒤 창작에 전념했지만, 스탈린 치하에서는 외국문학 번역에 몰두했다. 1957년에 소설 『의사 지바고』를 탈고했지만, 출판금지 처분을 받았다. 노벨문학상 수상자로 선정되었지만, 조국에서 추방당하지 않으려고 상을 거절했다.

■ 팔레스트리나, 조반니 피에를루이지 다 (Giovanni Pierluigi da Palestrina). 이탈리 아의 음악가(1525~1594년). 로마 부근의 팔레스트리나에서 태어났고, 로마에서 교회 음악가로 활동하면서 여러 성당의 악장을 맡았다. 가톨릭 종교음악의 지표가 되는 명작을 많이 지었다.

■ 페레스베토프, 이반 (Иван Пересветов). 16세기 러시아의 이념가(?~?). 폴란드- 리투아니아 군대에 있다가 1530년대 말에 러시아에 왔다. 1549년에 이반 4세에게 귀족을 억누르고 강력한 군주가 되라는 내용의 책을 지어 바쳤다. 일부 학자는 이반 4세가 자기 책의 저자로 내세운 가공의 인물로 보기도 한다.

▨ 페루지노, 피에트로 (Pietro Perugino). 이탈리아의 화가(1250~1523년). 주로 피렌체에서 활동했고 1481년에 교황에게서 의뢰를 받아 시스티나 성당에 벽화를 그렸다. 1490년대가 전성기였고 라파엘로의 스승이었다.

▨ 페르난도 (Fernando). 에스파냐의 군주(1452~1516년). 페르난도 2세. 아라곤(Aragon)의 왕이었으며, 1469년에 카스티야의 이사벨 1세와 결혼했으며, 1479년부터 아내와 함께 공동군주로서 카스티야의 왕을 겸했다. 제국주의 팽창기의 에스파냐를 이끌었고, "가톨릭 왕"이라는 별명을 지녔다.

▨ 페오도시, 키예프의 (Феодосий Киевский). 정교회 성직자(1008?~1074년). 동굴의 페오도시(Феодосий Печерский)라고도 한다. 쿠르스크에서 자랐고 1032년에 수사가 되었다. 고위 성직자가 된 뒤 키예프의 동굴 수도원을 세우고 스토우디오스의 성 테오도르의 수도원 계율을 도입했다.

▨ 펠리페 2세 (Felipe II). 에스파냐와 포르투갈의 국왕(1527~1598년). 1556년에 에스파냐의 왕위에 올라 전성기의 에스파냐를 다스렸고, 1580년에는 펠리페 1세라는 이름으로 포르투갈 왕이 되었다. 종교재판으로 가톨릭을 수호하고 다른 종교를 탄압해서 네덜란드 독립전쟁을 초래했고, 영국 침공에 실패했다.

▨ 포세비노, 안토니오 (Antonio Possevino). 교황청 외교관(1534~1611년). 만토바(Mantova)에서 태어났고, 1559년에 예수회에 가입했다. 대항종교개혁을 지지했고 교황청 사절로 동유럽에서 활동했다. 러시아의 가톨릭 지지를 얻어내고자 1582년에 모스크바를 방문했고, 이반 4세의 허락을 받아 공개 신앙 토론을 벌였다.

▨ 포자르스키, 드미트리 (Дмитрий Пожарский). 러시아의 위정자(1577~1642년). 귀족이었고, 고두노프 치세에 관리였다. 대동란 시대에 바실리 4세를 섬겼고, 폴란드 군대가 모스크바를 점령하자, 의병을 모아 미닌과 함께 폴란드 군대를 물리쳤다. 그 뒤 미하일 로마노프 치세에 나라의 구원자라는 칭호를 받고 정부 관리로 일했다.

▨ 폴로, 마르코 (Marco Polo). 이탈리아의 모험가(1254~1324년). 베네치아에서 태어났고, 무역상인 아버지를 따라 중국 등지에 가서 17년 동안 머물렀다. 1292년에 귀향해서 제노바와 싸우다가 사로잡혔다. 감옥에서 수감자들에게 자기가 동양에서 보고 겪은 바를 이야기했고, 이 내용을 엮어 「동방견문록」으로 펴냈다.

▨ 폴리카르포프, 표도르 (Федор Поликарпов). 러시아의 문필가(?~1731년). 슬라브-그리스-라틴 학술원에서 공부했고, 리후드 형제의 제자였다. 1698년부터 서적 교정자로 일하면서 모스크바 인쇄소 소장 직위까지 올랐고, 1726년에는 신성종무원 인쇄소 소장이 되었다.

■ 표도로프, 이반 (Иван Федоров). 동유럽의 기술자(1520?~1583년). 표도로비치라
고도 한다. 모스크바에서 태어난 듯하며, 크라쿠프에서 대학을 다녔다. 1564년에
모스크바로 돌아와 인쇄술을 이용해서 교회 슬라브어 전례서를 간행하려고 했지
만, 필경사의 반발에 부딪혀 리투아니아로 도주해야 했다. 병기 제조에도 조예가
깊었다.

■ 표도르 (Федор I). 러시아의 통치자(1557~1598년). 아버지 이반 4세가 죽은 뒤
1584년 5월에 차르 표도르 1세가 되었다. 건강이 좋지 않고 정치에 관심이 없어
국정을 처남 보리스 고두노프에게 맡겼다. 자녀 없이 숨져 1594년에 류릭 왕조의
마지막 차르가 되었다.

■ 표트르 (Петр). 러시아의 성직자(?~1326년). 갈리치야에서 태어났고, 1308년에
키예프 교구 책임자에 임명되었다. 경쟁자였던 미하일 야로슬라비치와 갈등이 생
기자 1325년에 모스크바에 보호를 요청하고 관할 교구를 모스크바로 옮겼다. 훗날
모스크바의 수호성자가 되었다.

■ 표트르 대제 (Петр Великий). 러시아의 황제(1672~1725년). 1682년에 이반 5세
와 공동 제위에 올랐고, 1689년에 섭정 소피야를 제거하고 실권을 쥔 뒤 서방화
정책을 강행했다. 반발을 물리치고자 성 페테르부르그를 세워 수도로 삼았고, 군
대와 함대를 키워 스웨덴과 튀르크를 제압하고 러시아를 강대국으로 끌어올렸다.

■ 푸시킨, 알렉산드르 (Александр Пушкин). 러시아의 작가(1799~1837년). 모스크
바의 명문가에 태어났고, 성 페테르부르그에서 공부했다. 1820년에 첫 시를 쓴
뒤로 낡은 형식에서 벗어난 대작을 잇달아 내놓았다. 농노제에 반대하고 진보주의
자와 사귀었다. 아내를 연모하는 프랑스 귀족과 결투를 벌이다 숨졌다.

■ 프란체스코 (Francesco). 이탈리아의 성자(1182~1226년). 아시시(Assisi)에서 거상
의 아들로 태어나 유복하게 자랐다. 20세에 재산을 버리고 수사가 되었고, 청빈을
강조하는 독자적인 수도회를 이끌었다. 1209년에 교황을 만나 수도회를 인정받았
다. 동식물까지 형제자매로 부르며 사랑의 설교를 하는 성자로 대중의 사랑을 얻
었다.

■ 프로코피 (Прокопий). 러시아의 바보성자(?~1302년). 독일어로는 우스튜그와 뤼
벡의 프로코피우스(Prokopius von Ustjug und Lübeck). 한자동맹 상인으로 뤼벡에
서 온 가톨릭 신자였는데, 노브고로드에서 정교로 개종하고 바보성자로 살았다.
볼로그다 지방의 우스튜그(Устюг)에서 숨졌다.

■ 프론슈페르거, 레온하르트 (Leonhard Fronsperger). 독일의 군사학자(1520~1575
년). 1553년부터 1573년까지 합스부르크 가문 출신 황제의 군대에서 야전 군법무

관 등으로 복무했다. 울름(Ulm) 시의회의 초빙으로 군사 전문가로도 활동했다. 16세기에 가장 중요한 군사 저술가였고, 대표작이 『전쟁 교범』이었다.

■ 프리드리히 3세 (Friedrich III). 신성로마제국의 황제(1415~1493년). 오스트리아의 에른스트 공작의 아들로 태어났고, 1452년에 신성로마제국 황제가 되었다. 제국의 위상을 강화하려고 노력했지만 성공하지 못했다.

■ 플라톤 (Platon). 고대 그리스의 철학자(?~기원전 347년). 아테네에서 태어났고, 소크라테스의 제자가 되었다. 스승의 죽음을 보고 정치가가 되려던 꿈을 버리고 철학 연구에 몰두했다. 형이상학의 체계를 세웠고, 아리스토텔레스를 제자로 키웠다.

■ 플레처, 가일스 (Giles Fletcher). 영국의 작가(1548~1611년). 성직자 가정에 태어났고, 케임브리지 대학에서 공부했다. 대학에서 강의하고 시를 썼다. 1584년에 의회에 선출되었고, 1588년에 러시아 대사가 되었다. 러시아에서 본 바를 써서 1951년에 펴낸 그의 책에는 17세기 이전 러시아의 세태가 잘 묘사되어 있다.

■ 필라레트 니키티치 (Филарет Никитич). 러시아의 위정자(1553~1633년). 본명은 페오도르 로마노프(Феодор Романов). 차르 표도르 1세의 사촌으로 실권자였지만 고두노프에게 밀려나 수사가 되어 유폐된 뒤 수모를 겪었다. 대동란 시대에 폴란드에 잡혀갔다가 1619년에 풀려나 모스크바 총대주교가 되어 아들 차르 미하일과 함께 나라를 다스렸다.

■ 필로페이, 프스코프의 (Филофей Псковский). 러시아의 수사(1465~1542년). 엘레아자로프 수도원의 수사였고, 원장이 되었다. 바실리 3세에게 보낸 편지에서 모스크바가 "제3의 로마"라고 주장해서 유명해졌다. 콘스탄티누스 대제가 실베스테르 교황에게 준 흰 수사 두건이 모스크바에 전해졌다는 전설을 만들어내기도 했다.

■ 필립 (Филипп). 러시아의 성직자(1507~1569년). 속명은 표도르 콜릐초프(Федор Колычев). 귀족 가문에서 태어나 궁정에서 자랐다. 서른 살에 솔로베츠크 수도원에 들어가 수사가 되었고, 1566년에 모스크바 수좌대주교에 임명되었다. 이반 4세의 폭정을 꾸짖어 1568년에 자리에서 쫓겨났고 감옥에서 피살되었다.

■ 하위징아, 요한 (Johan Huizinga). 네덜란드의 역사가(1872~1945년). 어릴 때 축제 행렬을 보고 놀이와 축제를 연구하겠다고 마음먹었고, 어학에 재능을 보였다. 모교 흐로닝언 대학 교수가 되었다가 라이덴 대학으로 옮겼다. 유럽 중세사의 대가였고 예술에도 조예가 깊었다.

■ 하위징아, 요한 (Johan Huizinga). 네덜란드의 역사가(1872~1945년). 어릴 때 축제 행렬을 보고 놀이와 축제를 연구하겠다고 마음먹었고, 어학에 재능을 보였다. 모교 흐로닝언 대학 교수가 되었다가 라이덴 대학으로 옮겼다. 유럽 중세사의 대가였고 예술에도 조예가 깊었다.

■ 헤겔, 게오르크 (Georg Hegel). 독일의 철학자(1770~1831년). 슈투트가르트에서 태어났고, 튀빙엔 신학교에서 공부했다. 하이델베르크 대학을 거쳐 1818년에 베를린 대학 교수가 되었다. 칸트 철학을 지양해서 정신이 변증법적 과정을 거쳐 발전해가는 체계를 정리해서 독일 관념론 철학의 대표자가 되었다.

■ 호먀코프, 알렉세이 (Алексей Хомяков). 러시아의 시인(1804~1860년). 모스크바의 지주 가문에서 태어나 수준 높은 교육을 받았다. 서유럽 문화를 잘 알면서도 표트르 대제 개혁 이전의 러시아와 정교회를 이상으로 여겼다. 인류를 구원할 문화를 러시아에서 찾으며 친슬라브주의자를 대표해서 서구주의자와 논쟁을 벌였다.

■ 호메로스 (Homeros). 기원전 9~8세기의 전설적인 그리스 시인. 그의 작품이라고 하는 『일리아스』와 『오뒤세이아』는 서양 문학의 기원으로 여겨진다.

■ 홀바인, 한스 (Hans Holbein). 독일의 미술가(1497~1543년). 아우크스부르크 (Augsburg)에서 화가의 아들로 태어났다. 바젤(Basel)에서 화가로 인정을 받았고 인물 묘사에 능해서 영국 왕실의 초상화가로도 활동했다. 독일 르네상스 회화의 마지막 대가로 평가된다.

■ 흐루쇼프, 니키타 (Никита Хрущев). 러시아의 혁명가(1894~1971년). 가난한 집에서 태어나 1918년에 볼셰비키당원이 되었고 1930년대에 당 지도자로 두각을 나타냈다. 독소전쟁 시기에 정치지도위원으로 활약했고, 스탈린이 죽은 뒤 권력투쟁 끝에 정권을 장악했다. 개혁 정책을 펴다 1964년에 보수파에 밀려 권력을 잃었다.

■ 히틀러, 아돌프 (Adolf Hitler). 독일의 정치가(1889~1945년). 오스트리아에서 태어났고, 제1차 세계대전에 병사로 참전했다. 전쟁 뒤에 나치 당의 지도자가 되었고, 1933년에 집권했다. 독재자가 되어 제2차 세계대전을 일으켰고, 전쟁 중에 유대인을 대량학살했다. 전쟁에서 패색이 짙어지자 자살했다.

■ 히포크라테스 (Hippocrates). 의학의 아버지로 여겨지는 고대 그리스의 의사(기원전 460~377년).

I.

이 책은 James H. Billington, *The Icon and the Axe: An Interpretive History of Russian Culture* (New York: 1966), xviii+786pp.+xxxiii(index)의 한국어판이다. 러시아어판 *Икона и топор: Опыт истолкования истории русской культуры* (М.: Рудомино, 2001)를 번역에 참조했다.

II.

2008년에 개봉 상영된 이경미 감독의 영화 「미쓰 홍당무」의 도입부에 이런 장면이 나온다. 서울 어느 학교에서 교장 선생님이 이렇게 말한다. "이제 러시아어는 완전히 인기가 없습니다!" 그리고는 주인공인 고등학교 러시아어 교사 양미숙(공효진 분)에게 중학교에서 영어 과목을 가르치라고 지시한다. 졸지에 전공이 아닌 영어를 가르치는 난감한 상황에 처한 주인공은 화가 나서 수업 시간에 학생들에게 이렇게 외친다. "누가 우리 러시아어는 인기가 없대? 누가, 어? 이게 다 가난한 나라는 무시해도 된다는 천민자본주의의 속성인 거야, 이게 ……"

이렇듯 우리나라에서 러시아라는 나라는 어느 틈엔가 그저 "가난한 나라"가 되어버렸다. 한반도 남쪽 절반 땅에 대한민국이 세워진 뒤 반세기 동안 우리 사회에서 공산주의의 "수괴 국가"이며 세계적화 야욕을 불태우는 호전적인 "악의 제국"으로 취급되면서 온갖 편견에 시달렸던 러시아가 공산주의에서 자본주의로 체제 전환을 한 뒤에는 땅덩이만 클 뿐이지 빈곤에 찌든 별볼일 없는 나라 취급을 받게 되었다. 앞서 인용한 영화 「미쓰 홍당무」의 그 장면은 러시아의 비중이 위축되어가는 듯 보이는 오늘날의 현실을 잘 보여준다.

그러나 과연 러시아가 이런 푸대접을 받아야 할 나라일까? 한반도의 운명은 한반도 국가의 자체 역량만큼이나 주위 4대 강대국의 영향력에 크게 좌우되었고 앞으로도 그럴 것임이 엄연한 사실이다. 그 4대 강대국이란 중국, 일본, 미국, 러시아이며, 따라서 한반도에 위치한 우리나라에게는 러시아가 무척 중요한 나라라고 하지 않을 수 없다. 달리 말해서, 우리는 러시아라는 나라를 이해하지 않고서는 우리의 운명을 스스로 타개해 나가기 쉽지 않다고 보아야 한다.

한편으로, 우리가 러시아라는 나라를 반드시 이해해야 할 필요성이 정치와 경제의 측면 같은 실용적 목적에서만 비롯되지는 않는다. 우리 사회에 형성되어 있는 러시아의 주된 이미지는 예전부터 유라시아 대륙에 있는 여러 나라의 정치에 크나큰 영향력을 행사해온 군사 열강, 특히 1917년 러시아 혁명 이후로는 공산주의 이데올로기의 본산임을 자처하고 자부했던 이념의 제국이었다. 이런 이미지에 가려져 있는 러시아의 또 다른 측면, 사실상 더 본질적인 측면은 문화 대국으로서의 러시아이다. 러시아인은 예로부터 많은 모순에 시달리며 살아왔으며 그 모순을 해결하고자 나름대로의 방식으로 고민을 많이 해온 민족이다. 또한 그 고민의 폭은 협소하게 자기 민족에 국한되지 않고 인류 전체로 확대되어 있는 경우가 적지 않았다. 이런 경험을 통해 러시아인은 독특하면서도 보편적이기도 한 문화를 창달해서 향유해왔다. 이렇듯 러시아가 예로부터 매우 풍부하고 깊이 있는 문화의 소유자이며 문화의 측면에서 세계에 적잖이 이바지를 했다는 사실은 우리나라에 잘 알려져 있지 않다.

그러나 러시아라는 나라와 러시아인의 심성을 이해하기란 그리 쉬운 일이 아니다. 일찍이 튜체프는 그 이름난 시에서 "러시아는 이성으로는 이해하지 못한다. ······ 러시아는 믿을 수 있을 뿐"이라고 읊었다. 옮긴이도 러시아는 이해하기 힘든 나라라는 이미지에 얽힌 일화를 전할 수 있는 경험을 한 적이 있다. 옮긴이는 영국 유학생 시절에 박사학위 논문을 쓰는 데 필요한 자료를 모으고자 러시아에 연구 여행을 가려고 짐을 꾸려 택시를 타고 런던의 히스로우(Heathrow) 공항으로 가다가 영국인 택시 기사와 이런저런 담소를 나누었다. 그 기사가 나의 직업을 묻길래 러시아 역사를 공부하는 학생이라고 알려주었다. 그러자 그가 대뜸 한다는 말이 "A mysterious country"(신비로운 나라)였다. 러시아에 입국해서 러시아 지인들에게 그 이야기를 해주었더니, 손바닥을 마주치며 깔깔 웃으면서 "맞아! 정말로 그렇지"라고 말하는 것이었다. 신비롭다는 것은 알기 힘들다는 것이며 알기 힘든 것은 많은 경우에 오해와 몰이해의 온상이 된다. 우리나라에서는 특히 그렇다. 주로 미국을 통해서 들어온 서유럽 문화에만 익숙한 우리 사회에 서유럽과는 사뭇 다른 발전 경로를 거치면서 독자적인 특성을 띤 러시아의 문화는 낯설고 어색한 문화였다. 낯설고 어색하다는 것은 익숙하지 않은 것은 편견과 오해의 대상이 되기 마련이다.

러시아 문화는 실제로 우리 사회에서 매우 심한 편견과 오해에 시달려왔다. 예로부터 러시아는 로마 알파벳이 아니라 키릴 문자를 써왔는데, 고대 그리스 문자에서 비롯된 이 키릴 문자의 기원에 관해서 말 그대로 말이 안 되는 이런 우스갯소리가 있다. '문화 수준이 낮았던 러시아의 군주가 문자의 필요성을 느끼고는 로마로 사절을 보내 로마 알파벳을 받아오게 했다. 로마에서 받은 로마 알파벳 문자 판을 고이 들고 오던 이 사절이 러시아 땅에서 그만 눈길에 미끄러져 넘어졌고 눈 위에 흩어진 문자들을 허둥지둥 주워담다가 몇몇 문자의 위아래나 좌우가 바뀌었고, 이것이 바로 오늘날 러시아에서 쓰이는 키릴 문자의 기원이다 ……' 그런데 옮긴이는 이런 씁쓸한 우스갯소리가 실제였다고 믿는 한국인을 여럿 보았다. 더군다나 참으로 놀랍기 그지 없는 점은 그 한국인들이 시정잡배가 아니라 우리 사회에서 최상급에 드는 지성의 소유자라는 사실이었다. 러시아 역사를 전공하는 옮긴이로서는 당혹스럽다 못해 참담하다는 느낌마저 들었다. 이 밖에도 러시아의 문화나 역사에 관한 과소평가나 근거 없는 멸시를 보여주는 사례는 매우 많다.

III.

러시아라는 나라와 러시아인이라는 민족에 관한 올바른 이해는 매우 중요한 의의를 지니는 작업이다. 이해해야 하지만 이해하기 쉽지 않은 나라의 문화의 본질과 정수에 다가서는 데 필요불가결한 연구서가 한 권 있으니, 바로 미국의 역사학자 제임스 빌링턴의 대표 저작 『이콘과 도끼: 해석 위주의 러시아 문화사』이다. 우선 이 책을 쓴 빌링턴이 어떤 인물인지를 알 필요가 있다.

빌링턴은 1929년 6월 1일에 펜실베이니아 주에서 태어났다. 그의 아버지는 보험외판원이었다. 학문과 연관이 없기는 했어도 빌링턴의 아버지는 책 읽기와 책 모으기를 좋아하는 건실한 시민이었다. 이런 아버지의 영향을 받은 빌링턴은 어려서부터 책을 통해 지식을 얻기를 즐겼다. 빌링턴은 살림살이가 그리 넉넉하지 않은 탓에 미국에서 가장 큰 중고서적상의 하나인 리어리 서점(Leary's Bookstore)에서 구입한 헌 책을 주로 읽었고, 원래의 책 주인이 책에 그어 놓았던 밑줄을 눈 여겨 보며 책의 요지를 나름대로 찾아내는 습관을 들이다가 비판적으로 독서하는 법을 혼자서 터득했다. 이렇듯 스스로 공부하기를 즐긴 덕분에 빌링턴은 비록 공립학교를 다녔고 사교육을 받지 않았는데도 미국에서 손꼽히는 명문 대학인 프린스턴 대학교의 역사학부에 당당히 합격했고 1950년에 최고 우등생으로 졸업하는 영예를 누렸다. 그리고는 영국으로 건너가 옥스퍼드 대학 산하 베일리얼 칼리지(Balliol College)에서 장학금을 받아 대학원 과정을 마쳤고, 1953년에 박사학위를 취득했다.

빌링턴이 학계에서 쌓은 이력은 화려하기 짝이 없다. 박사가 된 뒤 곧바로 미국에서 군문에 들어서서 1957년까지 복무를 했다. 1957년부터 는 하버드 대학교에서 역사를 강의하기 시작했고, 1964년부터는 프린스턴 대학교로 옮겨 10년 동안 역사 교수로 재직했다. 빌링턴은 엄정한 학자로서 뛰어난 면모를 보였지만, 여러 기관과 조직의 수장이나 관료로서도 크나큰 수완을 발휘했다. 1973년부터 1987년까지 프린스턴 대학 우드로 윌슨 국제연구소(The Woodrow Wilson International Center for Scholars)의 소장을 지냈고, 이 연구소 산하에 조지 케넌 기념 러시아연구소(The Kennan Institute for Advanced Russian Studies)를 설립하는 일을 주도했다. 이런 공적으로 말미암아 그는 미국 정·관계의 주목을 받게 되었다. 1988년 6월에는 미국의 로널드 레이건(Ronald Reagan) 대통령과 함께 소비에트 연방을 방문해서 모스크바에서 열린 미소 정상회담에 배석했다.

빌링턴은 레이건 대통령의 지명을 받고 미의회 상원의 인준을 얻어 1987년 9월에 대니얼 부어스틴(Daniel J. Boorstin)의 뒤를 잇는 미국의회 도서관(Library of Congress) 제13대 관장이 되었다. 미국사가 아닌 외국사와 외국 문화를 전공한 학자가 미국 지성의 최고 보루인 의회 도서관의 관장에 임명된 것은 적잖은 파격일 수밖에 없었다. 세간에는 미의회도서관장 경력이 러시아 주재 미국대사로 건너가는 징검돌이라는 예상이 있었으나, 조지 부시 대통령이 1992년에 재선되지 못한 탓에 그 예상은 빗나가고 말았다. 빌링턴은 2013년 현재까지 미국의회 도서관 관장으로 남아있다.

빌링턴이 국제 사회에서 누린 영예도 일일이 열거하기 힘들 만큼 대단하다. 세계 곳곳에 있는 마흔 개 대학이 그에게 명예 박사학위를 수여했다. 몇몇 사례만 들자면, 그는 1999년에 그루지야의 트빌리시 국립대학에서, 2001년에 러시아의 모스크바 국립대학, 2002년에 영국의 옥스퍼드 대학 등에서 명예 박사학위를 받았다. 빌링턴은 러시아 학술원의 외국인 회원으로 선출되었다. 그리고 1999년부터는 러시아의 석학 드미트리 리하초프와 함께 「열린 세계」(Open World) 프로그램을 주도했으며, 이 프로그램 덕분에 14,000명에 이르는 러시아의 청년 지도자가 미국을 방문해서 두 나라의 상호 이해를 증진할 기회를 얻었다. 이런 공로를 인정받은 빌링턴은 러시아 연방 정부의 훈장을 받는 영예를 누렸다. 빌링턴은 러시아-미국 관계의 발전에 이바지하고 두 나라의 우호와 협력을 강화하는 데 공로를 세웠다 하여 2008년 3월 22일에 블라디미르 푸틴(Владимир Путин) 러시아 연방 대통령이 수여하는 우호훈장을 받았다. 또한 푸틴의 후임인 드미트리 메드베데프(Дмитрий Медведев) 대통령에게서도 2009년 6월 4일에 러시아-미국 간 문화 협력의 발전과 강화에 공헌했다 하여 영예훈장을 받았다. 최근에는 다시 대통령이 된 푸틴에게서 2012년 12월 5일에 러시아와 미국의 문화·인문 협력의 발전에 크게 이바지한 공로를 인정하는 표창장을 받았다. 이밖에도 여러 나라로부터 각종 훈장을 받았는데, 그 가운데에는 대한민국 정부가 수여한 광화장(光化章)도 포함되어 있다.

학자로 출발한 빌링턴이 학계에서 벗어나 행정과 관직에서 누린 화려한 영예는 단지 행정 능력과 정치적 처세의 결과물이 아니라 그가 학자로서 쌓은 뛰어난 학술적 업적의 연장선상에 있는 부산물이었다고 해도 무방하다. 빌링턴이 물 오른 학자로서, 또는 격변하는 역사의 현장을 목도한 지성인으로서 내놓은 굵직굵직한 주요 저서를 출판연도 별로 정리하면 아래와 같다.

(1956년) 『미하일롭스키와 러시아 인민주의』(Mikhailovsky and Russian Populism)
(1966년) 『이콘과 도끼: 해석 위주의 러시아 문화사』
(1980년) 『사람 마음 속의 불: 혁명 신념의 기원』(Fire in the Minds of Men: Origins of the Revolutionary Faith)
(1992년) 『러시아가 변모했다: 깨고 나아가 희망으로, 1991년 8월』(Russia Transformed: Breakthrough to Hope, August 1991)
(1998년) 『러시아의 얼굴: 러시아 문화의 고뇌와 포부와 위업』(The Face of Russia: Anguish, Aspiration, and Achievement in Russian Culture)
(2004년) 『러시아의 자아 정체성 찾기』(Russia in Search of Itself)

그러나 이 가운데에서 빌링턴의 최고 역작은 뭐니뭐니해도 역시 『이콘과 도끼: 해석 위주의 러시아 문화사』라고 말할 수 있다. 그가 하버드 대학에서 교수로 재직하는 동안 심혈을 기울여 써서 1966년에 빛을 본 저서인 『이콘과 도끼』는 학계의 크나큰 주목을 받았으며, 증쇄본이 여러 차례 나왔다. 현재가 세기가 바뀌고도 10년이 훌쩍 지난 2013년이니, 『이콘과 도끼』가 세상에 나온 지도 어언 반세기 가까운 세월이 흘렀다. 또한 그 사이에 올란도 파이지스(Orlando Figes)나 브루스 링컨(Bruce Lincoln) 등을 비롯한 서방 학자들의 러시아 문화사 연구서[16]가 나오기도 했다.

---

[16] Bruce Lincoln, *Between Heaven and Hell: The Story of a Thousand Years of Artistic Life in Russia* (New York: 1998); Orlando Figes, *Natasha's Dance: A Cultural History of Russia* (London: 2002). Figes의 책은 우리말로 번역되어 있다. 올랜도 파이지스 (채계병 옮김), 『(러시아 문화사) 나탸샤 댄스』(이카루스미디어, 2005).

그렇지만 『이콘과 도끼』는 아직도 변함없이 러시아를 이해하려고 하는 사람, 특히 외국인이라면 반드시 책꽂이에 꽂아두고 틈틈이 빼내어 정독해야 할 책이라는 평이 사라지지 않은 학술서이기도 하다.

IV.

　제임스 빌링턴이 거친 지적 여정을 추적하면, 『이콘과 도끼』가 러시아 문화사 연구에서 차지하고 있는 위상과 의의가 더 또렷하게 드러난다. 스스로를 "순혈 뉴잉글랜드인"(New England blue blood)으로 표현한 필라델피아(Philadelphia) 소년 빌링턴이 미국 바깥 세계에 관심을 품게 된 계기는 그가 10대에 접어들었을 때 일어난 제2차 세계대전이었다. 특히나 빌링턴의 호기심을 자극한 나라는 러시아였다. 이때 러시아는 20세기 전반기 세계 정치를 주도하던 양대 열강의 하나였던 프랑스를 단숨에 제압한 다음 다른 또 하나의 열강 영국의 숨통을 조이던 나치 독일을 상대로 유럽에서 거의 혼자 힘으로 맞서고 있었다. 빌링턴은 학교 교사들에게 계속해서 이렇게 물었다. "러시아인은 유럽의 나머지 지역이 국경에 독일군 전차가 나타나자마자 허물어지는 듯할 때 어째서 히틀러에 맞서 버틸 수 있나요?" 그러나 제대로 된 답변을 해주는 선생님은 없었다.
　동네 잡화점에서 일하는 나이 든 외국인 노부인이 러시아 출신이라는 사실을 머릿속에 떠올린 빌링턴은 그 노부인에게 가서 같은 질문을 했다. 진지하게 물어보는 빌링턴에게 그 노부인은 이렇게 말했다. "얘야, 가서 『전쟁과 평화』를 읽어보려무나!" 이 대화를 계기로 필라델피아의 소년 빌링턴은 러시아 출신 노부인이 권한 대로 1,200쪽에 이르는 『전쟁과 평화』를 단숨에 읽었다. 훗날 그는 만약 무엇인가를 진정으로 알고 싶다면 당장 오늘 나온 신문보다 지난날의 역사나 소설을 읽는 것이 더 낫다는 점을 어린 나이에 깨달았다고 밝힌다.

프랑스의 침공으로 말미암은 크나큰 위기를 헤쳐나가는 한 가족의 일대기인 『전쟁과 평화』를 읽은 경험을 첫걸음으로 해서 제임스 빌링턴은 러시아의 역사와 문화를 연구하는 학자의 길로 접어들었다. 『전쟁과 평화』를 읽다가 러시아어 원문으로 러시아 소설을 읽고픈 마음이 생긴 빌링턴은 러시아어를 공부하기 시작했다. 그는 열네 살부터 일요일마다 제1차 세계대전 때 러시아 제국군의 장군이었던 아르타마노프(Артаманов) 장군의 미망인을 찾아갔고, 그에게서 러시아어뿐만 아니라 제정 러시아 문화를 흡수했다. 이런 경험을 통해 슬라브적 요소라고는 조금도 찾아볼 수 없는 가계에서 태어난 빌링턴은 러시아인이라는 특이하고도 매력적인 민족을 이해해 보려는 필생의 열정을 키워나갔었다.

소년기를 벗어난 제임스 빌링턴이 들어간 프린스턴 대학에는 당시로서는 미국에서 최고 수준을 자랑하는 유럽사 교수진이 있었다. 신입생 빌링턴의 지도교수는 히틀러가 지배하는 독일을 등지고 미국으로 망명한 독일의 위대한 역사가 테오도르 에른스트 몸젠(Theodor Ernst Mommsen)[17]이었다. 지적 호기심과 열정이 넘친 나머지 모든 분야를 얕게라도 두루두루 공부하려는 계획을 세우던 빌링턴에게 몸젠은 이렇게 조언했다. "젊은이, 나는 자네가 모든 것을 허술하게 배우려고 들기에 앞서 어떤 것을 제대로 배우는 게 낫다고 생각하네. 러시아를 공부하고 싶다고…… 좋네, 하지만 우선 자네 자신의 문화를 공부하게나. 자네 자신의

---

[17] 독일 출신의 역사가(1905~1958년). 역사가 테오도르 몸젠의 손자. 사회학자 막스 베버의 조카. 1905년에 베를린에서 태어났고, 1936년에 미국으로 이주했다. 예일대, 프린스턴대, 코넬대에서 가르쳤다.

서방 역사를 공부하란 말이야(Study your own Western history)."

새내기 대학생 빌링턴은 그 위대한 노학자의 조언을 받아들여 유럽사를 열심히 공부했다. 고학년이 된 빌링턴은 러시아의 사상가 니콜라이 베르댜예프를 주제로 한 논문을 쓰기 시작했고, 그 작업의 일환으로 파리로 가서 자료를 모으고 베르댜예프를 아는 이들을 만나 인터뷰를 했다. 그 가운데 한 사람이 러시아 사상사의 대가 게오르기 플로롭스키 교수였다. 이렇듯 러시아사 연구자로 자라난 빌링턴은 1950년에 프린스턴 대학을 졸업한 뒤 로즈 장학생(Rhodes scholarship)으로 영국의 옥스퍼드 대학 베일리얼 칼리지의 대학원생이 되었다. 첫 지도교수는 표트르 대제 전문가인 베네딕트 섬너(Bededict H. Sumner)였는데, 입학한 지 두 달 뒤에 숨을 거두는 바람에 새 지도교수를 배정받았다. 그가 바로 아이제이어 벌린(Isaiah Berlin)이었다. 빌링턴이 새 지도교수의 호감을 살 만하다고 생각하고 정한 박사학위 논문 주제는 러시아의 위대한 인민주의자 니콜라이 미하일롭스키였다.

빌링턴은 영국에서 지내는 세 해 동안 학위 취득에 국한된 협소한 연구에만 매달리지 않고 폭넓은 교류를 즐겼다. 그는 옥스퍼드에 있는 러시아인 동아리와 어울렸으며, 러시아의 위대한 문인 보리스 파스테르낙의 누이와 같은 집에서 하숙을 하기도 했다. 방학 기간에는 파리에서 지내며 망명 러시아계 가문과 사귀고 러시아 구교도를 연구하는 프랑스 학자들과 교류했다. 벗들과 함께 유고슬라비아를 여행했고, 이 경험을 계기로 세르비아어와 크로아티아어를 공부하기도 했다. 이런 활발한 활동은 훗날 그가 여러 나라 말로 되어 있는 자료를 능란하게 구사하는 실력의 밑바탕이 되었다. 1957년에 하버드 대학의 교수로 임용된 빌링턴은 이듬해인 1958년에 비로소 러시아 땅에 처음 발을 디뎠으며, 이 귀중한 기회를 활용해서 유럽 러시아 곳곳을 찾아 다녔다.

원래 빌링턴은 하버드 대학에서 자기가 주도해서 학부생을 대상으로 개설했던 러시아의 문화와 지성에 관한 강좌를 운영하다가『이콘과 도끼』를 처음으로 구상했다. 그가 풀브라이트(Fulbright) 재단이 제공하는 특별연구원 장학금을 받으며 핀란드의 수도 헬싱키에서 지낸 1960~1961년은 그 구상에 뼈대가 세워지고 살이 붙는 시기였다. 그는 이 기간에 핀란드어까지 익혔고, 헬싱키의 도서관에 소장되어 있는 풍부한 러시아어 문서와 자료를 섭렵하면서 연구를 진행했다. 바로 이때『이콘과 도끼』의 초고가 마련되었다. 또한 1964년에 하버드 대학에서 프린스턴 대학 역사학과로 옮기기 전에 프린스턴 대학은 그에게『이콘과 도끼』를 마무리할 수 있도록 한 해 동안 특별연구원의 지위를 보장했다.

　드디어 1966년에 세상에 나온『이콘과 도끼』로 빌링턴은 러시아 문화사의 권위자로서 세계적인 위상을 굳힐 수 있었다. 그는 이 대저작을 마무리한 뒤 미국·소련 대학간 교류 프로그램에 참여해서 1966~1967년에 레닌그라드와 모스크바에서 체류하면서 강의했다. 그는 레닌그라드에서 오시프 만델시탐의 미망인인 나데즈다 만델시탐의 집에 들러 부엌 난로에 둘러앉아 소련의 여러 지성인과 사귀었다. 이 가운데에는 콜리마(Колыма) 수용소에서 열일곱 해를 보내면서도 꿋꿋이 버텨낸 전설적인 작가 바를람 샬라모프(Варлам Шаламов)도 끼어 있었다. 지금까지 살펴본 대로,『이콘과 도끼』는 제임스 빌링턴이라는 학자를 통해 구현된 서방과 러시아의 활발한 지적 교류의 산물이라고 할 수 있다.

　빌링턴이『이콘과 도끼』를 쓰면서 활용한 자료는 다양하고도 풍부하기 이를 데 없다. 이 저작에서 참고문헌 목록만 해도 30쪽에 이르며, 후주는 자그마치 160쪽을 가뿐히 넘는다. 참으로 놀라운 사실은 빌링턴이 탈고해서 출판사에 보낸 최종 원고에서는 후주의 분량이 원래 두 배였다는 점이다. 그가 이토록 많은 자료를 섭렵하면서 규명하고자 했던 것은 과연 무엇이었을까? 그것은 러시아인이라는 한 민족의 특성과 그 특성의 기원이었다.

V.

20세기 후반기에 미국과 더불어 세계를 주도하던 소비에트 연방(러시아)의 현재와 미래는 그 체제의 과거를 통해, 특히 문화를 통해 알 수 있다는 것이 빌링턴의 기본 신념이었다. 그는 자기의 이런 신념을 다음과 같이 설명한다.

> 우리와 함께 세계의 주역인 소련을 연구하려고 (그리고 때때로 대처하려고) 내 나름대로 노력하면서 나는 심원한 러시아 문화의 인문학적 연구인 나의 진정한 열정으로 종종 도움을 받았다고 느껴왔다. 왜냐하면 그 요란하고도 막강한 국가는 세속적 혁명 이념들 가운데 가장 위협적인 이념의 통치를 받는 거대한 유라시아 세계제국들 가운데 가장 중무장된 마지막 제국을 넘어서는 국가이기 때문이다 ……
>
> 나는 러시아의 사상과 문화의 위대한 활동에 초점을 맞추고 연구를 하다가 그 힘 밑에 있는 러시아 인민에게 다가서게 되며, 러시아 인민의 과거 업적에 더 깊이 침잠하는 것이 그들이 지닌 미래의 가능성을 더 폭넓게 이해하는 것과 전혀 무관하지 않을지 모른다는 믿음을 가지게 된다. 예를 들어, 러시아인에게는 그들의 문화에 스며든 복원력이 강한 위대한 종교 전통이 있다. 비록 그 점이 우리 의식 속에 들어가 있지 않고 우리의 교과과정에서 거의 완전히 없기는 해도 말이다.

빌링턴이 1,000년에 걸친 러시아의 역사, 특히 문화의 발전이라는 비밀을 여는 일종의 열쇠로 본 것이 바로 이콘과 도끼였고, 그는 이 두 물품을 책 제목으로 삼았다. 그에게 이콘은 러시아 문화의 종교적·정신적 표상물인 반면에 도끼는 그 문화의 실용적 도구였다. 그에 따르면, 이콘과 도끼라는 책 제목은 "러시아 북부의 삼림 지대에 있는 농가의 벽에 전통적으로 함께 걸려있는 두 물건에서 비롯된다. 그 두 물건은 러시아 문화의 천상적 면모와 지상적 면모를 시사한다." 러시아 문화의 원형을 이루는 요소를 이콘과 도끼라는 두 가지 물품으로 파악하는 빌링턴의 시각은 일본 문화의 원형을 이루는 요소를 국화와 칼로 보았던 미국의 인류학자인 루스 베네딕트(Ruth Benedict)의 시각과 흡사하다고도 생각할 수 있다.

『이콘과 도끼』 이전에도 적지 않은 러시아 문화사 저작이 있었으나, 대개의 경우에는 문학, 음악, 미술, 영화 등 개별 영역의 기본적 사실을 그저 시대 순에 따라 나열하는 수준에 머무르는 경향이 있었다. 『이콘과 도끼』는 이런 경향을 극복하면서, 키예프 루스 시대부터 1960년대의 니키타 흐루쇼프 집권기까지 러시아인이 가꾸고 키워온 문화를 자기 나름의 독특하면서도 설득력 있는 관점으로 살펴본다는 강점을 지니고 있다는 평가를 얻었다. 달리 말해서, 빌링턴은 통시적으로는 키예프 — 모스크바 — 성 페테르부르그로 이동하는 국가권력 중심의 변화를 씨줄로 삼으면서 이콘과 도끼로 표상되는 문명과 야만, 천상과 지상, 정신과 육체라는 상징의 보편성을 날줄로 엮어 넣어 러시아 문화사를 독창적으로 해석하는 데 성공한 것이다. 이런 작업을 통해 빌링턴이 내놓은 기본 시각은 문화를 통시성과 공시성의 조화, 변동성과 불변성의 결합으로서 역동적으로 해석하는 전략의 성공적 사례라고 볼 수 있다.

물론 러시아 문화의 이중성, 즉 문명성과 원시성, 유럽성과 아시아성

의 공존과 충돌을 강조하는 빌링턴의 기본 시각이 전혀 새로운 것이라고
는 하기 힘들다. 러시아 문화의 이중성은 이미 19세기에는 니콜라이 베
르댜예프가, 20세기에는 러시아 구조주의 계열의 타르투 학파가 제시했
던 논제이다. 그러나 러시아 내부의 이른바 내재적 관점이 제임스 빌링
턴이라는 외국인 학자가 쓴 『이콘과 도끼』에 들어있는 외재적 시선을
통해 더 충실해졌다는 점은 부정할 수 없는 사실이다. 러시아와 서방에
서 오늘날 진행되고 있는 러시아 문화사 연구는 이러한 이원적 접근이
약점과 한계를 안고 있다는 측면을 부각하면서 이런 점을 극복하는 방향
으로 나아가는 모습을 보이고 있다. 또한 동시에 이런 최근의 러시아
문화사 연구가 기본적으로는 빌링턴이 제시한 러시아 문화의 이원성에
관한 논의를 밑바탕 삼아 이루어지고 있다는 사실을 고려한다면, 『이콘
과 도끼』가 향후 발전을 위한 일종의 디딤돌 역할을 하고 있다는 사실도
눈 여겨 보아야 할 것이다.

　『이콘과 도끼』를 조금 더 상세히 들여다 보자! 빌링턴은 600쪽에 이
르는 본문에서 러시아 문화의 형성과 발전을 규정하는 가장 기본적이고
도 강력한 요인으로서 자연환경, 동방 그리스도교의 유산, 서방과의 접
촉이라는 세 가지 힘을 일관되게 강조한다. 빌링턴이 당시의 주류적 통
념에서 과감히 벗어나서 펼친 자기 나름의 주장은 차르 알렉세이 미하일
로비치 통치기에 일어난 교회분열의 시작, 예카테리나 대제 통치기에
융성한 서방의 갖가지 영향력, 19세기 초에 성행한 반계몽의 특성에 관
한 설명과 분석에서 특히 잘 드러나 있다. 그는 그때까지 러시아사 연구
자들이 간과해온 프리메이슨의 영향과 그 비중도 부각한다. 또한 그가
러시아 사상에 푸시킨이 그리 큰 영향을 미치지 않았고 그리 큰 유산도
남기지 않았다고 본다는 점, 그리고 머리말의 끝부분에서, 마지막 부분
「러시아 역사의 아이러니」에서 도스토옙스키를 인용하는 데에서 드러

나듯이 그가 러시아 문화사를 붙이는 아교로 활용하는 인물이 바로 도스토옙스키라는 점이 두드러진다.

『이콘과 도끼』를 통독하는 독자라면 어쩔 수 없이 느끼게 되는 점 가운데 하나가 바로 러시아 문화의 형성과 변화에서 종교, 더 정확히 말한다면 그리스도교의 위상에 빌링턴이 부여하는, 거의 강박관념에 가까운 강조이다. 그는 종교적 차원에 관한 역사학계의 관심이 모자란 탓에 러시아에 관한 이해 전체가 뒤틀린다고 느꼈고, 지금도 그렇다. 1991년에 가진 한 인터뷰에서 역사학계에 논평을 해달라는 요청에 "거의 서른 해 동안 역사학부에서 가르치거나 역사학계에 직접 참여한 적이 없다"는 단서를 달며 조심스레 말하면서도 종교적 요소를 등한시하는 경향을 비판했다. 그의 기본 시각은 다음과 같은 발언에 잘 드러나 있다.

> 분명히, 지성적 관점에서는, 만약 당신이 한 문화를, 그것도 종교가 스며 배어있는 문화를 이해하려고 시도하고 있다면, 당신은 제가 하는 것만큼 종교를 중시해야 합니다. 현대까지 러시아에서 종교적 요소가 강력하게 지속된다는 점은 종교의 중요성이 줄어들고 있다고 가정하는 경제결정론자와 심리역사학자, 그리고/또는 행동주의 사회과학자의 영향을 심하게 받은 미국의 역사가들이 제2차 세계대전 뒤로는 너무 자주 무시한 러시아 문화의 여러 차원들 가운데 하나입니다.

특히 그는 "『이콘과 도끼』에 일관되게 흐르는 것은 이 종파(구교도)에 대한 나의 매료"라고 스스럼없이 밝힐 만큼 구교도가 러시아의 역사에서 차지하는 중요성을 유난히도 강조했다. 구교도 연구에 빌링턴이 품은 애착은 그가 하버드 대학에서 교수로 재직하는 동안 17세기 러시아의 구교도에 관한 연구 초안을 써놓고도 학계를 떠나 미의회도서관 관장이라는 직무를 수행하느라 그 연구를 마무리하지는 못했다고 애석해 하면서 "미의회 도서관의 직위에서 물러난 뒤 내게 하느님이 그럴 힘을 주신다면 그 책을 완성하고 싶다"는 소회를 밝히는 데에서도 엿보인다. 역사의 전개에서 종교가 가장 중요한 요인이라는 빌링턴의 강조는 침례교 전통에 자란 아버지와 독실한 영국 성공회 신자 어머니를 둔 그의 성장 환경과 무관하지는 않은 듯하다. 빌링턴 자신도 영국 성공회의 세례를 받은 신자이며, 그의 아들 한 명은 사제가 되었다.

한편으로, 아무리 빼어난 연구라도 취약점과 허점이 없을 수는 없다. 빌링턴이 『이콘과 도끼』에서 제시한 주장과 전개한 논지에서 미진한 구석이 없지 않은 몇몇 부분, 그리고 독자가 비판적으로 읽어내야 할 몇몇 부분을 지적하고자 한다.

첫째, 빌링턴이 말하는 러시아에 대비되는 존재로서 거론하는 "West", 즉 서방의 정의가 분명하지 않다. 흔히는 영국과 프랑스가 서방이라고 일컬어지지만, 빌링턴이 말하는 서방의 범위는 훨씬 더 넓다. 독일은 물론이고 이탈리아, 폴란드, 스칸디나비아 국가까지 서방에 포함되어 논지가 전개된다. 빌링턴이 명시적으로 정의하지는 않지만, 러시아 서쪽에 위치한 유럽 국가를 통칭해서 서방이라는 용어를 쓰는 듯하다. 즉 흔히 말하는 남유럽, 중유럽, 북유럽이 서방으로 지칭되는 경향이 나타난다. 여기에 동유럽 국가로 분류되는 폴란드까지 서방으로 거론되므로 혼란이 가중된다. 이런 혼란을 막으려면 빌링턴은 먼저 서방의 지리적, 문화적 정의를 내려놓고 논지를 전개했어야 했다.

둘째, 러시아 역사의 전개와 러시아 문화의 발전에서 러시아와 서방의 접촉이라는 요인을 강조하다 보니, 러시아의 역사와 문화에 서방 못지않게 영향을 준 몽골이나 튀르크에 관한 분석이 매우 빈약하며 때로는 간과되거나 거의 무시되었다는 느낌마저 들 정도이다. 이런 점은 매우 큰 취약점이라고 하지 않을 수 없다.

셋째, 러시아의 역사와 문화의 발전에서 서방이 준 충격과 영향을 최우선시하는 빌링턴의 기본 시각은 그가 『이콘과 도끼』를 구상하고 집필하던 1960년대까지 이른바 서방의 학계에 횡행하던 유럽중심주의(Euro-centrism), 더 정확히 말하자면 영미중심주의와 전혀 무관하지 않을 듯하다. 유럽, 즉 서유럽, 특히 영국이 걸어온 역사 경로가 올바르고도 모범적인 것이고 그 밖의 경로는 이탈이거나 변형이라는 관점이 빌링턴의 기본 시각의 밑바탕에 깔려있다고 하지 않을 수 없다. 유럽중심주의를 지양하려는 노력이 활발히 이루어지고 있는 오늘날의 독자들은 『이콘과 도끼』를 더 비판적으로 독해해야 할 필요가 있다. 더더군다나 냉철한 독자라면 『이콘과 도끼』가 냉전기에 러시아의 적대 국가인 미국, 또는 서방의 시각에서 씌어진 책이라는 점에도 각별히 유의해야 한다.

넷째, 빌링턴은 러시아 역사의 연속성을 강조하고 부각하는 기본 전략을 취하고 있는데, 모든 역사에는 연속성만큼이나 불연속성도 있기 마련이다. 그는 러시아 현대사에서 두드러지는 불연속성을 상대적으로 소홀히 취급했다. 따라서 『이콘과 도끼』에는 20세기의 최대 사건들 가운데 하나인 러시아 혁명과 소비에트 러시아 초기가 지나치게 소략하게 서술되어 있다. 러시아 혁명이 세계사, 특히 문화사에서 차지하는 위상을 고려할 때, 이런 측면은 적잖은 실망을 불러일으킨다.

그러나 출간된 지 거의 반세기가 흐른 지금도 빌링턴의 『이콘과 도끼』는 러시아의 역사와 문화를 제대로 이해하려면 반드시 집어 들어야 할 필독서의 지위에서 내려오지 않고 있다는 것이 부정할 수 없는 엄연한 사실이기도 하다.

VI.

마지막으로, 『이콘과 도끼』라는 역사서의 특성에서 결코 빼놓을 수 없는 것이 이 역사서가 지닌 유려한 문장과 문학적 표현력이다. 분석과 논리에 치중하는 학술서는 전문가가 아닌 독자에게는 대개 무미건조하고 딱딱하기 쉽지만, 『이콘과 도끼』 곳곳에는 마치 그림이나 사진을 보여주는 듯 선연한 서술과 묘사가 있어서 긴장감을 풀어주고 이해를 도와준다. 『이콘과 도끼』를 읽어내려 가다 보면 요한 하위징아의 『중세의 가을』처럼 저작 곳곳에서 문학 작품에 견주어도 손색이 없을 만큼 탁월한 문장과 표현에 마주치게 된다. 예를 들면, 다음과 같은 문단이 그렇다.

종교적 열정이 전례 없이 만개했다는 인상을 받을지 모른다. 그러나 그것은 사실상 싱그러운 봄보다는 지나치게 무르익은 늦가을에 더 가까웠다. 야로슬라블에서 두 해마다 한 채가 넘는 꼴로 쑥쑥 생겨난 네덜란드풍과 페르시아풍의 화려한 벽돌 교회는 오늘날에는 비잔티움 양식과 바로크 양식 사이에 존재하는 일종의 실속 없는 막간극으로, 즉 땅과 이어주는 줄기는 시들어버렸고 생명을 앗아가는 서리가 바야흐로 내릴 참임을 모른 채 10월의 나른한 온기 속에서 말라가는 묵직한 열매로 보인다. 지역의 예언자와 성자를 그린 셀 수 없이 많은 이콘이 마치 너무 익어 문드러져 수확되기를 빌고 있는 포도처럼 이코노스타시스 밑층 열에 다닥다닥 붙어 있었으며, 동시에 빠르게 읊조리는 유료 위령제 기도는 죽음을 바로 앞둔 가을 파리가 어수선하게 윙윙거리는 소리와 닮았다.

다음과 같은 문단도 못지않게 선연하다.

예술 양식이 인민주의 리얼리즘에서 백은시대의 관념론으로 바뀐 것은 음주 취향이 더 앞 시기의 선동가와 개혁가의 독한 무색의 보드 카에서 새로운 귀족적 미학자 사이에서 인기를 얻은 다디단 진홍색 메시마랴로 바뀐 것에 비길 수도 있다. 메시마랴는 희귀한 이국적 음료였는데, 무척 비쌌고 푸짐하고 느긋한 한 끼 식사의 끝에 가장 알맞았다. 백은시대의 예술처럼 메시마랴는 자연스럽지 못하고 반쯤 이국적인 환경의 산물이었다. 메시마랴는 핀란드의 라플란드에서 왔다. 라플란드에서 메시마랴는 북극의 짧은 여름 동안 한밤의 해가 익힌 희귀한 나무딸기류 식물을 증류해서 만들어졌다. 20세기 초엽 러시아의 문화는 똑같이 이국적이고 최상급이었다. 그것은 불길한 조짐이 감도는 진미의 향연이었다. 메시마랴 나무딸기가 그렇듯이, 때 이르게 익으면 그만큼 빨리 썩기 마련이었다. 한 계절 한밤의 햇빛은 다음 계절 한낮의 어둠으로 이어졌다.

VII.

『이콘과 도끼』 이외에, 러시아 문화사를 이해하는 데 도움이 될 연구서와 해설서의 목록을 일부나마 소개하고자 한다. 러시아어로 된 러시아 문화사 저서는 이루 헤아릴 수 없이 많지만, 『이콘과 도끼』가 출간된 1966년 이후의 저작 위주로 선정해서 출판연도 순으로 제시해보면 다음과 같다.

Очерки русской культуры второй половины XIX века (М.: 1976)
Очерки русской культуры XIII-XV веков в 2 ч. (М.: 1969-1970)
Очерки русской культуры XVI века в 2 ч. (М.: 1977)
Очерки русской культуры XVII века в 2 ч. (М.: 1979)

Очерки русской культуры XVIII века в 4 ч. (М.: 1985-1990)

Очерки русской культуры XIV века в 3 т. (М.: 1998-2001)

А. В. Муравьев и А. М. Сахаров, *Очерки истории русской культуры IX-XVII вв.* (М.: 1984)

П. Н. Милюков, *Очерки по истории русской культуры* в 3 т. (М.: 1993)

Из истории русской культуры в 5 т. (М.: 1995-1996)

Б. Ф. Сушков, *Русская культура: Новый курс* (М.: Наука, 1996)

И. В. Кондаков, *Введение в историю русской культуры* (М.: Аспект Пресс, 1997)

Ю. С. Рябцев, *История русской культуры: Художественная жизнь и быт, XI-XVII веков: Учебное пособие* (М.: Владос, 1997)

Ю. С. Рябцев, *Путешествие в древнюю русь* (М.: 1995)

Т. С. Георгиева, *История русской культуры: Учебное пособие* (М.: Юрайт, 1998)

Л. В. Кошман и др. (ред.), *История русской культуры IX-XX вв.: Пособие для вузов* 4-ое изд. (М.: Дрофа, 1985)

Ю. С. Степанов, *Константы: Словарь русской культуры* 3-ое и доп. изд. (М.: Академический Проект, 2004)

А. Ф. Замалеев, *История русской культуры* (Издательство Ст. Петербургского Университета, 2005)

П. А. Сапронов, *Русская культура IX-XX вв: Опыт осмысления* (СПб.: Паритет, 2005)

또한 러시아 문화와 그 역사에 관한 외국의 저작이 그 동안 우리 말로 옮겨져 출간되었으며, 우리나라 학계 자체 역량으로 축적된 성과가 담긴 저서도 최근에 적잖이 배출되었다. 그 가운데 일부를 역시 출판연도 순으로 열거하면 아래와 같다.

드미뜨리 치체프스키 (최선 옮김), 『슬라브문학사』(민음사, 1984)

이인호, 『러시아 지성사 연구』(지식산업사, 1985)

설정환, 『러시아 음악의 이해』(엠북스, 1985)

R. H. 스타시 (이항재 옮김), 『러시아문학비평사』(한길사, 1987)

A. I. 조토프 (이건수 옮김), 『러시아 미술사』(동문선, 1996)

김형주, 『문화로 본 러시아』(두리, 1997)

김수희, 『러시아 문화의 이해』(신아사, 1998)

허승철, 『러시아 문화의 이해』(미래엔, 1998)

메리 메토시안 외 (장실 외 옮김), 『러시아 문화 세미나』(미크로, 1998)

Iu. S. 랴쁘체프 (정막래 옮김), 『중세 러시아 문화』(계명대학교 출판부, 2000)

러시아문화연구회 엮어옮김, 『현대 러시아 문화세미나』(미크로, 2000)

석영중, 『러시아 정교: 역사·신학·예술』(고려대학교출판부, 2000)

스몰랸스끼·그리고로프 (정막래 옮김), 『러시아 정교와 음식 문화』(명지출판사, 2000)

한국슬라브학회 엮음, 『러시아 혁명기의 사회와 문화』(민음사, 2000)

장진헌 엮음, 『러시아 문화의 이해』(학문사, 2001)

이덕형, 『러시아 문화예술의 천년』(생각의나무, 2009)

이덕형, 『(러시아 문화 예술) 천년의 울림』(성균관대학교 출판부, 2001)

음악세계 편집부 엮음, 『러시아아파』(음악세계, 2001)

캐밀러 그레이 (전혜숙 옮김), 『위대한 실험 러시아 미술, 1863~1922』(시공아트, 2001)

슐긴·꼬쉬만·제지나 (김정훈·남석주·민경현 옮김), 『러시아 문화사』(후마니타스, 2002)

이덕형, 『빛의 도시 상트 페테르부르크: 러시아 문학·예술 기행』(책세상, 2002)

김수희, 『러시아문화론』(조선대학교출판부, 2002)

박형규 외, 『러시아 문학의 이해』(건국대학교출판부, 2002)

백준현, 『러시아 이념: 그 사유의 역사』(제이앤씨, 2004)

김성일, 『러시아 문화와 예술의 이해』(형설출판사, 2005)

올랜도 파이지스 (채계병 옮김), 『(러시아문화사) 나탸샤 댄스』(이카루스미디어, 2005)

이주헌, 『눈과 피의 나라: 러시아 미술』(학고재, 2006)

이진숙, 『러시아 미술사: 위대한 유토피아의 꿈』(민음인, 2007)

바실리 클류쳅스키 (조호연·오두영 옮김), 『러시아 신분사』(한길사, 2007)

이춘근, 『러시아 민속문화』(민속원, 2007)

니꼴라이 구드지 (정막래 옮김), 『고대 러시아 문학사』 총2권 (한길사, 2008)

드미뜨리 미르스끼 (이항재 옮김), 『러시아문학사』(써네스트, 2008)

게오르기 페도토프 (김상현 옮김),『러시아 종교사상사 1: 키예프 루시 시대의 기독교』
　　(지만지, 2008)

리처드 스타이츠 (김남섭 옮김),『러시아의 민중문화: 20세기 러시아의 연예와 사회』
　　(한울, 2008)

이영범 외,『러시아 문화와 예술』(보고사, 2008)

김상현,『소비에트 러시아의 민속과 사회 이야기』(민속원, 2009)

이길주 외,『러시아: 상상할 수 없었던 아름다움과 예술의 나라』(리수, 2009)

김은희,『러시아 명화 속 문학을 말하다』(아담북스, 2010)

장실,『이콘과 문학』(한국외국어대학교출판부, 2010)

이게타 사다요시 (송현아 외 옮김),『러시아의 문학과 혁명』(웅진지식하우스, 2010)

유리 로트만 (김성일·방일권 옮김),『러시아 문화에 관한 담론』총2권 (나남, 2011)

니콜라스 르제프스키 엮음 (최진석 외 옮김),『러시아 문화사 강의: 키예프 루시부터
　　포스트소비에트까지』(그린비, 2011)

한양대 러시아·유라시아 연구사업단,『루시(Русь)로부터 러시아(Россия)로: 고대 러
　　시아 문화와 종교』(민속원, 2013)

사바 푸를렙스키 (김상현 옮김),『러시아인의 삶, 농민의 수기로 읽다』(민속원, 2011)

김상현,『러시아의 전통혼례 문화와 민속』(성균관대 출판부, 2014)

김수환,『책에 따라 살기: 유리 로트만과 러시아 문화』(문학과지성사, 2014)

니키타 톨스토이 (김민수 옮김),『언어와 민족문화: 슬라브 신화론과 민족언어학 개관』
　　총2권 (한국문화사, 2014)

이현우,『로쟈의 러시아 문학 강의, 19세기: 푸슈킨에서 체호프까지』(현암사, 2014)

김은희,『그림으로 읽는 러시아: 러시아 문화와 조우하다』(아담북스, 2014)

VIII.

번역 작업을 하면서 막히는 부분이 나올 때마다 일일이 열거하기 어려울 만큼 많은 학자들의 도움을 얻었다. 그분들께 고마울 따름이다. 말할 나위 없지만, 이 책에 오류가 있다면, 그것은 모두 다 이 옮긴이 탓이다. 이 책을 읽다가 틀린 데가 눈에 띄면 옮긴이에게 알려주어 잘못을 고칠 기회를 주기를 독자 여러분께 바란다.

일반적인 문화 범주(**미술, 음악**)는 그 매체의 광범위하고 전반적인 논의를 표시하기 위해서만 여기에 열거되어 있다. 개별 작가와 작곡가의 별도 명단이 있고, 특정 작품은 그 작가의 범주 아래 열거되며 중요한 인물의 작품일 경우에만 별도 항목으로 열거된다.

포괄적 범주(**경제, 군(軍)**)는 이 책의 주요 관심사 밖에 있는 특정 논제를 위해 만들어졌다. 이밖에, 근현대의 모든 혁명은 **혁명** 항목 아래에, 모든 전쟁은 **전쟁** 항목 아래에, 모든 성당과 교회는 **교회** 항목 아래에 열거되어 있다.

모든 도시가, 그리고 국가의 일부이면서 본문에서 그 국가와 별개로 논의된 지역의 지명(**스코틀랜드, 프로이센, 우크라이나, 펜실베이니아**)이 개별적으로 기재되어 있다.

 지은이 **제임스 빌링턴**(James Hadley Billington)

1929년 6월 1일 펜실베이니아 주에서 출생
미국 프린스턴 대학 역사학과 졸업
1953년 영국 옥스퍼드 대학 베일리얼 칼리지에서 박사학위 취득
1957년 하버드 대학 교수
1964년 프린스턴 대학 교수
1973~1987년 프린스턴 대학 우드로 윌슨 국제연구소 소장 역임
1987년~현재: 미국의회 도서관 제13대 관장

저서 목록

(1956년) 『미하일롭스키와 러시아 인민주의』(Mikhailovsky and Russian Populism)

(1966년) 『이콘과 도끼: 해석 위주의 러시아 문화사』

(1980년) 『사람 마음 속의 불: 혁명 신념의 기원』(Fire in the Minds of Men: Origins of the Revolutionary Faith)

(1992년) 『러시아가 변모했다: 깨고 나아가 희망으로, 1991년 8월』(Russia Transformed: Breakthrough to Hope, August 1991)

(1998년) 『러시아의 얼굴: 러시아 문화의 고뇌와 포부와 위업』(The Face of Russia: Anguish, Aspiration, and Achievement in Russian Culture)

(2004년) 『러시아의 자아 정체성 찾기』(Russia in Search of Itself)

옮긴이 **류한수**

서울대학교 서양사학과 학사
서울대학교 서양사학과 석사
영국 에식스 대학(University of Essex) 역사학과 박사
2007년~현재: 상명대학교 역사콘텐츠학과 교수

연구논문

「1917년 뻬뜨로그라드의 노동자 생산관리 운동」, 『서양사연구』 14호 (1993년), pp. 135~183

「공장의 러시아 혁명: 1917~1918년의 공장위원회와 노동자 생산관리」, 한국슬라브학회 엮음, 『러시아, 새 질서의 모색』(열린책들, 1994), pp. 251~275

「20세기 전쟁의 연대기와 지리」, 『진보평론』 16호 (2003년 여름), pp. 9~34

「여성 노동자인가, 노동하는 바바(baba)인가?: 러시아 내전기(1918~1921년) 페트로그라드 지역 공장의 남성 우월주의와 여성 노동자」, 『서양사론』 제85호 (2005년 6월), pp. 153~182

「"공산주의자여, 공장 작업대로!": 1920~1922년 페트로그라드 당활동가 공장 재배치 캠페인과 노동자들의 반응」, 『슬라브학보』 제20집 제1호 (2005년 6월), pp. 333~352

「전쟁의 기억과 기억의 전쟁: 영화 〈한 병사의 발라드〉를 통해 본 대조국전쟁과 '해빙'기의 소련 영화」, 『러시아 연구』 제15권 제2호 (2005년 12월), pp. 97~128

「러시아 혁명과 노동의무제: 러시아 혁명·내전기(1917~1921년) 볼셰비키 정부의 노동의무제 도입 시도와 사회의 반응」, 『슬라브학보』 제21권 제2호 (2006년 6월), pp. 275~299

「"해빙"기의 소련 영화 〈한 병사의 발라드〉에 나타난 대조국전쟁의 기억」, 『역사와 문화』 제12호 (2006년 9월), pp. 197~226

「제2차 세계대전기 여군의 역할과 위상: 미국, 영국, 독일, 러시아 비교 연구」, 『서양사연구』 제35집 (2006년 11월), pp. 131~159

「소련 붕괴 이후 러시아 군사사 연구의 쟁점과 동향의 변화 안보문화와 미래」 (2008년 3월), pp. 19~40

「탈계급화인가? 탈볼셰비키화인가?: 러시아 내전기 페트로그라드 노동계급 의식의 동향」, 『서양사론』 제96호 (2008년 3월), pp. 59~86

「혁명 러시아 노동자 조직의 이란성 쌍둥이: 러시아 혁명·내전기(1917~1921년) 노동조합과 공장위원회의 관계」, 『동국사학』 제44호 (2008년 6월), pp. 135~156

「공장 작업장의 러시아 혁명: 작업반장과 노동자의 관계를 통해 본 작업장 권력 지형의 변동」, 『슬라브학보』 제23권 제3호 (2008년 9월), pp. 329~352

「클레이오와 아테나의 만남: 영미권의 군사사 연구 동향과 국내 서양사학계의 군사사 연구 활성화를 위한 제언」, 『서양사론』 제98호 (2008년 9월), pp. 283~308

「독일 영화 〈Stalingrad〉와 미국 영화 〈Enemy at the Gates〉에 나타난 스탈린그라드 전투」, 『상명사학』 제13/14호 (2008년 12월), pp. 153~178
「제2차 세계대전 시기 소련의 전쟁 포스터에 나타난 여성의 이미지」, 『슬라브학보』 제26권 제2호 (2011년 6월), pp. 65~90
「러시아 혁명의 '펜과 망치': 내전기(1918~1921년) 페트로그라드 산업체의 사무직 노동자와 생산직 노동자의 관계」, 『역사문화연구』 제41권 (2012년 2월), pp. 119~144

저서 및 번역서

1. 공저
『러시아의 민족정책과 역사학』(동북아역사재단, 2008)
『세계화 시대의 서양현대사』(아카넷, 2009)
『세계의 대학에 홀리다: 현대 지성의 요람을 세계의 대학에 홀리다』(마음의 숲, 2011)

2. 역서
『스탈린과 히틀러의 전쟁』(지식의 풍경, 2003)
　　　[원제: Richard J. Overy, *Russia's War* (London: Penguin Press, 1998)]
『투탕카멘』(문학동네, 2005)
　　　[원제: D. Murdock & Ch. Forsey,*Tutankhamun: The Life and Death of a Pharaoh* (Dorling Kindersley, 1998)]
『빅토르 세르주 평전』(실천문학, 2006)
　　　[원제: Susan Weissman, *Victor Serge: The Course Is Set on Hope* (London & New York: Verso, 2001)]
『2차 세계대전사』(청어람미디어, 2007)
　　　[원제: John Keegan, *The Second World War* (London: Pimlico, 1997)]
『러시아 혁명: 1917년에서 네프까지』(박종철 출판사, 2007)
　　　[원제: S. A. Smith, *The Russian Revolution: A Very Short Introduction* (Oxford University Press, 2002)]
『혁명의 시간: 러시아 혁명 120일 결단의 순간들』(교양인, 2008)
　　　[원제: A. Rabinowitch, *The Bolsheviks Come To Power: The Revolution of 1917 in Petrograd* (Chicago: 2004)]